# 机车电机电器

李桂梅　金　晶　主编

中国铁道出版社有限公司

2 0 2 1 年·北　京

## 内 容 简 介

本书主要分为两篇：第一篇为牵引电机，包括第一至第四章，主要介绍了直流牵引电动机、交流电机、变压器的作用、基本原理、结构和工作特性等方面的知识；第二篇为牵引电器，包括第五、第六章，主要介绍了接触器、继电器、主型电器的基本原理和结构等方面的知识。

本书适用于铁路机车运用和检修相关技术人员，以及铁路职业院校师生参考学习使用。

**图书在版编目（CIP）数据**

机车电机电器/李桂梅，金晶主编．—北京：中国铁道出版社，2013.5（2021.7 重印）
ISBN 978-7-113-16267-2

Ⅰ.①机… Ⅱ.①李… ②金… Ⅲ.①机车—牵引电机—基本知识 ②机车—牵引电器—基本知识 Ⅳ.①U260.332

中国版本图书馆 CIP 数据核字（2013）第 058512 号

**书　　名：机车电机电器**
**作　　者：**李桂梅　金　晶

**责任编辑：**王明容　　**电话：**（010）51873138　　**电子信箱：**jiliang@tdpress. com
**编辑助理：**黄　璐　李慧君
**封面设计：**郑春鹏
**责任校对：**孙　玫
**责任印制：**高春晓

**出版发行：**中国铁道出版社有限公司（100054，北京市西城区右安门西街 8 号）
**网　　址：**http://www. tdpress. com
**印　　刷：**三河市兴达印务有限公司
**版　　次：**2013 年 4 月第 1 版　2021 年 7 月第 6 次印刷
**开　　本：**787 mm×1 092 mm　1/16　**印张：**14. 25　**字数：**354 千
**书　　号：**ISBN 978-7-113-16267-2
**定　　价：**50. 00 元

# 前　言

本书主要内容分为两篇:第一篇为牵引电机,包括第一章至第四章,主要介绍直流牵引电动机、交流电机、变压器的作用、基本原理、结构、工作特性等方面的知识;第二篇为牵引电器,包括第五章和第六章内容,主要介绍接触器、继电器、主型电器等电器的基本原理和结构等方面的知识。

本书力求理论联系实际,内容以必需、够用、实用为原则。在基本理论知识部分以"简"为主,以物理、电工学中学过的基础知识来分析电机、电器的基本原理,用以解决实际电机、电器中的问题。在具体介绍电机和电器的作用、结构、特性、工作原理及应用时,以我国铁路目前使用的干线主型机车(如 $DF_4$ 系列内燃机车、韶山系列电力机车、和谐系列交流传动机车、CRH 系列动车组)所使用的电机和电器为主。

本书适用于铁路职业院校机车运用和检修专业的在校生及在职培训的机车乘务和检修人员。通过课堂教学和技能演练,使学员能够对机车上所用的电机、电器的作用、结构、工作原理及应用熟练掌握,为学习本专业后续课程做好准备。

本书由吉林铁道职业技术学院李桂梅、金晶主编,参加本书编写的还有陆嘉、关洪亮、尹凤伟、王向才、王颜明。

因编者能力有限,在编写过程中难免存在疏漏与不足,如有不妥之处,肯请各位读者批评指正。

编　者

2013 年 2 月

# 目　录

## 牵引电机

## 牵引电器

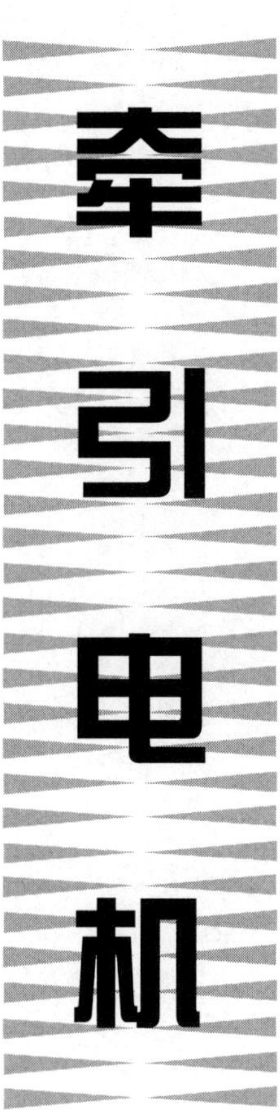
牵引电机

# 第一章　牵引电机概论

## 第一节　机车与牵引电机

电力机车、电传动内燃机车、动车组、地铁车辆、工矿电力机车和城市电车等各种电传动机车车辆都使用牵引电机来完成机车车辆的牵引运行。因此可概括认为，凡是用作牵引功能的电机都称为牵引电机。牵引电机运行性能直接影响机车车辆的性能及经济技术指标，它是机车和动车组等电传动机车车辆上的关键设备。

在各种电力牵引系统中，配有各自的牵引电机。因此，首先介绍一下各种电传动系统，再着重讨论有关牵引电机的问题。目前，国内外铁道机车车辆电传动系统按所采用的电流制不同可分成下列四类。

### 一、直—直流电传动

直—直流电传动系统是由直流电源直接给直流牵引电动机供电，以驱动机车运行，如图 1-1所示。

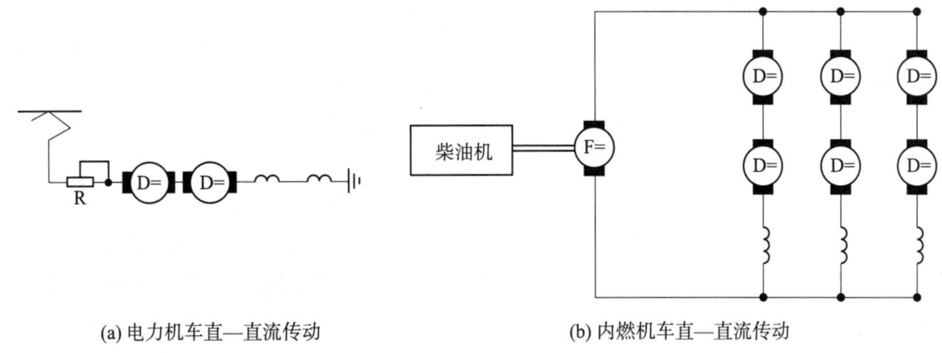


(a) 电力机车直—直流传动　　(b) 内燃机车直—直流传动

图 1-1　直—直流电传动系统

图 1-1(a)为电力机车直—直流传动，其牵引网上的电流是直流电，供给直流牵引电动机。图1-1(b)为内燃机车直—直流传动，柴油机直接带动直流牵引发电机 F，把柴油机的机械能转变为电能，再供给直流牵引电动机 D，牵引电动机又把电能转变为机械能，并通过传动齿轮驱动机车动轮。

直流电传动系统是机车牵引中应用最早的一种传动方式。在这种传动系统中，牵引电动机一般都采用直流串励电动机，这是由于它具有牵引性能良好、调速范围广、控制方便、系统简单可靠等优点。因此，直流传动系统曾被普遍用于电力机车、内燃机车、地铁、工矿机车和城市电车上，尤其在地铁、工矿机车和城市电车中至今仍占主导地位。在直流传动系统中，采用晶闸管斩波器对电动机的电压进行连续平滑地调节，可改善启动性能和减少能耗，这对现有的工矿电力机车和城市电车来说仍是一种改进和发展的方向。

但是，随着铁路运输的发展，要求机车功率越来越大、运行速度越来越高，过去这种直流传动方式已不能适应发展要求，其主要原因是受到接触网电压或牵引发电机容量、电机换向条件、机车限界尺寸和轴重的限制。目前我国铁路干线电力机车和大功率电传动内燃机车都不采用这种直流传动方式，只有一些早年生产或进口的中等功率的内燃机车还在干线上继续运行，例如 DF 型、$DF_3$ 型和进口的 $ND_2$ 型等内燃机车。

### 二、交—直流电传动

交—直流电传动系统采用交流电源供电、牵引电动机仍为直流电机，中间需经半导体整流器整流，如图 1-2 所示。它既保持了具有良好牵引性能的直流串励牵引电动机，又克服了上述直—直流传动受网压或直流牵引发电机容量限制等困难。

图 1-2(a)为电力机车交—直流电传动系统。从 20 世纪 50 年代起，世界各国大多采用单相工频 25 kV 交流电力牵引系统，在这种传动系统中，必须设有整流装置，由于大功率硅整流器件发展迅速，使这种传动系统中的整流装置日趋完善，因而交—直流电传动的电力机车也得到了相应地发展。

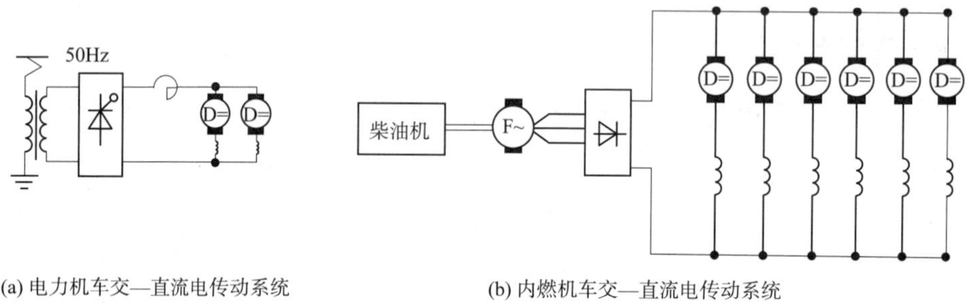


(a) 电力机车交—直流电传动系统　　(b) 内燃机车交—直流电传动系统

图 1-2　交—直流电传动系统

我国 20 世纪 60 年代研制的 $SS_1$ 型电力机车，是有级调压的硅整流交—直流传动电力机车。这种类型的机车在六、七十年代已成为世界许多国家的主型机车。这是因为交—直流传动具有系统简单、技术可靠、电网功率因数高、谐波干扰小、成本低等优点的缘故。随着大功率电力电子技术的迅速发展，一种采用晶闸管相控调压的交—直流电力机车也相应发展起来。80 年代我国自行研制生产的 $SS_4$ 型电力机车，采用不对称四段经济半控桥式整流电路，是多段桥相控交—直流电力机车。相控调压的电力机车自动化控制程度高，可实现各种闭环控制，还可实现平滑启动、无级调速，省去了大量有触点电器，并改善了机车的黏着性能。采用多段桥相控还可改善电网功率因数和减小谐波干扰。

上述交—直流传动系统，不论是硅整流电力机车或是晶闸管相控整流电力机车，都存在一个共同的问题，这就是单相工频交流电源经整流后，加在牵引电动机两端的电压实际上是一个脉动电压，通过电动机的电流为脉动电流，这种方式供电的牵引电动机称为脉流牵引电动机，其本质也是直流牵引电机。

图 1-2(b)为内燃机车交—直流电传动系统。这种传动系统是由柴油机拖动三相交流牵引发电机，通过大功率硅整流器整流后向直流牵引电动机供电。由于交流发电机无换向器，故结构简单。且运行可靠、质量轻、造价低、维修保养简便、容量可大大增高。目前国内外生产的

大功率电传动内燃机车普遍采用交—直流传动方式。例如我国 $DF_4$ 型、$DF_5$ 型至 $DF_{11}$ 型国产内燃机车和进口的 $ND_4$ 型、$ND_5$ 型等内燃机车。

在内燃机车交—直流传动系统中，经整流后的直流电也是脉动的，通过牵引电动机的电流也是脉流。但由于它是三相整流电路。因而电流的交流分量幅值较小，因此，在内燃机车上一般都不称为脉流牵引电动机。

### 三、交—直—交流电传动

三相交流传动系统有两类，一类称为交—直—交流电传动，另一类称为交—交流电传动。这两类传动系统都是由交流电源供电（交流接触网或交流牵引发电机），其牵引电动机都是采用交流电机，目前除少数国家外，普遍采用三相交流异步牵引电动机。

直流串励牵引电动机虽然具有良好的调速性能，但它的主要缺点是必须有换向器，这不仅使得机身质量和尺寸大、费铜，而且电机故障率高、维修保养工作量大。异步电动机的转速主要决定于它的供电电源的频率，当电源频率一定时，它的转速变化范围很小，要把它作为牵引电动机时，必须对其供电电源频率作大范围的调节，才能适应机车速度在宽广范围内变化的要求。因此，交流传动的关键是在交流供电电源和交流牵引电动机之间设置一个大功率、宽调频的变频装置。

具有中间直流环节的交流电传动系统又称为交—直—交流电传动。如图 1-3 所示，它是先将交流电整流成直流，经过中间直流电路环节，再经逆变器变为频率可调的三相交流电，供给三相交流异步牵引电动机驱动机车行驶。

德国 ICE 动车组、法国 TGV 动车组、日本新干线动车组、我国南车株洲电力机车有限公司生产的 $HXD_1$ 型、$HXD_{1B}$ 型电力机车，中国北车集团大同电力机车有限责任公司生产的 $HXD_2$ 型、$HXD_{2B}$ 型电力机车，中国北车集团大连机车车辆有限公司和北京二七轨道交通装备有限责任公司生产的 $HXD_3$ 型电力机车，中国北车集团大连机车车辆有限公司生产的 $HXD_{3B}$ 型电力机车和 $HXN_3$ 型内燃机车，以及南车戚墅堰机车有限公司生产的 $HXN_5$ 型内燃机车都属于交—直—交流电传动。

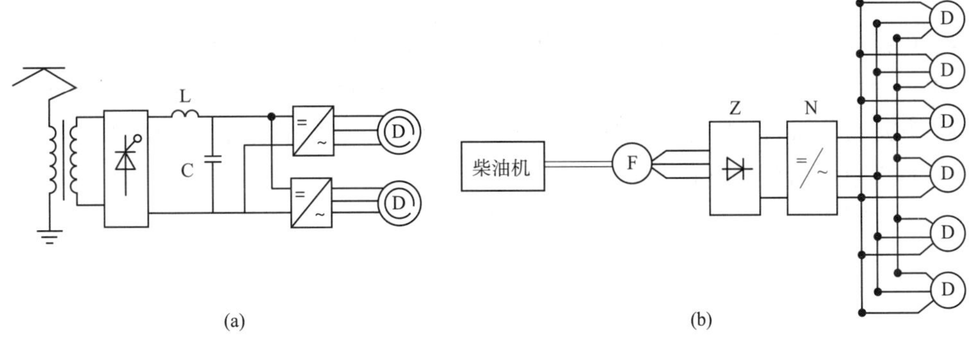


图 1-3 交—直—交电传动系统

近几十年的长期运行实践证明交—直—交流电传动系统具有许多突出优点。如机车启动牵引力大，恒功调速范围宽、防空转性能好，对通信干扰小。采用三相异步牵引电动机可做到功率大、体积小、质量轻、结构简单、运行可靠，单电机功率可提高到 1 500 kW 左右。

### 四、交—交流电传动

交流电传动系统的另一类型式称为交—交流电传动。它没有中间直流环节，而是将单相或三相交流电直接变换为频率可调的三相交流电，供给三相交流牵引电动机，如图 1-4 所示。

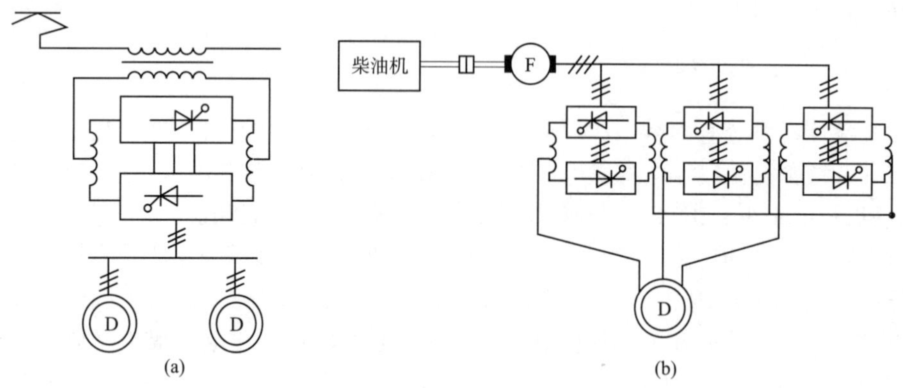


图 1-4 交—交流电传动系统

交—交流变频系统只有一次功率变换，它借助电源电压和电机的感应电势实现所谓自然换流，故可做到线路简单、损耗小、效率高。

牵引电动机是电传动机车的重要部件，它的性能好坏直接影响机车的运行。牵引电动机有许多类型，诸如直流牵引电动机、脉流牵引电动机、变频交流异步牵引电动机和晶闸管同步牵引电动机等，它们分别应用于上述各类不同的传动系统中。目前，国内外电传动机车虽然仍广泛采用直流或脉流串励牵引电动机，但由于交流电动机具有结构简单、单位功率体积质量小等优点；因此随着大功率晶闸管变频装置及其控制技术的不断完善，应用交流电动机作为机车牵引电动机，已成为牵引传动发展的一个重要方向。

## 第二节 牵引电动机的传动及悬挂方式

牵引电动机安装和一般常见的电机不同，不是用地脚螺钉固定在基础上，而是用悬挂的方式装在电传动机车上，并通过齿轮传动装置驱动机车轮对使机车行驶。因此必须考虑到机车结构特点和运行要求，合理地选择传动方式和悬挂方式。同时也须指出：传动和悬挂方式也对牵引电动机的总体结构和外形尺寸起着制约作用。

牵引电动机的传动方式通常可分为个别传动和组合传动两种。

### 一、个别传动

个别传动是目前国内外应用最广的传动方式。所谓个别传动是指一台牵引电动机只驱动一个轮对，它是借电机输出轴上的小齿轮驱动轮对轴上的大齿轮来实现机车牵引运行的。其主要优点是当一台电动机发生故障不能运行时，可以单独切除而不致影响其他电机工作，但是，由于各轮轴间没有机械上的联系，个别轮对容易空转，从而使整台机车的黏着牵引力降低。

个别传动牵引电动机有三种悬挂方式。

1. 抱轴式悬挂

抱轴式悬挂是通过牵引电动机一侧的滑动轴承抱在机车动轮轴上，电机的另一侧是通过弹性缓冲装置悬挂在机车转向架的横梁上，如图 1-5 所示。其实，这种悬挂方式只有一半是通过弹性缓冲装置悬吊起来的，因此也叫做半悬挂。

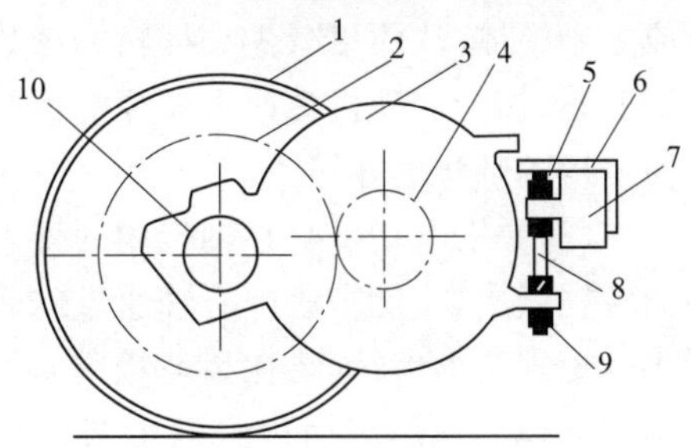


图 1-5　抱轴式悬挂

1—机车动轮；2—大齿轮；3—牵引电动机；4—小齿轮；5—橡胶件；6—安全托板；7—枕梁；8—拉杆；9—橡胶件；10—车轴

抱轴式悬挂结构简单、工作可靠、制造容易、成本较低、检修方便，但这种悬挂方式约有一半牵引电动机的质量直接压在机车轮轴上，簧下质量大，通常为 4～5 t/轴，轮轨动载荷大；且呈刚性连接，直接承受来自线路的冲击，使车轮与钢轨之间的动力作用加剧，会直接影响电动机的工作。此外，齿轮传动比由于受电机轴和轮轴之间中心距离的限制，使电机尺寸也不能任意选择，这就限制了机车功率和速度的提高。一般适用于机车构造速度不超过 120 km/h 的机车，例如我国 $SS_3$ 型电力机车和 $DF_4$ 型内燃机车均采用抱轴悬挂方式。

2. 架承式悬挂

对于运行速度较高的客运机车和电动车辆，抱轴式悬挂方式已不能适应运行要求，通常要采用架承式悬挂。所谓架承式悬挂就是将牵引电动机完全固定在机车转向架上，这样，牵引电动机的全部质量都成为转向架减振弹簧之上的质量，即成为簧上质量，簧下质量小，通常为2～3 t/轴。因此，线路动力作用对牵引电动机工作的不良影响将大为减小，克服了抱轴式悬挂的缺点。但这种悬挂方式由于牵引电动机是簧上部分在行车过程中牵引电动机的转轴中心线与机车动轴中心线会产生较大的相对移动。为此，必须改变传动结构，使牵引电动机转轴和机车动轮轴之间装置弹性的或联轴节式的传动构件。通常不再将小齿轮（主动齿轮）直接装在电机转轴上，而是通过两个滚柱轴承装在齿轮箱上，并与装在机车动轮轴上的大齿轮相啮合。这时，牵引电动机的转轴和小齿轮之间必须采用联轴节传动。

下面介绍两种架承式悬挂：

(1)采用球面齿式联轴节的架承式悬挂，如图 1-6 所示。这种传动方式多应用在我国地铁车辆上。牵引电动机全部悬挂在机车转向架上，在牵引电动机机座一侧的上方有两个悬臂，下方有一个支承，均用螺钉固定在转向架上，呈三点半边悬挂。可见，电动机在转向架上的悬挂结构比较简单。牵引电动机转轴传动端与球面齿式联轴节相连，即电机转轴上安装球面齿轮，该球面齿轮传动联轴节的内齿圈，内齿圈又传动小齿轮轴上的球面齿轮，再传动小齿轮（装在齿轮箱内），最后传动大齿轮以驱动机车行驶。这种传动方式的优点是不仅解决了机车运行中牵引电动机转轴相对机车动轮轴有位移而影响传动的问题，同时由于小齿轮不直接装在电机转轴上，故小齿轮和它的轴可以做

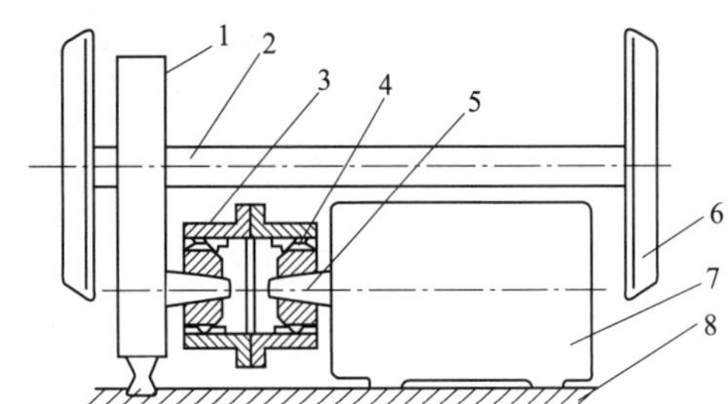


图 1-6　球面齿式联轴节的架承式悬挂

1—齿轮箱；2—动轮轴；3—内齿圈；4—球面齿轮；5—电机轴；6—动轮；7—电动机；8—转向架

成一个整体，从而可减少小齿轮的齿数以提高电动机的转速，从电机设计可知，在容量相同的情况下，提高电动机转速可减轻电机的质量。这种传动方式的缺点是由于联轴节占用了空间，使电机的轴向尺寸缩短。

(2)采用电动机空心轴传动的架承式悬挂，如图 1-7 所示。这种传动方式是将牵引电动机的转轴做成空心的，该空心轴通过球面齿式联轴节与传动轴相连，传动轴穿过空心轴的内腔，将转矩传给小齿轮(装在齿轮箱内)。这种传动方式实质上也是采用球面齿式联轴节的传动，其特点是电机转轴做成空心，故称为空心轴传动。由于它利用了电机空心轴内腔的空间，节省了联轴节所占据的空间，故电机可充分利用轴向长度尺寸。因此，这种架承式悬挂适用于大功率高速机车，一般适用于机车最大运行速度为 140～200 km/h 的机车，例如我国 $SS_8$ 型电力机车和 $DF_{11}$ 型内燃机车均采用架承式悬挂方式。

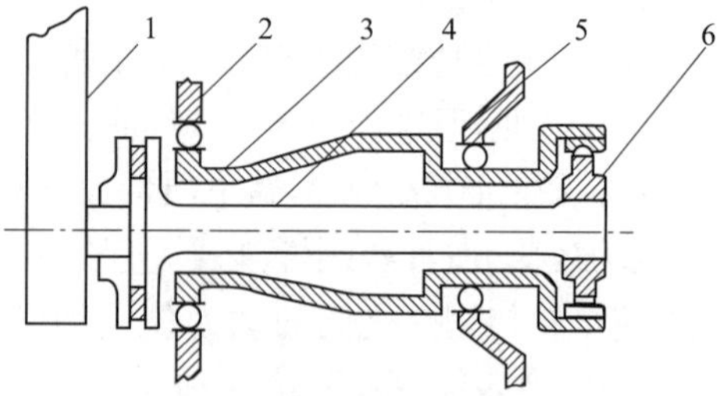

图 1-7　电枢空心轴架承式悬挂

1—传动齿轮箱；2、5—电机端盖；3—电枢空心轴；4—传动轴；6—球面齿式联轴节

3. 体承式悬挂

对于机车最大运行速度在 200～250 km/h 以上的高速机车，为了减轻转向架构架的质量，进一步改善机车动力学性能，以提高转向架的蛇行稳定性，把牵引电动机移至车体上，使其成为二系弹簧以上的质量，成为体承式牵引电动机。

体承式悬挂簧下质量小，转向架质量及绕中心的转动惯量小，因而转向架的蛇行稳定性好，机车的蛇行临界速度高，对减轻轮轨的垂向及横向动载荷也有所帮助，适用于高速机车。但牵引电动机输出端至轮对之间传递力矩所用的驱动装置结构比架承式悬挂复还要复杂，制造更难，成本更高。

图 1-8 所示为法国 TGV 动力车的驱动装置。牵引电动机悬挂在车体上，其扭矩通过齿轮箱(装在车体上)、万向轴、小齿轮、大齿轮传至轮对。

为了高速运行，牵引电动机体承式是必要的。为此驱动装置必须适应车体与转向架之间的相对运动以及转向架与轮对之间的相对运动。万向轴关节联轴器就是用来适应车体与轮对之间的相对运动，包括垂向、横向及回转方向的相对位移。此传递扭矩的万向轴必须制成长度能伸缩，以适应车体与轮对之间较大的相对运动。

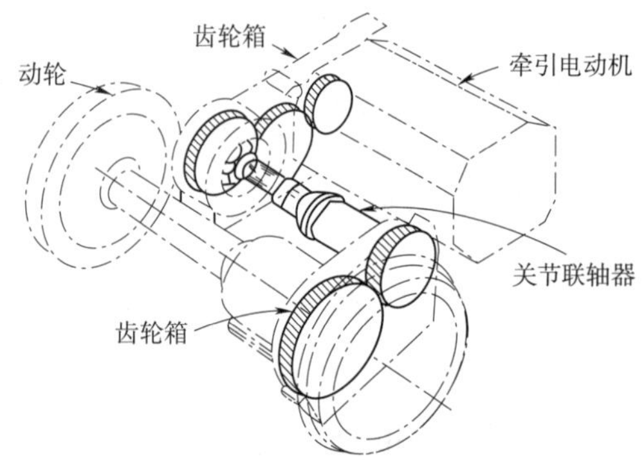


图 1-8　法国 TGV 动力车驱动装置

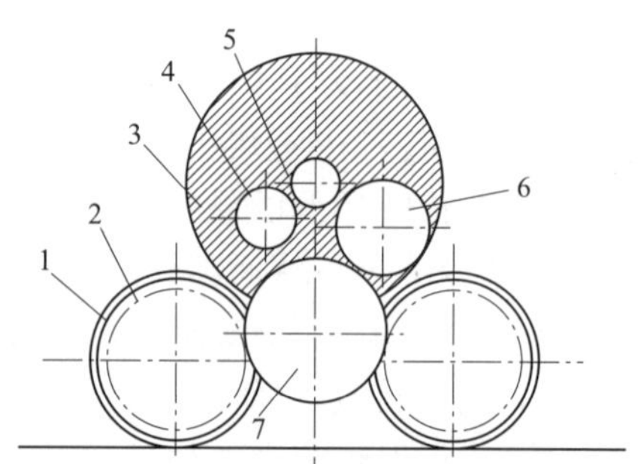


图 1-9　电机两轴转向架组合传动

1—车轮；2—大齿轮；3—电动机；4、6—变速齿轮；5—电机轴上小齿轮；7—中间齿轮

### 二、组合传动

组合传动就是每个转向架上只安装一台牵引电动机(这种转向架称为单电机转向架)，通过变速齿轮装置传动该转向架的每一根机车动轮轴。也就是说一台转向架的各种轴组合在一起由一台牵引电动机驱动，如图 1-9 所示。组合传动装置的结构比个别传动复杂，但由于组合传动有其特点而受到注视。随着铁路运输重载高速的不断发展，要求充分利用机车每一个轮对的黏着质量，以实现大的黏着牵引力，在这种情况下，就倾向采用组合传动。组合传动还有利于降低牵引电动机单位功率的质量，因为这种传动方式相当于把几个轮对上的较小功率的牵引电动机合并为一台大功率的电机，电机功率越大，其质量指标(即每一千瓦功率的质量)越低，在相同容量下，电机的造价也将降低。此外，采用组合传动还可以将传动齿轮进行不同的搭配来改变传动比，这样就可实现同一台机车既可成为高速客运机车，又可作为牵引力大的低速货运机车，从而使机车和牵引电动机具有通用性。

## 第三节　牵引电动机的工作条件

牵引电动机的工作原理和普通电动机是一致的，其基本结构和普通电动机也是相似的。但是，牵引电动机的工作条件与普通电动机相比则有很大区别，因此牵引电机在设计、结构、材料、绝缘、工艺等方面都要作慎重考虑。

牵引电动机工作条件的主要特点是：

(1)由于机车既要求有大的牵引力，又要求能高速运行，因此加到电动机上的电压与电流变动幅度较大，故要求电动机能适应较大的调压比，并有一定深度的磁场削弱能力。

(2)牵引电动机在露天工作，环境恶劣，经常受到风沙、雨雪的侵袭，运用地区海拔高度、环境温度的差别很大，空气中的湿度、盐分(海滨区热季)和含尘量也不相同，这些都能使电动机绝缘变差。因此，牵引电动机的绝缘材料和绝缘结构应具有较好的防尘、防潮能力。

(3)由于牵引电动机在运行中经常启动、制动、过载和磁场削弱，且机车运行时电动机受到冲击和振动都比普通电动机严重，因此，无论是电磁原因或是机械原因都会造成牵引电动机换向困难，换向器上经常产生火花甚至会形成环火。尤其要指出的是，在脉动电压下工作的牵引电动机，其换向和发热更为困难，因此对脉流牵引电动机的结构选择还要考虑这方面的特殊问题。运行中的冲击和振动除造成换向恶化外，还易使电动机的零部件损坏，因此要求牵引电动机的零部件必须具有较高的机械强度。

(4)牵引电动机安装空间尺寸受到限制。由于牵引电动机是悬挂在机车转向架上，电机结构必须考虑传动和悬挂两方面的问题，它的径向尺寸受轮对直径的限制，轴向尺寸受轨距的限制，还受到轮对中心线与机车走行部分其他构件之间距离的限制，因此，要求牵引电动机结构紧凑，通常都采用高等级绝缘材料和性能良好的导磁材料。

## 第四节　电动机的定额及额定数据

### 一、牵引电动机的定额

电动机是完成机械能、电能量转换的机械，因此要有各种电与机械的量值来表征其运行性能。电动机的定额是电机制造厂根据国家技术标准的要求，对电动机全部电量和机械量的数值以及运行方式所做的规定，它表示了电动机的运行特点和工作能力。电动机的定额既是制造厂对电动机进行性能分析和验证设计合理性的依据，也是运用部门正确使用电机的依据。

电动机定额分为连续定额、小时定额和断续定额三种。连续定额是指电动机在所规定的电压和磁场的条件下连续运转，而各部件的温升不超过允许的限值时所能承受的电流和其他相应的定额数值。小时定额是指电动机在所规定的电压和磁场下，从冷态开始运行 1 h 后各部件温升不超过允许的限值时所能承受的电流和其他相应的定额数值。断续定额是指电动机时断时续地运行，而温升不超过允许的限值时所能承受的电流和其他相应的定额数值。

在规定定额的情况下，制造厂对电机的每单个电量或机械量所规定的数值，称为电动机的额定值。如额定功率、额定电压、额定电流、额定转速和额定励磁电流等。

### 二、电动机的额定数据

1. 额定连续功率

当电动机在连续定额功率下工作，经过长时间运行电机温升在允许范围内不再增加，这个功率称为额定连续功率，也称为额定持续功率。

2. 额定小时功率

额定小时功率是在规定的通风条件下，电机从冷态开始运行 1 h，各部件的温升不超过允许值，这种情况下电动机轴上输出的机械功率。

3. 额定电压

电动机正常工作时加在它两端的电压称为额定电压。额定电压受绝缘耐压强度和换向条件的限制，它是设计电动机时的计算电压。

需要指出的是，在电传动内燃机车中，牵引电动机的额定电压有两个值，例如 $DF_4$ 型内燃机车的牵引电动机额定电压为 550 V/770 V，这是因为对于内燃机车的电力传动装置来说，其核心任务是要能充分利用柴油机的功率，因而要求对牵引电动机供电的牵引发电机应具有恒功率的理想外特性，这个外特性曲线有较宽的电压变化范围，其额定值有两个，即额定低电压和额定高电压，因此牵引电动机也对应有两个额定电压值。

4. 额定电流

电动机在额定电压下以额定功率运行时允许从电源输入的电流称为额定电流。额定电流一般是电动机最大安全电流，超过了便可能过热，这是针对电动机的绝缘等级规定的温升限值而言的。

在电力机车牵引电动机中，与额定连续功率相对应的电流称为额定连续电流，与额定小时功率相对应的电流称为额定小时电流。

在内燃机车牵引电动机中，与加在牵引电动机上两个额定电压相对应也有两个额定电流值，分别称为低压额定电流和高压额定电流，例如 $DF_4$ 型机车牵引电动机的额定电流为 800 A/570 A。

5. 额定转速

电动机在电压、电流和功率都为额定值时的转子旋转速度，称为额定转速。额定转速为每一电机最有利的转速，在此转速下运行可以保证电机有效材料的充分利用。牵引电动机在连续定额和小时定额下分别有相对应的额定转速。

对于电传动内燃机车的牵引电动机，其额定转速是指在低压额定电流（或持续电流）下运行时的转速，也称为持续转速。

除上述额定数据外，在牵引电动机铭牌上还有励磁方式、通风量、绝缘等级等数据。

### 三、产品型号及铭牌

我国牵引电机型号是根据机械工业部颁发的电工产品型号编制办法统一编制的，由汉语拼音字母和阿拉伯数字组成。

直流牵引电动机型号用“ZQ×××”表示，其中 Z 表示直流，Q 表示牵引电动机。例如 ZQ800-1 为 $SS_3$ 型电力机车用脉流牵引电动机，数字表示其额定功率为 800 kW。

电传动内燃机车的牵引电机分别用 ZQFR 表示牵引发电机（Z——直流，Q——牵引，F——发电机，R——“热”力机车，因内燃机车为热力机车之一），用 ZQDR 表示牵引电动机（D——电动机，其他文字符号同牵引发电机）。例如 ZQDR-410 为 $DF_4$ 型内燃机车的牵引电动机型号，它表示热力机车用直流牵引电动机，额定功率为 410 kW。

每台牵引电机机座上都标注有一块铭牌，现以 $SS_3$ 型机车的牵引电动机为例，铭牌式样如图 1-10 所示。

脉流牵引电动机

| 型号 | ZQ800-1 | | 连续定额 | 小时定额 | 最　大 |
|---|---|---|---|---|---|
| | | 功率 | 720 kW | 800 kW | |
| 绝缘等级 | 定子/电枢 H/F | 电压 | 1 550 V | 1 550 V | 1 800 V |
| 励磁方式 | 串励 | 电流 | 495 A | 550 A | 830 A |
| 额定磁场 | 95% | 转速 | 945 r/min | 920 r/min | |
| 技术条件 | | 质量 | 3 960 kg | | |
| 序　　号 | | | | | |
| | | | | | 年　月　日 |
| | | ××制造厂 | | | |

图 1-10　铭牌式样

## 小　　结

机车电传动系统按所采用的电流制不同可分成下列四类：直—直流传动、交—直流电传动、交—直—交流电传动、交—交流电传动系统。

牵引电动机的传动方式分为个别传动和组合传动两种。个别传动是一台牵引电动机只驱动一个轮对，其主要优点是一台牵引电动机发生故障时可切除，并不影响其他电机工作，提高了机车运行的可靠性；缺点是个别轮对容易空转，使机车的黏着牵引力降低。个别传动的牵引电动机有三种悬挂方式：抱轴式悬挂结构简单，但簧下质量大，动力作用大，只适用车速不超过120 km/h 的机车；架承式悬挂因电机的质量均为簧上质量，改善了牵引电动机的工作条件，机车速度可达 200 km/h。体承式悬挂簧下质量小，转向架质量及绕中心的转动惯量小，因而转向架的蛇行稳定性好，机车的蛇行临界速度高，对减轻轮轨的垂向及横向动载荷也有所帮助，适用于高速机车。组合传动也称为单电机转向架，这种传动方式虽然结构复杂，但牵引电动机功率大，经济指标高，是值得注意的发展方向。

牵引电动机（尤其是采用抱轴式悬挂的脉流牵引电动机），其工作条件极为困难，主要特点是：使用环境恶劣、外形尺寸受限、动力作用大、换向困难、负载分配不均等。为适应机车运行的需要，对牵引电动机提出了一些基本要求。

电机的定额是由电机制造厂规定的电机全部电量和机械量的数值，表明了电机的工作特点及工作能力，是应用部门正确使用电机的依据。

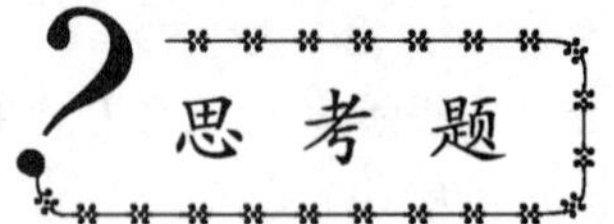


1. 机车电传动系统按所采用的电流制不同分为哪几类？各有哪些优缺点？
2. 个别传动的牵引电动机有哪几种悬挂方式？各有哪些优缺点？
3. 牵引电动机的传动方式有哪几种？各有哪些优缺点？
4. 牵引电动机工作条件的主要特点有哪些？

# 第二章　直流牵引电动机

实现电能与机械能相互转换的电工设备总称为电机。其中把机械能转换成电能的设备叫做发电机,把电能转换成机械能的设备叫做电动机。现代生产机械绝大部分都是用电动机来带动的。电动机具有性能良好、使用维护方便、控制灵活、效率高、经济性能好等一系列优点。

电动机的种类很多。按照用电性质的不同可以分为直流电动机和交流电动机两大类。这两种类型的电动机还可以根据它们的结构、性能特点或励磁方式的不同再进行分类,如图 2-1 所示。

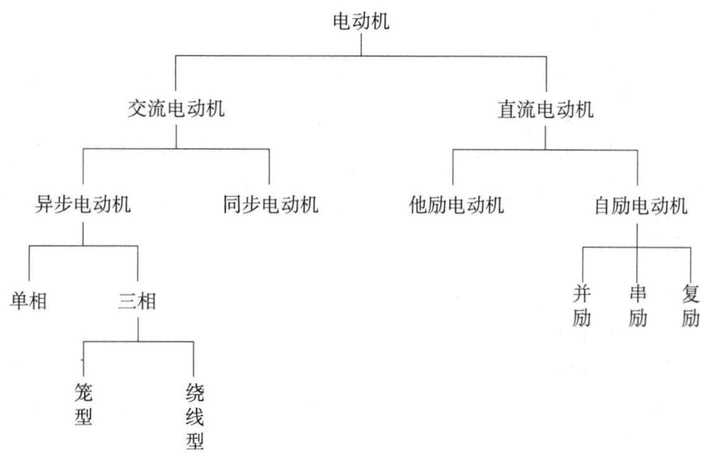


图 2-1　电动机的分类

直流电动机调速容易,由于励磁方式的不同而具有不同的工作特性,其具体工作见后面各节。

交流电动机与直流电动机相比,具有结构简单、价格便宜、工作可靠、使用维护方便等优点,因此被广泛使用,成为工农业生产中使用最多的一种电动机。其具体工作见本书第三章所述。

## 第一节　直流牵引电动机的工作原理

直流电机是直流电能和机械能相互转换的旋转电机之一,是直流发电机和直流电动机的总称。将机械能转换为直流电能的电机称为直流发电机;将直流电能转换为机械能的电机称为直流电动机。直流发电机可作为各种直流电源;直流电动机具有调速范围宽广、较强过载能力和较大启动转矩等特点,广泛应用于对启动和调速要求较高的生产机械,如电力机车、内燃机车、工矿机车、城市电车、电轧钢机等的拖动电机。

直流电机具有可逆性，既可作直流发电机使用，也可作直流电动机使用；在机车上使用时可以根据工况的不同而起不同作用。牵引工况时，作电动机使用，从电源获得电能，转变为机械能，使机车产生牵引力。在电阻制动工况时，作发动机使用，由机车动轮带动，产生制动转矩，形成制动力。

目前，在交—直流电力传动装置中，广泛采用直流串励电动机作为驱动机车车辆的牵引电动机，它的工作原理与一般直流串励电动机相同。

直流牵引电动机主要由静止的定子和旋转的电枢(转子)两大部分组成。定子的作用是产生磁场、提供磁路和作为电机的机械支撑，它由主磁极、换向极、机座、端盖及轴承等部件组成。电枢是用来产生感应电势和电磁转矩从而实现能量转换的主要部件，它的组成部分有：电枢铁芯、电枢绕组、换向器和转轴等。电枢通过轴承与定子保持相对位置，使两者之间有一个空气隙。此外，直流牵引电动机还有一套电刷装置，电刷和换向器接触，使电枢电路和外电路相连。图 2-2 和图 2-3 为直流电动机横向和纵向剖面图。

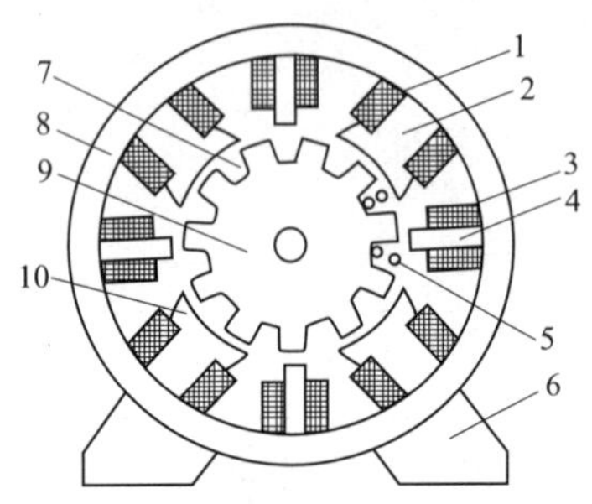


图 2-2　直流电机横向剖面图

1—主极线圈；2—主磁极；
3、4—换向极线圈和换向极；5—电枢绕组；
6—底脚；7—电枢槽；8—机座(磁轭)；
9—电枢铁芯；10—极靴

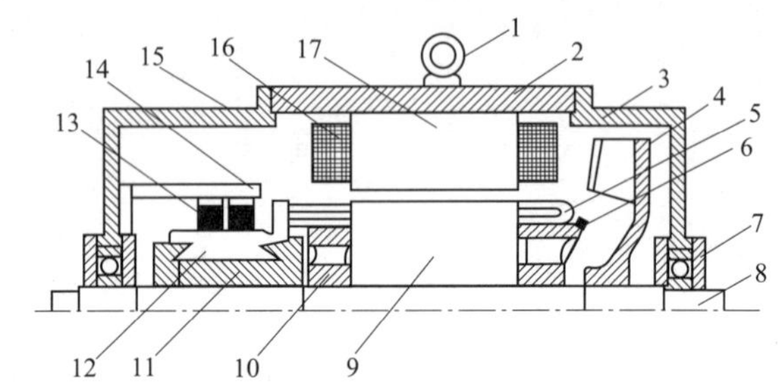


图 2-3　直流电机纵向剖面图

1—吊环；2—机座；3—端盖；4—风扇；5—电枢绕组；
6—后压圈；7—轴承；8—转轴；9—电枢铁芯；10—前压圈；
11—换向器压圈；12—换向器；13—电刷；14—刷握装置；
15—前端盖；16—主极线圈；17—主极铁芯

直流电动机的工作原理如图 2-4 所示。先向定子上的主磁极绕组中通入直流励磁电流，使之建立主磁场。图 2-4 中 A 和 B 为静止的电刷。通过换向器与电刷的滑动接触，将线圈接至电压为 $U$ 的直流电源上，此时电枢线圈中将流过直流电流，该电流经正电刷 A 和 N 极下的导体流入，而经过 S 极下的导体和负电刷 B 流出。根据电磁力定律可以看出，线圈导体所受到的电磁力 $f_x$ 在电枢上构成了一个单方向的转矩 $M_x$(称作电磁转矩)，从而驱动电枢转动，这就是直流电动机的工作原理。显然，当电刷 A、B 与电源正负极之间的连接对换时，或改变磁场的方向即励磁电流的方向，线圈中的电流及导体所受的电磁力都将反向，电枢将反向旋转。如果在建立主磁场后，由原动机拖动则为发动机工况；此时，转子转动，在导体中产生感应电动势，接通负载，输出直流电。

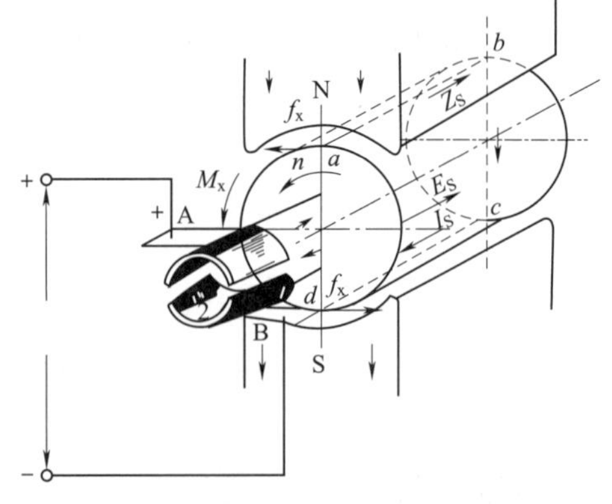


图 2-4　直流电动机的工作原理

在实际的直流电动机中，电枢上都不只有一个线圈，而是有许多个线圈牢固的嵌放在转子铁芯槽中。图 2-5 表示一台由 8 个线圈组成的直流电动机，这 8 个线圈均匀地绕在圆筒形的铁芯上(称为环形绕组)。换向器则由 8 个互相绝缘的换向片组成，每个线圈的两个有效边分别接到相邻的换向片上，如图 2-5(a)所示。所有线圈通过换向片连接起来构成了一个闭合的绕组，两个电刷装在磁极之间的中性线上，可见两个电刷将闭合的绕组分成了两个并联的支路，如图 2-5(b)所示。

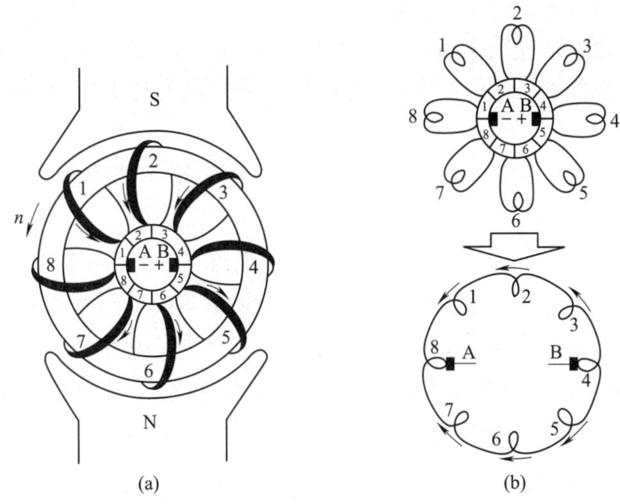


图 2-5　具有 8 个线圈的直流电动机

当电动机由电源得到电能时，如果每根导体中流过的电流(即支路电流)为 $i_S$，导体所在处的主极磁通密度为 $B_S$，则在该导体的有效长度 $l$ 上所产生的电磁力为：

$$f_x = B_S l i_S \tag{2-1}$$

由于主极磁场磁力线均系垂直进入电枢表面，而导体沿轴向布置，根据左手定则可见电磁力的方向和切线方向直径用 $D_S$ 表示，那么所产生的电磁转矩为：

$$M_x = f_x \frac{D_S}{2} \tag{2-2}$$

电机总的电磁转矩 $M$ 是电枢绕组各导体上的电磁转矩的总和。由于电机气隙(磁场表面)磁场的实际分布是不均匀的，所以磁极表面各处的每根导体上的电磁力和电磁转矩大小各不相等，取磁通密度的平均值 $B_P$ 来计算每根导体所受的平均电磁力，即：

$$F_P = B_P l i_S \tag{2-3}$$

每根导体在平均电磁力的作用下产生的电磁转矩即为：

$$M_P = F_P \frac{D_S}{2} = B_P l i_S \frac{D_S}{2} \tag{2-4}$$

如果电枢上导体的总数为 $N$，则电机总的电磁转矩为：

$$M = M_P N = B_P l i_S \frac{D_S}{2} N \tag{2-5}$$

主磁极下的平均磁通密度 $B_P = \dfrac{\Phi}{\dfrac{\pi D_S l}{2P}} = \dfrac{2P\Phi}{\pi D_S l}$，其中，$P$ 为电机的磁极对数，$2P$ 则为磁极

数，$\Phi$ 为每极磁通量，$\frac{\pi D_S l}{2P}$ 为与每个磁极相对的电枢表面积。又如果电枢总电流为 $I_S$，电枢绕组有 $2a$ 条并联支路，那么每一条支路中的电流为 $i_S=\frac{I_S}{2a}$，故

$$M=\frac{2P\Phi}{\pi Dl}\cdot l\cdot\frac{I_S}{2a}\frac{D_S}{2}N=\frac{PN}{2\pi a}\Phi I_S=C_m\Phi I_S \tag{2-6}$$

式中 $C_m=\frac{PN}{2\pi a}$ 为决定于电机结构的常数，称为转矩常数。

由式(2-6)可见，对已制成的电机，其电磁转矩的大小与电枢电流成正比，与每极磁通量成正比。在电动机中，电磁转矩是拖动转矩，它克服负载的阻力转矩(负载转矩)，拖动负载旋转，向外输出机械功率。

在式(2-6)中，若磁通单位为 Wb，电流单位为 A，则转矩单位为 N·m。若将式(2-6)除以 9.81，转矩单位即为 kgf·m。

在直流电动机中，当接通直流电源后，如果电枢电流 $I_S$ 的方向如图 2-4 所示，根据左手定则判断，这时电枢将按逆时针方向旋转，也就是说电枢导体按逆时针方向在主磁场中运动，于是在导体中必然要产生感应电动势，根据右手定则，这个感应电动势 $E_S$ 的方向与电枢导体中电流方向相反，称为电枢反电动势。电源要向电枢输入电流，就必须克服反电动势的作用。

导体在磁场中运动时，导体中产生的感应电动势为：$e=B_S lv$ 。式中 $B_S$ 是该导体所在处的磁通密度；$l$ 是导体有效长度；$v$ 是导体运动速度，它可以用电枢转速来表示为：$v=\frac{\pi D_S}{60}n$ 。

同样，由于电机气隙各处的磁通密度并不相等，故在计算感应电动势的大小时，也采用平均磁通密度 $B_P$。于是，每根导体中的平均感应电动势为：

$$e_P=B_P lv \tag{2-7}$$

如果电枢绕组一条支路中串联的上导体数目为 $N/2a$，则在条支路中所产生的感应电动势为：

$$\begin{aligned}E_S&=e_P\frac{N}{2a}=B_P lv\frac{N}{2a}\\&=\frac{2P\Phi}{\pi D_S l}\frac{\pi D_S}{60}\frac{N}{2a}nl\\&=\frac{PN}{60a}\Phi n=C_e n\Phi\end{aligned} \tag{2-8}$$

式中 $C_e=\frac{PN}{60a}$ 为决定于电机结构的常数，称为电动势常数。

由电动势公式可以看出，对于已制成的电机电枢反电动势大小与每极磁通量成正比，与电机转速成正比。在电动势公式中，如果磁通的单位为 Wb，转速的单位为 r/min，则所得的电动势的单位为 V。

直流电动机是一种将电能转换为机械能的电磁设备。把电磁转矩 $M$ 和电枢反电动势联系起来，就可以看到实现电功率与机械功率转换的情况。

当电动机工作时，通过电磁转矩 $M$ 所传递的功率(称为电磁功率)为：

$$P=M\omega \tag{2-9}$$

式中(2-9)$M$以N·m来计算；$\omega$为角速率，以rad/s计算。已知$M=\frac{PN}{2\pi a}\Phi I_S$，并将式中$\omega$用电机转速$n$表示为$\omega=\frac{2\pi n}{60}$，故可将上式进行变换：

$$\begin{aligned}P&=M\omega\\&=\frac{PN}{2\pi a}\Phi I_S\frac{2\pi n}{60}\\&=(\frac{PN}{60a}n\Phi)I_S\\&=E_S I_S\end{aligned}\tag{2-10}$$

式(2-10)表明，直流电动机的电磁功率又等于电枢反电动势与电枢电流的乘积，这部分功率不论从电的角度还是从机械的角度来看，都是由于电和磁的相互作用产生出来的。对电动机来说，$E_S I_S$是电枢从电源吸取的电功率，$M\omega$则是电动机带动电枢和负载旋转输出的机械能。对发电机来说，$E_S I_S$是发出的电功率；$M\omega$则是为克服制动转矩需输入的机械能。由于能量守衡，它们的值是相等的。

当电动机接通电源后，如果电枢电流$I_S$的方向如图2-6中所示，则电磁转矩$M$的方向为逆时针方向，电机旋转方向与电磁转矩方向相同。电磁转矩必须与空载阻力转矩$M_0$(由摩擦损耗和铁磁损耗等引起)和负载阻力转矩$M_Z$相平衡。故得电动机中转矩平衡关系为：

$$M_Z=M-M_0\tag{2-11}$$

式(2-11)说明电动机吸取电能在电机内产生电磁转矩后，其中的一小部分用来克服空载阻力转矩，其余主要部分就是电动机轴上输出的机械转矩，也就是与所带的负载阻力转矩相平衡的部分。由于$M_0$数值一般很小，当忽略$M_0$后，可以认为电磁转矩与负载阻力转矩相平衡，或电机输出的机械转矩即为电磁转矩。

当电动机运转后，电枢绕组中又产生电枢反电动势$E_S$，其方向与电枢电流$I_S$的方向相反，如图2-6所示。由电动机电路可见其电压平衡关系为：

$$U=E_S+I_S R_S\tag{2-12}$$

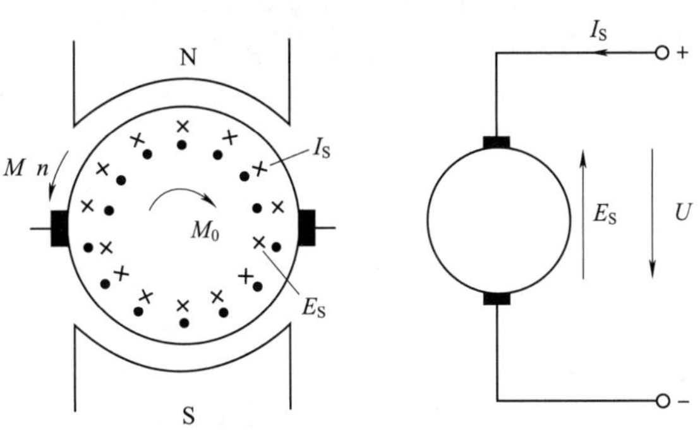


图2-6　电动机的转矩平衡关系及电压平衡关系

这就是电动机的电压平衡方程式。它说明加在电动机上的电源电压与电枢反电动势及电枢绕组电压降相平衡。由于电枢电阻$R_S$很小，电压降$I_S R_S$不大，电源电压主要与电枢反电动势相平衡。

由式(2-12)可以得出电动机电枢电流$I_S$的计算公式：

$$I_S = \frac{U - E_S}{R_S} \tag{2-13}$$

可见，当电源电压不变时，电动机电枢电流 $I_S$ 的大小主要决定于电枢反电动势的大小。反电动势愈大，电枢电流愈小。而电动机的转速又是决定电枢反电动势大小的重要因素。例如在直流电动机刚接通电源的瞬间，电动机转速为零，电枢反电动势也为零，所以电枢电流很大。当电动机转速逐渐增加时，电枢导体切割主磁通的速率增加，电枢反电动势也跟着增加，结果电源电压与反电动势的差值降低，电枢电流减小。反之，当电动机的转速降低时，电动机电枢反电动势减小，结果电源电压与反电动势的差值增大，电枢电流增大。

当电动机的稳定运行状态遭到破坏(负载阻力转矩的变化或人为改变电动机的电源电压)时，电动机的转速、电枢电流、转矩都将发生变化，直至新的稳定状态时为止。例如，当负载阻力转矩增加时，原转矩平衡关系被破坏，阻力转矩大于电磁转矩，转速将下降，而转速的下降又破坏了电压平衡关系，于是电枢电流便增加，转矩也跟着增加，直到电磁转矩与负载阻力转矩相平衡，电机将重新稳定运行。在新的稳态运行条件下，电动机输出的机械转矩增大，而转速降低。

## 第二节　直流牵引电动机的结构

### 一、概　　述

在第一章中已阐明了牵引电动机的工作环境恶劣、工作条件差。因此，设计一台质量良好的牵引电动机不仅要保证在技术条件所规定的要求下具有优良的性能，还要确保运行可靠、结构简单、制造和维修方便、各项技术经济指标先进等。要做到安全运行，牵引电动机的结构应考虑下列几点要求：

(1)各零部件，尤其是受旋转离心力作用的部件必须具有足够的机械强度；

(2)各带电零部件都必须绝缘良好，保证一定标准的绝缘强度；

(3)尽量改善电机内部传热和散热能力，保证温升不超过国家标准所规定的数值；

(4)改善换向火花的措施，应保证电机运行时不超过规定的火花等级。

直流牵引电动机的基本结构和普通直流电动机是相似的，主要由定子和转子两大部分组成，在定子和转子之间有一定大小的间隙(称气隙)。定子的作用是用来产生磁场、提供磁路和作为电机的机械支撑，它包括主磁极、换向极、机座、端盖、轴承等。转子上用来产生感应电势和电磁转矩，实现能量转换的部分称为电枢，它包括电枢铁芯、电枢绕组、换向器。转子上还有转轴和风扇(对于独立通风的牵引电动机则没有轴上的冷却风扇)。引入或引出电枢电流的装置，称为电刷装置，静止的电刷装置固定在定子上。

图 2-2 和图 2-3、图 2-7 表示了直流电机的结构原理。必须指出，牵引电动机是装在机车转向架上，其结构还要考虑电机悬挂和传动方式。例如 ZQ800-1 型牵引电动机是抱轴式悬挂，其定子机座上还有抱轴油箱装置，抱轴油箱用来固定抱轴轴承，并为它提供油润滑。

### 二、定　　子

#### (一)机　　座

直流牵引电动机的机座一方面作为电机的导磁磁路，另外一方面又用作固定和支撑电机

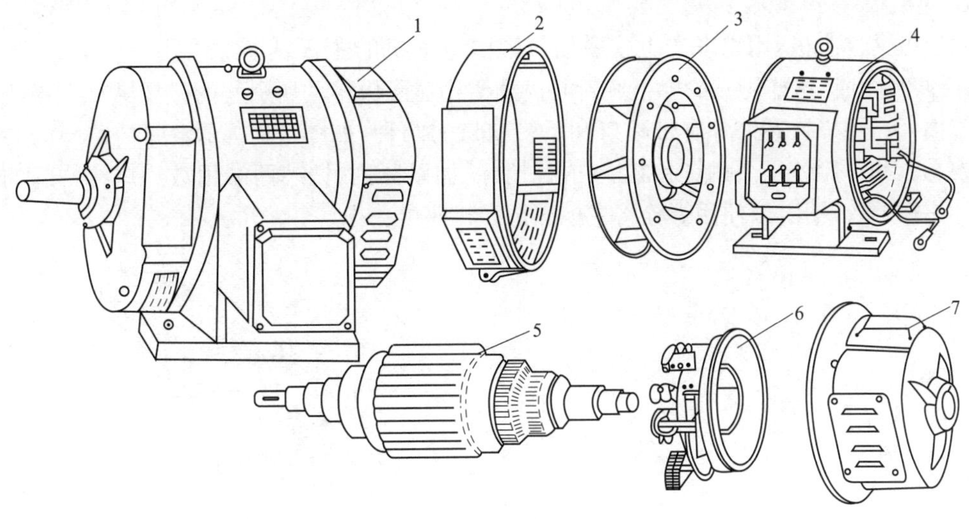


图 2-7　直流电机结构图

1—直流电机总成；2—后端盖；3—通风器；4—定子总成；5—转子(电枢)总成；6—电刷装置；7—前端盖

各零部件的外壳，故要求机座的材料要具有较高的导磁性能和良好的机械强度，同时机座结构应便于加工。机座一般由 ZQ25 铸钢制成，为了保证电机运行性能良好，不允许铸件中有小孔、气泡及大量的渣滓。在圆形机座中，为了加工方便、质量轻，有时用钢板焊接而成。现代牵引电动机，为了改善电机的换向，有时也采用叠片机座。

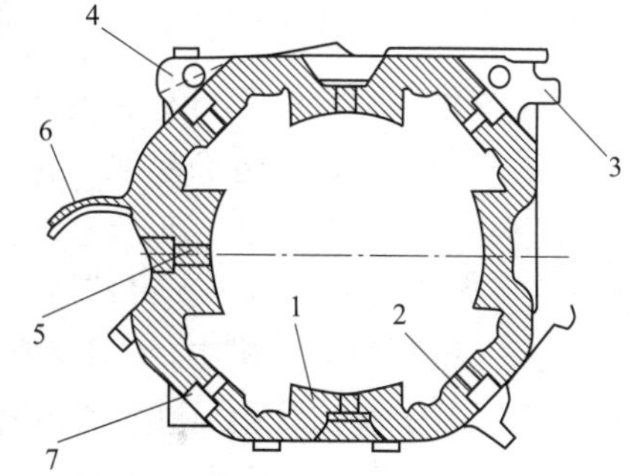


图 2-8　牵引电动机机座横剖面示意图

1—主极凸缘；2—换向极凸缘；3—悬挂鼻子；4—吊耳；5—主极螺栓孔；6—抱轴轴承座；7—换向极螺栓孔

牵引电动机的机座外形主要有两种形式，即多角形和圆形。图 2-8 表示 ZQDR-410 型牵引电动机八角形铸钢机座，图 2-8 中 1 和 2 为安装 4 个主极和 4 个换向极的凸缘。这种多角形机座结构的优点是可以合理布置磁极，例如图 2-8 的主极为垂直和水平方向布置，在相同的机座横向尺寸条件下，有较大的位置放置磁极线圈，因而可以有较大的电枢直径。另外，多角形机座能较好地利用机车车架下部的空间。但多角形机座加工工艺比较复杂。虽然圆形机座的空间利用率不如多角形机座，但圆形机座加工工艺简单。

对抱轴式机座而言，一侧为抱轴部，它与抱轴油箱相连；另一侧有吊杆或悬挂鼻子，用来将电机安装在机车转向架上，如图 2-8 所示。

机座两端有端盖，靠换向器端的为前端盖，另一端为后端盖，前后端盖中部都装有轴承，电动机的转轴就装在前后两个轴承内。

在机座靠换向器端的上方设有通风孔(进风口)和观察孔，观察孔用来对换向器、电刷装置进行观察和检查维修，为了防止灰尘、雨雪进入电机内部，观察孔盖装有密封衬垫。

### (二)磁　　极

磁极包括主磁极和换向极。每个磁极均由磁极铁芯和励磁线圈组成。

1. 主磁极

主磁极又称主极，用它来产生主磁场。牵引电动机的主极铁芯通常用 1～1.5 mm 厚的 B3 钢板冲制而成，这样可减少电枢旋转时齿和槽相对磁极移动所引起的磁场脉动在极靴表面的涡流损耗。主极铁芯冲片有带缺口和不带缺口的两种，如图 2-9 所示。图 2-9(c)为装好的主极铁芯。冲片用若干个铆钉和芯柱(或称拉杆)加以紧固，铁芯两端用数片焊在一起的端板压紧。芯柱上有螺孔，以便用螺栓将主极固定在机座上。

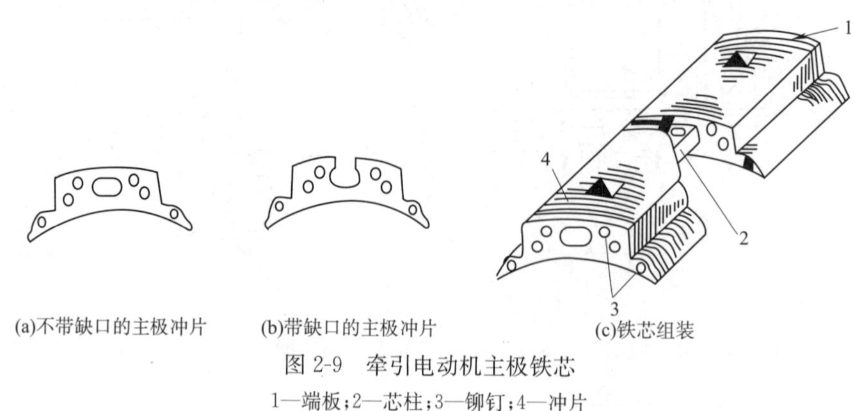


(a)不带缺口的主极冲片 (b)带缺口的主极冲片 (c)铁芯组装

图 2-9 牵引电动机主极铁芯

1—端板；2—芯柱；3—铆钉；4—冲片

主极铁芯较窄的部分称为极芯，截面扩大的部分称为极靴，极靴弧面的形状决定了主磁通和感应电势在空间的分布形状。在牵引电动机中，主极极靴弧面与电枢表面之间的气隙是不均匀的，在主极中心处气隙最小，在极尖处气隙最大，通常极尖处的气隙为中心处气隙的 2～3 倍，这样做的目的是为了获得较好的换向条件。

在某些牵引电动机中，为了克服电枢反应的影响，减少电机电位梯度及环火故障，在主极铁芯上安装了补偿绕组，这时，在主极冲片极靴部分冲有齿槽，槽内嵌放补偿绕组，并用槽楔固定，图 2-10 为有补偿绕组的主极装配图。补偿绕组的槽有径向槽和平行槽两种，经实践证明，其槽形与换向极平行的结构形式，可大大方便补偿绕组的嵌线工艺，例如 $SS_3$ 型电力机车上使用的 ZQ800-1 型牵引电动机。

对于脉流牵引电动机，为了改善脉流换向，给交流换向磁通提供磁路通道，使之少受机座实芯磁轭产生涡流的影响，在机座与主极、换向极之间设有磁桥，它由 0.5 mm 厚的电工硅钢片叠成，总厚一般约为 3 mm。磁桥沿机座圆周方向分为数段，在换向极铁芯中线处隔开，以限制主磁通的通过。这时，主极铁芯的固定螺栓要用绝缘包扎，固紧螺母下方也有绝缘垫圈，以免螺栓将磁桥短路形成涡流回路。

主极线圈的作用是建立主磁场，在牵引电动机中，主极线圈一般都用扁铜线绕制而成。绕制方法有两种，一种是平绕，另一种是扁绕。平绕又称宽边绕法，如图 2-11 所示，其特点是平绕适用于多匝线圈，且能分层绕制。由于分层绕制而使整个线圈呈阶梯状外形，故有利于绕组在机座内的布置，可以较好地利用空间，但这种绕制的线圈散热较差。为了改善散热条件，将线圈压成圆弧形，以便紧贴机座，得到良好的散热。ZQ800-1 型牵引电动机的主极线圈采用单层平绕。

扁绕也称窄边绕法，如图 2-12 所示。扁绕线圈散热好，绕制工艺较简单，线圈结构紧密，机械稳定性好，但扁绕的铜线在转角圆弧部分容易变形(外边变薄，内圆处变厚)，因此要有专用设备绕制。ZQDR-410 型牵引电动机的主极线圈即为扁绕。

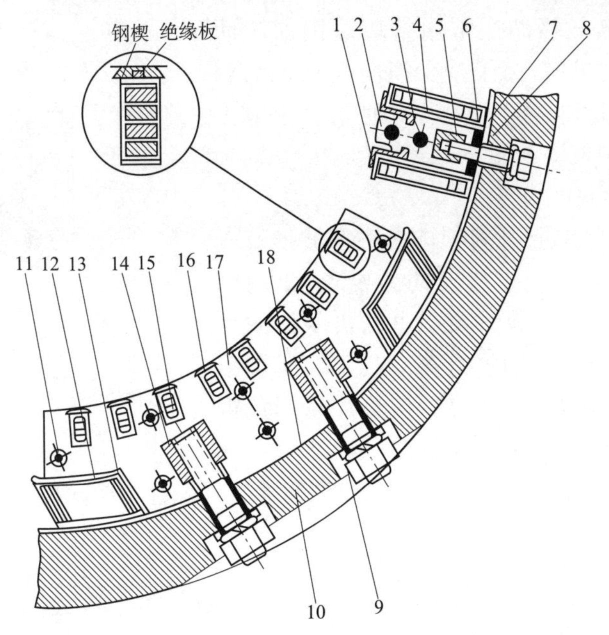


图 2-10　有补偿绕组的主极结构

1—支撑;2—换向极铁芯;3—铆钉;4——法兰;5—拉杆;6—换向极线圈;7—第二气隙垫片;8—调整垫片;9—绝缘套管;10—机座;11—铆钉;12—法兰;13—主极线圈;14—拉杆;15—补偿绕组;16—槽楔;17—主极铁芯;18—磁桥垫片

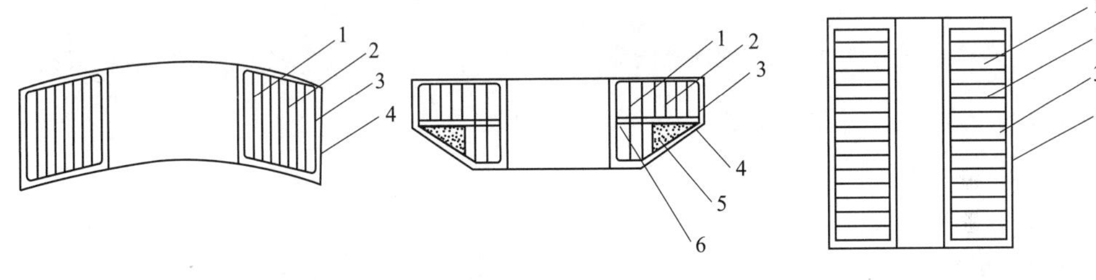

图 2-11　平绕线圈

1—线圈;2—匝间绝缘;3—对地绝缘;4—外包绝缘;5—填充材料;6—层间绝缘

图 2-12　扁绕线圈

1—线圈;2—匝间绝缘;3—对地绝缘;4—外包绝缘

为了方便外部连线,主极线圈的引出线做成两种形式:一种是交叉式,即引出线相互交叉,见图 2-13(a);另一种是开口式,见图 2-13(b)。在定子总装时,将这两种引出线的线圈交替排列,这样,从各线圈同一侧通入励磁电流,则沿机座内腔依次成为不同的极性。

2. 换向极

换向极又称附加极,其作用是产生换向磁场用来改善电机的换向,图 2-14 所示为换向极的结构。

换向极由换向极铁芯和换向极线圈组成。极芯的结构比较简单,其截面通常为矩形或 T 形。为了得到电机的良好换向性能,换向极和电枢之间的气隙较大,磁通密度较小。由于其

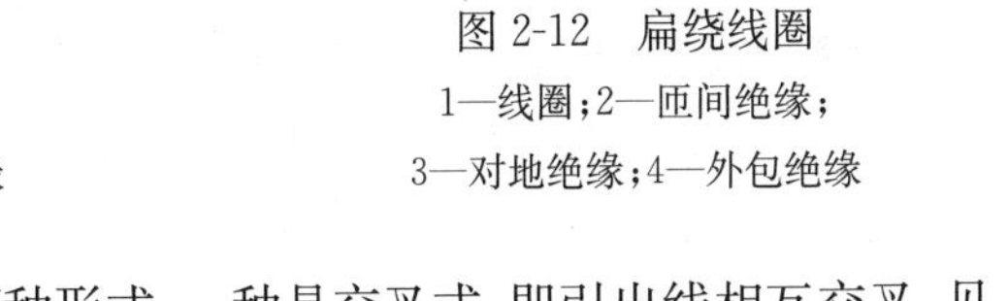

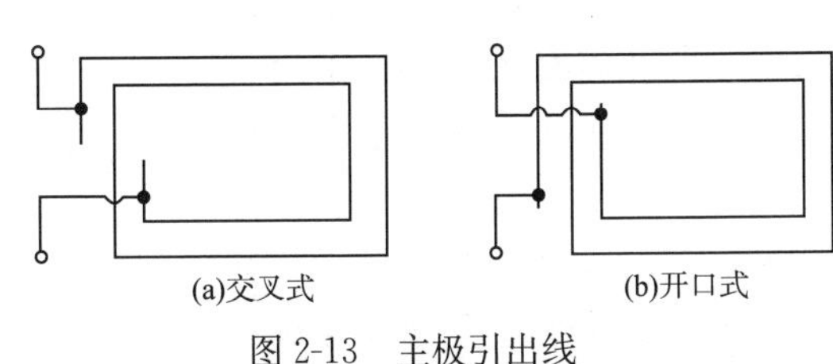


图 2-13　主极引出线

形状简单、磁密较小,故极芯通常用整块锻钢加工而成。在脉流牵引电动机中,为了减少换向极磁路的涡流和由此而引起的对换向不利影响,有时采用由电工硅钢片冲制的叠片制成。如图 2-15 和图 2-16 分别表示整块式和叠片式换向极铁芯。

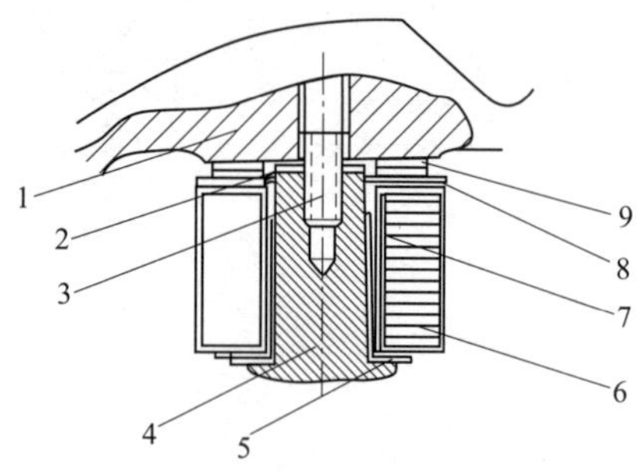

图 2-14　换向极结构简图

1—机座;2—第二气隙;3—换向极螺钉;4—换向极铁芯;5—外包绝缘;6—换向极线圈;7—绕组支架;8—第二气隙绝缘垫片;9—垫片

换向极极靴的形状和尺寸对换向极磁场波形及电机换向性能影响很大,应由电机换向的要求来设计。为了减小换向极的漏磁,以改善牵引电动机的换向性能,在换向极极芯和机座之间设有第二气隙。所谓第二气隙实际上是由非磁性垫片组成,该垫片可用黄铜片或绝缘布板制成,调整垫片的片数即可调节第二气隙的大小。换向极极靴表面与电枢圆周表面之间的空气隙称为换向极气隙或称第一气隙。

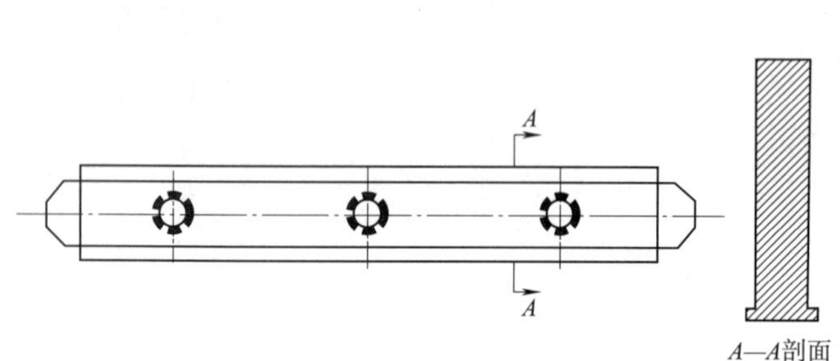

图 2-15　整块式换向极铁芯

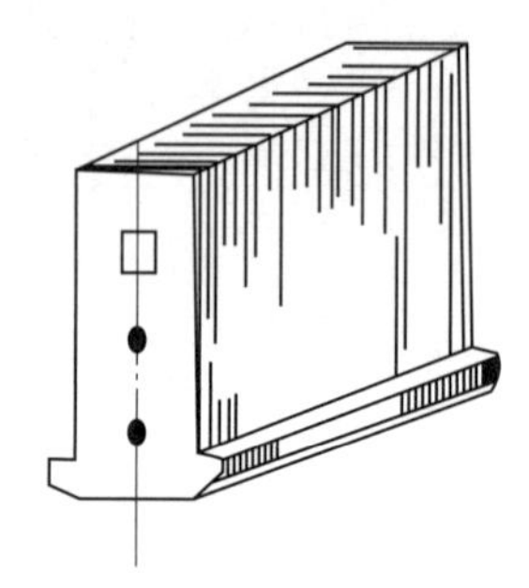
图 2-16　叠片式换向极铁芯

牵引电动机的换向极线圈通常都用扁铜线扁绕制成,线圈的绝缘结构和主极线圈相同。

(三)补偿绕组

补偿绕组放置在主极极靴部分的槽内,与电枢绕组串联,其作用是产生一个磁场来消除电枢反应对主极气隙磁通的畸变影响,使换向片片间电压分布均匀,减小电位梯度,从而可以使电机发生环火的可能性大为减少。

补偿绕组线圈的两边分别嵌于两个相邻主极的极靴部分的槽内。其结构有两种,图 2-17 为其中的一种,另一种线圈只是其边上的引出线在相反方向,其他结构完全相同。

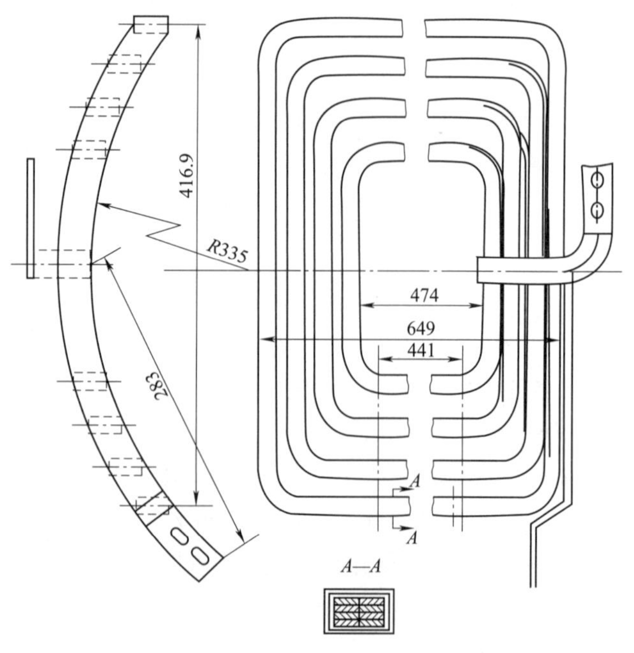

图 2-17　补偿绕组

通常不是把补偿绕组线圈嵌放

在主极极靴的径向槽中，而是嵌放在与换向极轴线平行的槽中，这样的结构无论是在电机制造还是在修理时，装配都非常简便。绕组用槽楔固定，为了加强补偿绕组抗电动力的变形刚度，在补偿绕组两端装有绝缘箍，将各补偿绕组端头箍成一体。

## 三、电　枢

### （一）转　轴

牵引电动机的转轴上安装电枢的所有零部件，轴伸部分用来安装传动小齿轮。转轴要承受扭转力矩和弯曲力矩，扭转力矩是电机将转矩传递给机车动轮轴引起的，而弯曲力矩是由电枢重力、电枢单边磁拉力和由于传递转矩而产生的反作用力共同引起的。牵引电动机转轴是工作条件最困难的电机零件之一，特别是抱轴式悬挂的电动机，除受上述各力的作用外，经常还受到非常严重的冲击负荷。因此，对转轴的机械性能要求很高，通常选用 35CrMo 锻钢制成，例如 ZQ800-1 电机的转轴，经过热处理后，其机械性能应能达到如下要求：

抗拉强度 …………………………………………………………… $\geqslant$735 N/cm$^2$

屈服强度 …………………………………………………………… $\geqslant$568.4 N/cm$^2$

延伸率 ……………………………………………………………………… $\geqslant$15%

相对断面收缩率 …………………………………………………………… $\geqslant$50%

抗冲击强度 ………………………………………………………… $\geqslant$78.41 N/cm$^2$

由于转轴承受疲劳应力，故其表面应光洁，表面粗糙度一般应不大于 1.6 μm，配合表面则要求 0.8 μm 或 0.4 μm。加工后的轴要经过探伤检查，不允许有裂纹存在。转轴的相应部分铣有键槽，以保证换向器和电枢铁芯定位。键槽应做成最小可能的深度和长度，不允许键槽有锐边。热套传动小齿轮的轴伸为圆锥形，锥度通常为 1∶10，并开有油沟，修理时可用油泵注油将小齿轮压出。齿轮热套后，轴端用挡板将小齿轮压紧。

### （二）电枢铁芯

电枢铁芯是电机磁路的一个组成部分，同时也是安装电枢绕组和承受电磁作用力的部件。牵引电动机普遍是有槽电枢铁芯（图 2-18），它在铁芯圆周上均匀地开有槽，槽内嵌放电枢绕组，当给电枢绕组通入直流电流时，它与主磁场相互作用而产生电枢的转矩。

当电枢转动时，电枢铁芯中会产生涡流和磁滞损耗。为了减少这种损耗，电枢铁芯通常由 0.5 mm 厚的彼此用漆膜绝缘的硅钢片叠压而成。牵引电动机电枢铁芯冲片如图 2-19 所示。

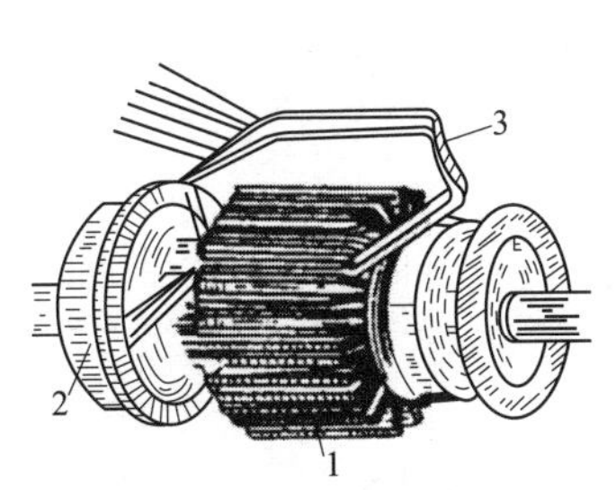


图 2-18　电枢铁芯

1—电枢铁芯；2—换向器；3—绕组元件

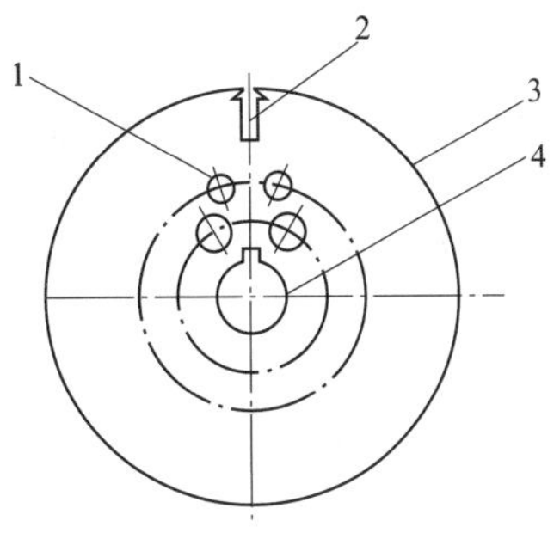


图 2-19　电枢铁芯冲片

1—通风孔；2—电枢槽；3—冲片；4—轴孔

冲片外圆上冲有电枢槽，以嵌放电枢绕组，中间冲有通风孔，构成电枢铁芯内部的轴向通风道，使铁芯内部也能通风冷却，以达到良好的散热目的。

电枢铁芯冲片上的电枢槽通常做成开口的矩形槽，这样可将预先制作成形的电枢线圈很方便地嵌入槽中，并用槽楔固定。为防止铁芯齿部松散，铁芯两端用稍厚的端板夹紧。

电枢铁芯在转轴上的安装为静配合，用键定位。在轴上压装的次序是先压装电枢后支架（或称后压圈），再压装电枢铁芯冲片，最后压装换向器。换向器套筒同时起到了电枢前支架（或称前压圈）的作用。可见整个电枢铁芯被前后支架压紧再牢牢地压装在转轴上。

（三）电枢绕组

1. 电枢绕组的基本概念

电枢绕组是直流牵引电动机的一个重要部件，它通过换向器和电刷与电源相连。当电枢绕组中有电流通过时，它与气隙主磁通相互作用产生电磁转矩来实现能量的转换。

嵌放在电枢铁芯槽中的线圈，按一定的规律和换向器上的换向片连接起来就构成了电枢绕组。按照绕组的不同连接方式，可以分成叠（单叠、复叠）绕组、波（单波、复波）绕组、蛙绕组、特殊绕组等型式。我们以牵引电动机常用的单叠绕组为例来讨论它的绕法和特点。

（1）绕组元件

电枢绕组由许多绕组元件组成。所谓绕组元件是指从一个换向片开始绕到所连接的另一个换向片为止的那一部分导线。它是绕组的一个最基本的单元，故称为绕组元件或简称元件。绕组元件有单匝和多匝两种，它们的形状如图 2-20 所示。元件的两端分别和两个相邻的换向片连接，它的两条直线边放在电枢铁芯槽内。元件在槽内的部分能够与主磁通相互作用产生转矩，叫做元件的有效边。元件在槽外的部分不与主磁通交链只起连接作用的称为端接，与换向片连接的端接叫前端接，与之相对的端接叫后端接。在牵引电动机中通常都采用单匝元件，且由扁铜线制成。

绕组元件在电枢槽中放置的情况如图 2-21 所示。绕组元件的一个有效边嵌放在一个槽的下层，叫做元件的下层边，另一边嵌入另一个槽的上层，叫做元件的上层边。相邻槽内放着另一个绕组元件的有效边，这样所有绕组元件依次嵌入槽内，直到填满所有的槽。可见，电枢铁芯的每个槽里都有两个元件的有效边分别放在上下层。

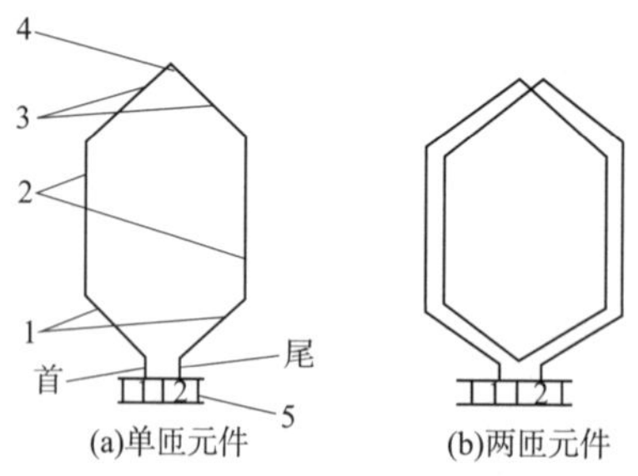


图 2-20 绕组元件

1—前端接；2—有效边；3—后端接；4—鼻部；5—换向片

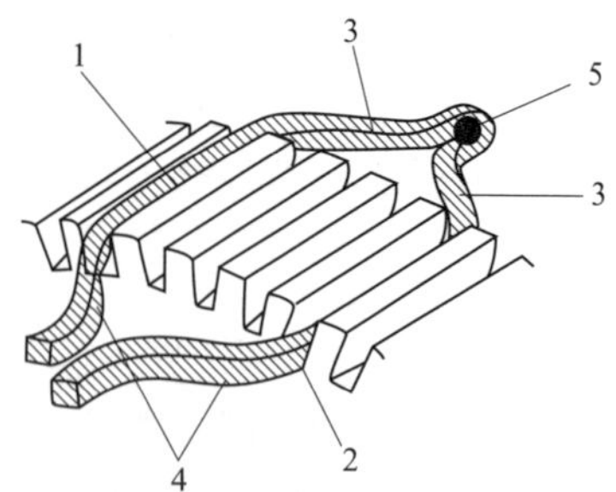


图 2-21 电枢线圈的嵌放

1—线圈上层边；2—线圈下层边；3、4—线圈端接；5—线圈的鼻部

绕组元件在槽中的放置有两种方式，即竖放和平放，如图 2-22 所示。由于竖放工艺较简单，在牵引电动机中被普遍采用，但竖放的导体高度不能过大，会使绕组中的附加损耗增加，不利于电机

换向。平放则可以克服这一缺陷，但平放元件和换向片连接时，需将元件放入换向片的导体头部压扁或扭转90°，使工艺复杂。

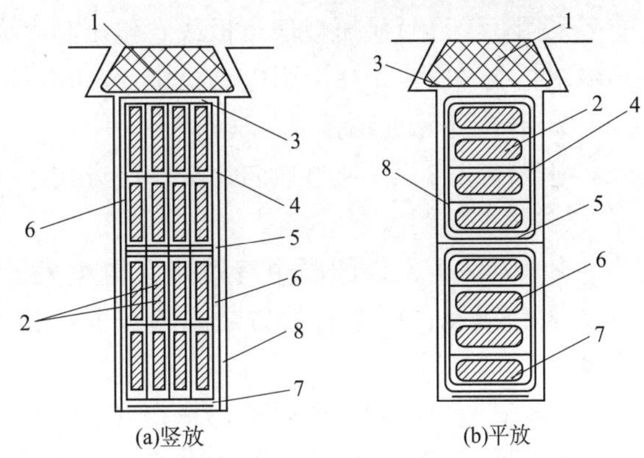


图2-22　绕组元件在槽内的放置

1—槽楔；2—绕组元件；3—衬垫；4—对地绝缘；5—衬垫；6—匝间绝缘；7—衬垫；8—外包绝缘

(2)实槽和虚槽

在电机中，每槽的上、下层各放两个、三个或一般说放 $u_S$ 个元件边，如图2-23所示每槽内每层安放三个元件边的绕组。电枢铁芯上嵌线的槽称为实槽，每个实槽内上、下两个元件边所占的位置看成是一个虚槽。图2-23中所示的绕组，三个元件的上元件边在同一槽内的上层，而三个下元件边也同在另一个槽内的下层，所有的元件几何尺寸都相同，称为同槽式绕组。在生产实际中，为了制造方便，嵌线时常把几个元件包扎在一起嵌在同一个槽中，比较省工，这些元件所构成的整体叫做线圈。嵌线之前先将电枢线圈制作成形，故嵌线时工艺简化，对改善每个绕组元件的绝缘质量也十分有利。

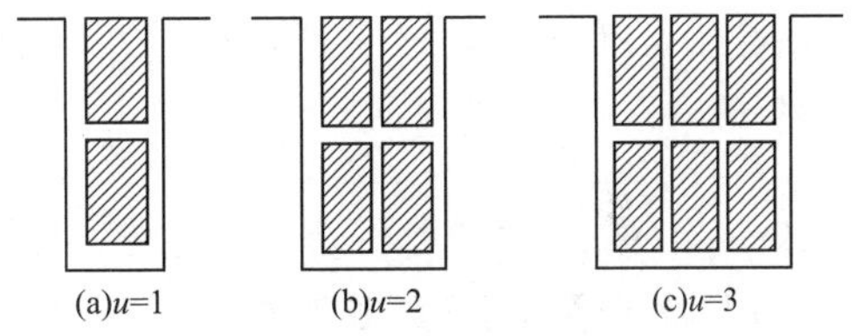


图2-23　实槽与虚槽

在电机中，绕组总的元件数用 $S$ 表示，换向片数用 $H$ 表示，实槽数用 $Z$ 表示，虚槽数用 $Z_{XU}$ 表示，它们之间的关系为：

$$Z_{XU}=u_S Z \tag{2-14}$$

式中 $u_S$ 为每实槽中的虚槽数。因为每个元件的两端接到两个换向片上，每个换向片和两个元件相连，因此绕组元件数 $S$ 和换向片数 $H$ 相等，即：

$$S=H \tag{2-15}$$

又因为每个虚槽有两个元件边，而每个元件均由两个元件边组成，所以虚槽数和元件数相等，即：

$$Z_{XU}=S \tag{2-16}$$

故得虚槽数 $Z_{XU}$、元件数 $S$ 和换向片数 $H$ 的关系为：

$$Z_{XU}=S=H \tag{2-17}$$

电枢绕组的绝缘结构在图2-23中也已标明，例如ZQ800-1型牵引电动机，它的每个电枢线圈有4个电枢元件，即由4根2.8 mm×9 mm的薄双玻璃丝HF薄膜导线合并而成。线圈的直线部分用0.14 mm×20 mm环氧粉云母带半叠包3次，用0.05 mm×20 mm聚酰亚胺薄膜半叠包2次，再用0.06 mm×20 mm玻璃丝带平包1次。端接部分用0.05 mm× 20 mm聚酰亚胺半叠包1次，再用0.06 mm×20 mm玻璃丝带平包1次。电枢槽内用0.05 mm聚酰亚胺薄膜作槽绝缘，槽底、槽楔下面和线圈上下层之间均垫入0.5 mm厚的341环氧层压玻璃布板，以保护线圈绝缘。

电枢绕组在槽内部分用槽楔固定，因为电枢旋转时，其圆周线速度最大可达60 m/s或者更高，绕组元件将受到很大的离心力作用，为了防止绕组甩出，电枢绕组的固定十分重要。目前多采用341环氧层压玻璃布板或卷包压制而成。对于绕组端接部分，同样受离心力作用，也必须用扎线来固定。在牵引电动机中，绕组端接部分通常用热固性的无纬玻璃丝带来绑扎。

2. 单叠绕组的节距

电枢绕组各元件通过换向片按一定方式连接起来，它的连接规律是由绕组的节距决定的。

(1)第一节距 $y_1$

它表示一个元件的两个有效边在电枢表面上所跨过的距离，即绕组元件两个有效边之间的宽度，用所跨过的实槽数表示。

根据直流电机的工作原理，只有当绕组元件的一个有效边处于N极范围内，另一个有效边处于S极范围内时，元件中产生的感应电动势才最大，这就要求元件有效边之间的距离等于一个极距。在电枢表面上，相邻异性磁极的中心线之间的距离，叫做极距，用 $\tau$ 表示，如图2-24所示。而每个极距内的槽数为 $Z/(2P)$，故第一节距 $y_1$ 应等于或接近 $Z/(2P)$。

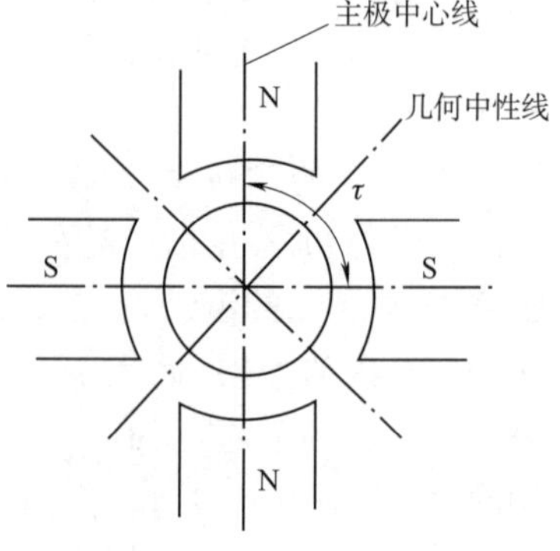

图2-24　电机的极距

$$y_1 = \frac{Z}{2P} \mp \varepsilon = \text{整数} \tag{2-18}$$

其中 $\varepsilon$ 是使 $y_1$ 凑成整数的一个分数。若 $y_1 = Z/(2P) =$ 整数，此时绕组为整距绕组；当 $y_1 < Z/(2P)$ 时，这种绕组就称为短距绕组；$y_1 > Z/(2P)$ 时，称为长距绕组。这两种绕组都可以改善电机的换向，由于短距绕组端接较短，可以省铜，所以一般都采用短距绕组，如图2-25所示。

(2)换向片节距 $y_H$

它表示每一个元件的首端和尾端所连接的两个换向片之间在换向器表面上的距离，用所跨的换向片数来表示。单叠绕组的特点是 $y_H = 1$，即每一个元件的两个线端分别接到两个相邻的换向片上。如果 $y_H = +1$ 则绕组向右移，称为右行绕组，参看图2-26(a)，如果 $y_H = -1$，绕组向左移，称为左行绕组，如图2-26(b)所示。由于左行绕组每一元件接到换向片的两根端接线互相交叉，用铜较多，所以单叠绕常采用右行绕组。

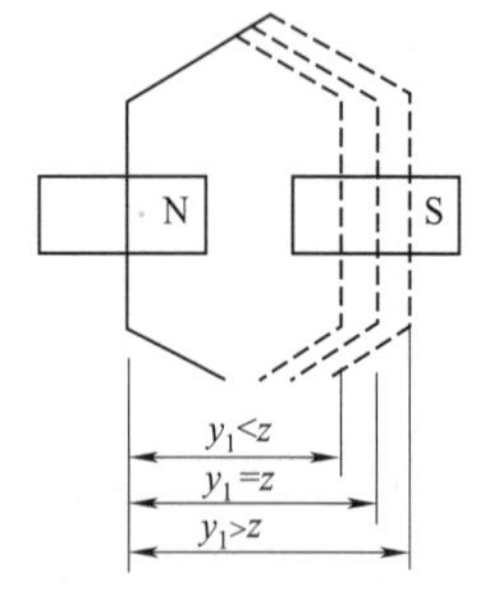

图2-25　单叠绕组的第一节距

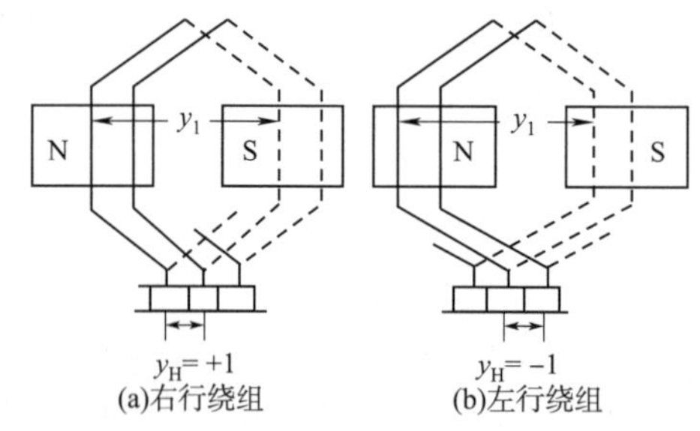

图2-26　单叠绕组与换向片的连接

(3)合成节距 $y$

是指相连接的两绕组元件的对应边在电枢表面上的跨距。用跨过的换向片数表示，如图2-27所示。

(4)第二节距 $y_2$

是指接在同一换向片上的两个元件边在电枢表面上的跨距。用跨过的换向片数表示，如

图 2-27 所示。

3. 单叠绕组的绕法和展开图

单叠绕组的连接方法是把第一个元件的下层边与第二个元件的上层边通过换向片连接在一起，并且第二个元件就在第一个元件相邻的槽内，如图 2-28(a)所示，槽内导体与换向片之间的连接线就表示了上述这种连接方式，其中实线表示绕组元件上层边与换向片之间的连接线，虚线表示元件下层边与换向片之间的连接线。按照这个次序连接下去，最后一个元件下层边与第一个元件的上层边通过最后一个换向片连接成闭合回路。可见每个换向片上都连接着两个绕组元件的端头，即一个元件的始端和一个元件的尾端。

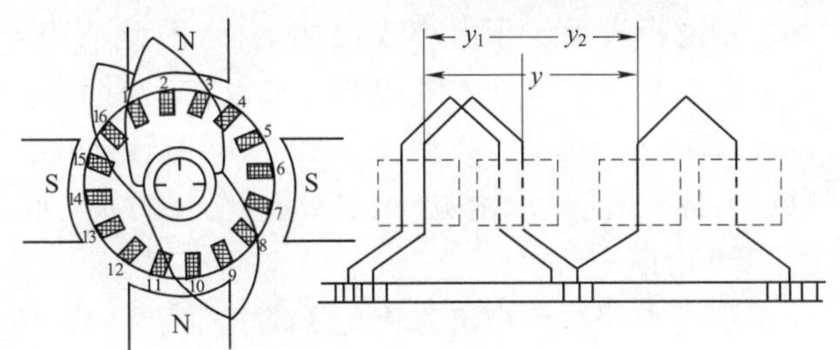

图 2-27　单叠绕组连接规律示意图

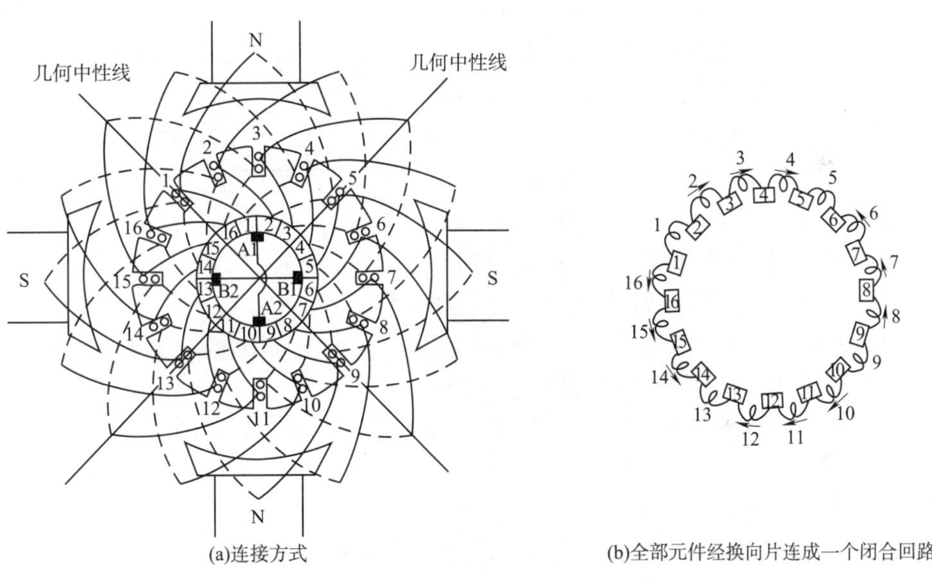

图 2-28　单叠绕组的连接方式

图 2-28 是一个单叠绕组的绕组连接图，在这台电机中，电枢槽数 $Z=16$，极数 $2P=4$，换向片数 $H=16$，第一节距 $y_1=Z/(2P)=4$，即每个绕组元件的上层边和下层边之间应相隔四个槽的距离。按照单叠绕组的连接方式，1 号元件的上层边在第 1 槽，下层边应在第 5 槽。按照这个规律，2 号元件的上层边应在第 2 槽，下层边应在第 6 槽……依次排列下去，最后一个 16 号元件的上层边在第 16 槽，下层边应在第 4 槽。每个元件的两条有效边分别位于相邻的异性磁极下，每个元件的两个端头接在两个相邻的换向片上，如 1 号元件的两端接在 1、2 两个换向片上；2 号元件的两端接在 2、3 两个换向片上……依次连接，16 号元件的两端接在 16、1 两个换向片上。这样 16 个绕组元件就通过换向片相连接形成一个闭合回路，图 2-28(b)就是这个绕组的电路图。

这种绕组图看起来整体概念较强，但是画起来很麻烦，因此往往采用绕组的展开图来分析绕组，如图 2-29 所示。展开图是把电枢表面沿轴向剖开而展开成一个平面的绕组连接图。图

2-29 中磁极表示位于电枢表面的上面，因此 N 极的磁力线的方向是进入纸面的。磁极在圆周上的位置必须是对称的。按照图 2-29 示电枢转向，可以定出各磁极下面元件边中的感应电势的方向，如图 2-29 中箭头所示。

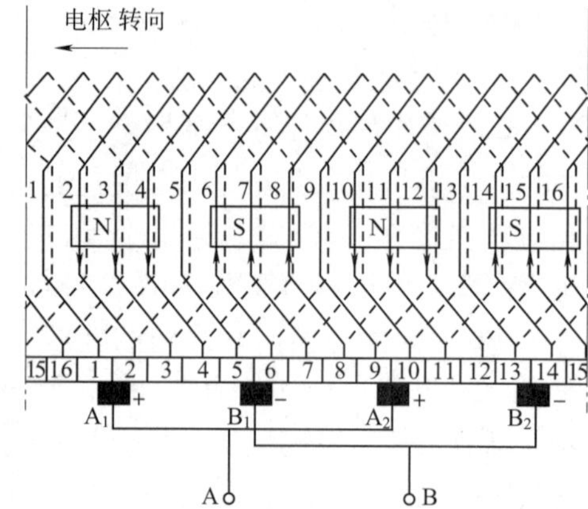


图 2-29　单叠绕组的展开图

4. 单叠绕组电刷位置和支路数

电枢绕组中的感应电势是靠电刷和换向片引出到外电路中来的。对电动机来说，则是通过电刷将电流引入电枢绕组。电刷所放的位置应该是使两个电刷之间能够得到的电动势最大。而电动势方向相同的元件串联时，就可以得到最大的总电动势。由图 2-28(b)中各元件电动势的方向可以看出，电刷应放在 2、3、4 号元件串联电路的两端，因为这 3 个串联元件中电动势方向相同。同理 6、7、8 号元件串联电路的两端，10、11、12 号元件串联电路的两端和 14、15、16 号元件串联电路的两端，都是放置电刷的合适位置如图 2-30 所示。从图 2-30 中可以看出，4 个电刷将 16 个串联成一闭合回路的元件划分成 4 条支路，每条支路内的元件电动势方向相同。将同极性的电刷连接起来，就形成与外电路相连的两个极 A 和 B。

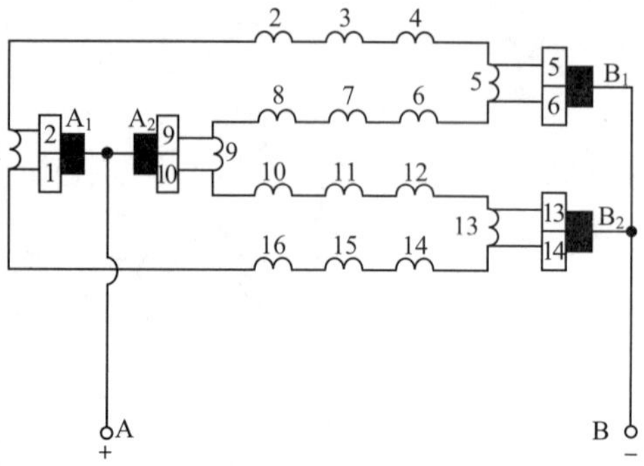

图 2-30　单叠绕组中的电刷位置和支路

由于单叠绕组中，一个磁极下的绕组元件组成了一条支路，所以电枢绕组被电刷分成的支路数等于磁极数。在前述例中，$2P=4$，故电枢绕组有 4 条并联支路，如果极数增加时，并联支路数也跟着增加。因此单叠绕组的特点是电枢绕组的并联支路数等于电机的极数，即：$2a=2P$，式中 $a$ 是并联支路对数。

由图 2-28 和图 2-29 可见，1、5、9、13 号元件在图示的瞬间被电刷短路，它们的有效边正好都处在磁极的几何中性线上，不切割主磁通，所以感应电动势为零。当电枢沿着图示方向旋转时，在被电刷短路的瞬间，这些绕组元件的有效边将从一个磁极下转入另一个磁极下，该电枢元件从一个并联支路转入另一个并联支路，元件中的电流方向就要跟着改变，这个过程称做“换向”。换向问题是直流电机的一个十分重要的问题，对牵引电动机来讲尤其重要，它直接影响着电动机的正常工作和电机的极限容量。

5. 单叠绕组的均压线

在理想情况下，各磁极下气隙大小及磁通量都相等，各支路的感应电动势也将相等，负载后电枢电流均匀地分配在各支路中。但实际上由于磁性材料的不均匀，各磁路磁阻可能不等，制造中由于装配不良而造成的偏差或者由于磨耗和变形造成的偏差，都会引起电机磁路不对称，各磁极磁通量不相等，以致单叠绕组各支路电动势不相等，使绕组内部出现环流，环流从电势高的支路通过电刷流到电势低的支路。由于绕组支路电阻和电刷接触电阻都很小，所以即使较小的电势不平衡也会产生相当大的环流。因此，电机负载后，各并联支路的电流将严重地不对称。此外，环流还将导致绕组过热而降低电机负载能力，加大电机损耗。更重要的是环流使流过电刷的电流加大，恶化了电机换向条件，很容易在电刷下面发生危害运行的火花。

为了在一定程度上消除环流的不良影响，可将电枢绕组中理论上具有等电位的各点用低电阻的铜线连接起来，使环流不再通过电刷而经过这些低电阻的导线流通，从而改善电机的换向条件。没有经过换向的环流为一交变电流，它本身就有平衡磁场的作用，从而使单叠绕组各支路电动势趋于均衡，故将这些低电阻的导线称为均压线。

由图 2-29 可见绕组元件 1 和元件 9 中的感应电势同相，与它们相连的换向片 1 和 9 是等电位点，同样换向片 2 和 10，3 和 11 也都是等电位点。把所有的等电位点都用均压线连接起，称为全额均压线。连接均压线的节距 $Y_j$ 应等于每一对极内的换向片数，即

$$Y_j = \frac{H}{P} \tag{2-19}$$

采用全额均压线时，均压线用铜量很大，而且电机的结构和制造都较复杂，因此在牵引电动机中，一般都不用全额均压线，而是在每一个实槽中接一根均压线，这样即可获得较好的效果。例如 ZQDR-410 牵引电动机共有 50 个实槽，其均压线也只有 50 根，均压线节距为 $Y_j = H/P = 200/2 = 100$，如图 2-31 所示为其均压线接线图。图 2-32 所示为均压线放置位置。

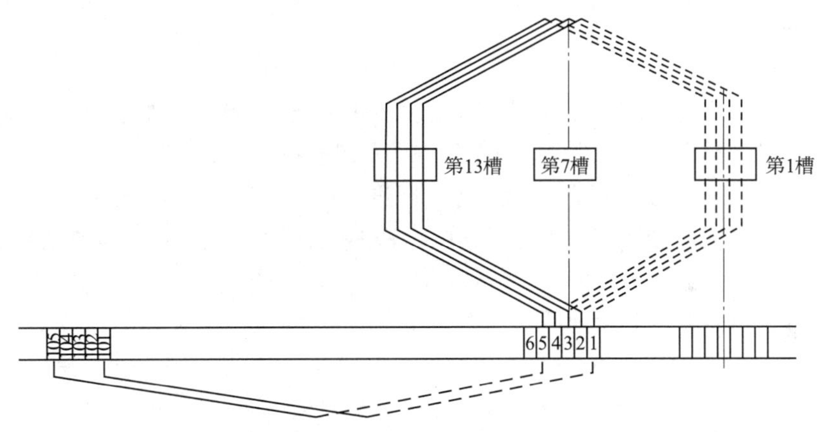


图 2-31 ZQDR-410 均压线接线图

(四)换 向 器

换向器是直流电机的重要而又复杂的部件，用以完成直流电和交流电的相互转换，它的工作好坏在很大程度上决定了电机运行的可靠性。

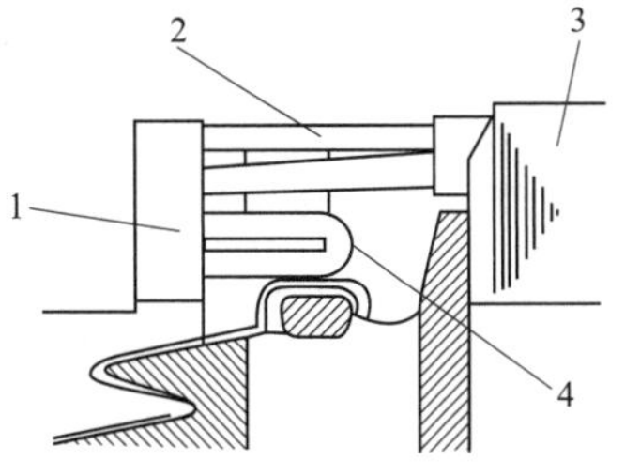


图 2-32 均压线放置位置

1—换向片；2—电枢绕组；3—电枢铁芯；4—均压线

换向器由许多梯形截面的紫铜片和厚度为 0.8～1.5 mm 的专用云母片相互隔片叠成圆筒形而组成，需采用收紧式的零件加以箍紧，以保证片间有一定的压力，在旋转离心力的作用下不能发生凸片，也不允许整体出现椭圆变形，它在高速旋转时的机械稳定性以及它表面氧化膜的状态，对电机的换向都会有很大影响，可见换向器也是直流电机中最薄弱的环节。

按不同的固定方式，换向器有环式、鼓式和拱式等多种结构。在现代牵引电动机中，几乎

全都采用拱式换向器，如图 2-33、图 2-34 所示。由两图可见，换向器的主要零部件包括换向片、云母片、V 形云母环、绝缘套筒、换向器套筒和压圈以及换向器螺栓等，这些零部件全部固定在换向器套筒上，换向器套筒再装配在电枢转轴上。

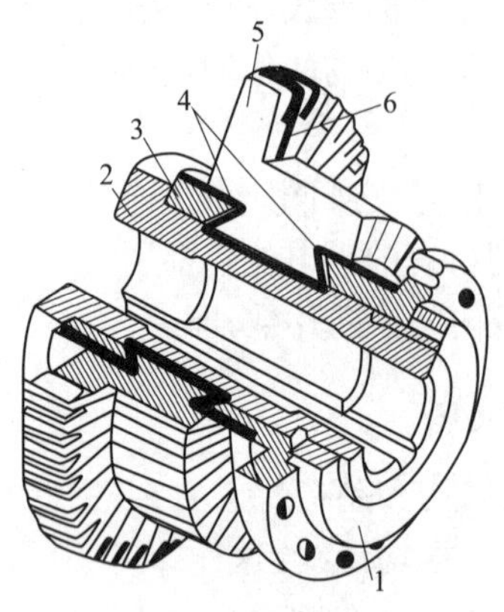


图 2-33　换向器

1—螺旋压圈；2—换向器套筒；3—V 形压圈；4—V 形云母环；5—换向铜片；6—云母片

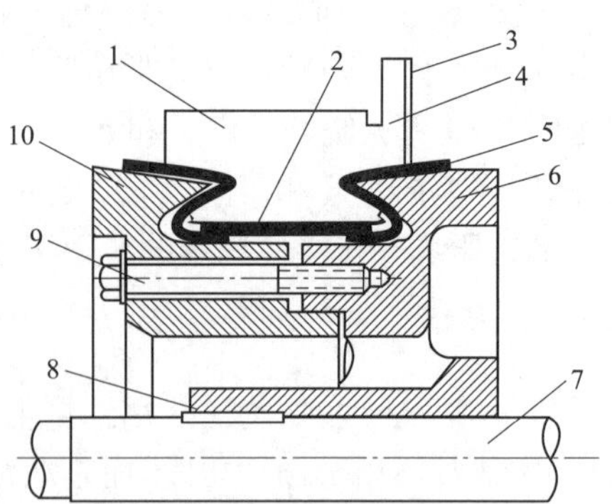


图 2-34　换向器结构图

1—换向片；2—绝缘套筒；3—云母片；4—升高片；5—V 形环；6—换向器套筒；7—电枢轴；8—键；9—换向器螺栓；10—压圈

在换向片和云母片排片成一圆筒形后，经过多次烘压，使换向片与云母片组成一体，然后在两端车削成燕尾形，再用换向器压圈、套筒和紧固螺栓将其压紧形成一个整体。在换向片与压圈及套筒之间，用 V 形云母环和云母绝缘套筒进行绝缘。整个换向器通过换向器套筒压装在电枢转轴上后，换向器套筒同时也起压紧电枢铁芯的作用。V 形云母环和绝缘套筒如图 2-35 所示。

牵引电动机在运用时，其换向器工作面必须光滑，表面粗糙度为 0.8 μm，以保证换向器与电刷的良好接触。换向器工作面直径的单边磨耗允许最大值为 8～15 mm，更换新电刷时，必须预先将电刷接触面磨成圆弧状，使其与换向器工作表面贴合。另外，在热态时，换向器工作表面的跳动量不得大于 0.04 mm。由于换向器铜片磨损比云母快，故在制造和修理时，必须将云母片下刻 0.8～1.5 mm，同时对换向片两侧和两端进行倒角，如图 2-36 所示。

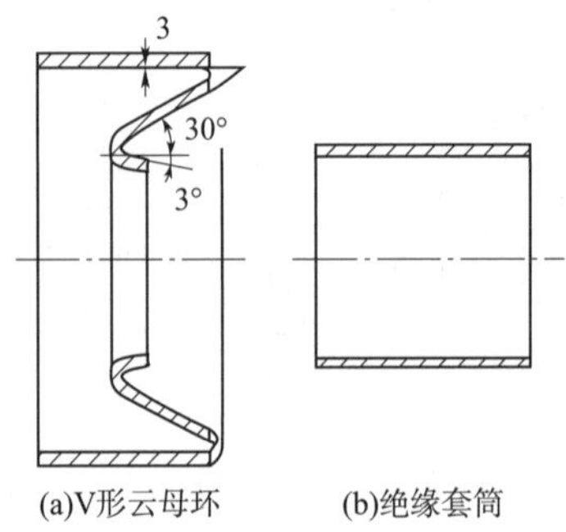


图 2-35　V 形云母环和绝缘套筒

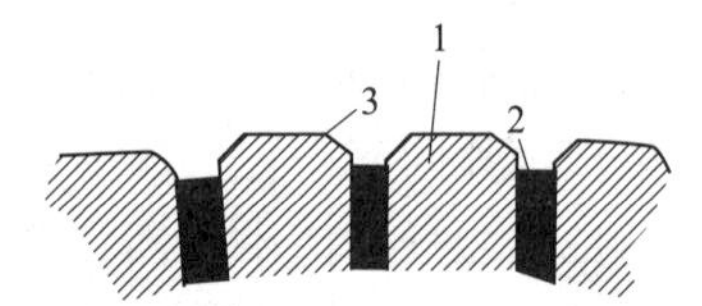


图 2-36　换向片倒角及云母示意图

1—换向片；2—云母片；3—倒角

为了提高牵引电动的耐弧和耐闪络性能，换向器前端云母环伸出部分的前压圈上也要作绝缘处理，可用无纬玻璃丝带绑扎，再粘贴 0.8 mm 厚的聚四氟乙烯板。

换向器紧固螺栓除了承受压装应力外，还要承受旋转时产生的离心力和热应力，故对其机械性能要求较高，通常用优质的 35CrMo 合金钢制成。

为了使换向器在运行中能经受住温度和转速不断变化的考验，装配好的换向器需经动平衡、耐压和超速试验，以确保安全运行。

## 四、电刷装置

牵引电动机在换向器端装有电刷装置，如图 2-37 所示，它的作用是使转动的电枢绕组与外电路连接起来。电刷装置由电刷、刷握、刷握架和刷杆组成。刷握又由刷盒、弹簧、压指等零件组成。电刷放在刷盒孔内，压指压在电刷上端，并通过弹簧作用使电刷压在换向器表面上，并具有一定的压力。整个刷握用螺栓固定在刷握架上，刷握架又固定在刷杆上，刷杆则安装在机座或刷架圈上。刷杆是绝缘体，它起着支持刷握又使刷握和机座之间相互绝缘的作用。

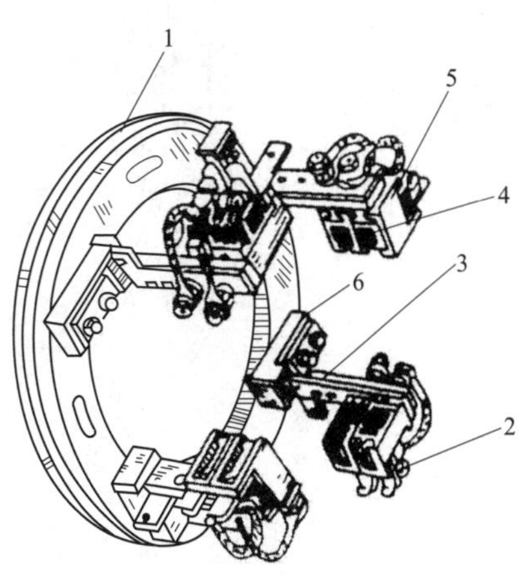

图 2-37　电刷装置

1—刷杆座；2—弹簧；3—刷杆；4—电刷；5—刷握；6—绝缘件

图 2-38 为 ZQ800-1 型牵引电动机的刷握装置。图 2-39为该电机电刷装置在刷架圈上的安装图。

在直流牵引电机中，电刷装置是一个十分重要的部件，它的结构和组装都有较高的要求，都会对电机的换向有很大的影响，因此必须严格安装，仔细调整。

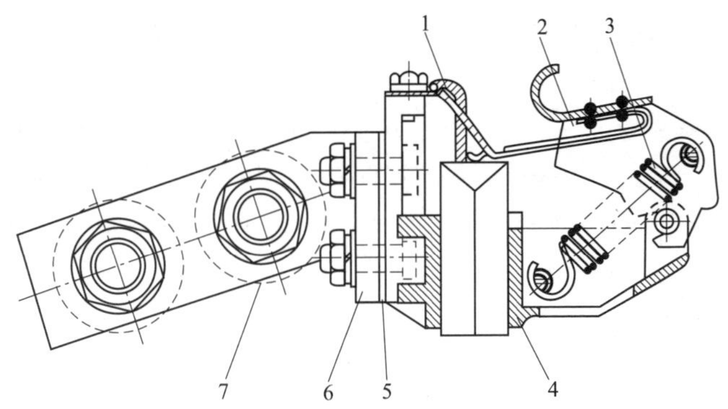

图 2-38　刷握装置

1—电刷；2—压指；3—弹簧；4—刷盒；5—调整垫片；6—刷握架；7—刷杆

### （一）电　刷

电刷是电机固定部分与转子之间互相导电的过渡接触零件，也是配合换向器完成电枢绕组元件电流换向的必要零件。

现代直流牵引电机对电刷提出了许多要求，电刷既要具有良好的换向能力，又要有足够的机械强度和耐磨性，还要对换向器的磨损小，另外还要求电刷具有良好的导电性能、较大的过

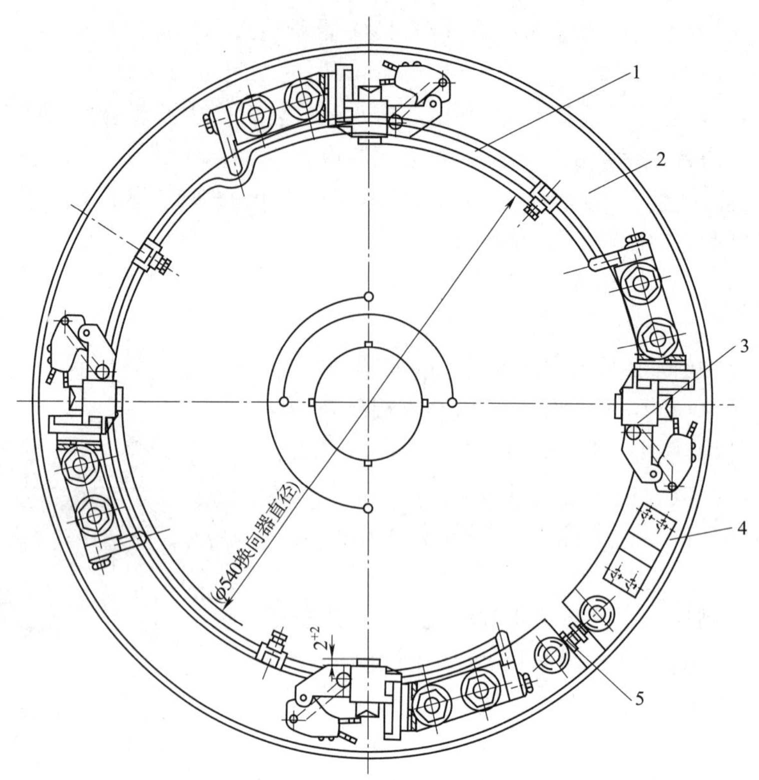


图 2-39　电刷装置安装图

1—连线；2—刷架圈；3—刷握装置；4—定位座；5—锁紧装置

载能力和高的工作电流密度等。这往往是相互影响又相互矛盾的，因此要权衡各方面的利弊，根据具体需要选择适当牌号的电刷。

ZQ800-1 型电动机的电刷为双分裂式石墨型电刷，牌号为 DS74B，其主要性能如下：

电阻系数……………………………………………… 45～75 $\Omega mm^2/m$

压入法硬度 ………………………………………… 18～35 $kg/mm^2$

一对电刷压降 ……………………………………………… 2.3～3.5 V

摩擦系数 ………………………………………………………… ≤0.25

额定电流密度 ……………………………………………… 12 $A/cm^2$

允许圆周速度 ……………………………………………………… 50 m/s

使用单位压力 ……………………………………… 1.96～3.92 $N/cm^2$

电刷尺寸…………………………………………… (2×12.5)×32×55 mm

(二)刷　　握

电刷放在刷握的刷盒孔内，电机运行中应能保证电刷在孔内上下自由活动，同时在电刷上要施加一个稳定而均匀的压力。

刷盒通常用硅黄铜铸成，刷盒与换向器表面的距离为 2～4 mm，为保证电机在两个旋转方向都有良好的换向，电刷与刷盒孔之间的间隙不能太大，一般为 0.05～0.24 mm。

电刷至刷握的导电连接线(俗称刷辫)的固定应予重视，如果该连接线固定不牢，则当电机运行时接触电阻显著增大，导致电流由压力弹簧和刷盒壁通过，引起弹簧退火、刷盒壁烧损、换向时火花增大等故障。

（三）刷　　杆

在牵引电动机中，通常由一个或两个刷杆将刷握架固定在机座或刷架圈上。刷杆一般用酚醛玻璃纤维和两个带螺纹的零件压制而成，表面套有聚四氟乙烯套，使刷杆表面耐电弧和闪络，并增强其表面抗污染能力。

综上所述，为了保证牵引电动机的良好换向，对电刷装置的要求是：

(1)刷握在换向器轴向、径向和切线方向的位置都能调节。轴向调节是为了保证电刷处与换向片平行；径向调节是为了保持刷盒底面与换向器表面的距离，距离过大会引起电刷跳动；切线方向的调节是为了保证电刷准确地处在主极中性线上，各电刷装置之间的不等分度一般不得超过 0.5 mm。

(2)电刷压力稳定均匀。弹簧压力在 0.4 MPa，各电刷压力差≤20%。

(3)刷架装置具有较高的机械强度并能承受冲击和振动。

(4)刷杆具有高介电强度，不因潮污而造成闪络和飞弧等故障。

## 五、电枢轴承和抱轴轴承

（一）电枢轴承

牵引电动机转子的转轴两端，由电枢轴承支承，前后两个轴承分别装在电机前后端盖中央，端盖将电机两端封闭。在牵引电动机中通常都采用滚柱轴承，它具有较大的承载能力，且装拆也方便。

电枢轴承除了要承受径向负荷外，还要承受机车在道岔及曲线上运行时，由于电枢的轴向振动所产生的轴向负荷。因此，在单边传动的牵引电动机中，一般其传动侧采用导向轴承，而换向器侧用止推轴承，由它承受轴向负荷。例如 ZQDR-410 型牵引电动机，它是单边传动方式，其传动端和非传动端分别采用 8G32426T 和 8G92417T 滚柱轴承，轴承腔内填充 3 号锂基润滑脂。对双边传动的牵引电动机，通常采用两个单向止推轴承，对称向两个不同方向安装在轴上。如采用双边斜齿轮传动，因所有轴向力都在斜齿轮上被抵消，所以两边都可用导向轴承，例如 ZQ800-1 型牵引电动机为双边斜齿轮传动，每端各装有型号为 8E42328EHT 滚动轴承，轴承室内也是填以 3 号锂基润滑脂。

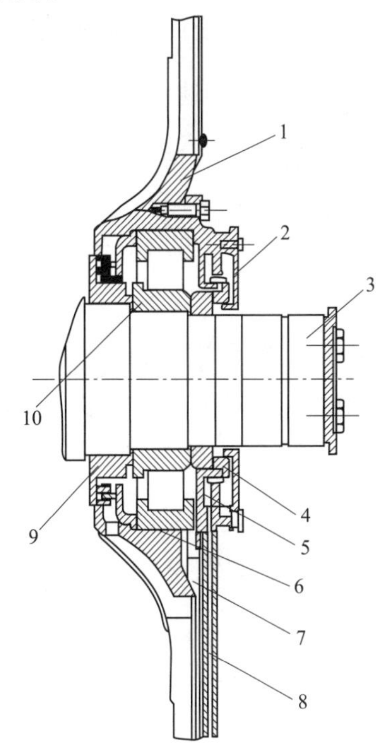


图 2-40　油封结构

1—端盖；2—盖板；3—转轴；4—封环；5—轴承盖；6—内轴承盖；7—排油管；8—注油管；9—内封环；10—轴承

电枢轴承两侧通常采用迷宫式油封。电机旋转时，由于转动部件特别是电枢绕组端接部分的抽风作用，使电机内部轴承室附近的气压低于大气压，这种负压作用会把齿轮箱内的润滑油吸入电机的轴承室，并进一步窜入电机内部，玷污电机，损害电机绝缘并使轴承发热。因此，电机油封的结构应能防止这种窜油现象的发生。例如 ZQ800-1 型牵引电动机为消除负压，在端盖 1 上设有 8 个通大气的孔。图 2-40 为该电机的后轴承油封结构，转轴 3 的轴伸上为压装传动小齿轮的部分，盖板 2 上设有回油孔，若齿轮油通过盖板与轴之间的间隙进入轴承盖内部时，可通过回油孔流回齿轮箱内。

（二）抱轴轴承

牵引电动机的抱轴轴承与机座的抱轴部分用螺栓连成一体，分滚动轴承和滑动轴承两种，滚动轴承安装在动轮轴上，由于它维护简单，将会大量采用。

滑动轴承有左右两副，每副轴承由上下两个半圆形轴瓦组成，轴瓦通常用锡青铜 ZQSn6-6-3 铸造而成，其内表面浇铸一层厚约 3 mm 的轴承合金（CuSnSb11-6）以增加轴瓦的耐磨性能。在下轴瓦上开有方孔，毛刷上的毛线和毛毡可穿过方孔靠弹簧压在机车轮轴上。储存在抱轴油箱内的润滑油通过毛线和毛毡的毛细管作用被吸到轮轴上，使轮轴得到润滑。这种润滑装置比较简单可靠，有较均匀的润滑作用，但须定期清洗毡垫上的污浊，防止轮轴磨损。还应根据季节不同选用不同牌号的润滑油，通常冬季用 HZ-23，夏季用 HZ-44。

为确保抱轴轴承有稳定可靠的润滑，有些牵引电动机设有副油箱。例如 ZQ800-1 型牵引电动机，在抱轴油箱中部设置一副油箱，箱中充满了润滑油，它不断向油箱补充所消耗的润滑油，以维持油箱的油位恒定。机车正常运行时，只需定期向副油箱加油，不必直接向主油箱注油，由于采用了这种结构，主油箱上的油位指示在机车运行中基本不变。

## 六、电机绕组接线

目前广泛使用的直流串励牵引电动机的引出线共有 4 根，非换向器端有 2 根主极绕组引出线，标以代呈 $C_1$ 和 $C_2$，换向器端有 2 根电枢电路的引出线，标以代号 $S_1$ 和 $H_2$。如图 2-41 所示为 ZQ800-1 型牵引电动机的绕组连线。

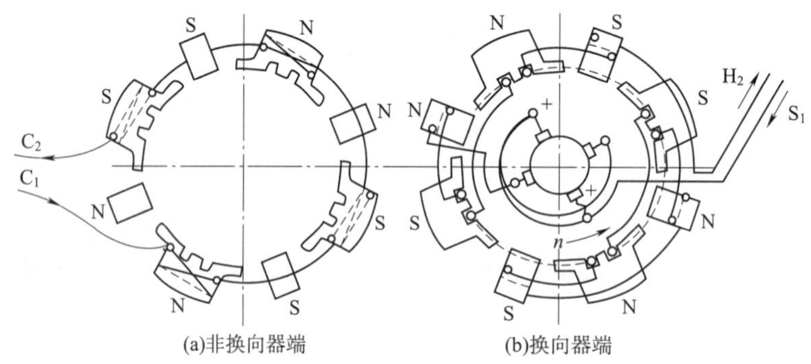


图 2-41　电机绕组连线

由图可见，电流由引出线 $S_1$ 经两个并联的正电刷，流入电枢绕组，然后经两个并联的负电刷流入换向极绕组和补偿绕组，再由引出线 $H_2$ 流出，在非换向端，电流由 $C_1$（或 $C_2$）流入，经四个主极绕组（按 N-S-N-S 极性串联）再由引出线 $C_2$（或 $C_1$）流出，若规定电流由 $C_1$ 流入时电动机转向（从换向器端看）为正转，反之则电动机反转。

## 七、通风系统

电机发热对电机运行性能有很大影响，温度过高，将使绝缘材料损坏而丧失绝缘性能，以致影响电机的使用寿命，严重时甚至把电机烧毁。同时，过高的温度会引起电机零部件变形，也是决定电机额定容量的主要因素之一，直接影响电机的安全运行。

电机在运行时会产生各种损耗，这些损耗转变成热能，使电机各部分温度升高。当电机温度高于周围介质温度时，热量向周围散发。若电机产生的热量与散发的热量平衡时，电机的温度不再上升，维持稳定的温度。由于电机周围介质温度可能不同，所以电机各部分温度的高低并不代表电机的发热和散热情况，温度高并不能表示电机的发热量大或散热不好。为了综合评价电机的发热和散热情况，在设计和使用电机时，通常以温升作为评价电流电机性能的指标。

电机某一部分的温度 $t_2$ 与周围介质温度 $t_1$ 之差，称为该部件的温升，用 $\theta$ 表示，即：

$$\theta = t_2 - t_1 \tag{2-20}$$

但是，电机的绝缘材料是根据耐热能力分级的，决定绝缘材料寿命的因素是温度而不是温升。为了统一两者之间的关系，设计电机时，必须规定一个周围介质温度，以便限制电机的温升，使电机运行时的温度不超过绝缘材料的允许温度。

根据牵引电动机的实际运行情况，一般冷却空气温度的标准值为 25 ℃，采用不同等级绝缘材料的电机各部分温升限制值见表 2-1。

**表 2-1　电机绕组和换向器的温升限制(℃)**

| 电机部件 | 测量方法 | 绕组绝缘材料的不同等级相应于连续、小时或断续额定温升限值 | | | | |
|---|---|---|---|---|---|---|
| | | E | B | F | H | C |
| 定子绕组 | 电阻法 | 115 | 130 | 155 | 180 | 200 |
| 电枢绕组 | 电组法 | 105 | 120 | 140 | 160 | 180 |
| 换向器 | 温度计法 | 105 | 105 | 105 | 105 | 105 |

由于测温方法不同，对同一物件的温度可能测得不同的温度数值。因此，在规定温升限制值的同时，应规定具体的测温方法。牵引电动机常用的测温方法有温度计法、电阻法和埋置检温计法。

为了保证电机的安全运行，在牵引电动机上必须设置通风冷却系统。机车上牵引电动机通风系统通常为强迫外通风，如图 2-42 所示。冷却空气由换向器端上部进风口进入换向器室，然后分成两路：一路经换向器表面，电枢和磁极之间空气隙及主极、换向器之间的间隙，到非换向器端；另一路经换向器套筒的内孔道、电枢铁芯内部通风孔道和电枢后支架到非换向器端。两路汇合后，由后端盖的排风孔排出。

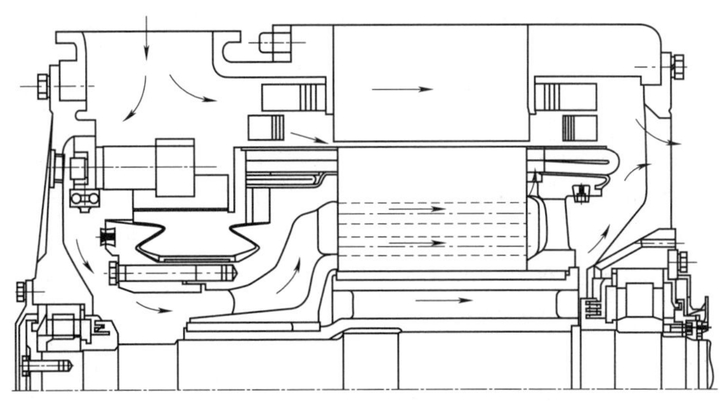

图 2-42　牵引电动机通风系统示意图

这种通风结构，进风口开在换向器端，以利用换向器处的空间，使进入电机内部的平行气流分布均匀。但是，由电刷磨下的碳粉容易堆积在电机各线圈的缝隙里，使线圈的绝缘电阻降低。

牵引电动机采用强迫外通风时，为了使电机温升不超过允许值，必须引进一定的风量对电机进行冷却。引进风量太多，将大大增加通风辅助设备的容量；引进风量过小，则达不到预期的效果。冷却空气通过电机内各个风道，均遇到阻力，要使一定的风量以一定的速度吹拂发热体的表面，必须在入风口处建立一定的风压，用来补偿电机内部风道中风阻引起的风压降。因此，风量、风压是牵引电动机的主要通风参数。

牵引电动机的通风风量和进风口风压，常常以制成的实际电机的风量和风压为参考加以确定。一般持续容量为 600～800 kW 的牵引电动机，所需风量大致在 105～120 $m^3/min$ 范围内，进风口压力约为 1.1 KPa。

## 第三节　直流牵引电动机的特性

机车是由牵引电动机直接驱动的，因此牵引电动机的工作特性必须满足机车牵引性能所提出的要求。电动机输出的机械转矩和转速是说明电动机工作特性的两个重要的物理量，与此相应，转矩特性和速率特性则是电动机的两个主要的工作特性。

### 一、直流牵引电动机的速率特性和转矩特性

速率特性 $n=f(I_S)$ 表示当电动机端电压 $U$ 等于常数以及励磁不进行人为地调节时，电动机转速 $n$ 和电枢电流 $I_S$ 之间的关系，它可以由电动机电压平衡方程式推出。

$$U = E_S + I_S R_S = C_e \Phi n + I_S R_S \tag{2-21}$$

得转速公式：

$$n = \frac{U - I_S R_S}{C_e \Phi} \tag{2-22}$$

转矩特性 $M=f(I_S)$ 表示当电动机端电压为额定电压以及励磁不进行人为地调节时，电动机机械转矩 $M$ 与电枢电流 $I_S$ 之间的关系，忽略数值很小的空载阻力转矩后，机械转矩即等于电磁转矩，故转矩特性可以直接从转矩公式得出：

$$M = C_m \Phi I_S \tag{2-23}$$

虽然式(2-22)和式(2-23)对各种直流电动机都是适用的，但是因为电机磁通量 $\Phi$ 随电枢电流 $I_S$ 变化的情形依电动机励磁方式的不同而不同，所以不同励磁方式的电动机就有各不相同的速率特性和转矩特性。

直流电动机的主磁通是由主极励磁绕组中通以直流电流励磁的，这个直流电流称为励磁电流。随着励磁绕组获得励磁电流的方式不同，直流电动机便有各种不同的特性。在直流电动机中，励磁绕组和电枢绕组都是由外电源供电的。如果将励磁绕组和电枢绕组分别接至不同的外电源，使励磁电压和电枢电压可以分别调节，这就称为他励电动机。而当励磁绕组和电枢绕组由同一个外电源供电时，则按励磁绕组的不同连接方式分为；并励、串励和复励式，如图 2-43 所示。

由于串励式直流电动机的工作特性最适于机车牵引的要求，故目前直流串励牵引电动机仍被广泛地用于电力传动装置中。

串励电动机的励磁绕组与电枢绕组串联，其电路如图 2-44 所示。因此励磁电流 $I_L$ 就等于电枢电流 $I_S$，也就是说串励电动机的气隙主磁通 $\Phi$ 随着电枢电流 $I_S$ 的变化而变化，也即随

着负载的变化而变化，正是这个特点决定了串励电动机的工作特性。

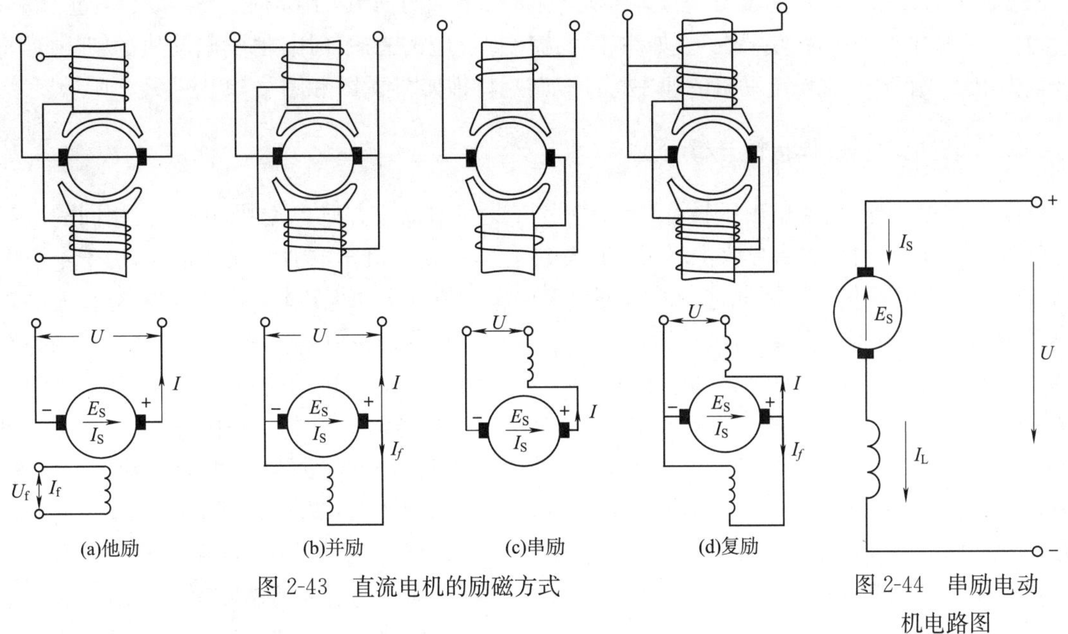


图 2-43　直流电机的励磁方式

图 2-44　串励电动机电路图

由于串励电动机励磁电流 $I_L$ 和电枢电流 $I_S$ 相等，在磁路不饱和时，主磁通 $\Phi$ 将与 $I_S$ 成正比，即 $\Phi=KI_S$，将此关系代入转速公式(2-6)，并忽略电枢回路电压降 $I_SR_S$，则：

$$n \approx \frac{U}{C_e K I_S} \tag{2-24}$$

式(2-24)中 K 为比例常数。可见串励电动机的转速与电枢电流成反比，其速率特性 $n=f(I_S)$ 为一条双曲线，它的转速随负载变化很大，这种速率特性通常称为“软特性”。在 $I_S$ 较大时，由于磁路饱和的影响，电动机的速率下降就慢了。

同理，当电枢电流较小，磁路尚未饱和时，磁通 $\Phi$ 正比于以电枢电流 $I_S$，因此串励电动机转矩 $M$ 和电枢电流 $I_S$ 的平方成正比，即

$$M = C_m \Phi I_S = C_m K I_S^2 \tag{2-25}$$

转矩特性 $M=f(I_S)$ 为一抛物线。随着 $I_S$ 的增大，磁路趋于饱和，$M$ 的增加减慢。串励电动机的速率特性和转矩特性如图 2-45 和图 2-46 中曲线 1 所示。

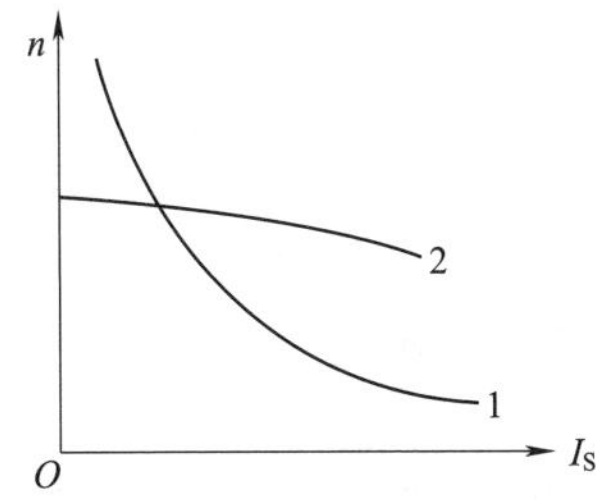


图 2-45　直流电动机的速率特性

1—串励电动机的速率特性；

2—他励电动机的速率特性

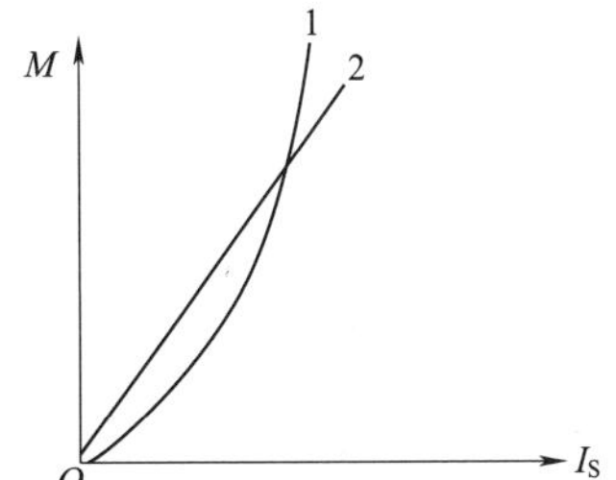


图 2-46　直流电动机的转矩特性

1—串励电动机的转矩特性；

2—他励电动机的转矩特性

对于他励电动机来讲，如果对它的励磁电流不进行调节，由于励磁电流是不变的，故主磁通$\Phi$也近似为一常数。由转速公式(2-22)可见，当负载增加时，转速下降很少(一般不超过2%～8%)，这种特性通常称为“硬特性”。如果不考虑电枢反应的去磁作用，他励电动机的转矩$M$将和电枢电流成正比。他励电动机的速率特性和转矩特性如图2-45和图2-46中曲线2所示。

## 二、牵引电动机工作特性分析

由上可见，串励电动机由于具有“软特性”，因此与他励或并励电动机相比，在相同的负载变化时，串励电动机可以有更大的转速和转矩变化。在内燃机车电力传动装置中，由于牵引电动机由恒功率电源供电。因此这一特点能使牵引电动机在电源电压较小变化时具有较大的转速和转矩变化，因而调速容易，调速范围也宽。可见串励电动机更适合机车牵引之用。例如在机车上坡或负载增加时，电动机轴上的负载阻力转矩增加，电动机的转速下降，反电动势随之减小，由于电源电压不变，根据电枢回路电压平衡方程式，这时电枢电流必将增加，串励电动机的磁通$\Phi$随着增加，转矩$M$将随之自动增加，直到与负载阻力转矩平衡。此时，牵引电动机转矩较大，而转速较低。当机车下坡或负载减轻时，负载阻力转矩减小，转速将上升，反电势增大，电枢电流必将减小，磁通$\Phi$跟着减小，结果转矩$M$将随之自动减小，直到与负载阻力转矩平衡。此时，牵引电动机转矩较小，而转速较高。可见串励电动机的转速随着负载阻力的大小可以自动进行调节：负载阻力增加，转速自动降低；负载阻力减小，转速自动升高。这种特性对于负载阻力变化很大的牵引电动机来讲是十分有利的，它使牵引电动机在同样的牵引力变化下输出的功率变化最小，因而能有利于防止电动机过载。而他励电动机由于具有“硬特性”，在电动机负载电流变化相同的情况下，它的转速变化范围要比串励电动机小很多，所以其调速性能也差得多。

在电力传动机车上，一般总是有几台牵引电动机同时并联运行，如$DF_4$型机车上有6台牵引电动机并联运行。由于电动机的特性不可能完全一致，或者电动机驱动的动轮直径不完全相等，这些都将引起电动机之间负载分配的不均匀现象。对串励电动机来讲，由于具有“软特性”，这种负载分配的不均匀性远较他励电动机小，图2-47表示了当两台电动机转速$n$相同时，由于特性的差异而引起的负载电流分配的不均匀情况。图2-47中电流各为$I_1$和$I_2$，转矩各为$M_1$和$M_2$，比较图2-47(a)、(b)可见，串励电动机间负载差异要小得多，可以防止个别电动机在运行时发生严重过载现象。

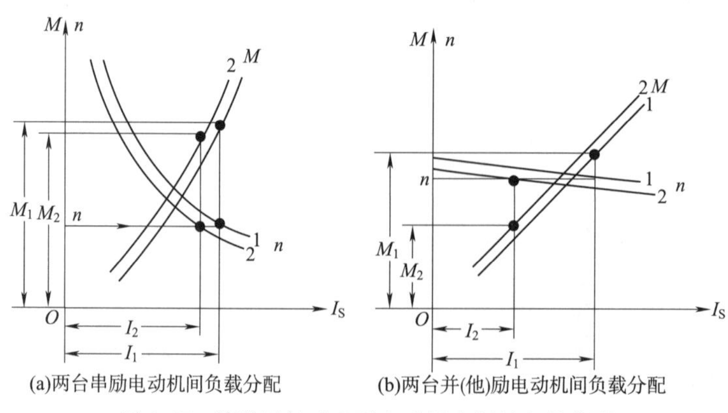


图2-47　并联运行时牵引电动机之间的负载分配

在牵引电动机个别传动的情况下，当机车启动或满载爬坡时，常常发生动轮和钢轨之间黏着破坏而使动轮空转的现象，在这种情况下，串励电动机的"软特性"不利于黏着条件的恢复。而他励电动机的"硬特性"却有利防止动轮空转，因为在出现空转时，他励电动机电枢电流和转矩随着转速的微小增加而急剧下降，促使黏着条件迅速恢复。图 2-48 表示了串励电动机和他励电动机的防空转性能。

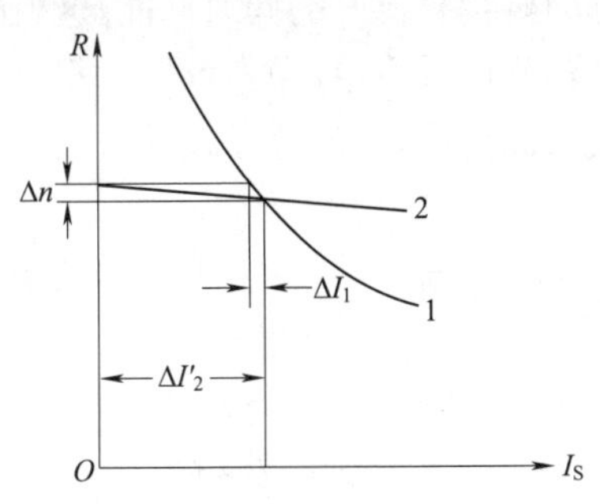


图 2-48　牵引电动机防空转性能

1—串励电动机；2—他励电动机

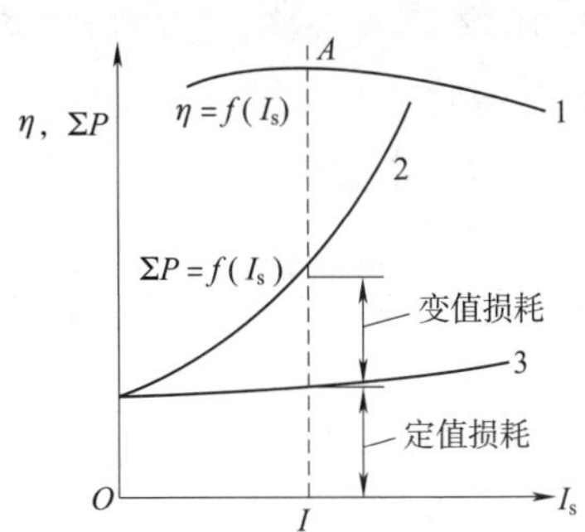


图 2-49　牵引电动机损耗和效率特性

1—$\eta=f(I)$曲线；2—$\Sigma P=f(I)$曲线；3—定值损耗曲线

另外，由于串励电动机的转矩特性 $M=f(I_S)$ 是近似地按电流 $I_S^2$ 的比例增长，所以，串励电动机还具有两个可贵的性能。首先，在启动时，由于电机转速和反电势为零，所以，电枢电流和励磁电流同样都较大，因而启动转矩大，这种性能适合机车启动的要求；其次，电机的过载能力强。过载能力通常用电机短时运行所允许的最大转矩和额定转矩之比来表示。最大转矩主要受短时允许的发热(即短时允许的过载电流)限制。举例来说，假设允许的短时过载电流为额定电流的 1.2 倍，则在并励电动机中，最大转矩就为额定转矩的 1.2 倍，而串励电动机却可达 1.44 倍。

### 三、效率特性 $\boldsymbol{\eta}=f(I_S)$

牵引电动机运行时，在能量变换过程中，必然会引起损耗，损耗将变为热能，按照负载变化对损耗的影响，可将损耗分为两类：

第一类为铜耗和附加损耗。它们都随电流变化而变化，且与电流的平方成正比，这类损耗称为变值损耗，可用比例关系 $K'I^2$ 表示。

第二类为铁耗和机械损耗。它们的总和几乎与负载变化无关，这类损耗称为定值损耗，用系数 $K$ 表示。

因此电机的总损耗为 $K'I^2+K=\Sigma P$，则电机的效率可用下式表示，

$$\eta=\frac{UI-(K'I+K)}{UI} \tag{2-26}$$

当电压恒定时，按式(2-26)绘成曲线，就可得到电机效率特性，如图 2-49 所示。

效率特性曲线的形状取决于定值损耗和变值损耗之间的比例关系。由图 2-49 可见，效率曲线上有一个最大值 $\eta_{max}$(曲线 $A$ 点处)，它出现在 $\frac{d\eta}{dI}=0$ 时。因此，在设计电机时，可用控制定值损耗和变值损耗比例关系的方法，使电机在额定电流时或在经常工作电流附近具有最高

效率，或者说使电机在一定的负载变化范围内，能获得最优越、最合理的效率。

## 第四节　直流牵引电动机的速度调节

由于机车运行条件比较复杂，其特点是频繁启动和根据线路纵断面的变化（如弯道、坡道或桥梁等）的不同来选择合适的运行速度。直流牵引电动机具有良好的调速性能，这就要求牵引电动机能够在宽广的范围内均匀而经济地调速，而且调速设备简单，操作方便。直流牵引电动机与交流牵引电动机相比，在调速性能方面具有可贵的优点，这也是曾经大量采用直流牵引电动机的原因。

分析转速公式(2-22)，可知直流牵引电动机的调速方法有三种：调节电枢回路的电阻 $R_S$；改变牵引电动机的电源电压 $U$；调节牵引电动机的励磁。

其中，采用在电枢回路中增加电阻的方法调速，实际上是降低牵引电动机电枢两端的电压，只能降低转速，同时附加调节电阻的损耗将使电机效率降低。因此，在机车中不采用这种方法，而广泛采用改变牵引电动机的电源电压以及削弱牵引电动机的磁场的调速方法。

### 一、改变电源电压调速

根据转速公式，如果忽略电枢回路的电压降，可以认为电动机的转速与端电压成正比，即

$$\frac{n_2}{n_1} \approx \frac{U_2}{U_1} \tag{2-27}$$

可见在电动机负载不变的情况下，把电源电压由 $U_1$ 调节为 $U_2$ 时（如 $U_2 > U_1$），电动机的转速将升高至 $n_2 = n_1 \dfrac{U_2}{U_1}$，电动机的速率特性曲线上移，如图 2-50 所示。

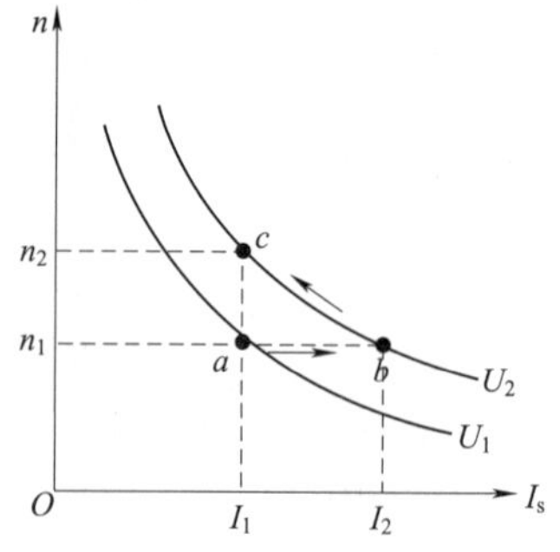


图 2-50　牵引电动机在不同端电压时的速率特性

因此，采用改变牵引电动机电源电压的方法可以获得所需要的许多条速率特性曲线，从而可以在宽广的范围内经济地调节电动机的转速。在机车上，牵引电动机总是由专用的电源供电，而且可以采用各种方法调节其输出电压，所以改变端电压调速是控制机车速度的主要方法。

实际上机车在运行中，为了实现调速，牵引电动机的电源电压经常在变动，牵引电动机的工作时常处于调节过程之中。例如，当牵引电动机在电压 $U_1$ 和某一负载转矩 $M_1$（其相应的电枢电流为 $I_1$）下以转速 $n_1$ 稳定运行于 $a$ 点时，为了调速，电源电压由 $U_1$ 突然改变为 $U_2$（设 $U_2 > U_1$），于是调节过程开始。由于机车的机械惯性，在电压由 $U_1$ 变为 $U_2$ 的瞬间机车速度和电动机转速都来不及变化，电枢反电动势 $E_S$ 也因之不变，根据电压平衡方程式可知电枢电流 $I_S$ 必将突增，电动机的工作点由图 2-50 中的 $a$ 点跳到 $b$ 点。由于电枢电流以及励磁电流的这一增加，牵引电动机输出的机械转矩增大，电动机的转速将因之升高，并沿着电压为 $U_2$ 的特性曲线上升。如果负载转矩 $M_1$ 仍未改变，随着转速的上升，电枢电流和机械转矩逐渐减小，直到转速升至 $n_2$、电枢电流重新等于 $I_1$，转矩重新平衡为止，电动机便将稳定运行在 $c$ 点。可见电动机的转速由于电压的提高而提高了。

## 二、削弱磁场调速

在串励牵引电动机中，比较常用的削弱磁场的方法是在励磁绕组两端并联一级或数级分路电阻（磁场削弱电阻 $R_X$）即磁场分路法，如图 2-51 所示，从而减少励磁电流和磁通。当分路电阻上的开关没有闭合时，电枢电流全部流入励磁绕组，电枢电流 $I_S$ 等于励磁电流 $I_L$，这种状态称为“全磁场”。当开关闭合后，磁场削弱电阻 $R_X$ 对励磁绕组起分流作用，这时流过励磁绕组的电流 $I_{L1}$ 总是小于电枢电流 $I_S$，这种状态称为“削弱磁场”。磁场削弱的程度取决于分路电阻的大小，只要改变分路电阻电阻值，就能获得不同的磁场削弱。牵引电动机磁场削弱程度通常用磁场削弱系数 $\beta$ 来表示。

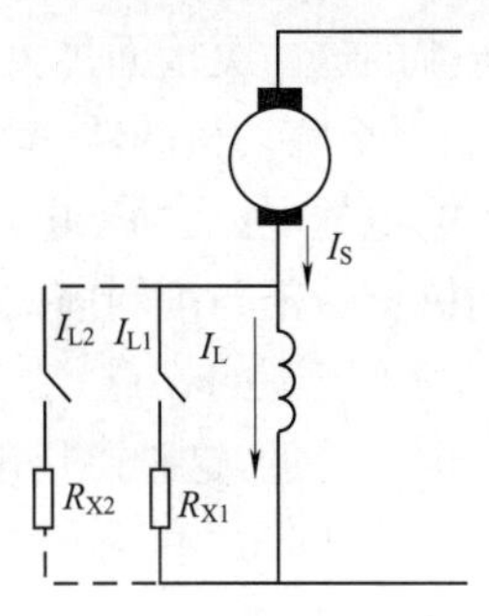


图 2-51　削弱磁场原理图

$$\beta = \frac{I_L}{I_S} \times 100\% \tag{2-28}$$

例如 $\beta$=40%即表示励磁电流仅为电枢电流的 40%，其余 60%电流通过分路电阻。$\beta$ 愈小，则表明磁场削弱愈深。

采用削弱磁场的方法调速，调速范围较大，附加电能损耗很小，调速后的效率不致降低，是一种经济的调速方法。在我国机车上都应用了这种方法。它的缺点主要是使牵引电动机换向条件恶化，容易发生环火。

机车类型不同，牵引电动机磁场削弱采用的方式也不同。电传动内燃机车是恒功率磁场削弱，而电力机车是恒电压磁场削弱。下面来分析这个问题。

1. 恒功率供电条件下牵引电动机有级磁场削弱

在电传动内燃机车上，由于牵引电动机是由具有恒功率外特性的牵引发动机供电的，因此，牵引电动机是在恒功率条件下运行的，牵引电动机的电压和电流的乘积是一个常数。由于磁场削弱前后牵引电动机功率 $P$ 不变，转速 $n$ 也来不及变化，故转矩 $M$ 也不变，而 $M=C_m\Phi I_S$，可见，磁场削弱的结果是使电枢电流突然增加，从而使牵引发电机的端电压下降，以便电动机转速的提高不受牵引发电机最高电压的限制。在这种条件下进行磁场削弱，虽然增加了电机电流，但电机端电压却随之降低，电机功率没有变化。

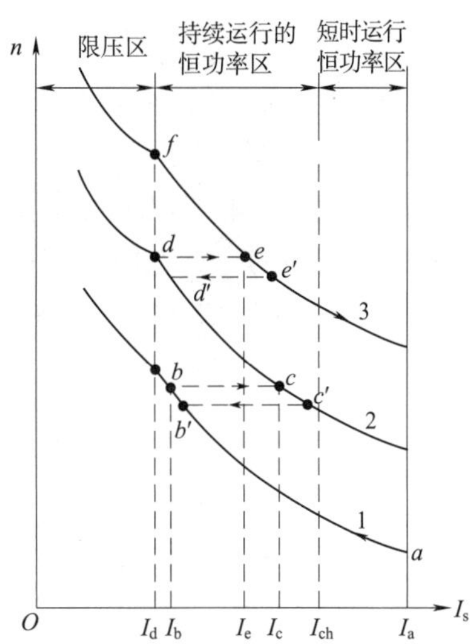


图 2-52　恒功率供电条件下全磁场及磁场削弱后的电动机转速特性

1—全磁场时；2—一级磁场削弱时；3—二级磁场削弱时

我们以一级磁场削弱为例来分析恒功率磁场削弱，如图 2-52 所示。

当牵引电动机在恒电压、全磁场情况下以转速 $n_1$ 稳定运行在特性曲线上的 $b$ 点时，励磁电流与电枢电流相等，在开关闭合、分路电阻被接入的瞬间，由于电动机的转速尚未改变，因此，电枢电流立即增加为励磁电流 $I_{L1}$ 和分路电流 $I_X$ 之和（$c$ 点），电动机的机械转矩也随着电枢电流的这一突增而加大，电动机进入削弱磁场运行工况。如那时负载转矩仍与削弱磁场前相同，那么电动机的转速将沿着削弱磁场下的速率特性曲线 2 升高，反电动势将随之加大，电动机的电枢电流、励磁电流和分路电流都将下降，电动机机械转矩因之减小，这一过程一直继续到机械转矩与削弱前的负载转矩相等时（$d$ 点）为止。此时电机将以转速 $n_2$ 稳定运行在削弱磁场工况下的 $d$ 点。

由此可见，这种磁场削弱可重复利用恒功率范围，也就是它扩大了恒功率运行范围。

我国 $DF_{4B}$ 型内燃机车有两个磁场削弱级，分别为 60%、43%。

2. 恒电压的磁场削弱

恒电压磁场削弱是指磁场削弱前后，电动机两端的电压是一个恒定不变的值。从磁场削弱和牵引电动机的原理以及机车电路设计来讲，磁场削弱可以在任何电压下进行。但是，实际上电力机车的调速通常先采用调节牵引电动机的端电压的方式。当电压达到额定值后仍需提高机车速度时，才进行牵引电动机的磁场削弱，如图 2-53 所示。

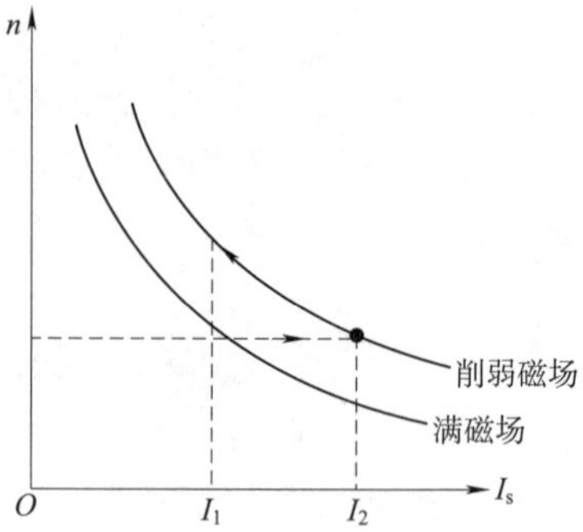

图 2-53　恒电压磁场削弱时的转速特性

（1）恒电压磁场削弱时的转速特性

恒电压磁场削弱前后时的转速关系，可由转速公式求得：

$$\frac{n_2}{n_1}=\frac{U-I_2R_S}{U-I_1R_S}\cdot\frac{\Phi_1}{\Phi_2} \tag{2-29}$$

由于电枢回路电阻压降只占端电压的很小一部分，故可近似认为 $U-I_2R_S=U-I_1R_S$，则得：

$$\frac{n_2}{n_1}\approx\frac{\Phi_1}{\Phi_2} \tag{2-30}$$

即调节前后转速的变化与磁通的变化成反比。减小励磁，必然相应会引起电动机转速的上升。同时 $\beta$ 越小，磁场削弱前后电枢电流相差越大，机车调速范围亦越大，为了扩大机车调速范围，一般都可能选取小的 $\beta$ 值。但是最小的磁场削弱系数 $\beta$ 受到牵引电动机换向条件的限制，过分的削弱主极磁场，会使电枢反应的作用相对加剧，主极磁场畸变增加，同时电抗电势和片间电压都要增加，这不仅使电机的安全换向受到影响，严重时还可能引起电机环火。

我国 $SS_3$ 型电力机车有 3 个磁场削弱级，分别为 70%、54%和 45%。

## 第五节　直流牵引电动机的电枢反应

### 一、直流牵引电动机的空载磁场

直流电动机的空载磁场是在磁极上的励磁绕组中通以直流励磁电流而产生的。它是电机产生感应电势和电磁转矩，实现能量转换的基本因素之一，它的大小和分布情况对电机运行性能有着重要的影响。

直流电动机空载磁场的分布情况如图 2-54 所示。由于电机结构是对称的，而且相邻的两个磁极极性不同，所以每个磁极所建立的磁通分为两部分通过磁路，这两部分以磁极的轴线为界形成对称的两个磁回路。闭合的磁回路包括两类导磁物质：一类是导磁率 $\mu$ 等于常数的空气隙;另一类是 $\mu$ 不等于常数的铁磁物质,如电枢齿和铁芯,磁极铁芯和定子磁轭。由于两类物质的导磁性能不同,它们便具有不同的特点。

从每个主极经气隙进入电枢的闭合磁通称为主磁通,如图 2-54 中虚线 1 所示。它能使旋转的电枢绕组中感应出电动势,并和绕组中的电流相互作用产生电磁转矩。

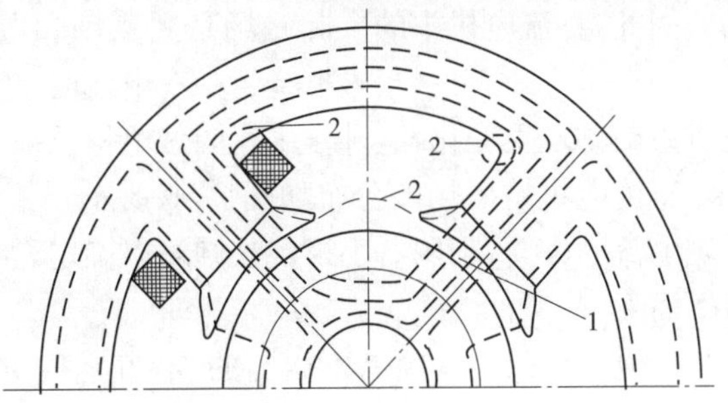

图 2-54 直流电机主磁通和漏磁通的分布图

励磁电流除了建立主磁通以外,还产生一部分只经主磁极之间的空间而闭合的磁通,称为漏磁通,如图 2-54 中虚线 2 所示。它不能在电枢绕组中感应出电动势来,它的存在只是增加了磁极和定子磁轭中的磁饱和程度。由于主磁通回路的空气隙较漏磁通回路的空气隙小得多,故在数量上主磁通比漏磁通大得多。

在主磁通的闭合回路中,空气隙的长度虽然很短,但是由于它的磁阻比其他部分铁磁材料的磁阻大上千倍,因此主极励磁绕组的总磁势中绝大部分都消耗在空气隙中。

电机的磁化曲线表示主极励磁磁势与通过空气隙的每极磁通量之间的关系。当电动机转速不变时,每极磁通量 $\Phi$ 与感应电势成正比,励磁电流与励磁磁势成正比。磁化曲线的数据仅和电机所用的磁性材料及其几何尺寸有关,而和电机的励磁方式无关。电机磁化曲线的形状,与所用磁性材料的饱和曲线相似。

电机的磁化曲线可以由对电机磁路进行计算求出,或者由实验的方法测出。通常所指的磁化曲线均为平均磁化曲线,即磁滞回线的平均值。电机磁化曲线的形状如图 2-55 所示,磁化曲线起始的一段近似于一条直线,因为此时主磁通很小,磁路中铁的部分没有饱和,它所需要的磁势可略去不计,这时可将磁势 $F_0$ 和磁通 $\Phi_0$ 看成是空气隙中磁势 $F_\delta$ 和 $\Phi_0$ 的关系,由于空气磁导 $\mu_0$ 等于常数,所以 $F_\delta$ 和 $F_0$ 成直线关系。当磁通增大时,铁内磁通趋于饱和,磁阻增大,磁化曲线开始弯曲。

图 2-55 中与磁化曲线起始部分相切的直线表示消耗在空气隙中的磁势,称为气隙线。为了表明电机磁路的饱和程度,可以算出在空载额定转速下产生额定电压所需要的主磁通,再以磁化曲线和气隙线求得产生此磁通所需要的励磁磁势 $F_0'$ 和气隙磁势 $F_\delta'$,用它们的比值 $K_{bh}$ 来表示磁路的饱和程度,即:

$$K_{bh}=\frac{ac}{ab}=\frac{F'_0}{F'_\delta} \tag{2-31}$$

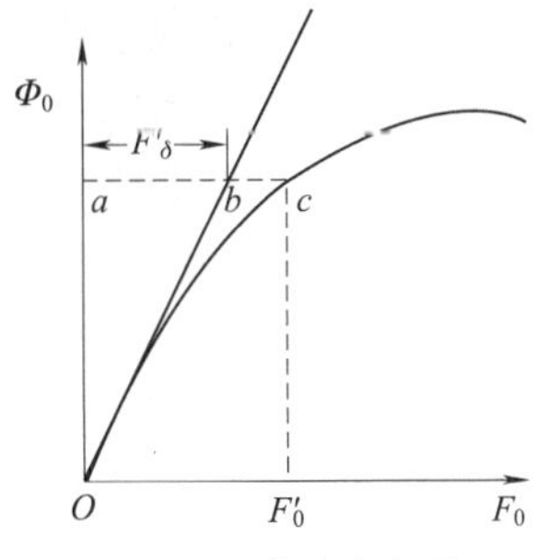

图 2-55 直流电机的磁化曲线

式(2-31)中 $K_{bh}$ 称为电机的饱和系数,它对电机性能影响很大。为了最经济地利用材料,在额定电压时,电机一般用在磁化曲线开始弯曲的地方,如图 2-55 中 $c$ 点所示。

## 二、牵引电动机的电枢反应

前面已经讨论过,在励磁绕组中通入励磁电流后,电机中即建立起主磁场。当直流电机在额定电压负载运行时,电枢绕组中有一定的电流流过,电机中将出现另一个磁场——电枢磁场。因此，直流电机中的实际磁场是主磁场和电枢磁场相互叠加的结果。或者说，当电枢绕组中有电流时，电枢磁场将使电机主磁场发生变化，这种作用就叫做电枢反应。

直流电机主磁场的分布如图 2-56 所示。按照图 2-56 中励磁电流的方向，利用右手螺旋法则可以确定，主磁通的方向自上而下。

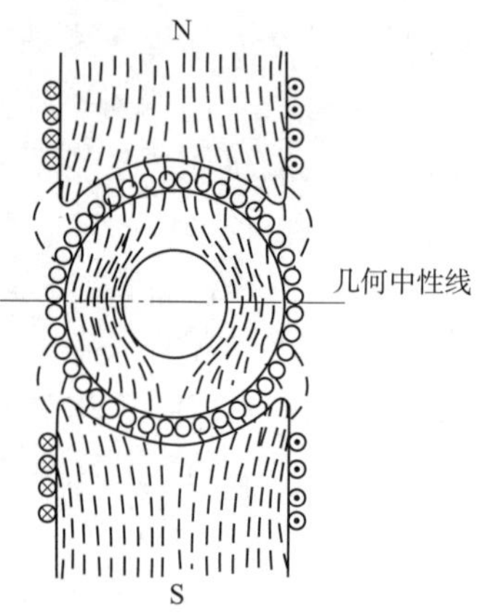

图 2-56　主磁场在气隙中的分布情况

直流电机的空气隙是不均匀的，沿着空气隙各点的磁阻并不相等，在极面下磁阻较小，而在两极之间的磁阻较大，故在空气隙中的磁通密度分布曲线与磁势分布曲线并不相同。励磁磁势仅作用在极面下，但由于边缘磁通的影响，在极尖以外的磁通密度并不能突然下降到零，空载时的磁通密变分布波形如图 2-57(a)所示。在电枢表面上磁通密度为零的地方，正好是磁极的中性线。即主磁场的物理中性线和几何中性线是重合的。

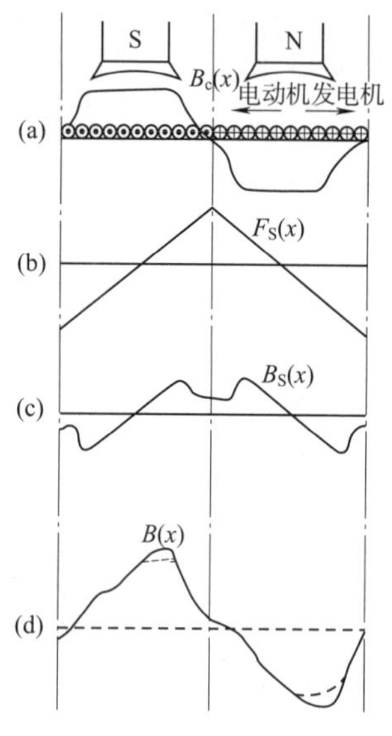

图 2-57　空气隙中的磁通密度分布波形

图 2-58 示出了电枢电流 $I_S$ 所产生的电枢磁场在空气隙中的分布情况。此时，主磁场 N 极范围内导体中的电流方向是从外向里，S 极范围内导体中的电流方向是从里向外。这样，电枢绕组本身就构成了一个带铁芯的线圈，应用右手螺旋法则可判断磁通的方向。在每个磁极下面的空气隙中，磁通的方向在半个极下是由电枢表面垂直射出经气隙到主磁极，再由另半个主磁极经过气隙回到电枢。就整个电枢磁场来说，电枢磁场与主磁场轴线方向垂直，在电枢表面上磁通密度为零的地方，正好是主磁极的轴线，即电枢的左半部是 N 极，右半部是 S 极。在一般直流电机中，电刷总是放在几何中性线上，电刷位置一经确定后，电刷便成了电枢导体中电流情况的分界线，故电枢电流所产生的电枢磁场的方向不随电枢的旋转而改变，这个磁场的轴线与主磁场的轴线总是垂直相交的，所以又叫做交轴磁场。

图 2-57(b)为负载电流所产生的电枢磁势 $F_S$ 的分布曲线，图 2-57(c)表示电枢磁势 $F_S$ 所产生的电枢反应磁通密度 $B_S$ 在空气隙中的分布。由于两磁极之间的空间磁阻较大，电枢反应磁通密度 $B_S$ 在极尖以外不但不能随电枢磁势的增加而增加，反而比极尖处为低，所以图 2-57(c)呈马鞍形，即电枢磁势所产生的最高磁通密度是在极尖处。图 2-57(d)为电枢磁场与主磁场合成后的磁通波形。电枢磁场和主极磁场叠加在一起，形成了气隙中的合成磁场。图 2-59 为其合成磁场在空气隙中的分布情况。由图 2-59 可以看出，电枢反应将使半个极面下的磁通密度增加；另半个极面下磁通密度减小，致使合成磁通密度发生了畸变。由于这种畸变，电枢上磁通密度为零的地方也跟着移动，合成磁场的物理中性线不再与几何中性线重合，而是偏移了一个 $\beta$ 角。对电动机来说是逆着转动方向偏移了一个 $\beta$ 角。电枢磁场的强弱直接决定于电枢电流的大小，当铁芯没有饱和时，尤其在削弱磁场情况下，电枢电流愈大，电枢磁场愈强，气隙合成磁场的畸变愈严重，$\beta$ 角

也愈大。

合成磁场畸变后，极面下的磁通密度分布不均匀，半个磁极面下的磁通密度增加，另半个磁极面下磁通密度减少。当铁芯没有饱和时，增加的磁通和减少的磁通恰好相等，极面下总磁通保持不变，此时合成磁通密度分布曲线如图 2-57(d)中实线所示。但是，实际上铁芯中的饱和现象是存在的，因此半个极面下增加的磁通要比另半个极面下减少的磁通略少，因而极面下的总磁通也将略为减少，这就是电枢反应的去磁作用。此时合成磁通密度分布曲线将如图 2-56(d)中虚线所示。

由上可见，电枢反应引起的结果是：

(1)电机气隙中的合成磁场发生畸变；

(2)电机气隙中的合成磁场被削弱。

电枢反应的去磁作用影响电机的转速和转矩，但是在一般情况下这种影响并不很大。严重的问题是由于磁场的畸变使电机换向条件恶化，电刷与换向器之间产生火花，甚至引起环火，造成电机严重损坏。

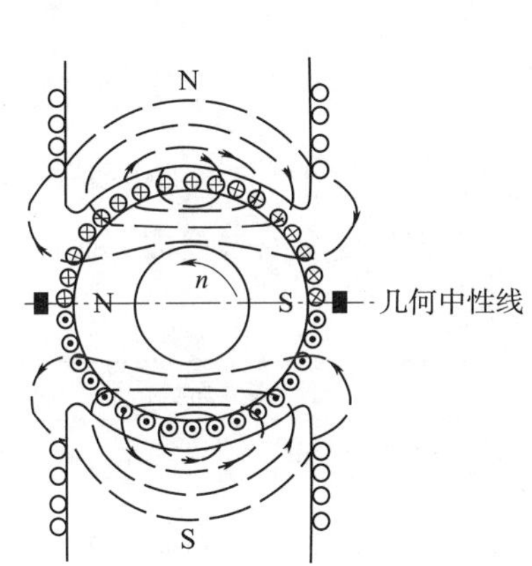


图 2-58 电枢磁场在空气隙中的分布情况

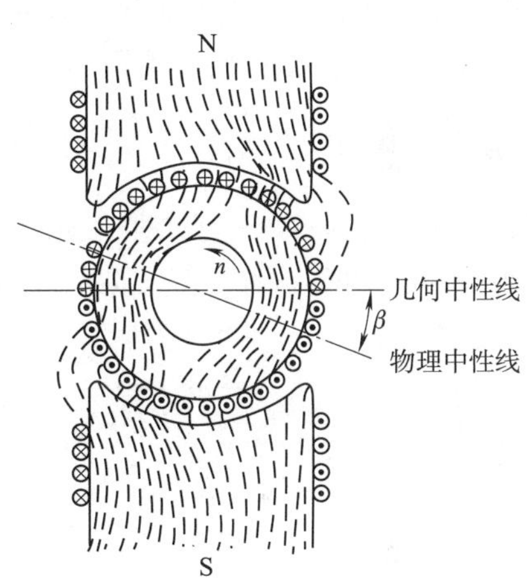


图 2-59 合成磁场在空气隙中的分布情况

## 第六节 直流牵引电动机的换向

直流电机运行时，在电刷和换向器之间常常会出现火花，严重时火花将烧损电刷和换向器，使电机不能正常运行。在最坏的情况下，火花会在高速旋转的整个换向器表面上出现，形成一个火环，造成电枢绕组绝缘击穿，甚至将电机烧坏。

### 一、火花等级和火花现象

直流电机在运行中产生火花的原因是很复杂的，其中主要有电磁、机械和化学等方面的原因。这些原因又互相影响，构成一种复杂的关系。机械和化学方面的原因是外部原因，可以通过严格电机制造工艺和加强运行中的维护保养等措施来加以解决。电磁方面的原因是直流电机产生火花的内部原因。它是由于电机换向不良造成的。因此，换向是直流电机的一个复杂而又重要的问题。

对于直流牵引电动机来讲，由于它的功率大、转速变化范围宽、负载变化剧烈，时常需要进行磁场削弱而且工作条件又十分困难，因此换向问题尤为重要和突出。

为了说明火花大小程度及其对电机运行的影响，我国国家标准对直流电机换向器上的火花等级作了规定，见表 2-2。

表中 1 级、$1\frac{1}{4}$级和 $1\frac{1}{2}$级火花，均为持续运行中对换向器和电刷无害的火花。在 2 级火花作用下，换向器上会出现灰渣和黑色的痕迹，随着运行时间的延长，黑色痕迹将逐渐扩展，同时电刷和换向器磨耗也显著增加。因此，2 级火花只允许在短时间内出现。电机运行时是不允许出现 3 级火花的。

根据有关标准规定，牵引电动机运行时的火花等级应限制在下述范围内：正常运行时，火花不应超过 $1\frac{1}{2}$级；在短时冲击负载时，不应超过 2 级。

牵引电动机在运行中的火花情况很难直接观察到，只能使用专门仪器测定。因此常以换向器及电刷表面状态作为确定火花等级的依据。从运用观点看，只要换向器滑动面的薄膜是均匀、稳定、光亮和呈棕褐色的，则可认为电机的换向是满意的。

## 二、换向过程的基本概念

当旋转的电枢元件从一条并联支路经过电刷进入另一条支路时，该元件中的电流从一个方向变为另一个方向，这种电流方向的改变称为换向，电流方向变换的过程称为换向过程。

**表 2-2　火花等级判断标准**

| 火花等级 | 电刷下火花情况 | 换向器表面状况 |
| --- | --- | --- |
| 1 | 无火花 | 换向器上没有黑痕及电刷上没有灼痕 |
| $1\frac{1}{4}$ | 电刷边缘仅一小部分(约占电刷长度$\frac{1}{5}$～$\frac{1}{4}$)有断续的几点状火花 | 换向器上没有黑痕及电刷上没有灼痕 |
| $1\frac{1}{2}$ | 电刷边缘大部分(大于电刷边长)有连续的较稀的颗粒状火花 | 换向器上有黑痕，但不发展，用汽油擦其表面即能除去，同时在电刷上有轻微灼痕 |
| 2 | 电刷边缘大部分或全部有连续的较密的颗粒状火花，开始有断续的舌状火花 | 换向器有黑痕，用汽油不能擦除，同时电刷上有灼痕，如短时出现这级火花，换向器上不出现灼痕，电刷不烧焦或损坏 |
| 3 | 电刷整个边缘有强烈的舌状火花，并伴有爆裂声音 | 换向器上黑痕严重，用汽油不能擦除，电刷有灼痕，如在这一级火花下短时运行，则换向器上将出现灼痕，电刷将被烧焦或损坏 |

为了了解每个元件中电流换向的过程，我们用一个单叠绕组元件为例来进行分析。为简便起见，假设电刷的宽度为 $b_S$，它等于一个换向片的片距 $b_H$，电刷固定不动，换向器以线速度 $V_H$ 向左移动，所讨论的元件用粗线表示，它和换向片 1、2 相接，如图 2-60 所示。

换向开始的瞬间，电枢转到电刷与换向片 1 相接触的位置，这时换向元件属于电刷右边的一条电枢支路，元件中流过的电流等于电枢绕组支路电流 $i_S$，设此电流的方向为正。当电枢转到电

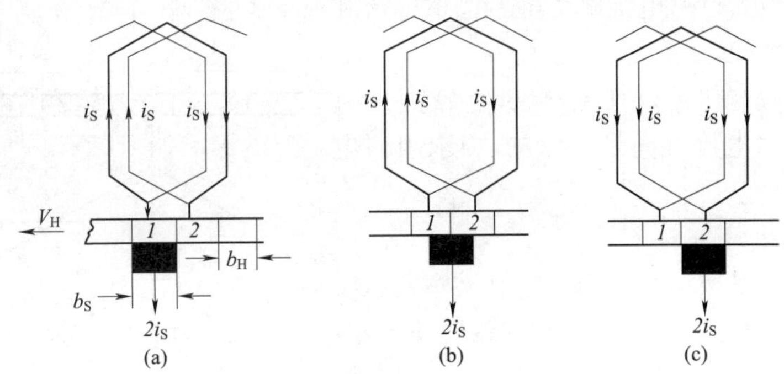


图 2-60　换向元件中电流的换向过程

刷与换向片 1、2 接触时，换向元件被电刷短路，如图 2-60(b)所示，这时随着换向器的移动，换向元件中的电流 $i_S$ 开始减小，当 $i_S$ 减小到零之后，再反向增加。当换向器继续移动到电刷只与换向片 2 接触时，如图 2-60(c)所示，换向元件就属于电刷左边的一条电枢支路，这时元件中的电流仍等于电枢支路电流 $i_S$，但其方向与原来相反，即等于$-i_S$。至此该元件换向过程结束。

换向元件从换向开始到换向结束所经历的时间叫做换向周期，用 $T_H$ 表示。$T_H$ 也就是在换向过程中换向器在空间移过距离 $b_H$ 所需要的时间，故

$$T_H = \frac{b_H}{V_H} \tag{2-32}$$

换向周期 $T_H$通常只有千分之几秒。如图 2-61 所示出了电枢绕组中的一个元件里电流随时间变化的波形图，其中 $T$ 是元件从正电刷转到负电刷所经历的时间。

直流电机的换向过程是十分复杂的。在千分之几秒的时间内，换向元件中的电流要从$+i_S$变到$-i_S$，电磁、机械和化学等各方面的影响同时出现，给研究换向问题带来许多困难。

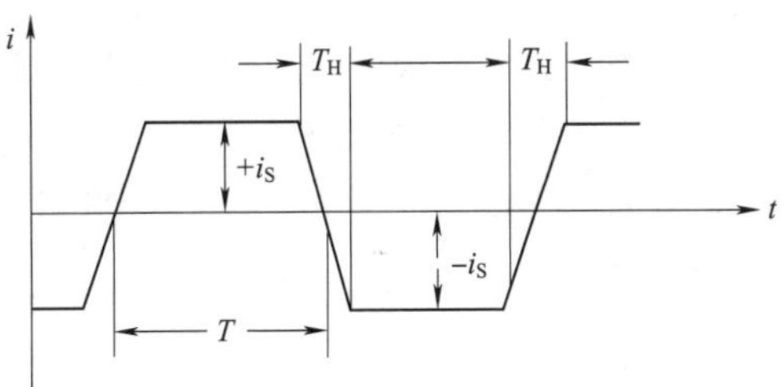


图 2-61　电枢元件中电流随时间变化关系

## 三、电磁火花

(一)电磁火花产生的原因

由电机电磁方面的原因产生的火花称为电磁火花。电枢换向元件经过电刷短路时，受到某些磁场的作用，因而感应出一些电势，这些电势在闭合的换向元件中产生了一个附加电流 $i_H$，当 $i_H$ 足够大时，便会在电刷下产生火花。

1. 电抗电势 $e_r$

换向元件中的电流在极短的换向周期内由$+i_S$ 变到$-i_S$，它所产生的磁通也将相应地变化。由于磁通和该元件本身交链，在换向元件中就产生自感电动势 $e_L$。牵引电动机电刷的宽度实际上等于几个换向片的宽度，在这种情况下，就有几个并排的元件同时进行换向，当这些元件位于同一个电枢槽内时，彼此产生的磁通也是互相交链的，因此在换向元件中还将同时引起互感电势 $e_M$。自感电势和互感电势之和，就称为电抗电势 $e_r$，它的单位是 Wb。

可见，电机在运行中，电抗电势随着电枢电流和电机转速成正比变化。

根据电磁感应定律可以判定，电抗电势 $e_r$ 的方向和换向前的支路电流方向是一致的，力求阻碍电流的换向。

2. 电枢反应电势 $e_S$

电枢反应电势是换向元件切割电枢反应磁通所产生的感应电势。在几何中性线处，主磁场等于零，但是此处存在着较强的交轴电枢反应磁势。当电机旋转时，有效边处于几何中性线上的换向元件将切割电枢反应磁场而感生电势，如图 2-62 所示，这个电势就是电枢反应电势 $e_S$。根据右手定则可以判定 $e_S$ 的方向也是和换向前电流方向相同的，故 $e_S$ 和 $e_r$ 方向一致，都是阻碍电流换向的。电枢反应电势与电机转速和电枢电流成正比变化。

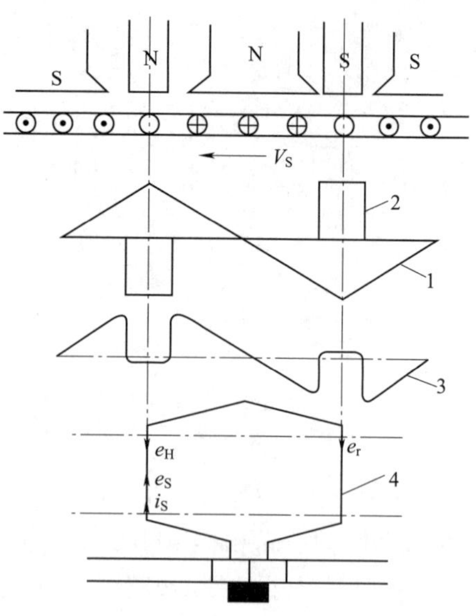

图 2-62　电机气隙磁场图
1—交轴电枢反应磁势；2—换向极磁势；
3—合成磁势；4—换向元件

3. 换向电势

上面所讨论的两个电势 $e_S$ 和 $e_r$ 都阻碍电流换向引起电磁火花。为了减少和消除电磁火花，在牵引电动机中装有换向极，它安装在主磁极之间的几何中性线上。在换向极铁芯上装有换向极绕组，当换向极绕组中通以励磁电流时，便产生换向极磁势。换向极的极性必须适当，以使它的磁势与交轴电枢反应磁势方向相反，如图 2-62所示。这样，当电枢旋转时，换向元件便切割换向极磁场产生一个与 $e_S$ 和 $e_r$ 方向相反的换向电势 $e_H$，以抵消 $e_S$ 和 $e_r$，从而改善电机换向。

换向电势 $e_H$ 的大小，也可以用计算旋转电势的方法来计算。与电机转速 $n$ 和换向极磁通密度 $B_H$ 成正比。

由以上分析可见，直流牵引电动机在运行时，换向元件中同时存在着三个电势，$e_S$、$e_r$ 和 $e_H$。其中 $e_S$ 和 $e_r$ 同方向都是阻碍电流换向的；$e_H$ 则与 $e_S$ 和 $e_r$ 反向是帮助电流换向的。当 $e_H$ 与 $e_S$ 和 $e_r$ 恰好可以互相抵消时，换向元件中的合成电势将等于零，电机就得到满意的换向。但是，如果换向极磁场的磁通密度没有配合好，则合成电势就不等于零，这时在换向元件中将产生附加电流，过大的附加电流会使电机换向恶化。

4. 合成电势 $\Sigma e$

下面讨论合成电势 $\Sigma e$ 可能出现的三种情况，并分析换向元件中电流变化的情况。

(1)电阻换向

这时与 $e_S+e_r=e_H$，$\Sigma e=0$，在这种情况下，换向元件中电流的变化仅决定于换向回路中的电阻，故称电阻换向。如图 2-60 所示，随着换向片 1 与电刷的接触面积的减小，它们之间的接触电阻逐渐增大，而换向片 2 与电刷之间的接触电阻则逐渐减小。因此，从换向片 1 导出的电流减小，从换向片 2 导出的电流增加，故换向元件中的电流是均匀地从 $+i_S$ 变到 $-i_S$，如图 2-62 中曲线 1 所示。由图可见，电流随时间按直线关系变化，所以又称直线换向。直线换向时，电刷接触面上电流密度的分布始终是均匀的，不会发生电磁火花，是一种理想的换向情况。

(2)延迟换向

如果换向极的磁势偏弱,则 $e_H<(e_r+e_S)$,合成电势 $\Sigma e\neq0$,这时换向元件中产生一个附加电流 $i_H$,这个附加电流与 $e_r$ 和 $e_S$ 同方向是阻碍换向电流变化的,同时换向电流改变方向(换向)的时刻比直线换向时推迟了($t_2>t_1$),如图 2-63 中曲线 2 所示,故称延迟换向。

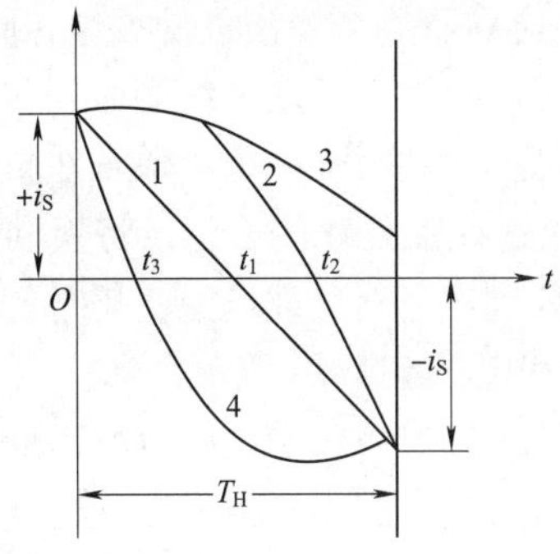


图 2-63　换向电流曲线
1—直线换向;2—延迟换向;
3—过分延迟换向;4—加速换向

如果($e_r+e_S$)比 $e_H$ 大得多,将造成过分的延迟换向,可能在换向结束的瞬间($t=T_H$)换向电流还没有变换为 $-i_S$,如图中曲线 3 所示。这时换向回路突然断开,由 $i_H$ 所建立的电磁能量立即释放,转变为热能并以火花形式出现在后刷边(换向片离开电刷的一边)。

(3)加速换向

如果换向极磁势偏强,则 $e_H>(e_r+e_S)$,$\Sigma e\neq0$,这时合成电势产生的附加电流方向和延迟换向时相反,它使换向电流改变方向(换向)的时刻比直线换向时提前了($t_3<t_1$),故称为加速换向,如图 2-63 中曲线 4 所示。

当 $e_H$ 过强以致形成过分的加速换向时,可能在前刷边(换向片进入电刷的一边)引起火花。这是因为一方面前刷边电流密度增大了,另一方面是由于电刷与换向片开始只在少数点上接触,使电刷局部过热而产生火花。

(二)消除电磁火花的措施

由上面的分析可见,电磁火花的产生,主要是由于换向元件中合成电势所产生的附加电流所引起的。为了消除电磁火花,就必须减小附加电流。分析换向元件和电刷构成的回路可以看出,减小附加电流,可以通过两个途径来实现:即减小换向元件中的合成电势 $\Sigma e$;增大换向回路的电阻。

1. 减小换向元件中的合成电势 $\Sigma e$

装设换向极是改善电机换向的最有效的措施。换向极应该在换向区域内建立一个适当的磁场,该磁场一部分用来抵消交轴电枢反应磁场,另一部分应使电枢换向元件切割这个磁场而产生一个与电抗电势大小相等方向相反的换向电势,来抵消电抗电势的作用,使换向元件中的合成电势为零,从而改善换向。对换向极的要求应该是在电机整个负载范围内,尽量使合成电势为零。为此,必须注意下面一些问题:

(1)换向极必须装在电机的几何中性线上,如图 2-64 所示。因为只有这样才能保证换向极磁场和元件的换向区相对应。

(2)换向极必须有正确的极性,因为只有这样才能保证使 $e_H$ 与 $e_r$ 方向相反。为此,它的磁场方向一定要与交轴电枢反应磁场相反,对电动机来说,如图 2-64 所示,换向极的极性应和下一个(顺着电枢转向)主磁极的极性相反;对于发电机来说,换向极的极性

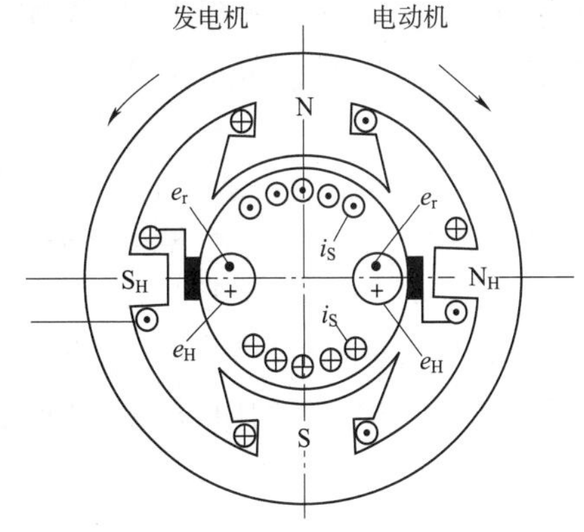


图 2-64　用换向极改善换向
N、S—主极;$N_H$、$S_H$—换向极

则应和下一个主磁极的极性相同。

(3)换向极励磁线圈必须与电枢绕组串联。由于电抗电势 $e_r$ 的数值是随着电枢电流 $I_S$ 按正比关系变化的，为了保证在整个负载范围内 $e_H$ 都能抵消 $e_r$，故要求电抗电势也必须随电枢电流 $I_S$ 成正比的变化。将换向极励磁线圈与电枢绕组串联起来，电枢电流即换向机励磁电流，故当电枢负载电流变化时，换向电势也随之成正比变化。此时，换向电势 $e_H$ 即与电机转速 $n$ 和电枢电流 $I_S$ 成正比。

(4)换向极的磁路应处于低饱和状态，因为换向电势 $e_H$ 是换向元件切割换向极磁通产生的，只有在磁路不饱和时，换向极磁通密度才能与换向极励磁电流(即电枢电流)成正比。也才能满足换向电势 $e_H$ 与 $I_S$ 成正比的要求。

为了使换向极磁路不饱和，在电机设计时，通常用增大换向极与电枢表面之间的空气隙(称为第一气隙)的方法降低换向极的饱和程度。但是单纯这样做将使换向极的漏磁通增加。为此，在牵引电动机中，常将空气隙分成两部分，即在换向极铁芯和机座之间加入非磁性垫片(铜片或塑料片)形成所谓的第二气隙。如图 2-65 所示。采用第二气隙不仅能使换向极漏磁通减少，同时，在得到同样大小的换向极磁密的情况下使换向极的饱和程度降低，从而使换向电势 $e_H$ 能随电枢电流 $I_S$ 成正比。当电机运行时，如果发现换向极过强或过弱时，可以通过调节第二气隙的大小来调整换向极磁通密度的数值，使电机获得满意的换向。当换向电势过强时，应增大 $\delta_2$。当换向电势偏弱时，则应减小 $\delta_2$。但是应该注意在调整 $\delta_2$ 时，应尽可能地保持第一气隙 $\delta_1$ 的大小不变，因为 $\delta_1$ 的改变不仅影响换向的强弱，同时也引起换向磁势沿换向区分布波形的变化。为此在 $\delta_2$ 中还备有一定数量的磁性垫片，在调整 $\delta_2$ 时，应该改变磁性垫片数，使调整前后磁性与非磁性垫片的总厚度不变。

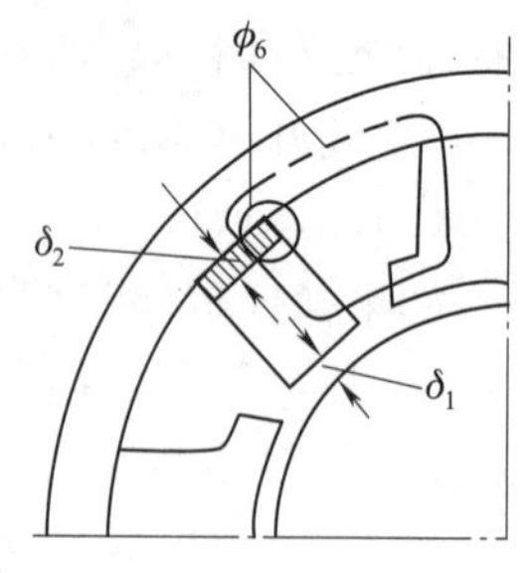


图 2-65　换向极的气隙

$\delta_1$—第一气隙；$\delta_2$—第二气隙；$\phi_6$—漏磁通

2. 增加换向回路中的电阻

由于换向元件中附加电流的大小还与换向回路中的电阻大小有关，而电刷与换向器之间的接触电阻是换向回路中的主要电阻。因此，当选用接触电阻和电阻系数较大的电刷时，换向回路的电阻就增加，从而能减小附加电流，有利于换向。目前，牵引电动机广泛采用高接触电阻的 DS74B、DS74B4 石墨电刷。实践证明，当采用合适的电刷时，在同样的负载条件下，火花能降低半级到一级。

为了改善换向，在牵引电动机中广泛采用分裂电刷，与换向器接触面积不小于 75%的电刷面积，如图 2-66 所示。在电刷盒 4 中放入两块电刷 3，电刷的压力由一个压指 1 通过橡胶压块 2 供给。由于每片电刷质量小，所以运动惯性小，同时橡胶压块可以吸收一部分振动，使电刷和换向器表面接触良好，改善了电刷的换向性能。此外，在两块电刷的接触面上增加了换向回路的横向电阻，可以减小附加电流，降低电刷下的火花等级。

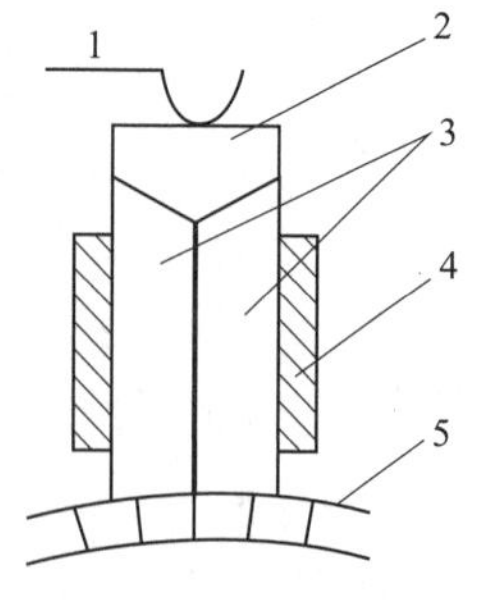


图 2-66　分裂式电刷

1—压指；2—橡胶压块；3—电刷；4—刷盒；5—换向器

在选用电刷时还必须注意；同一台电机中必须采用同一牌号的电刷。否则，将引起电刷之间电流负载分配不均匀，使接触电阻小的电刷流过的电流较大，以致过热，对换向不利。

在设计和调整牵引电动机换向极磁势强弱的，一般是要求在额定转速 $n_e$ 和额定电流 $I_e$ 时，换向极的强弱适中。实际上牵引电动机的转速和电流是经常变化的。随着转速的进一步升高，换向电势 $e_H$ 将相对偏强，这主要是由于转速的升高，换向元件漏磁通 $\Phi_S$ 交变频率增加，槽内导体中的涡流增加，槽磁阻增大、磁导变小，致使电抗电势 $e_r$ 值增加将略小于换向电势 $e_H$ 的增加，故 $e_H$ 相对偏强。当电动机电流大于额定电流时，由于换向极趋于饱和，$e_H$ 不能随着电流的变化而成正比地变化，故换向电势 $e_H$ 相对地偏弱。

值得指出的是，牵引电动机进行磁场削弱时，电抗电势将增大，当机车牵引电动机工作在最深磁场削弱工况下，达到恒功率范围内的最高电压时，电抗电势将达到其最大值。这是因为此时电动机的转速达到了恒功率范围内的最高转速，而电枢电流也因磁场的最深削弱而增加得最多，故电抗电势 $e_r$ 的值也最大。

### 四、机械火花

直流牵引电动机的换向是在换向器与电刷的滑动接触过程中进行的。如果由于机械方面的原因使这种滑动接触不良时，在电刷下面也会产生火花，称为机械火花。

由于大部分的机车牵引电动机悬挂在机车车体下面，由于轨道不平而产生的动力作用，容易使换向器和电刷装置松动或产生振动。同时，风雪、潮气和油污灰尘也容易侵入电动机内部。这些因素都可能使牵引电动机换向器和电刷之间的滑动接触遭到破坏而引起机械火花。

实践证明，牵引电动机由于换向不良产生火花，除了电磁方面的原因以外，在大多数情况下是由于机械方面的缺陷所造成的。因此，必须重视机械火花问题，并采取适当的措施加以解决。

1. 换向器和电机旋转部分的缺点

牵引电动机换向器偏心或椭圆；换向片凸出或片间云母凸出；换向器表面粗糙不平，如有毛刺、表面粗糙度不够、铜片倒角不良、有磨痕或沟槽；电动机动平衡不好或组装质量不良等缺陷，都会使换向器或电刷在运行时发生振动，造成滑动接触不良，引起机械火花。

2. 电刷装置方面的缺点

电刷接触面研磨得不够光滑，电刷接触不好或只有局部接触；电刷在刷盒中太松或太紧，造成电刷跳动、倾斜或卡死；电刷上的压力必须合适，压力过大将使电刷很快磨损，压力过小会使电刷跳动产生火花，对于抱轴式悬挂的牵引电动机电刷上的单位压力一般取为 300～400 $g/cm^2$；此外，在正常使用条件下，温度升高会使电刷的接触压降减小，可能引起换向不良。刷握装置不稳固等，都会使电刷和换向器接触不稳定，从而引起火花。

3. 电机定子安装质量不良

换向极安装不妥，造成空气隙不均匀，或主极和换向极沿定子圆周装配不均；电刷在换向器圆周上等分不好；电枢绕组第一个线头与换向器升高片的嵌线位置搞错而使换向元件偏离几何中性线等，都会使电抗电势得不到很好的补偿而产生火花。此外，如果磁极极性接错或电枢绕组与升高片焊接不良，将使火花急剧加大。

总之产生机械火花的原因是多方面的，有时是几种原因同时起作用，因此，在电机零部件生产和组装的过程中，必须精心制造、严格工艺要求。而在电机运行时，一旦出现火花，则应仔细检查与分析，首先找出机械方面的原因，并采取措施加以消除。

为了保持换向器和电刷工作状态完好，对电机进行经常的维护和保养是十分重要的。例如换向器表面不清洁时，应该及时擦净或用汽油洗涤，换向器表面受损或不光时，须用细砂纸打光，必要时精车换向器表面。

**五、换向器滑动面的薄膜**

实践证明，在正常情况下，当牵引电动机长期运行之后，换向器表面会形成一层棕褐色而富有光泽的氧化薄膜，这层薄膜的形成不仅使换向回路中的电阻加大，对换向非常有利，而且起了良好的润滑作用，使电刷的磨耗大为减少。

换向器薄膜是在电刷和换向器接触过程中形成的，它主要由氧化铜和氧化亚铜的混合物组成的金属氧化膜和由微小的碳粒、石墨和其他附着物组成的碳膜这两部分构成。

由于大气中水蒸汽的作用，使电刷和换向器表面上覆盖着一层水膜，当电机工作时，电刷与换向器接触面上流过的电流使水蒸汽发生电解作用而产生氧气。由于换向器的氧化作用，故在换向器表面形成一层氧化铜和氧化亚铜组成的薄膜。同时在这层金属薄膜上面又吸附着一层非常小的、有黏性的石墨和碳粉组成的薄膜，如图 2-67 所示。

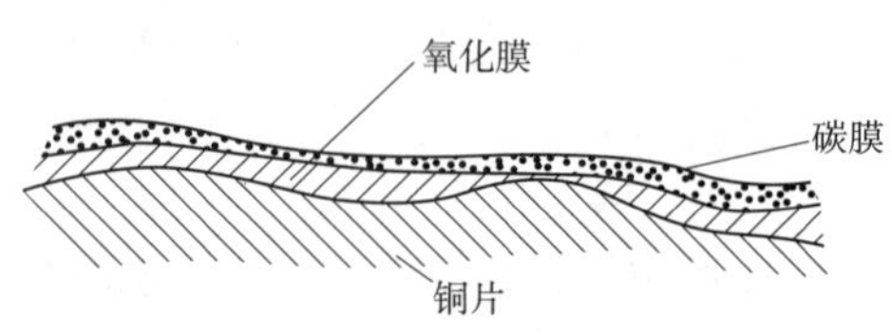

图 2-67　换向器表面膜层

应该指出，薄膜中氧化膜的生成与温度、电刷压力和空气湿度等有密切的关系。薄膜中氧化膜的生成速度与其厚度成反比，与温度成正比。薄膜的形成及其颜色与电刷的材质和耐磨性、换向器的表面粗糙度、电刷的压力和电流密度、电机运转时间的长短以及周围环境污染情况等因素有关。当电刷性能不好、电刷压力过大，或者出现缺氧、缺水以及在空气中有某种化学气体的环境时，都会使换向器表面的薄膜遭到破坏而引起火花。如果电机运行正常，即没有机械的、电化学的和热的因素干扰时，薄膜富有光泽、均匀、稳定并呈棕褐色。此时，可以认为电机换向是满意的。

当电机运行时，由于氧化膜本身具有较高的电阻，使电刷和换向器接触电阻加大，从而降低了换向电流 $i_H$，改善了电机的换向；而碳膜附着物在吸收空气中的水分之后将产生良好的润滑作用，减小了电刷与换向器之间的磨耗，使电刷运行稳定。另外，薄膜与电刷间相互存在着一定的黏附作用，可以缓和或减小电刷的颤振频率和速度，保持电刷与换向器铜片之间滑动接触的稳定性，减小或消除机械火花。因此，薄膜对电刷的工作起重要作用。

当电机正常运行条件被破坏，或电机内部发生故障，就会引起薄膜形态的破坏。

牵引电动机换向器薄膜的不正常状态，主要有以下几种：

(1)换向器表面出现有规律和无规律分布的黑痕，它是换向器表面存在有害火花的反映。因为当火花达到一定程度时，其热效应使局部接触面产生高温，引起铜和碳的气化，使铜表面变得粗糙，并出现无光泽的黑膜。有规律黑痕的出现，在多数情况下是由于电机定子装配方面的缺陷所引起的。无规律的黑痕和污斑多数是由于电刷与换向器接触不稳定所引起的。

(2)沿换向器圆周出现条纹，条纹的形状总是沿换向器圆周表面形成的圆环，其宽度是不规则的。条纹的形成是由于电刷接触面上嵌有铜粒子，或者由于薄膜不均匀而引起电流集中，以及由于电刷的机械摩擦作用，使局部薄膜变薄或消失而造成的。

(3)电刷下的换向器圆周出现轨痕，主要是由于同一刷握各并联工作的电刷之间负载分配不均匀所引起的。主要原因有电刷各压指压力不均，刷辫和电刷连接不良以及电刷高度相差较大等。

(4)换向器薄膜完全消失。这表明电刷和换向片之间有很大的摩擦。这种现象常发生在低温、低负载及低湿度情况下。例如，在严寒干燥的冬季，当机车高速运行时，换向器和电刷的磨损也显著增加，换向器薄膜可能完全消失。

总之，在电机运行时，必须注意和经常检查换向器的表面状态，一旦发现换向器表面出现异常现象，须及时找出原因并采取措施，以保证电机正常运行。

## 六、电位火花及环火

由于牵引电动机某些换向片片间电压过高而发生的火花称为电位火花。在最不利的情况下，例如当剧烈地改变电机负载或突然发生短路、特别是电机在磁场削弱情况下，换向火花和电位火花连成一片，使换向器表面正、负电刷间产生电弧而短路，这种现象称为环火(在产生环火的瞬间，电机发出巨大的响声，所以环火又叫做“放炮”)。

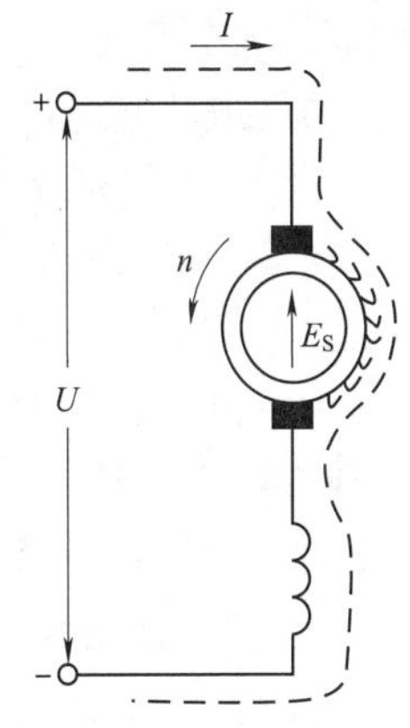

图 2-68　环火示意图

环火具有很大的破坏力，轻则烧伤换向器和电刷，有时还使换向器升高片线槽中焊锡熔化，造成甩锡和电枢绕组间短路或击穿绝缘而接地，严重时甚至把电枢绕组导线烧毁。此外，当电机发生环火时，电动机实际上将变为发电机运行状态，如图 2-68 所示。这时，由电源来的电流经过环火电弧直接流入励磁绕组，被加强的励磁磁场使电动机反电动势猛增，这个反电动势又通过环火电弧而直接短路，使电枢绕组的电流反向。因此，电机将产生一个很大的制动转矩，使环火电机所驱动的动轮踏面严重擦伤。

1. 产生环火的原因

由于电刷磨损下来的炭粉或电刷碎片以及换向器磨损下来的铜粉聚积在换向片间的沟槽内，加之油泥从电动机外部飞溅到换向器上，这些脏物在两个换向片间形成导电桥。当换向片间电压过高时，此导电桥燃烧而形成火花，这就是电位火花。若片间电压足够大，会在这些导电尘粒燃烧后，出现片间电弧，或称单元闪络，如图 2-69(a)所示。此电弧使周围的空气游离，当换向器的转动，该电弧随换向器一起转动，并且由于电弧形成的气体内压力及作用在电弧上的电动力使电弧拉长，如图 2-69(b)所示。当电弧向前扩展时，它遗留下来的离化气体是导电的，因而电弧将维持不灭，如图 2-69(c)所示，以致引起环火。

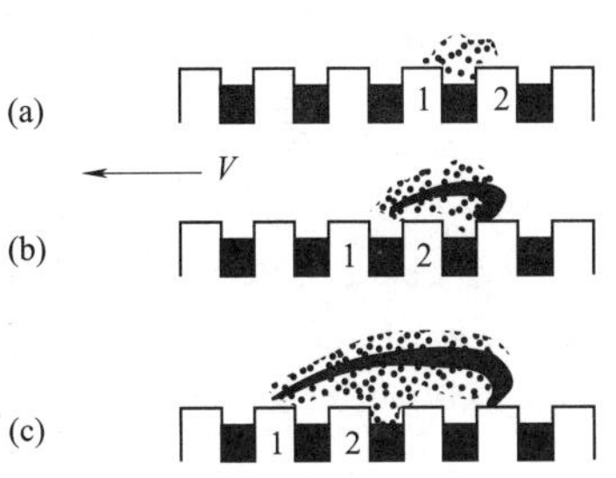

图 2-69　导电桥形成环火的示意图

由电磁或机械方面的原因在电刷下发生的火花称为换向火花。换向火花也可能引起环火。当换向器转动时，这种换向火花使电刷与换向片间形成小的电弧。随着电枢的转动，电弧机械地拉长，如果拉长到换向器表面上的某一点，而该点与电刷后刷边的电位差又足够大时，则电弧继续燃烧并向前发展，形成环火。

2. 换向器片间电压和电位分布

由上可知，环火与换向器片间电压的最大值和换向器上的电位特性有关。

如图 2-70 所示，在正、负电刷之间的换向器上，其片间电压分布曲线和主极气隙中磁通密度分布曲线形状是相似。

主极气隙中磁场分布与电动机的负载有关。

交轴电枢反应使主极空气隙磁场畸变，如图 2-70(a)所示，图中曲线 1 为空载时的情况，曲线 2 为负载时的情况。

图 2-70(b)的两条曲线 3 和 4 相应地表示电动机空载和负载时，换向器圆周片间电压分布曲线。这两条曲线的形状与主极下空气隙磁通密度的曲线形状相同。由曲线 4 可见，电动机负载时(尤其是过载或承受冲击负载时)，由于强烈的电枢交轴反应而造成片间电压分布不均，在接近后刷边的地方出现了最大值 $\Delta U_{Hmax}$，称为最大片间电压。它对发生环火有很大影响。

图 2-70(c)表示沿换向器圆周长度的电位特性。其电压大小相当于图中电压表所测得的电刷与某一换向片的电压值，曲线 5 为电机空载时的情况，曲线 6 为负载时的情况。电位特性曲线越陡，产生环火的趋势就越大。通常用换向器圆周每厘米长度的电位差来表示曲线的斜率，称为电位梯度。

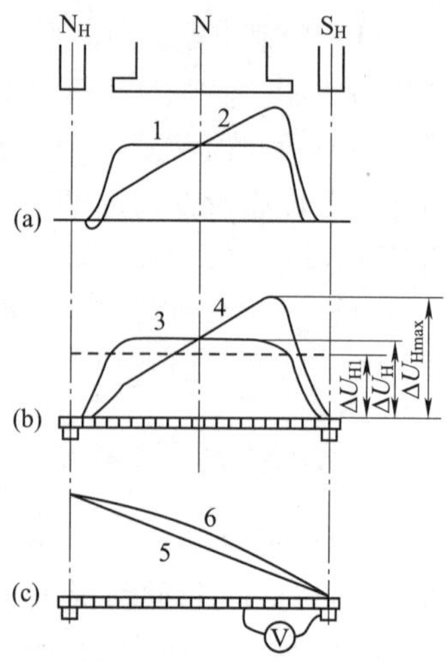


图 2-70　电动机换向器上片间电压分布曲线及电位特性

由此可见，机车牵引电动机在最高电压及最深磁场削弱下高速运行时，由于主极磁场的削弱和电枢电流的增大，电枢反应相对加强，致使主极空气隙磁场的畸变加剧，电位曲线也越陡，因此产生环火的可能性也越大。

根据实践经验，为了预防环火的发生，电位梯度的最大值应小于 85～95 V/cm，片间最大电压应不超过下列极限值：

当片间云母厚度为 0.8 mm 时，$\Delta U_{Hmax} \leqslant 35$ V，

当片间云母厚度为 1.0 mm 时，$\Delta U_{Hmax} \leqslant 37 \sim 40$ V，

当片间云母厚度为 1.2 mm 时，$\Delta U_{Hmax} \leqslant 40 \sim 43$ V，

当片间云母厚度为 1.5 mm 时，$\Delta U_{Hmax} \leqslant 46 \sim 48$ V。

3. 防止环火的措施

(1)在设计电机时，限制换向器上电位梯度和最大片间电压值。

(2)采用适当形状的主极极靴，以改善电位分布情况。

牵引电动机通常采用偏心气隙的方法，如图 2-71(a)所示。它是用一个大于电枢半径的半径画出来的极靴形状，并且其圆心顺着垂直轴线从电枢圆心移动一个距离。国产 ZQDR-410 型牵引电动机就采用这种气隙。

另外有的牵引电动机采用部分扩张气隙，如图 2-71(b)所示。这种气隙主极极靴由两部分组成：第一部分极弧与电枢为同心圆，在这段范围内，气隙是均匀的并且等于 $\delta_0$；第二部分气隙是从 $a(a')$ 点处的气隙 $\delta_0$ 开始，向极靴边缘增加到 $\delta_P$ 值，极靴这一部分用直线画出，气隙 $\delta_P$ 是扩张气隙。

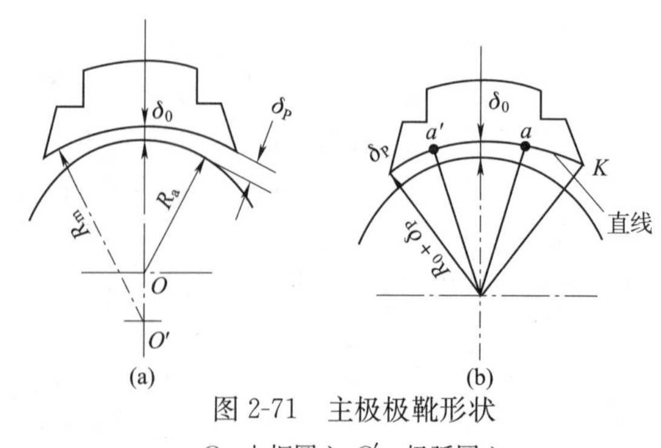


图 2-71　主极极靴形状

O—电枢圆心；O′—极弧圆心

上述两种极靴形状，都使主极极尖处空

气隙加大，这样不仅减小电枢反应对主极磁通的畸变作用，改善了换向器电位分布，使片间电压最大值处远离换向区，从而增加了电机的抗环火能力。通常极尖下的空气隙长度为极中心处空气隙长度的 1.8～2.5 倍。

(3)装置补偿绕组

牵引电动机气隙磁密畸变是由电机带负载后的电枢反应引起的。因此，防止环火的有效措施应该是尽可能地消除电枢磁场所引起的气隙磁场畸变。对于经常过载和承受冲击电流而换向困难的牵引电动机来说，最有效的措施是装置补偿绕组，即在主极极靴表面增设一个与电枢绕组相串联的绕组，使它产生的磁势与电枢磁势互相抵消，以消除电枢反应造成的磁场畸变，从而减小最大片间电压的数值和改善电机的电位特性。但是，这样却使电动机结构复杂，并且增加了制造和检修的工作量。

如图 2-72 所示，补偿绕组安装在主极极靴上的专门冲制的槽子里，其绕组连接应能使它产生的磁场分布在两极之间。为了在不同负载下都能有效地补偿电枢反应，补偿绕组应和电枢绕组串联，并使补偿绕组产生的磁势和电枢磁势方向相反。

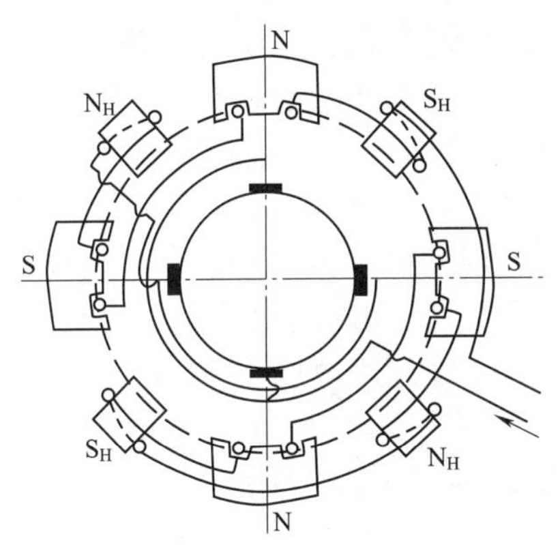


图 2-72 补偿绕组装置及连接法

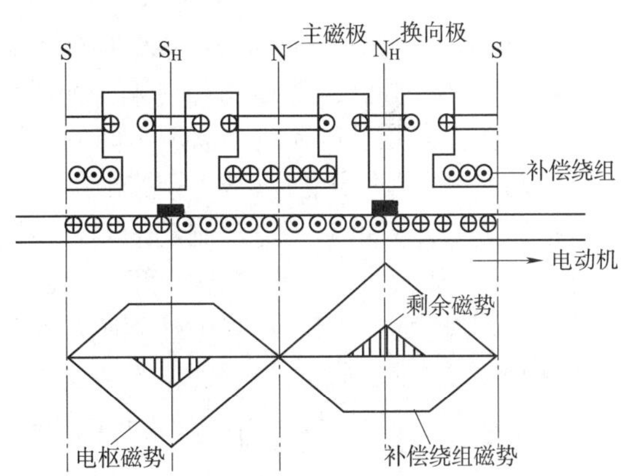


图 2-73 补偿绕组的安装及电动机磁势

图 2-73 画出了补偿绕组磁势和电枢磁势的波形。可以看出，电枢磁势呈三角波形，补偿绕组磁势呈梯形波形，这是由于主极之间无法安装绕组的缘故。这样，主极之间的电枢磁势不能全被补偿，而剩下一个三角形磁势波(阴影部分)，可由换向极磁势来补偿。

在现代牵引电动机中，已采用了一种平行槽结构。其特点是不把线圈嵌放在主极极靴的径向槽中，而是嵌放在其轴线和槽壁与换向极轴线平行的槽中，线圈布置和连接如图 2-74 所示。

电动机安装了补偿绕组后，将使电机结构复杂，增加了制造和检修的工作量，而且造价也相应提高。因此，一般电机不采用补偿绕组，只有换向特别困难的电机中才采用，如国产的 ZQ650-1、ZQ800-1、ZD105、ZD115 型牵引电动机都采用了补偿绕组。

(4)在实际运用中加强维护清理和采取保护措施。如除掉换向器片间的脏物及换向片两边的毛刺，保持牵引电动机检查孔盖严密；在主电路

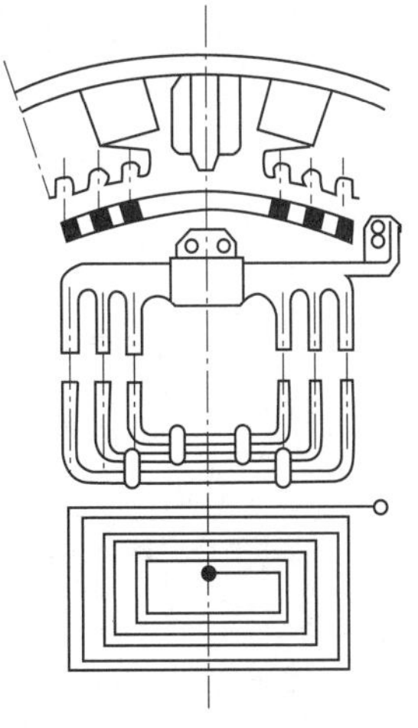

图 2-74 补偿绕组布置

中采用快速保护(防环火系统),一旦电机发生环火,能迅速将电机与电源断开;对并联工作的电动机分别进行保护;在国外一些电机上,采用火花放电器引导火花闪络(环火)接地装置等。

## 第七节　直流牵引电动机制动

机车运行过程中,有时需要尽快使牵引电动机停转或从高速运行转换到低速运行;下坡时,需要限制牵引电动机的转速,以控制机车的速度。这就需要在牵引电动机轴上加一个与转向相反的转矩(称制动转矩)来实现,称为牵引电动机的制动。

制动转矩是由机械制动闸产生的摩擦转矩,称为机械制动;制动转矩是牵引电动机本身产生的电磁转矩,称为电气制动。直流牵引电动机的电气制动可分为能耗制动和回馈制动两种。

### 一、能耗制动

(一)能耗制动的基本概念

机车在牵引工况时,牵引电动机将电能转变为机械能,产生牵引力,驱动列车。机车在制动工况时,列车惯性力带动牵引电动机,根据直流电机可逆原理,此时牵引电动机按发电机工况运转,其产生的电能,通过制动电阻转换成热能,散失于大气中。在这个过程中,电动机产生与机车运行方向相反的制动力,使列车运行速度降低,起制动作用。由于依靠制动电阻来消耗列车的动能,所以称为能耗(或电阻)制动。

根据国内外大量采用电阻制动的实践证明:采用电阻制动可以提高列车在下坡道上的运行速度;大大降低机车车辆轮箍的磨耗;大量节省制动闸瓦;最小限度地使用空气制动,使闸瓦、轮箍的发热减小,因而提高了使用闸瓦时的制动效果;同时,由于列车上配备了两套制动系统,因而更能保证列车安全运行。

机车在牵引工况时,牵引电动机从电源获得电能,驱动列车运行。因为机车上的牵引电动机多采用串励电动机,因此,要在某一速度下从牵引工况迅速过渡到制动工况,电动机作为发动机工作时,串励发动机工作稳定性差,且励磁绕组和电枢绕组串联时,磁通值难以控制,因而,电阻制动时总是将电动机改为他励发动机。这样,可以在较大的范围内,均匀地调节制动力,以便于控制机车运行速度。

主电路必须进行下列转换(图 2-75):

1. 切断牵引电动机电源;
2. 将牵引电动机励磁绕组与电源接通,建立磁场,使旋转的牵引电动机变成发电机工况;
3. 在牵引电动机电枢回路中接入制动电阻 $R_Z$,使其电能消耗于制动电阻上。

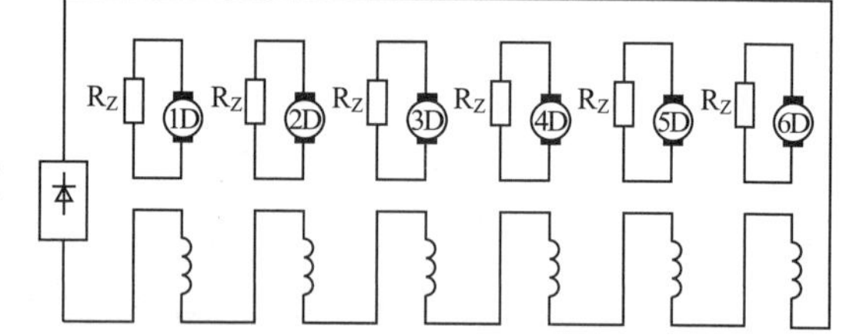

图 2-75　机车电阻制动电气原理图

从图 2-74 可以看出,所有的牵引电动机励磁绕组串联起来,由电源供电。6 台电动机的电枢绕组分别和制动电阻并联。

根据电机基本的电磁转矩公式:$M=C_m\Phi I_Z$ 可知,调节制动转矩大小只能通过两种方法:一是调节牵引电动机的磁通量;二是改变制动电流。

另外,电机的转速越高,制动转矩越大,制动的效果越好;而低速时,制动转矩相应变小,需要配用机械制动,使电机迅速停转。

能耗制动所需设备简单、成本低、操作方便。不足之处是列车的动能转换为电能后消耗在制动电阻上，变成热能散发到大气中，没有被利用；不易迅速制停，因为当电机转速较小时，电动势较小，制动电流也较小，使制动转矩相应减小。此时，应采用减小制动电阻来增大电枢电流，以提高低速区的制动转矩。

（二）制动特性及范围

机车在施行电阻制动时，由于受到牵引电动机、制动电阻以及机车轴重和黏着条件等一系列因素的限制，因此只允许在一定的范围内使用电阻制动。为了在正常工况下正确使用电阻制动，必须导出机车在电阻制动工况下的牵引电动机工作特性，从而得到机车的制动特性。制动特性就是制动力和机车速度之间的关系。

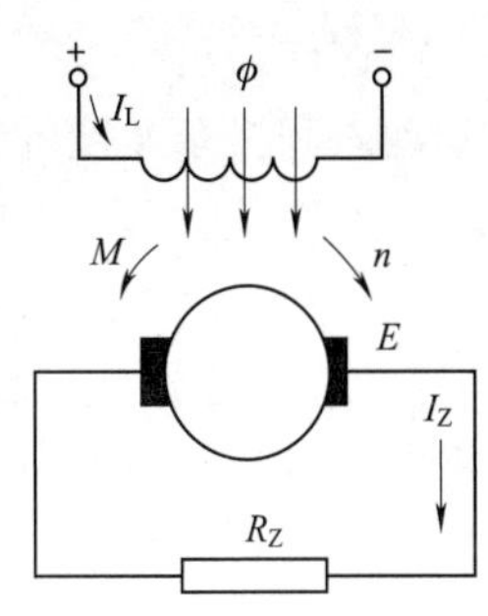

图 2-76　制动工况下的电动机

1. 牵引电动机的制动工况及制动特性

电动机制动工况如图 2-76 所示。在制动工况，牵引电动机所发出的电能供给制动电阻，因而可列出该电路的电势平衡方程式：

$$\begin{aligned}E &= C_e \Phi_n \\ &= I_Z(R_Z + \Sigma R) \\ &= I_Z R'_Z\end{aligned} \tag{2-33}$$

得：

$$I_Z = \frac{C_e n \Phi}{R'_Z} \tag{2-34}$$

$$\Phi = \frac{I_Z R'_Z}{C_e n} \tag{2-35}$$

将式(2-33)代入电磁转矩公式($M=C_m\Phi I_Z$)得：

$$M = \frac{C_e C_m}{R'_Z}\Phi^2 n \tag{2-36}$$

由上式可知当牵引电动机磁通量 $\Phi$ 不变时，牵引电动机产生的制动转矩 $M$ 正比于转速 $n$。此时，电动机制动特性 $M=f(n)$ 为一通过坐标原点的一簇直线，直线斜率与给定的磁通量 $\Phi$ 值有关。磁通量越大，斜率越大。如图 2-77 所示。

同样将式(2-35)代入电磁转矩公式($M=C_m\Phi I_Z$)得：

$$M = \frac{C_m R'_Z}{C_e}\frac{I_Z^2}{n} \tag{2-37}$$

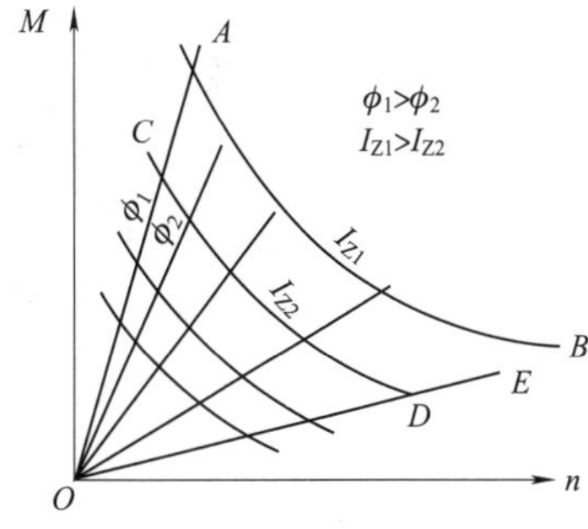

图 2-77　电动机的制动特性

由上式可知当牵引电动机的制动电流 $I_Z$ 不变时，牵引电动机产生的制动转矩 $M$ 与转速 $n$ 成反比关系。此时，电动机制动特性 $M=f(n)$ 为一双曲线，双曲线在坐标轴上的位置与制动电流大小有关。制动电流越大，曲线位置越高，如图 2-77 所示。

电动机的制动转矩经齿轮传到轮对后，可转换成机车制动力，它们有如下的关系：

$$B = \frac{2Z\mu}{D_L \eta_C}M \tag{2-38}$$

式中　$Z$——牵引电动机台数；

$D_L$——机车动轮直径；

$\eta_C$——传动效率，它等于牵引电动机的效率与齿轮传动效率的乘积；

$\mu$——齿轮传动比。

同样，电动机转速按下式可转换成机车速度：

$$v=\frac{60\pi D_L}{\mu\times10^3}n \tag{2-39}$$

这样，只要把图 2-77 中的转矩和转速的坐标，通过公式(2-38)、(2-39)，并按一定比例改成制动力和机车速度的坐标，即成为机车的制动特性曲线。

2. 制动工况范围

从图 2-77 中的制动特性曲线可以看出，制动力的大小与机车速度、电动机的制动电流和励磁电流有关。由于这些参数都有一定的限制，同时考虑到在高速运行时，牵引电动机还受到换向火花及机车结构强度的限制，因此制动力的大小有一定的限制范围。通常，制动特性受下面 6 种因素限制。

(1)最大励磁电流的限制

最大励磁电流根据牵引电动机励磁绕组允许温升决定。一般选取此值不超过牵引工况时的持续电流，但考虑到最大励磁电流限制特性曲线在低速区运转时电动机损耗较小，而且使用电阻制动的时间一般比牵引工况时间短，因此有的机车在选取此值可超过牵引工况时最大励磁电流。

根据最大励磁电流可求得制动力与速度的关系，如图 2-78 中的直线 $OA$ 线所示。$OA$ 线的左上方表示励磁电流已超过额定值，为不允许工作区；$OA$ 线的右上方表示为允许工作区。

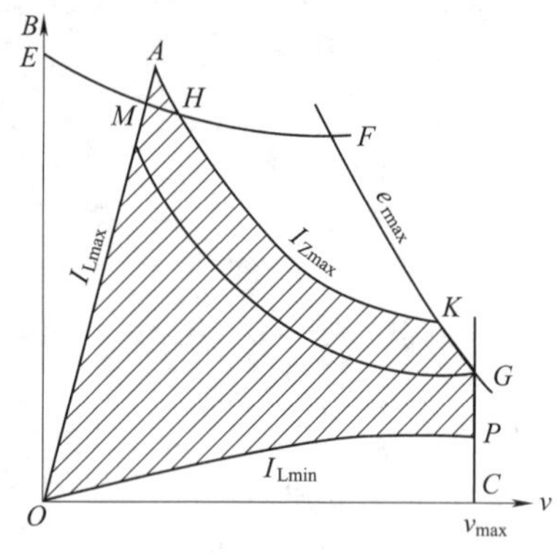


图 2-78　电阻制动特性范围

(2)最大制动电流的限制

最大制动电流根据牵引电动机电枢绕组允许温升决定。一般选取此值不超过牵引工况时的持续电流。当然，在有的机车上利用电动机的过载能力，则最大制动电流可超过持续电流。

由最大制动电流所求得的制动特性如图 2-78 中的双曲线 $AK$ 所示。同样，$AK$ 线上面表示制动电流已超过允许值；$AK$ 线下面为允许工作区。

(3)机车高速运行时，受牵引电动机换向火花的限制——$FG$ 线

从牵引电动机的换向一节已知，换向元件中的电抗电势是衡量牵引电动机换向情况是否良好的标志之一。电抗电势的大小与电枢电流和电机转速成正比。机车在高速运行时，电机转速已很高，如果此时的电枢电流(即制动电流)仍然保持最大值，则电抗电势必将超过允许值，以致会出现严重的火花，影响电动机的正常工作。因此，可以根据最大电抗电势，计算出在各机车速度下受牵引电动机换向火花限制的制动力，得到特性曲线 $FG$。显然，$FG$ 曲线上各点的制动电流是不同的。电动机只允许在此曲线下面工作。

(4)最深磁场削弱或最小励磁电流的限制

励磁电流越小，主磁场就越弱。机车在高速运行时，虽然电动机的励磁电流较小，但因其转速较高，所以制动电流仍然较大，此时电枢磁场很强而主极磁场很弱，这种情况使电枢反应十分强烈。电枢反应强烈，将使主极磁场发生很大畸变，致使沿换向器表面的电位分布不均匀，造成某些换向片间的片间电压过高而产生电位火花甚至环火，影响电动机可靠工作。故电阻制动时最小励磁电流受到一定限制。由最小励磁电流限制所得制动特性曲线如图 2-78 中的双曲线 $OP$ 所示。

(5)机车黏着条件的限制

受机车黏着条件限制的特性曲线如图 2-78 中的双曲线 $EF$ 所示。

(6)机车构造速度的限制

制动特性范围还受机车本身构造速度的限制,如图 2-78 中的双曲线 $GC$ 所示。

综合上述 6 种限制,可以获得机车在电阻制动时的特性范围为图 2-78 中 $OMHKGPO$ 所包围的区域。

3. 三种制动特性

电阻制动时的工作范围是受限制的,但在允许的范围内,究竟采用什么样的制动特性,则可以根据需要来确定。目前国内外机车上采用的制动特性归纳起来主要有三种形式。

(1)恒励磁线性制动特性(DF 型机车)

线性制动特性的制动力随机车速度的提高成正比地增加。有较好的机械稳定性,适合机车在下坡道上调节列车速度的要求。

(2)恒电流制动特性($DF_4$ 型机车)

制动力在很宽阔的速度范围内随速度的提高而下降。机械稳定性差,但能充分利用制动功率。

(3)恒速制动特性

列车在下坡道上恒速运行时,只要将手柄放在给定值处,其制动力自动与加速力相平衡。只有在制动功率足够大时才有意义。

## 二、回馈制动

直流电机作电动机运行时,电源电压 $U$ 大于反电势 $E_S$,电枢电流 $I_S$ 方向与电源电压 $U$ 同方向,电磁转矩方向与转向相同。若保持磁通方向不变,当转速升高到一定数值后,感应电势 $E_S$ 大于电源电压 $U$,电枢电流 $I_S$ 方向与反电势 $E_S$ 同方向,直流电机作发电机运行,电磁转矩与转向相反,起制动作用,发电机产生的电能送回到电网。这种制动方法称为回馈制动。

机车下坡时,重力加速度的作用使车速增高,牵引电机感应电势 $E_S$ 随之增大,若 $E_S=U$,则 $I_S=0$,牵引电机就不需要从电网输入电能,机车由本身的位能自动滑行并继续加速。转速继续升高,将使 $E_S>U$,则 $I_S$ 反向,牵引电机自动转换为发电机运行状态。此时,机车下坡的位能,通过电机转换成电能,回馈给电网。由于电枢电流 $I_S$ 反向,电磁转矩也随之反向,起到制动作用,车速越高,制动转矩越大,如图 2-79 所示。转速增高到一定程度,下坡时的位能产生的动力转矩与牵引电机的制动转矩和摩擦转矩相平衡时,机车将恒速稳定运行($b$ 点)。

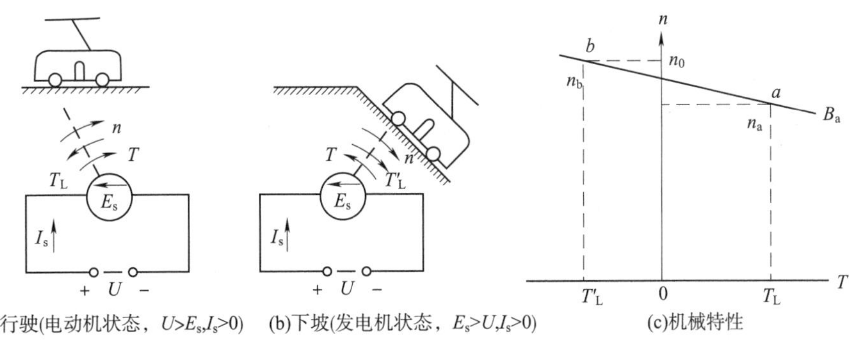


(a)平路行驶(电动机状态, $U>E_s,I_s>0$)　(b)下坡(发电机状态, $E_s>U,I_s>0$)　(c)机械特性

图 2-79　电力机车下坡时的回馈制动

他励和复励牵引电动机回馈制动时，需要保持励磁电流方向不变，电枢回路的接线不变。串励牵引电动机进行回馈制动时，由于串励发电机在许可范围内工作不稳定，需要将串励绕组改接为他励，由较低的电压供电以得到所需要的励磁电流。

## 第八节 脉流牵引电动机

在单相交流电网供电的电力机车上，大多采用硅整流器整流后供电给牵引电动机。这时，加在牵引电动机两端的电压为脉动电压，流过牵引电动机各绕组的电流为脉动电流，由这种方式供电的牵引电动机称为脉流牵引电动机。脉流牵引电动机典型供电线路如图 2-80 所示，其电压和电流波形如图 2-81 所示。

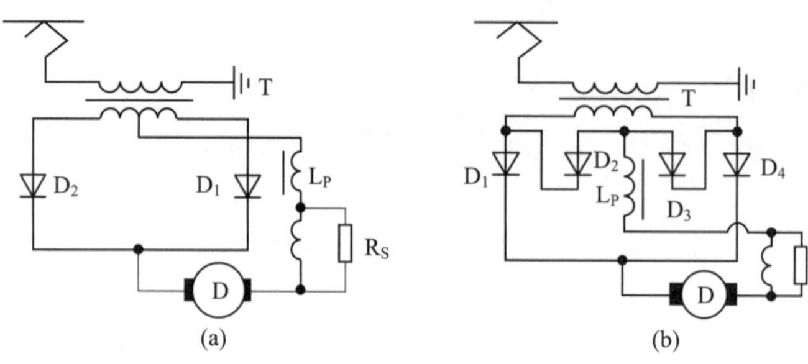


图 2-80 交—直流电力机车供电线路

由图 2-81 可见，其电压和电流都是脉动的，包括直流分量和交流分量。因为直流分量是主要成分，所以脉流牵引电动机本质上仍然是直流牵引电动机，其结构和工作特性与直流牵引电动机相仿。但是，由于交流分量的存在，给电动机工作带来新的特点，在电磁、换向、发热方面构成了脉流牵引电动机本身的特殊问题。由于电流的脉动，使牵引电动机的换向更为困难，温升发热要求更为苛刻。

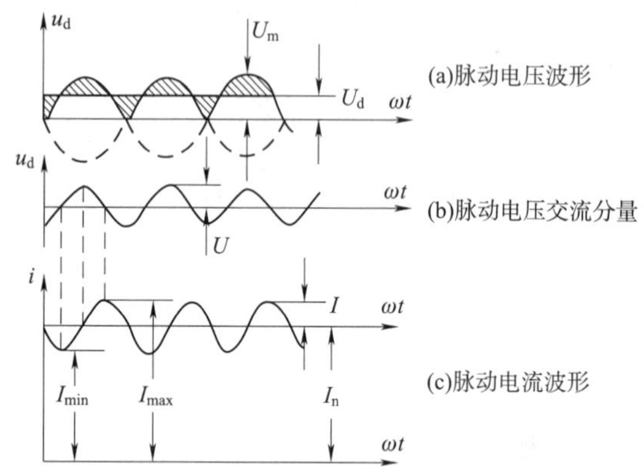


图 2-81 脉动电压和脉动电流波形图

脉流牵引电动机的工作条件十分恶劣，主要表现在：

(1)负载变化大；

(2)要承受来自轮轨的冲击力；

(3)使用环境恶劣；

(4)由单相整流器供电，电流是脉动的。

### 一、脉流牵引电动机的电磁特点

1. 脉动电压

图 2-81(a)所示为整流机组全导通时的整流电压波形，该电压是一个脉动电压，加在牵引电动机和平波电抗器两端。

脉动电压 $U_Z$ 的波形可用傅氏级数进行分解，即：

$$U_Z = \frac{2}{\pi}U_m(1+\frac{2}{1\times3}\cos2\omega t-\frac{2}{3\times5}\cos4\omega t+\frac{2}{5\times7}\cos6\omega t-K) \quad (2\text{-}40)$$

由上式可见，整流电压中包括一个直流分量和一系列偶次谐波的交流分量。在交流分量中，谐波次数(频率)越高，幅值越小，为了便于分析和工程需要，4 次以上谐波可以略去。这样，加在脉流牵引电动机两端的电压可以看成一个直流电压分量和一个两倍电源频率(100Hz)的交流电压分量组成，即：

$$U_Z = \frac{2}{\pi}U_m+\frac{4}{3\pi}U_m\cos2\omega t = U_= + U_\sim \cos2\omega t \quad (2\text{-}41)$$

式中　$U_=$——直流电压分量，$U_= = \frac{2}{\pi}U_m$；

$U_\sim$——交流电压分量的幅值，$U_\sim = \frac{4}{3\pi}U_m$；

$U_m$——脉动电压最大值。

电压的脉动程度用电压脉动系数 $K_u$ 表示，它是交流分量幅值和直流分量的比值，对于不可控单相全波整流线路：

$$K_u = \frac{U_=}{U_\sim} = \frac{2}{3} \approx 0.66 \quad (2\text{-}42)$$

2. 脉动电流

在脉动电压作用下，通过脉流牵引电动机的电流可看成是直流电流分量和交流电流分量分别作用的结果。

电流的脉动程度用电流脉动系数 $K_i$ 表示：

$$K_i = \frac{I_{max}-I_{min}}{I_{max}+I_{min}}\times100\% \quad (2\text{-}43)$$

式中 $I_{max}$和 $I_{min}$分别为电流波形中的最大值和最小值(图 2-81)。

电流脉动系数 $K_i$ 的值越大，电流交流分量的幅值就越大，电流脉动也越严重。电流的脉动程度与脉流牵引电动机回路电感成反比。为了将 $K_i$ 值控制在一定范围内，只靠电动机本身电感是不够的，必须串入一个平波电抗器，以增加电动机回路总电感量，对脉动电流起到敷平作用。

国内外脉流牵引电动机制造和运行经验表明，外改善脉流牵引电动机换向条件，在额定工况下，电流脉动系数 $K_i$ 一般限制在 20%～30%。如 $SS_4$ 改型电力机车的电流脉动系数为 25%～27.5%；$SS_8$ 型、$SS_9$ 型电力机车的电流脉动系数为 28%～33%。

3. 脉动磁通

脉动电流通过脉流牵引电动机各绕组时，将产生脉动磁势和相应的脉动磁通。脉动磁通也由直流分量和交流分量组成。其脉动程度用磁通脉动系数 $K_\Phi$ 表示，即：

$$K_\Phi = \frac{\Phi_\sim}{\Phi_=} \quad (2\text{-}44)$$

脉流牵引电动机通常在励磁绕组上并联一个固定分路电阻。由于励磁绕组对交流分量电流呈现较大的电抗，因此交流分量电流的绝大部分由分路电阻流过而不经过励磁绕组，减小了主磁通脉动。加装固定分路电阻后，对直流磁场进行了固定削弱。

有固定分路的脉流牵引电动机中，当固定磁场削弱系数在 85%～98%范围内时，若 $K_i=$

25%～30%，则额定状态下 $K_{\Phi}=2\%\sim3\%$。

综上所述，脉流牵引电动机和直流牵引电动机的工作条件不完全相同，这主要是脉流牵引电动机的各电磁量中除直流分量外，还存在一个以两倍电源频率、按正弦规律变化的交流分量。

## 二、脉流牵引电动机的换向特点

一台换向正常的直流牵引电动机，若工作在脉动电源下，这台电机换向将显著恶化，这是因为在脉动电压条件下，牵引电动机的换向元件中，除已经介绍过直流电势外，由于脉动电源中交流分量的作用，还将引起另外 3 种交流电势。

1. 交流电抗电势 $e_{r\sim}$

交流电抗电势 $e_{r\sim}$ 是由电枢电流交流分量 $I_{a\sim}$ 换向产生的。由于换向周期 $T_K$ 比交流分量电流变化周期 $T$ 小得多，可认为在换向周期内交流分量幅值不变。因此，交流电抗电势 $e_{r\sim}$ 与电枢电流交流分量 $I_{a\sim}$ 同相位，如图 2-82 所示。

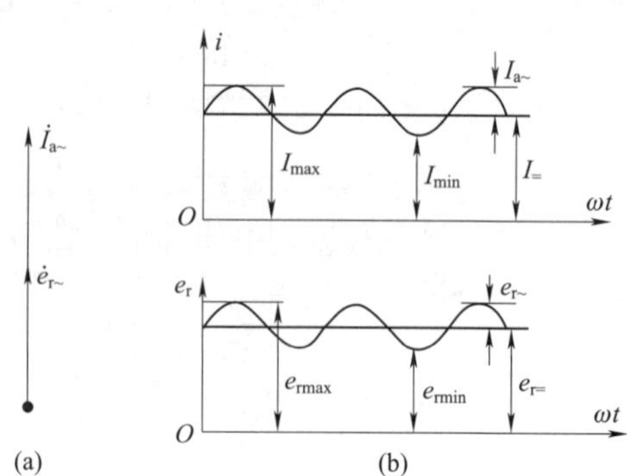

图 2-82　交流电抗电势波形与矢量关系

因 $e_{r\sim}$ 是 $I_{a\sim}$ 在换向时产生的，由直流电动机换向原理可知，$e_{r\sim}$ 的大小正比于 $I_{a\sim}$，即 $e_{r\sim}\propto I_{a\sim}$。而直流电抗电势 $e_{r=}$ 也正比于 $I_{a=}$，即 $e_{r=}\propto I_{a=}$。所以 $e_{r\sim}$ 和 $e_{r=}$ 之间的关系可表示为：

$$\frac{e_{r\sim}}{e_{r=}}=\frac{I_{a\sim}}{I_{a=}}=K_i$$

即：

$$e_{r\sim}=K_i e_{r=} \tag{2-45}$$

上式说明，在一定的电流脉动系数下，交流电抗电势 $e_{r\sim}$ 的幅值正比于直流电抗电势 $e_{r=}$，其交变频率和相位与电枢电流交流分量相同。

2. 变压器电势 $e_t$

变压器电势 $e_t$ 是由主极磁通交变分量 $\Phi_{f\sim}$ 的作用，在换向元件中感应的电势，如图 2-83 所示。其表达式为：

$$e_t=-W_a\frac{d\Phi_{f\sim}}{dt} \tag{2-46}$$

脉流牵引电动机通常采用固定分路电阻以降低主磁通的脉动程度。

3. 交流换向电势 $e_{k\sim}$

交流换向电势 $e_{k\sim}$ 是换向元件切割换向区合成交变磁通 $\Phi_{k\sim}$ 而产生的，其大小取决于换向区合成交变磁通的数值，相位与 $\Phi_{k\sim}$ 同相。

研究脉流牵引电动机的换向问题，主要是分析各交流电势的大小、性质及它们之间的相互关系，从而找出改善脉流牵引电动机换向的方法。

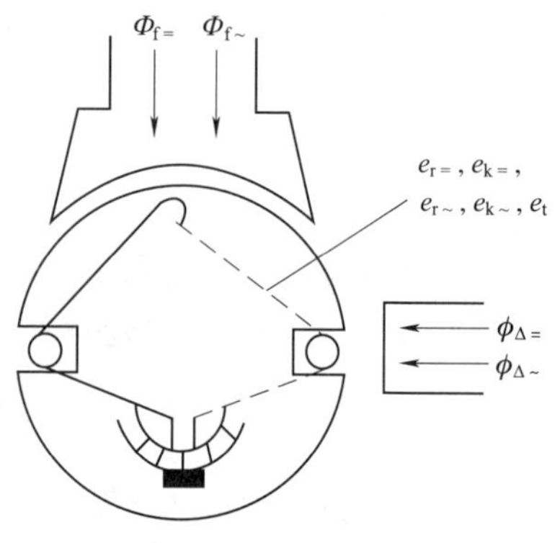

图 2-83　换向元件中的交流电势和直流电势

## 三、脉流供电给牵引电动机带来的困难

脉流牵引电动机的各电磁量中交流分量的存在，不仅使脉流牵引电动机的换向比直流牵引电动机困难，而且使脉流牵引电动机的换向稳定性也降低了。另外，由于电流和磁通的交变分量在电机中引起了一些新的附加损耗，与直流牵引电动机相比，脉流牵引电动机有较大的损耗，因此发热也更为严重，这些都给脉流牵引电动机的运行带来了很大的困难。

1. 电流脉动时电机的电位特性复杂化

换向器上的电位特性是以片间电压的数值来表征的。在脉流供电下，当主极绕组采用固定分路后，主极磁通交变分量很小的情况下，由主极交变磁通在电枢元件中产生的变压器电势是相当小的，可以忽略。但在脉动电压下，片间电压将增加，这主要是由电枢磁势脉动、主磁通脉动及元件中交流分量引起的电抗压降，使电机换向器上的电位分布复杂化了，并导致脉流牵引电动机片间电压比直流电动机约增加15%～20%左右。

如果一台电动机，在直流情况下的最大片间电压已经达到允许值，则在脉流情况下将导致电动机更加容易促成电位火花，从而使电机的抗环火能力降低。因此，在设计脉流电机时，其平均片间电压，最大片间电压的直流分量以及换向器上的电位梯度，应比同类型的直流电动机有较严格的限制。值得注意的是，脉流牵引电动机大多都采用了补偿绕组，它可以克服电枢反应造成的换向器片间电压分布畸变，从而可提高电机的换向稳定性。

2. 电流脉动时电机的损耗和发热

在脉流牵引电动机中，由于电流和磁通交变分量的存在，在电机中引起了一些新的附加损耗。因此，与直流牵引电动机相比，脉流牵引电动机在运行时有较大的铜耗和铁耗，故发热也更为严重，各绕组的温升也相应增大。试验证明，脉流下持续温升比直流下升高15%以上，且换向极绕组温升增加较多。因此，脉流牵引电动机比直流牵引电动机的运行条件更加困难。

## 四、改善脉流牵引电动机换向的方法

脉流牵引电动机的换向比直流牵引电动机困难，为了保证脉流牵引电动机可靠运行，必须针对它在换向方面存在的问题采取一定的措施。

这些措施一方面是在设计、制造脉流牵引电动机时，首先必须保证电机在直流电源下运行时换向可靠。为此，必须采取使直流牵引电动机换向良好的一系列措施。另一方面，还必须考虑到脉流牵引电动机中存在交变电流和交变磁通，在换向元件产生3种交流电势这一特殊问题。针对这3种电势的性质和作用，采取相应的措施。

### (一)减小交流电势的数值

1. 减小交流电抗电势 $e_{r\sim}$

交流电抗电势 $e_{r\sim}$ 是由于电枢电流交流分量 $I_{a\sim}$ 换向时产生的。由式(2-45)可知，在一定电流脉动系数下，$e_{r\sim}$ 和 $e_{r=}$ 成正比。所以，减小交流电抗电势的实质是降低直流电抗电势。即可通过减小 $e_{r=}$ 达到减小 $e_{r\sim}$ 数值的目的。

2. 减小变压器电势 $e_t$

变压器电势 $e_t$ 是由于主极磁通交变分量 $\Phi_{f\sim}$ 的作用而产生的，目前还没有建立相应的电势与 $e_t$ 抵消的措施，而通常的方法是在主极绕组并联一个分路电阻。

采用固定分路后，由于主极绕组对交流分量有较大的阻抗，大部分交流分量流过固定分路电阻，使主极磁通交变分量 $\Phi_{f\sim}$ 降低，变压器电势 $e_t$ 减小。固定分路电阻数值越小，主磁通交变分量 $\Phi_{f\sim}$ 也越小，变压器电势 $e_t$ 也越小。

（二）改善交流换向电势 $e_{k\sim}$ 的相位

由于换向极磁路涡流和漏磁通的影响，使得交流换向电势 $\dot{e}_{k\sim}$ 的相位产生不合理的“倒相”现象。这样一来，它不仅不能起到抵消交流电抗电势 $\dot{e}_{r\sim}$ 的作用，反而有可能与 $\dot{e}_{r\sim}$ 叠加，使换向元件中有较大的剩余电势 $\Delta\dot{e}_{\sim}$，造成电机换向困难。为了改善 $\dot{e}_{k\sim}$ 的相位，必须减小换向极磁路涡流作用和换向极漏磁通，这就需要在电机结构方面采取一定的措施。

1. 换向极铁芯采用电工钢片叠制

叠片铁芯可以减小换向极磁路的涡流作用以及磁路的磁阻，使 $\Phi_{\Delta\sim}$ 的数值增加，并且减小了 $\dot{\Phi}_{\Delta\sim}$ 和 $\dot{F}_{\Delta\sim}$ 之间的相位角 $\theta$，使 $\Phi_{k\sim}$ 和 $\dot{e}_{k\sim}$ 相位合理。

这种换向极在国内外许多脉流牵引电动机中得到广泛应用。如国产 ZD105、ZD115 型脉流牵引电动机均采用叠片换向极铁芯。

2. 机座内壁敷设磁桥

磁桥由数片 0.5 mm 厚冷轧电工钢片叠成，总厚度约为 2～3 mm，在换向极中心处留 3～4 mm 的缺口，如图 2-84 所示。

磁桥的作用是让流经机座的换向极交变磁通 $\Phi_{\Delta\sim}$ 从其中流通，避免由于整体机座对交变磁通的涡流作用。由于磁桥导磁率高，而且处于低饱和状态，能将 $\Phi_{k\sim}$ 和 $\dot{e}_{k\sim}$ 相位调整到与 $\dot{e}_{r\sim}$ 相反的方向。

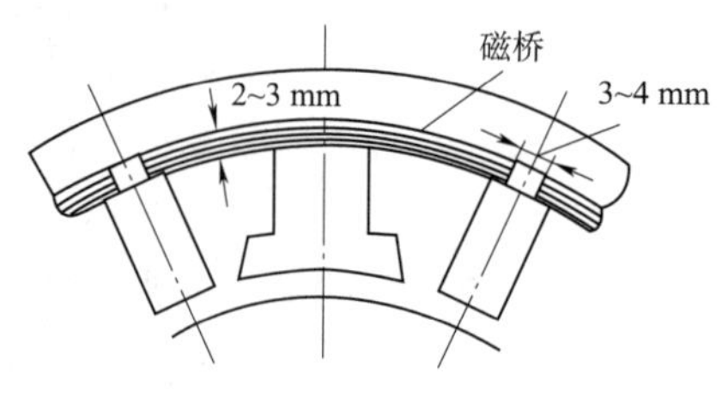

图 2-84　磁桥结构示意图

缺口是一个空气间隙，其作用是使磁通的直流分量（特别是主磁通的直流分量）不易通过磁桥，否则将造成磁桥饱和而使导磁率下降。

国产 ZQ650-1 和 ZQ800-1 型脉流牵引电动机采用了这种结构，运行经验表明，采用磁桥结构，在相同运行条件下，火花降低约 0.5 级。

3. 减小换向极漏磁通

漏磁通 $\Phi_{\sigma\sim}$ 对 $\Phi_{k\sim}$ 的数值和相位影响很大。$\Phi_{\sigma\sim}$ 较大时，即使滞后角 $\theta$ 不大，也会使 $\Phi_{k\sim}$ 的相位变得很不合理。减小 $\Phi_{k\sim}$ 的措施有：

（1）采用非磁性（黄铜或不锈钢板）换向极线圈托架，对漏磁通起屏蔽作用。

（2）适当控制主极的极弧系数和换向极极靴宽度，增加主极尖与换向极之间的距离。

（3）采用换向极第二气隙。

4. 采用全叠片或半叠片机座

采用全叠片机座，可大幅度减小磁路的涡流作用，使 $\dot{\Phi}_{\Delta\sim}$ 的数值增加，$\theta$ 角减小，从而改善了 $\dot{\Phi}_{\Delta\sim}$ 和 $\dot{e}_{k\sim}$ 的相位，使换向元件中的剩余电势 $\Delta\dot{e}_{\sim}$ 大大降低。另外，全叠片机座磁路不易饱和、磁路特性比较均匀。国产 ZD111S、ZD115 型脉流牵引电动机采用了全叠片无机壳机座。但是，全叠片机座制造工艺复杂。为简化制造工艺，国内外一些脉流牵引电动机采用半叠片机座，如图 2-85 所示为钢板结构的焊接半叠片机座，图 2-85 中 2 为具有一定宽度的半叠片层，用 0.5 mm 厚的电工钢带扁绕叠压在机座体内，然后用法兰压紧并与机座焊成一个整体。

国产ZD107型和进口MB-530-AVR型脉流牵引电动机采用了这种结构。

(三)选择合适的变压器电势补偿不平衡电势

变压器电势 $\dot{e}_t$ 与交流电抗电势 $\dot{e}_{r\sim}$ 的相位几乎是相反的,因此可利用 $\dot{e}_t$ 来抵消 $\dot{e}_{r\sim}$。实践证明,这是积极有效的办法。利用变压器电势改善电机的换向,实质上是利用 $\dot{e}_t$ 来抵消($\dot{e}_{r\sim}+\dot{e}_{k\sim}$)。为了使 $\dot{e}_t$ 在数值上和相位上都能补偿($\dot{e}_{r\sim}+\dot{e}_{k\sim}$),必须选择合适的固定磁场削弱系数 $\beta_0$。

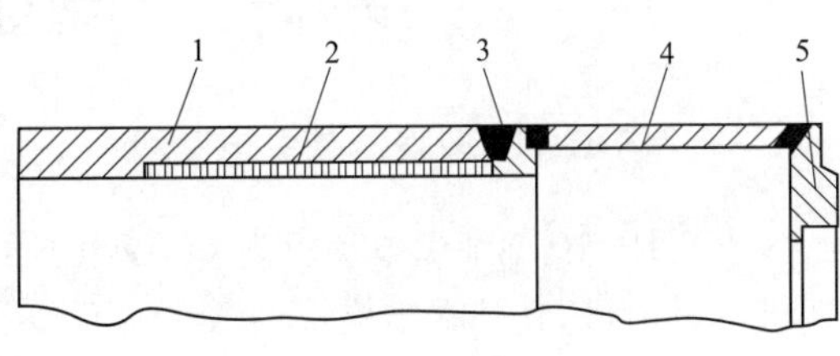


图2-85　半叠机座

1—机座体;2—电工钢片叠片层;3—法兰;4—非磁路部分;5—前端法兰

若 $\beta_0$ 取得过小,即固定分路电阻 $R_{S0}$ 数值过小,则励磁电流交流分量几乎都从固定分路电阻上通过,流过励磁绕组中的交流分量电流 $\dot{I}_{f\sim}$ 数值较小,$\Phi_{f\sim}$ 较小,因而产生的变压器电势 $\dot{e}_t$ 数值较小,不足以抵消($\dot{e}_{r\sim}+\dot{e}_{k\sim}$)。

若 $\beta_0$ 取得太大,即 $R$so数值较大,则励磁电流的交流分量 $\dot{I}_{f\sim}$ 和电枢电流的交流分量 $\dot{I}_{a\sim}$ 的相位角 $\alpha_1$ 减小,此时虽然 $\dot{I}_{f\sim}$、$\Phi_{f\sim}$ 和 $\dot{e}_t$ 数值相应增大,但 $\dot{e}_t$ 的相位不合适,也不能起到抵消($\dot{e}_{r\sim}+\dot{e}_{k\sim}$)的作用。因此,$\dot{e}_t$ 的大小和相位对 $\beta_0$ 值提出了相互矛盾的要求。

最合适的 $\beta_0$ 值,除了通过多方案计算求得最佳理论数值外,还必须根据换向试验的实际效果来确定。脉流牵引电动机设计和试验资料表明,在额定工况下,$K_i=25\%$ 时,最合适的 $\beta_0=95\%$ 左右。

国外有些脉流牵引电动机,不采用固定磁场分路,其目的就是利用 $\dot{e}_t$ 来补偿($\dot{e}_{r\sim}+\dot{e}_{k\sim}$)。国产ZD105型脉流牵引电动机,取 $\beta_0=96\%$,既减小了变压器电势 $e_t$ 的数值,又利用 $e_t$ 来补偿($\dot{e}_{r\sim}+\dot{e}_{k\sim}$)。

(四)采用感应分路

采用固定分路电阻改善脉流牵引电动机换向时,即使选择了一个合适的 $\beta_0$,也只能满足一种(额定)运行状态。因为 $\dot{e}_t$ 的大小与电机的转速无关,而 $\dot{e}_{r\sim}$ 和 $\dot{e}_{k\sim}$ 数值却随之变化。当电机进入磁场削弱时,相位角 $\alpha_1$ 相应增大,$\dot{e}_t$ 的相位相应滞后。这样,就破坏了原有各交流电势之间的平衡关系,影响电机的换向。

为改善脉流牵引电动机高速运行时的换向,通常在磁场削弱电阻上串联一个电抗器,整个磁场分路称为感应分路,如图2-86(a)所示。

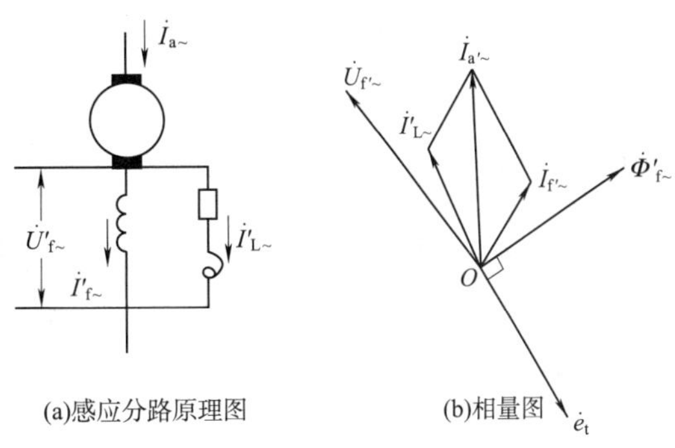


图2-86　感应分路时换向元件的变压器电势

以上介绍的改善脉流牵引电动机换向的各种方法,它们之间不是孤立的,而是辩证的、相互联系的。在脉流牵引电动机上究竟采用哪些方法,不仅要考虑电机的工艺性、经济性因素,更重要的是必须通过实践来验证。

# 第九节　典型直流牵引电动机介绍

## 一、ZQDR-410 型直流牵引电动机

ZQDR-410 型牵引电动机为 $DF_4$ 型内燃机车用牵引电机，共有 6 台，它是不带补偿绕组的四极串励电机，其基本结构特点已在前面涉及，这里仅介绍其主要技术参数和结构参数。

ZQDR-410 型牵引电机主要技术参数和结构参数

额定功率……………………………………………………………… 410 kW
额定电压 ………………………………………………………… 550/770 V
额定电流 ………………………………………………………… 800/570 A
额定转速……………………………………………………………… 640 r/min
最大恒功率转速 ………………………………………………… 1 830 r/min
最大转速 ………………………………………………………… 2 356 r/min
额定转矩 ………………………………………………………… 6 250 N·m
励磁方式 ……………………………………………………………… 串励
磁场削弱系数
　　第Ⅰ级磁场消弱系数 ………………………………………………… 60%
　　第Ⅱ级磁场削弱系数 ………………………………………………… 43%
冷却方式 ………………………………………………………… 强迫通风
额定风量 ………………………………………………………… 110 $m^3$/min
额定效率……………………………………………………………… 93.57%
工作制 ………………………………………………………………… 持续
绝缘等级(定子/电枢)…………………………………………………… H/B
极对数………………………………………………………………………… 2
悬挂方式 ………………………………………………………… 抱轴悬挂
传动方式 …………………………………………………… 单侧直齿传动
齿轮传动比 ………………………………………… 4.5(货运)、3.75(客运)
电枢直径 ………………………………………………………… ϕ493 mm
电枢铁芯长……………………………………………………………… 460 mm
换向器直径 ……………………………………………………… ϕ400 mm
电枢槽数……………………………………………………………… 50 个
每槽元件数……………………………………………………………………… 4
电枢绕组型式 …………………………………………………… 单叠绕组
主极线圈匝数 …………………………………………………………… 15 匝
主极气隙……………………………………………………………… 5 mm
换向器线圈匝数 ………………………………………………………… 14 匝
换向极第一气隙………………………………………………………… 7 mm
换向极第二气隙………………………………………………………… 1 mm

电刷牌号 ………………………………………………………………… DS75B4 分裂式

电刷尺寸 ……………………………………………… 12.5 mm×50 mm×65 mm

刷握数………………………………………………………………………………… 4

每刷握电刷数量……………………………………………………………………… 2

电机总质量 ……………………………………………………………… 2 850 kg

ZQDR-410 型牵引电动机的纵向剖面如图 2-87 所示。

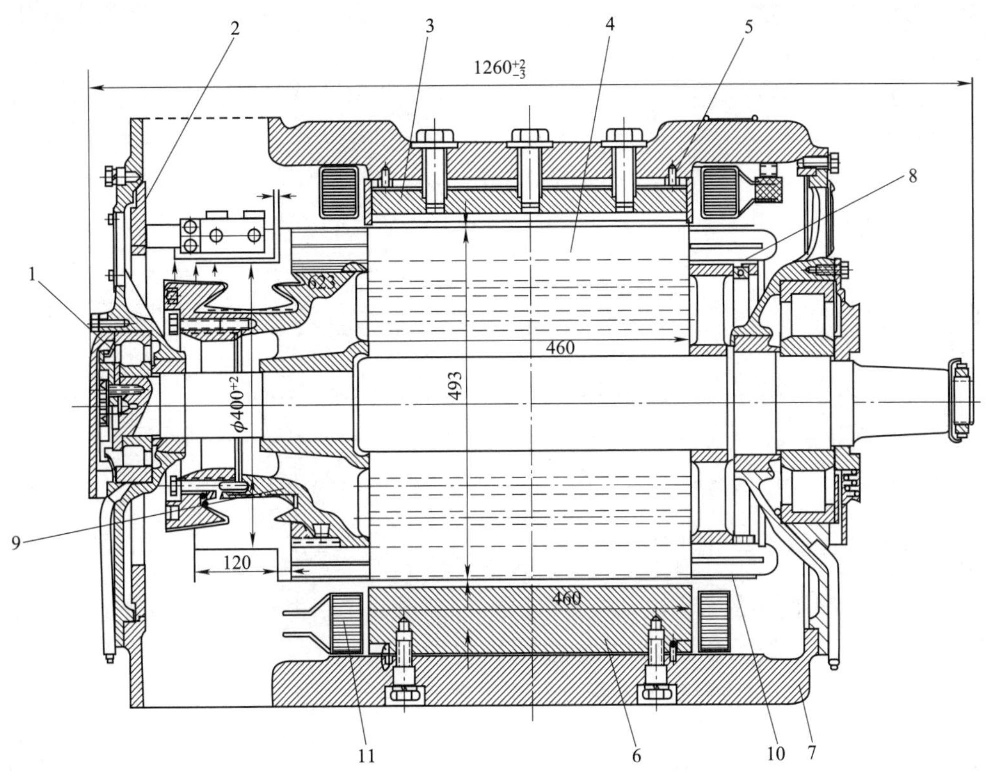


图 2-87　ZQDR-410 型牵引电动机纵剖面图

1—挡油板；2—刷架圈；3—主极；4—电枢；5—定位销；6—换向极；7—机座；8—后压圈；9—压圈；10—玻璃丝带及无纬玻璃预浸胶带；11—换向极绕组

## 二、ZD109B 型直流牵引电动机

ZD109B 型牵引电动机为 $DF_{4D}$ 型内燃机车用牵引电机，共有 6 台，它也是不带补偿绕组的四极串励电机，其基本结构特点已在前面涉及，这里仅介绍其主要技术参数和结构参数。

ZD109B 型牵引电机主要技术参数和结构参数：

额定功率 ……………………………………………………………………… 530 kW

额定电压 …………………………………………………………………… 670/980 V

额定电流 …………………………………………………………………… 845/575 A

额定转速 …………………………………………………………………… 770 r/min

最大恒功率转速 ………………………………………………………… 2 190 r/min

最大转速 …… 2 385 r/min
励磁方式 …… 串励
磁场削弱系数 …… 66%(客运)、60%(货运)
冷却方式 …… 强迫通风
额定风量 …… 100 $m^3$/min
工作制 …… 持续
绝缘等级(定子/电枢) …… H/H
极对数 …… 2
悬挂方式 …… 滚动轴承抱轴悬挂
换向器直径 …… $\phi$372 mm
电枢槽数 …… 58 个
每槽元件数 …… 4
电枢绕组型式 …… 单叠绕组
电刷牌号 …… DS74 B 分裂式
电刷尺寸 …… 20 mm×43 mm×66 mm
刷握数 …… 4
每刷握电刷数量 …… 2
电机总质量 …… 2 850 kg

### 三、ZQ800-1 型脉流牵引电动机

$SS_3$ 型电力机车所用的牵引电动机为 ZQ800-1 型脉流牵引电动机。它是带有补偿绕组的四极串励电机，其主要技术参数和结构参数如下。

ZQ800-1 型牵引电机主要技术参数和结构参数：

额定电压 …… 1 550 V
额定功率
　小时制 …… 800 kW
　持续制 …… 720 kW
额定电流
　小时制 …… 550 A
　持续制 …… 495 A
额定转速
　小时制 …… 920 r/min
　持续制 …… 920 r/min
最高电压 …… 1 800 V
最大电流 …… 830 A
最高转速 …… 1 920 r/min
励磁方式 …… 串励
磁场削弱系数

固定磁场削弱 …… 95%
第Ⅰ级磁场削弱系数 …… 70%
第Ⅱ级磁场削弱系数 …… 54%
第Ⅲ级磁场削弱系数 …… 45%
冷却方式 …… 强迫通风
额定风量 …… 135 $m^3$/min
绝缘等级(定子/电枢)…… H/F
悬挂方式 …… 抱轴悬挂
传动方式 …… 双侧斜齿传动
齿轮传动比 …… 4.35
极对数…… 2
电枢直径 …… $\phi$650 mm
电枢铁芯长…… 352 mm
换向器直径 …… $\phi$540 mm
电枢槽数…… 90 个
每槽元件数…… 4
电枢槽形尺寸 …… 8.3 mm×4.7 mm
电枢导体排列方式 …… 交叉立放
电枢绕组型式 …… 单叠绕组
主极线圈匝数…… 20 匝
主极气隙…… 5.5 mm
换向器线圈匝数 …… 12 匝
换向极第一气隙…… 8.5 mm
换向极第二气隙…… 7.2 mm
补偿绕组匝数 …… 16 匝
刷握数…… 4
每刷握电刷数量…… 3
电刷尺寸 …… 2 mm×12.5 mm×32 mm
电机总质量 …… 3 960 kg

## 四、ZD105 型牵引电动机

ZD105 型脉动牵引电动机为轴悬式双侧斜齿轮传动，它用来驱动 $SS_4$ 型(1～158 号)和 $SS_4$ 改型大功率干线电力机车。每台机车上装有 8 台 ZD105 型牵引电机。电机的一侧通过滑动抱轴瓦支承在机车的轮对上，另一侧通过吊杆座固定在转向架的横梁上。

ZD105 型牵引电机主要技术参数和结构参数

额定计算工况 …… 持续制
额定功率…… 800 kW
额定电压…… 1 020 V

额定电流 …… 840 A
额定转速 …… 960 r/min
最大转速 …… 1 850 r/min
最高电压 …… 1 180 V
最大电流 …… 1 200 A
绝缘等级(定子/电枢) …… H/F
极对数 …… 3
励磁方式 …… 串励
磁场削弱系数
　固定磁场削弱系数 …… 96%
　第Ⅰ级磁场削弱系数 …… 70%
　第Ⅱ级磁场削弱系数 …… 54%
　最深磁场削弱系数 …… 45%
冷却方式 …… 强迫通风
通风量 …… 135 $m^3$/min
传动方式 …… 双侧斜齿轮传动
齿轮传动比 …… 4.19
齿轮中心距 …… 604 mm
电枢外径 …… $\phi$60 mm
电枢长度 …… 360 mm
电枢槽数 …… 93
每槽元件数 …… 4
槽形尺寸 …… 9.4 mm×42.8 mm
电枢导体布置 …… 交叉竖放
电枢绕组型式 …… 单叠绕组
换向器直径 …… $\phi$540 mm
换向器工作面长度 …… 128 mm
换向片数 …… 372
刷握数 …… 6
每刷握电刷数 …… 3
电刷尺寸 …… 22 mm×36 mm×50 mm
主极气隙 …… 5 mm
主极线圈绕制型式 …… 扁绕压弧
主极线圈匝数 …… 11
换向极气隙
　第一气隙 …… 10 mm
　第二气隙 …… 7.5 mm
换向极线圈匝数 …… 6

补偿线圈匝数…………………………………………………………………… 8
电机效率………………………………………………………………… 94.05%
电机总质量 …………………………………………………………… 3 970 kg
额定脉动系数 ………………………………………………………… 25%～27.5%

## 五、ZD115 牵引电动机

$SS_8$ 型、$SS_9$ 型电力机车所用的牵引电动机为 ZD115 型脉流牵引电动机，它是带有补偿绕组的六极串励电机，采用架承式悬挂，一端悬挂在转向架的构架上，另一端则固定在轮对的空心轴套上。

ZDl15 牵引电机主要技术参数和结构参数：

额定电压………………………………………………………………… 1 030 V
额定功率
　小时制 ………………………………………………………………… 950 kW
　持续制 ………………………………………………………………… 900 kW
额定电流
　小时制………………………………………………………………… 1 010 A
　持续制 ………………………………………………………………… 945 A
额定转速(电流 945 A 时) ……………………………………………… 1 095 r/min
最高恒功电压…………………………………………………………… 1 100 V
最小恒功电流 ………………………………………………………… 880 A
启动电流………………………………………………………………… 1 450 A
最高转速 ……………………………………………………………… 1 946 r/min
励磁方式 ……………………………………………………………… 串励
磁场削弱系数
　固定磁场削弱系数 ………………………………………………… 87%
　最深磁场削弱系数 ………………………………………………… 43%
冷却方式 ……………………………………………………………… 强迫通风
冷却风量 ……………………………………………………………… 130 $m^3$/min
绝缘等级
　定子绕组 …………………………………………………………… H 级
　转子绕组 …………………………………………………………… H 级
悬挂方式 ……………………………………………………………… 架承式
传动方式 ………………………………………………… 轮对空心轴弹性传动
齿轮传动比 …………………………………………………… 77/31=2.484
极数……………………………………………………………………… 6
电枢直径 ……………………………………………………………… $\phi$680 mm
电枢铁芯长……………………………………………………………… 275 mm
换向器直径 …………………………………………………………… $\phi$500 mm

电枢槽数 …………………………………………………………………… 93
电枢槽形尺寸 ……………………………………………………… 10 mm×37 mm
每槽元件数……………………………………………………………………… 4
电枢导体排列方式 …………………………………………………… 交叉立放
电枢绕组形式 ………………………………………………………… 单叠绕组
主极线圈匝数 ………………………………………………………………… 11
主极气隙…………………………………………………………………… 5.5 mm
换向极线圈匝数…………………………………………………………………… 7
换向极第一气隙 ………………………………………………………… 10 mm
换向极第二气隙……………………………………………………………… 6 mm
补偿绕组匝数……………………………………………………………………… 6
刷握数……………………………………………………………………………… 6
每刷握电刷数……………………………………………………………………… 3
电刷尺寸 ……………………………………………………… 2 mm×10 mm×42 mm
电机总质量 ……………………………………………………………… 3 550 kg
额定脉动系数 ………………………………………………………… 28%～33%

## 小　　结

直流电机的基本原理建立在电和磁相互作用的基础上，可应用电磁基本定律结合换向器和电刷的作用来理解。直流发电机将机械能转换成直流电能，直流电动机将直流电能转换成机械能。一台直流电机既可作为发电机运行，也可作为电动机运行，这就是直流电机运行的可逆性。

电枢绕组的基本型式是单叠绕组和单波绕组，其连接规律不同，支路对数也不同。单叠绕组的特点是 $2a=2P$，$y_{H}=1$。

直流电机的励磁方式可分为他励、并励、串励和复励 4 种，励磁功率仅占电机额定功率的 1%～3%，但对电机性能的影响很大。

感应电势、电磁转矩公式和电势、转矩及功率平衡方程式是直流电机最基本的公式。应用公式可定性和定量分析直流电机运行中的各种问题。

直流电机由分为静止(定子)部分和旋转(转子)部分组成。牵引电动机的定子由机座、主磁极和换向极、补偿绕组及电枢轴承和抱轴轴承等部件组成。机座作为机械支撑和导磁铁轭，其外形可分为圆形和方形，其材料可采用铸钢，现代也有采用叠片的。主磁极作为产生主磁场的部件，由铁芯和线圈两部分组成，为了降低涡流损耗，铁芯采用硅钢板叠压而成，线圈采用扁铜线绕制，绕制方法不同将导致不同的散热条件和制造工艺。换向极作为产生换向磁场帮助电机换向的部件，也是由铁芯和线圈组成的。设置换向极第二气隙的目的是减少漏磁和降低磁路饱和程度。主磁极和换向极均采用一体化结构，以保证在机车运行振动下，有良好的抗振动性能。对于脉流牵引电动机来说，在其机座内壁敷设了磁桥或采用叠片机座。换向极铁芯采用电工钢片叠成，还在两个主磁极之间跨嵌了补偿绕组，以改善其换向性能。

牵引电动机的转子由转轴、电枢铁芯、电枢绕组和换向器等部件组成。电枢铁芯和电枢绕组是电机实现能量转换的枢纽,电枢铁芯采用电工钢片叠成以减少涡流和磁滞损耗,电枢绕组采用扁铜线制成,其在电枢槽内放置的方法不同将影响到电机换向性能的好坏和制造工艺的繁简。换向器作为直流和脉流牵引电动机的一个特殊部件,其作用是一个机械变流器。在现代牵引电动机中一般采用拱式换向器,换向器的换向片要倒角,云母片要下刻,以保证其与电刷良好接触。

牵引电动机的电刷装置是固定的定子与转动的电枢连接的桥梁,由电刷、刷握、刷握架、刷杆和刷架圈等组成。

牵引电动机的功率大,尺寸又受到空间的限制,因而电机发热比较严重。温升过高,不仅直接关系到电机的使用寿命和安全运行,还决定了电机的额定容量,因此,温升是评价牵引电动机性能的重要指标。

直流牵引电动机的特性代表了电动机本身的运行性能。励磁方式不同的牵引电动机其特性差异较大,他励和并励电动机,转速随负载变化较小,称为“硬特性”;串励电动机转速随着负载变化较大,称为“软特性”。

具有软特性的串励牵引电动机,自调节性能好;功率利用较好;并联工作时负载分配较均匀;受电网电压波动影响较小。在机车上得到广泛应用。其主要缺点是:个别传动时容易发生空转;电气制动时需将串励改为他励。

牵引电动机调速问题实际上是用改变外加电压和磁通的方法改变电动机的机械特性,使它与负载有不同的交点,从而获得不同的转速。牵引电动机的磁场削弱是指采用某种手段,将电动机的励磁磁势(主磁通)减少。常用的方法是在电动机励磁绕组两端并联分路电阻。采用磁场削弱,可以提高电动机的转速,并可提高电动机的利用功率。

直流电机的主磁场一般都是在励磁绕组中通以直流电流建立的。空载时的主磁场仅由励磁电流产生,其磁密分布为梯形。负载时,电枢电流产生电枢磁场,对主磁场的分布和大小产生影响,称为电枢反应。

电枢反应引起的结果是:(1)电机气隙中的合成磁场发生畸变;(2)电机气隙中的合成磁场被削弱。

电枢反应的去磁作用影响电机的转速和转矩,但是在一般情况下这种影响并不很大。严重的问题是由于磁场的畸变使电机换向条件恶化,电刷与换向器之间产生火花,甚至引起环火,造成电机严重损坏。

换向是指电枢绕组元件从一条支路进入另一条支路时,元件中电流改变方向的过程。换向不良时,将在直流和脉流牵引电动机的换向器与电刷之间产生有害火花。产生火花有电磁、机械和化学等方面的原因,其中,电磁原因起着决定性的作用。而附加换向电流 $i_K$ 过大是产生火花的电磁原因。

改善换向的目的在于消除电刷下的火花。机械方面的原因可以通过改进制造工艺和加强日常维护保养来消除。消除电磁火花的实质,是设法限制附加换向电流 $i_H$。

环火是指正负电刷之间被强烈的电弧所短路,是直流牵引电动机最严重的故障。

电机运行时,换向器表面上可能产生换向火花和电位火花,火花较大时形成电弧,该电弧能否维持甚至发展为环火,取定于电弧本身的能量、换向器上的电位和片间电压等。原始电弧电流越大、电位特性越陡、片间电压越高、产生环火的可能性就越大。

为了防止环火的发生，牵引电动机在参数和结构上必须采取必要的措施，最有效的措施是设置补偿绕组。利用补偿绕组消除由于电枢反应引起的气隙磁场畸变，减小片间电压的最大值，同时使得电位特性曲线较为平坦。

机车的电气制动是使电机本身产生的电磁转矩与转向相反而成为制动转矩，使电机停转或限速运行，有能耗制动和回馈制动。

脉流牵引电动机的电压、电流和磁通中除存在直流分量外，还存在着以两倍电源频率按正弦规律变化的交流分量，使其换向更为复杂。在换向元件中，除直流电势外，还存在交流电抗电势、变压器电势和交流换向电势。改善脉流牵引电动机的换向，除采取使直流下换向良好的一系列措施外，还必须针对交流电势采取相应的措施。

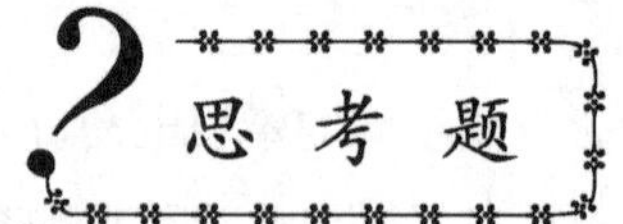


1. 直流电机主极励磁绕组中电流是直流，主磁通方向不变，为什么电枢铁芯采用电工钢片叠成？主极铁芯采用钢板叠成？电机定子铁轭中有无磁滞和涡流损失？

2. 画图说明直流电动机的工作原理。

3. 用什么方法可改变直流电动机的转向？

4. 画图说明直流发电机的平衡关系。

5. 如何判断直流电机是运行在发电机状态还是电动机状态？

6. 直流发电机的电磁转矩、转向、电枢电势、电枢电流的方向有何关系？

7. 直流电机有哪些主要部件？各起什么作用？

8. 直流电机转子包括哪些主要部件？各部件有什么作用？

9. 直流电机定子包括哪些主要部件？各部件有什么作用？

10. 为什么要采用双分裂式电刷？

11. 换向器有什么作用？它与哪些部件相连接？

12. 电刷装置包括哪些部件？各部件有什么作用？

13. 为什么机车上大多数采用串励牵引电动机？使用中存在什么问题？

14. 画出串励电动机的工作特性曲线，并分析曲线形成的原因。

15. 直流电动机有几种调速方法？机车常采用哪些方法调速？

16. 何谓电枢反应？电枢反应的结果是什么？电枢反应对气隙磁场有何影响？

17. 何谓磁场削弱？牵引电动机磁场削弱的方法和作用是什么？

18. 什么叫换向？直流牵引电动机的换向元件在换向过程中产生哪些电势？各由什么原因引起的？怎样判断某一电势是帮助换向还是阻碍换向？

19. 什么叫环火？电机环火的后果是什么？

20. 换向极的作用是什么？对换向极有哪些具体要求？

21. 换向器表面薄膜的成分是什么？对换向有什么影响？

22. 说明电阻制动原理。

23. 直流电机电动与制动状态的根本区别是什么？

# 第三章 交 流 电 机

## 第一节 异步牵引电动机

人们对交流电动机进行了长期的试验研究以后才将它作为铁路机车车辆的牵引电动机。目前,世界上已有许多国家制造出了三相交流牵引电动机驱动的机车。

三相交流牵引电动机与直流牵引电动机相比有如下优点:

(1)交流电动机没有换向器,不存在换向器圆周速度的限制,也不像直流电机那样受电抗电势及片间电压的限制,因而交流电机的转速可以设计得比相同功率的直流电机转速更高。在相同功率下,异步电动机与直流电动机相比,其质量比例为 1∶1.6,造价也更为低廉。

(2)交流电动机无需检查换向器和更换电刷,电机故障率极低。特别是鼠笼型异步电机转子无绝缘,除轴承之外,几乎不作经常的维护,因而维护工作量少。

(3)交流电动机在高速运行时不存在电抗电势限制的问题,因而能发挥较大的功率,甚至能以额定功率作恒功率运行。异步电动机机械特性硬,有自然防空转性能,使黏着利用提高。

(4)在机车上可以节省若干电器,并有利于实现自动控制。三相交流电动机的转向改变以及从牵引到再生制动状态的转换,不需要变换机车主电路,仅需通过控制系统改变变频器任意两相的触发脉冲顺序即可使电机反转。

虽然交流牵引电动机与直流牵引电动机相比有以上许多优点,但是交流电机调速是比较困难的。因而,交流电动机首先必须在大功率干线机车和轻型高速机车方面发挥其优越的牵引性能,才可能取代换向器式牵引电动机。

现在世界上许多国家已制造出来三相交流牵引电动机的机车,其中原联邦德国生产的E120 型电力机车是目前采用三相鼠笼式异步牵引电动机较为成功的一种。E120 型电力机车为客货两用,它所用的异步电动机型号为 QD646,该电机主要参数如表 3-1 所示。

**表 3-1 两种不同类型牵引电动机比较**

| 电 机 种 类 | 直流电动机 | 三相异步电动机 |
|---|---|---|
| 型　　号 | UZ116-64 | QD646 |
| 安装机车型号 | 181.2 | E120 |
| 功率(kW) | 1 400(5min) | 1 400 |
| 持续功率(kW) | 800 | 1 400 |
| 最大转速(r/min) | 2 210 | 3 600 |
| 转子直径(mm) | 950 | 930 |
| 电机电压(V) | 830 | 2 200 |
| 持续电流(A) | 830 | 360(相) |
| 质量(kg) | 3 100 | 2 300 |

上一章已介绍交流电动机分为两类:同步电动机和异步电动机。

同步电动机有两个主要特点。第一,在交流电源的频率不变时,它的转速保持恒定。也就是转速即不随负载转矩变化,也不能根据使用需要调节。第二,它的功率因数可以调节,即能够在较宽的范围内改变同步电动机的无功电流和无功功率。主要用于大容量、不调速的生产机械。由于同步电动机的结构和使用维护都比较复杂,所以在较小功率的生产机械中不宜采用同步电动机。

异步电动机也称感应电动机,主要是三相异步电动机,由于具有结构简单、价格便宜、工作可靠、使用维护方便等优点被广泛使用,成为工农业生产中使用最多的一种电动机;在全国电动机总容量中有85%以上是三相异步电动机。

## 一、异步牵引电动机的分类

异步电动机按定子相数可分为三相、单相、两相异步电动机三类。单相异步电动机是一种采用单相交流电源供电的小功率(200 kW)电动机,在仪器仪表及实验设备、家用电器中有较多应用。两相异步电动机主要用于微型控制电机。现代动力用电动机多为三相异步电动机。

按转子形式,异步电动机可分为绕线型转子和鼠笼型转子两大类。鼠笼型转子又分为普通鼠笼型转子、深槽型鼠笼型转子和双鼠笼型转子三种。

根据机壳不同的保护方式,异步电动机可分为开启式、保护式、封闭式和防爆式等。

保护式异步电动机具有防止外界杂物落入电机内的保护装置,一般在转轴上装有风扇,冷却空气进入电机内部冷却定子绕组端部及定子铁芯后将热量带出来。Y系列电动机就是鼠笼型转子保护式异步电动机,YR系列电动机就是绕线型转子保护式异步电动机。

封闭式异步电动机的内部和外部的空气是隔开的。它的冷却是依靠装在机壳外面转轴上的风扇吹风,借机座上的散热片将电机内部发散出来的热量带走。这种电机主要用于尘埃较多的场合,例如机床上使用的电机。Y系列电机就属于这种类型。

防爆式异步电动机为全封闭式,它将内部和外部的易燃、易爆性气体隔离。这种电机多用于有汽油、天然气等气体较多的地方,如矿井。

## 二、异步牵引电动机结构

异步牵引电动机外形与一般直流牵引电动机相似,所不同的是异步牵引电动机不需要观察孔,如图3-1所示。

三相异步电动机由固定的定子和旋转的转子两个基本部分组成。如图3-2所示为异步电动机结构。

1. 定子

定子在空间静止不动,由机座、铁芯、三相绕组3部分组成。

机座又称机壳,它的主要作用是支撑定子铁芯,同时也承受整个电机负载运行时产生的反作用力,运行时由于内部损耗所产生的热量也是通过机座向外散发,为了加强散热能力,其外表面有散热筋。中、下型电机的机座一般采用铸铁或铸钢制成,大型电机因机身较大、浇注不便,常用钢板焊接成型。

定子铁芯呈圆筒形,装入机座内,它是电机主磁通磁路的一部分。为了减小铁芯损耗,它

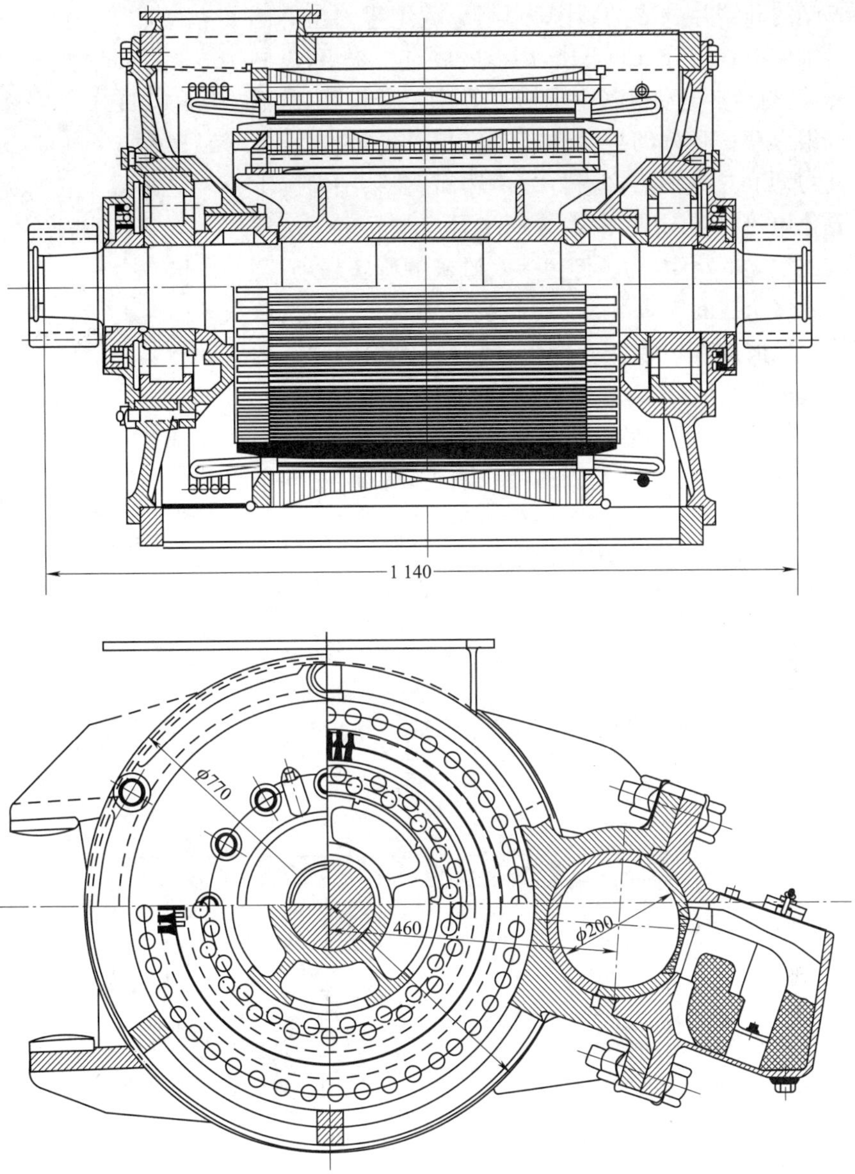

图 3-1　异步电动机外形结构图(单位:mm)

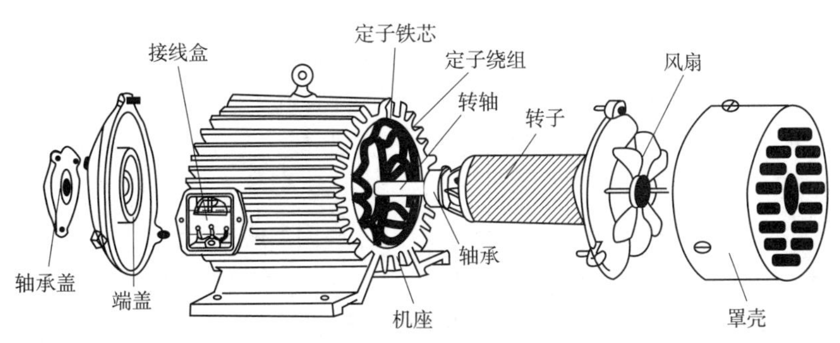


图 3-2　三相异步电动机的构造

由 0.5 mm 厚的硅钢片叠成的，片间用绝缘漆绝缘。铁芯圆周内表面沿轴向有均匀分布的直槽，用以嵌放定子绕组（见图 3-3），较大容量的异步电动机其定子槽一般采用开口型，从而可用成形绕组以获得良好的绝缘性，且采用开口槽对提高电动机的启动力矩和过载能力亦有好处。然而，在某些情况下为了减少磁化电流，定子槽有时也采用半开口型。定子绕组包括三个彼此独立的绕组，为了产生多对磁极的旋转磁场，每相绕组可以由多个线圈串联组成。每相绕组的各个导体按照一定的规律分散嵌放在定子铁芯槽中，使旋转磁场沿铁芯内表面的空间近似按正弦分布。

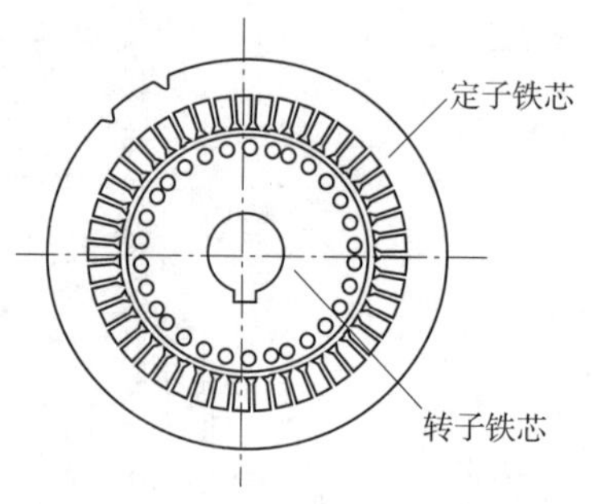


图 3-3　定子和转子铁芯冲片

三相定子绕组要与交流电源相接。为此将三相绕组的首、末端都引到固定在电动机外壳的接线盒上。盒内有 6 个接线柱，分别标注字母 A、X、B、Y、C、Z。

其中 A、X 分别连接第一相绕组的首、末端；

其中 B、Y 分别连接第二相绕组的首、末端；

其中 C、Z 分别连接第三相绕组的首、末端。

如图 3-4 所示是接线盒的示意图。

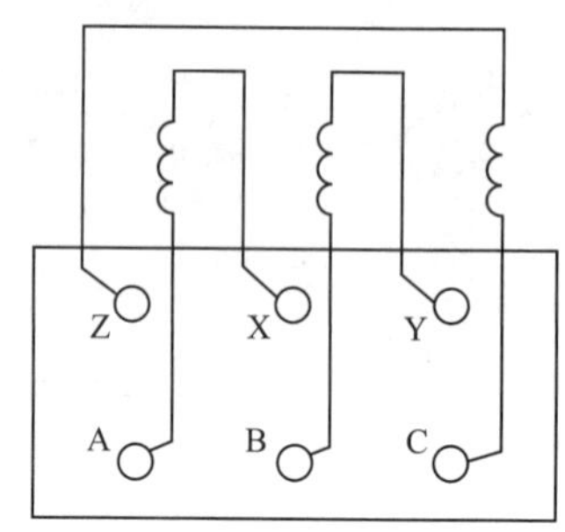


图 3-4　异步电动机的接线盒

根据电源电压的不同，三相绕组可做星形或三角形连接，其接线方法如图 3-5 所示。

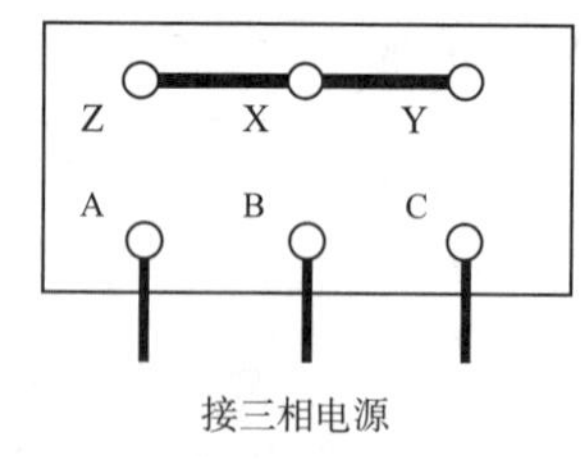


(a)三相绕组按星形方式连接

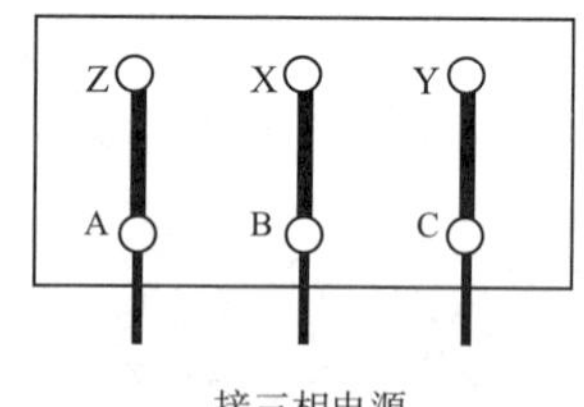


(b)三相绕组按三角形方式连接

图 3-5　三相绕组的连接

2. 转子

转子由转子铁芯和转子绕组组成。转子铁芯呈圆柱状，固定在转轴上，可绕轴转动。转子铁芯也是由硅钢片叠成，是电机主磁通磁路的一部分。转子外表面分布有冲槽，通常采用闭口槽，槽内安放转子绕组，如图 3-6(a)所示。转子绕组内的电流是由电磁感应作用产生的，不需外接电源供电，所以转子绕组是自成闭合回路的短路线圈。它有两种结构形式：绕线型转子和鼠笼型转子。

鼠笼型转子（见图 3-6）是在转子铁芯槽内放置铜条，铜条两端用铜制短路环焊接起来。如果将转子铁芯去掉，使转子绕组单独表示出来，则如图 3-6(b)所示所示，裸导体的形状如同“鼠笼”，故名鼠笼型转子。现在，中、小型笼形电动机的转子一般都采用压力铸铝的方法将转子槽中的导体、短路环以及端部的风扇铸造在一起，与转子铁芯形成一个整体，如图 3-6(c)所示。

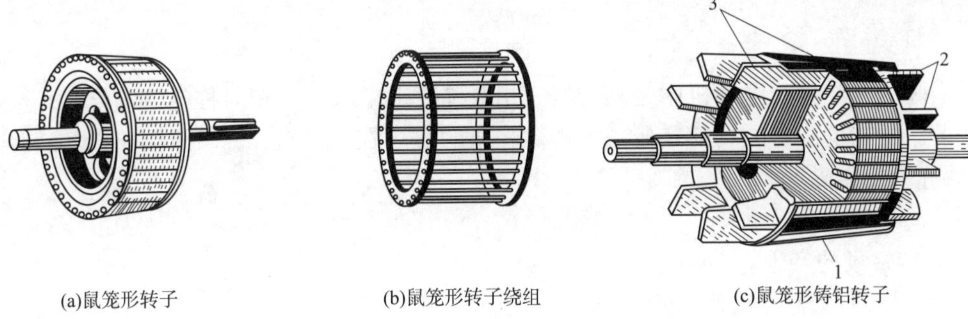


图 3-6 异步电动机的转子

1—转子铁芯;2—风叶;3—铸铝条

鼠笼型转子的优点是构造简单、价格便宜、运行安全可靠,使用方便,成为使用最广泛的一种电动机。

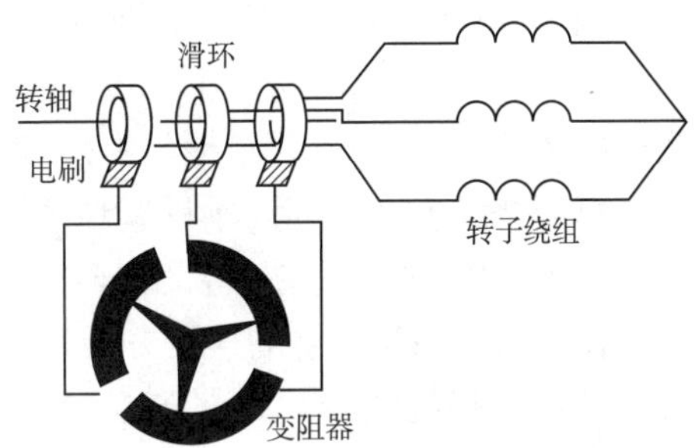


图 3-7 绕线型转子结构及示意图

绕线型转子绕组与定子绕组一样,也是三相对称绕组,并按照一定的规律嵌放在转子表面的冲槽内。转子绕组通常接成星形,其 3 个末端连在一起,而 3 个首端则连接到装在转轴一端的 3 个铜制滑环上。3 个滑环之间,以及它们与转轴之间都是彼此绝缘的。滑环与支持在端盖上的电刷滑动接触。三相绕组的首端就通过这种电刷、滑环结构与外部电阻器相连接,如图 3-7 所示。转动可变电阻器的手柄,可调节每相绕组的电阻值,并可使之短路。

绕线型转子的结构比较复杂,价格也比较贵,运行的可靠性也较差。但是由于它的转子绕组内可以串入电阻或某种电子控制电路,使之具有较好的启动和调速特性。一般用于对启动特性要求较高的场合,如大型机床和某些起重设备上。

转轴是整个转子部件的安装基础,又是力和机械功率的传输部件,整个转子靠轴和轴承支撑在定子铁芯内腔中。转轴一般由中碳钢或合金钢制成。

绕线型转子和鼠笼型转子只是在结构上不同,工作原理是一样的。

3. 气隙

为了保证转子能够自由转动,在定子和转子之间必须留有一定的空气隙。中、小型电动机的空气隙约在 0.2～2.0 mm 之间。气隙越大,磁阻越大,要产生同样大小的磁场,就需要较大的励磁电流。异步电机的励磁电流约为额定电流的 30%。

4. 其他部件

端盖:安装在机座的两端,它的材料加工方法与机座相同,一般为铸铁件。端盖上安装轴承来支撑转子,以使定子和转子得到较好的同心度,保证转子在定子内膛里正常运转。端盖除了起支撑作用外,还起着保护定子、转子绕组的作用。

轴承:连接传动部件与不动部件,目前都采用滚动轴承以减少摩擦。

轴承端盖:保护轴承,使轴承内的润滑油不致溢出。

风扇:冷却电动机。

## 三、旋转磁场

在实际的三相异步电动机中是采用向三相对称绕组中通入三相对称电流的方法来产生旋转磁场的。所谓的旋转磁场就是按一定规律分布的磁场在空间围绕一个轴不停地旋转，这个磁场，就称为旋转磁场。

### （一）三相两极旋转磁场

#### 1. 旋转磁场的产生

所谓三相对称绕组就是3个外形、尺寸、匝数等完全相同的绕组AX、BY、CZ，其中A、B、C分别是3个绕组的首端，X、Y、Z则分别是3个绕组的末端。将它们对称地放置在三相交流电机的定子圆筒状铁芯的内表面，如图3-8所示，即3个绕组在空间的位置互差120°电角度。图3-8(a)是一相绕组的示意图；为了简化说明，图3-8(b)所示中每相绕组仅有一匝，即只有两根导线嵌在定子槽内，并通过端接部分连成线圈，图中仅绘出了AX绕组的连接方式，另两个绕组的接法相同。

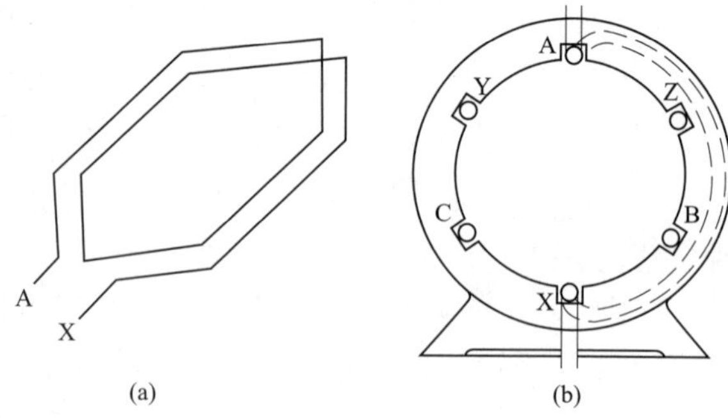

图3-8　三相异步电动机的三相绕组

规定每相绕组中电流的正方向都是从首端指向末端，如图3-9所示。现将三相绕组的首端A、B、C分别接到对称三相电源上，由于3个绕组完全相同，故产生对称三相电流，瞬时值表示式为

$$i_A = I_m \sin\omega t$$

$$i_B = I_m \sin(\omega t - 120°)$$

$$i_C = I_m \sin(\omega t + 120°)$$

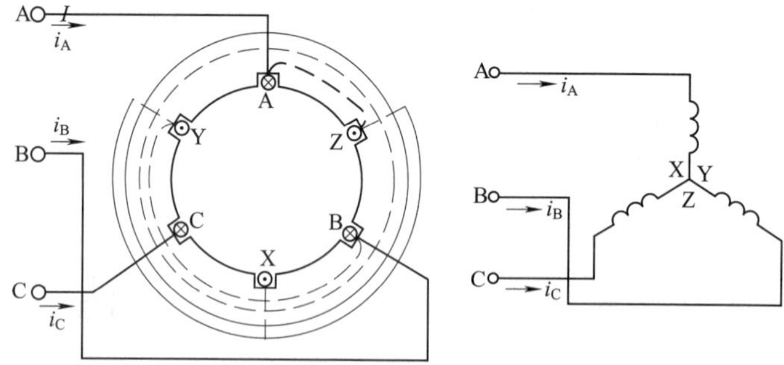

图3-9　三相绕组的星形接法

电流波形如图3-10所示。

电流通过线圈要建立磁场。对称三相交流电通过三相绕组建立的合成磁场是一个什么样的磁场呢？我们可以任选几个不同瞬时，根据该瞬时各相电流的真实方向，对三相电流所产生的合成磁场进行分析、综合，并推导出该合成磁场随时间变化的规律。

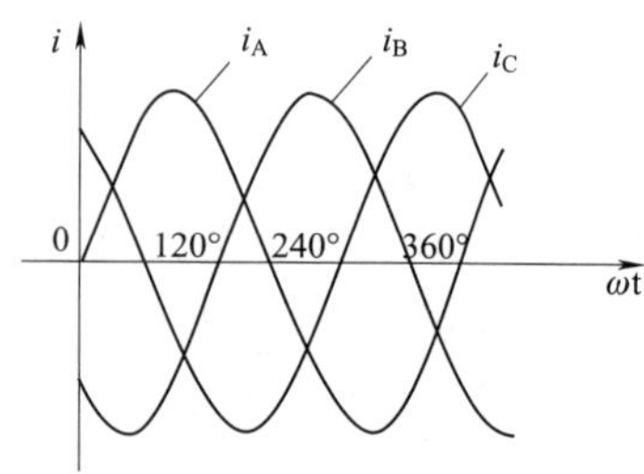

图3-10　三相交流电电流波形图

首先分析$\omega t=0°$电角度瞬间合成磁场的分布情况。据电流波形图3-10知，此时A相电流$i_A=0$，B相电流$i_B$是负值，表明B相电流的真实方向的与原假定正方向相反，是从末端Y流向首端B，在图3-11(a)中B端电流方向用“·”表示，Y端电流方向用“×”表示。C相电流此时为正值，$i_C$的真实方向的与原假定正方向一致，是从首端C

流向末端 Z,在图 3-11(a)中 C 端电流方向用“×”表示,Z 端电流方向用“·”表示。根据以上三相绕组中电流的真实方向,可以用右手螺旋定则判断合成磁场的方向如图 3-11(a)所示。磁力线方向由铁芯内表面下方穿出、上方穿入,铁芯上部相当于 S 极,下部是 N 极。这是一个只有一对磁极的两极磁场。磁场的轴线与 AX 绕组的空间方位一致,处于垂直位置。

图 3-11(b)所示是 $\omega t=120°$ 电角度瞬间合成磁场的分布情况。此时 A 相电流 $i_A$ 为正值,B 相电流 $i_B=0$,C 相电流 $i_C$ 是负值。根据三相绕组中电流的真实方向,可判断合成磁场的方向如图 3-11(b)所示。这时仍为一个两极磁场,但磁场的轴线与 BY 绕组的空间方位一致,磁场沿顺时针方向转过 120°几何角。

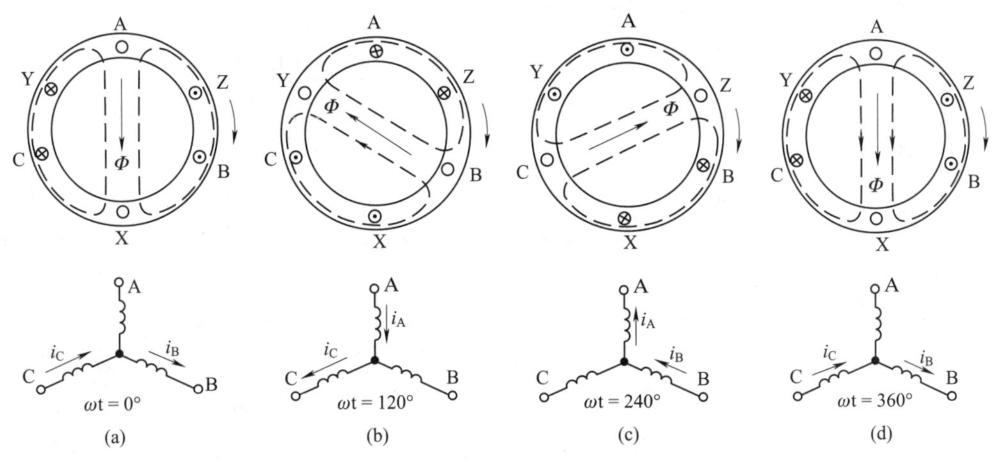


图 3-11　三相两极旋转磁场

同样的方法分析 $\omega t=240°$、$\omega t=360°$ 电角度瞬间合成磁场的分布情况,可得出图 3-11(c)和(d)所示的合成磁场。如在 $\omega t=240°$ 电角度时,合成磁场的轴线比 $\omega t=120°$ 电角度瞬间又顺时针方向转过 120°几何角。在 $\omega t=360°$ 电角度时,合成磁场的轴线比 $\omega t=240°$ 电角度瞬间又顺时针方向转过 120°几何角。

通过以上几个特殊瞬时,对三相绕组合成磁场的分析,不难推断出,在三相绕组中通入的交流电流变化一个周期时,产生的合成磁场沿圆周铁芯内表面的空间旋转一周,即为旋转磁场。我国工业用电的标准频率是 $f=50$ Hz,故两极旋转磁场的转速是每秒钟 50 圈。电动机的转速一般都是按每分钟的转数表示,所以两极旋转磁场的转速是 $50\times60=3\ 000$ r/min,即同步转速 $n=60f=3\ 000$ r/min。

2. 旋转磁场的旋转方向

旋转磁场的旋转方向是由通入三相绕组的三相电流的相序决定的。在以上的分析中 AX 绕组电流首先达到正最大值,其次是 BY 绕组电流、再次是 CZ 绕组电流达到正最大值。即定子绕组三相电流的相序是 A→B→C。这时旋转磁场的方向在空间是从 A 相绕组转到 B 相绕组,再到 C 相绕组,按顺时针方向旋转。反之,我们若改变三相绕组通电的顺序,例如将 B、C 相绕组与电源的连线进行对调,则此时 C 相绕组通以电流 $i_B$,B 相绕组通以电流 $i_C$。即通入三相绕组的电流相序改变为 A→C→B。按上述方法进行分析,可以判断这时的旋转磁场是按逆时针方向旋转的。在图 3-12 中只选取了 $\omega t=0°$ 电角度、$\omega t=120°$ 电角度、$\omega t=240°$ 电角度三个瞬时进行分析。表明旋转磁场在空间按逆时针方向转过了 240°几何角。

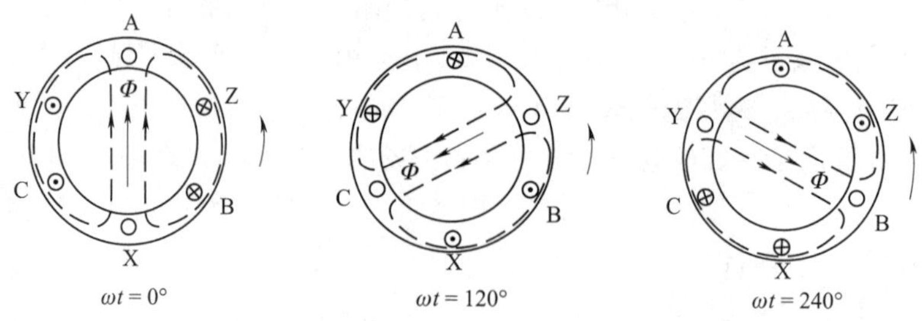


图 3-12 旋转方向的改变

改变旋转磁场的旋转方向有重要的实用意义。因为异步电动机转子的转向是与旋转磁场的转向相一致的。所以采用上述方法就能够实现对异步电动机转向的正、反转控制。

（二）三相四极旋转磁场

旋转磁场的转速，即同步转速 $n$ 不仅与绕组电流的频率有关，还与旋转磁场的磁极对数 $P$ 有关。前面我们分析了两极（$P=1$）旋转磁场的产生。那么怎样才能产生一个多对磁极的旋转磁场呢？

如果定子每相绕组都是由两个相同的线圈串联组成的。如 A 相绕组由 AX′和 A′X 两个线圈串联，B 相绕组由 BY′和 B′Y 两个线圈串联，C 相绕组由 CZ′和 C′Z 两个线圈串联，如图 3-13(a)所示。三相绕组在空间依然是对称放置于定子铁芯内表面，如图 3-13(b)所示。为了简化分析，每个线圈只有一匝，即只包括两个导体边，并经过端接部分连成绕组。且图中只画出了 A 相绕组的连接示意，其余两相则略去未画。这时三相绕组的首端在空间排列互差 60°几何角，同一线圈的两个导体边在空间相差 90°几何角。

三相绕组可以根据电源电压的不同按星形或三角形连接，在图 3-13 中是做星形连接的。每相电流的正方向都是从首端 A、B、C 指向末端 X、Y、Z，并同时标示于图 3-13(a)、(b)中。

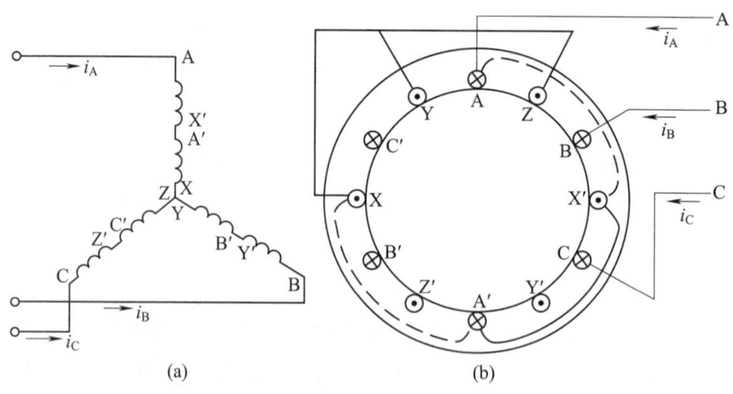


图 3-13 四极异步电动机定子绕组的分布

同样给三相绕组通入对称三相交流电，电流 $i_A$、$i_B$、$i_C$ 波形仍如图 3-10 所示。仿照两极旋转磁场相同的分析方法，任选几个不同瞬时，分析三相绕组合成磁场的分布情况，图 3-14 所示。

当 $\omega t=0°$电角度时，$i_A=0$，$i_B$ 是负值，与图 3-13 所示 B 相绕组中电流正方向相反。即电

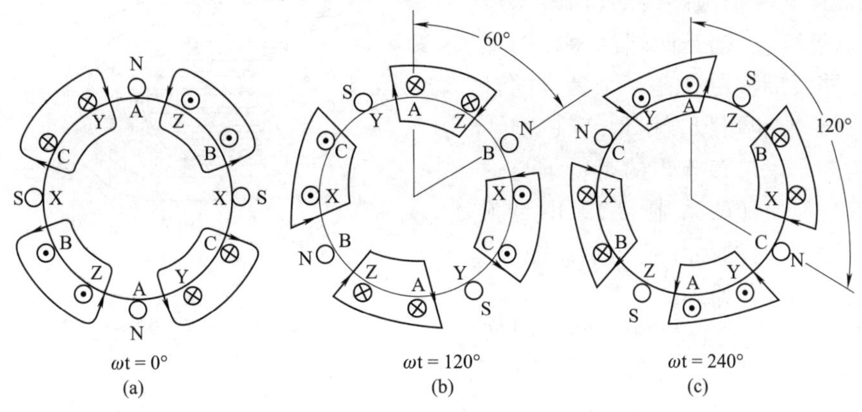


图 3-14　三相四极旋转磁场

流的真实方向是从 Y 流入纸面，从 B′流出，再从 Y′流入纸面，从 B 流出。此时 $i_C$ 为正值，即 C 相电流的真实方向的与图 3-13 示正方向一致。根据右手螺旋定则可判断合成磁场的方向如图 3-14(a)示。在空间是一个四极磁场，磁力线自 A 和 A′导体处从铁芯内表面穿出，相当于 N 极；磁力线自 X 和 X′导体处穿入铁芯内表面，相当于 S 极。

用同样的方法，可以确定 $\omega t=120°$ 电角度时合成磁场的分布情况，如图 3-14(b)所示。注意：这时四极旋转磁场沿铁芯圆周内表面顺时针方向转过 60°几何角。

当 $\omega t=240°$ 电角度时，合成磁场的分布情况，如图 3-14(c)所示。这时四极旋转磁场较 $\omega t=0$ 时沿铁芯圆周内表面顺时针方向转过 120°几何角。

由此可以得出结论：向图 3-14 所示三相对称绕组中通入对称三相交流电可产生一个四极旋转磁场($P=2$)。当交流电流变化一个周期时，合成磁场将在空间转过半个圆周。与两极旋转磁场($P=1$)比较，转速减慢了一半。即同步转速 $n=60f/2$，当 $f=50$ Hz 时，$n=1\ 500$ r/min。

用同样的方法，如果使每相绕组由三个相同的线圈串联组成，并在定子铁芯内表面对称放置(三首端空间位置差是 $120°/3=40°$)，则可产生六极旋转磁场($P=3$)，同步转速 $n=60f/3$。

最后还要指出的是只要有多个绕组，它们在空间有位置差，并通入在时间上也有相位差的多相交流电，那么它们共同产生合成磁场就是一个在空间的旋转磁场。

(三)结　　论

1. 向三相对称绕组中通入互差 120°电角度的三相交流电可产生空间旋转磁场。

2. 磁场旋转方向与电流相序一致。

3. 旋转磁场转速与电流频率有关，$n\propto f$。

4. 旋转磁场转速与极对数有关，$n\propto 1/P$。

$$n = 60f/P \tag{3-1}$$

## 四、异步牵引电动机工作原理

(一)转动原理

用图 3-15 所示的电动机原理模型来说明异步电动机的转动原理。

图 3-15 所示模型有一个马蹄形模型磁铁，模型装有一个手柄，可用外力带动绕轴旋转。

在磁极中间放上一个短路线圈，该短路线圈由很多铜条组成，铜条两端由短路铜环固接。该短路线圈实际上是一个独立的自成闭路的导体，它也可以自由地绕轴旋转，我们称它为转子。应该指出的是转子与磁极之间没有任何机械联系，图 3-15(b)是图 3-15(a)从正面看时的简化结构示意图，用以说明该模型的工作原理。

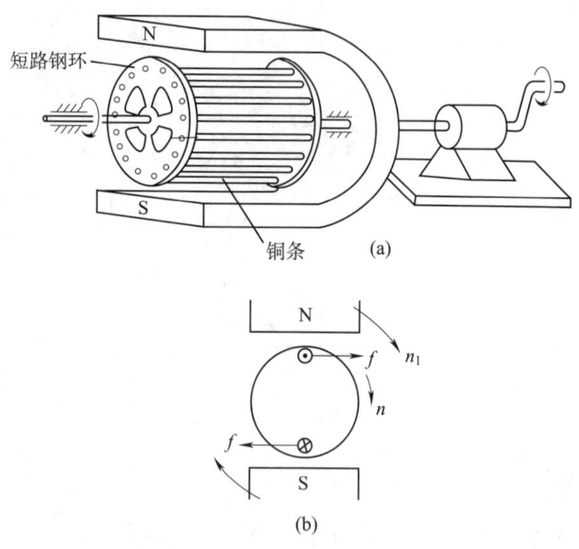


图 3-15　异步电动机的转动原理

当转动手柄，使磁极沿顺时针方向转动时，转子就跟着磁极同方向转动。磁极转动越快，转子转动也快；磁极转动得慢，转子转动也慢。如果使磁极逆时针方向转动时，转子也跟着磁极逆时针方向转动。

转子为什么能够转动，它的旋转方向为什么与磁极旋转方向一致？这可以用电磁感应定律和电磁力定律来解释[见图 3-15(b)]。当磁极沿顺时针方向转动，转子与磁极的导电铜条之间发生相对运动，则在铜条中产生感应电动势，其方向由右手定则确定。但是应该注意的是，此时是磁极在运动。用相对运动的观点，可以认为磁极不动，铜条沿着与磁极运动方向相反的方向运动。根据以上分析，可以判断位于 N 极下的导电铜条中产生的感应电动势的方向是离开纸面指向外面的，用“·”表示。而 S 极下的导电铜条中产生的感应电动势的方向是指向纸面的，用“×”表示。由于转子是一个闭合线圈，它已构成电流的闭合通路，故在感应电动势的作用下，在导电铜条中产生了相同方向的电流。根据电磁力定律，载流导体在磁场的作用下，将受到电磁力的作用，电磁力的方向由左手定则确定。据此，可确定 N 极下的导电铜条将受到向右方向的电磁力 $f$。S 极下的导电铜条将受到向左方向的电磁力 $f$。电磁力 $f$ 对转子转轴形成一个顺时针方向的转矩，使转子转动起来，且其转动方向与磁极的旋转方向相同。

当旋转磁场逆时针方向转动时，根据以上方法分析可知，转子必将受到逆时针方向的转矩作用，并逆时针方向转动。

据此，我们可知异步电动机的工作原理是向定子三相绕组中通入三相交流电，形成旋转磁场。根据电磁感应原理，在转子绕组中产生感应电动势。由于各导体两端由短路环短路成闭合通路，有电动势就有电流流过。带电导体又受电磁力作用，形成单方向转矩，使转子随磁场顺时针方向转动。

下面对转子的转速进行分析。首先提出一个问题：转子的转速能够和旋转磁场的转速相等吗？回答是否定的。因为上述电动机的转动原理就是建立在旋转磁场与转子之间存在相对运动的基础上，这样才能在转子导体中产生感应电动势和感应电流，进而载流导体才能受到电磁力的作用，形成转矩。如果转子转速一旦等于旋转磁场的转速，则两者之间就没有相对运动了，当然也就不可能产生电磁力和电磁转矩。因而转子转速必须要小于旋转磁场转速，即二者的转速之间有差异，所以这种类型的电动机称为异步电动机。又因为其转子导体的电流是由于电磁感应作用产生的，所以又称为感应电动机。

(二)转 差 率

显然,对异步电动机转子导体产生感应电动势、感应电流以及转矩起决定作用的是磁场转速与转子转速二者之间有差异,即磁场切割转子导体的速度。为了衡量异步电动机磁场转速与转子转速的差异程度,引出了转差率的概念。

设磁场转速相对于静止空间的转速用 $n_1$ 表示,该转速又叫同步转速。转子相对于静止空间的转速用 $n$ 表示。则旋转磁场相对于转子的转速是 $\Delta n=n_1-n$,这个转差 $\Delta n$ 与同步转速 $n_1$ 之比称为异步电动机的转差率,用 $S$ 表示。

$$S=\Delta n/n_1=(n_1-n)/n_1 \tag{3-2}$$

转差率是分析和表示异步电动机性能的一个重要物理量。

当旋转磁场以同步转速 $n_1$ 开始旋转,而转子则因机械惯性尚未转动的瞬间转速 $n=0$,这时转差率 $S=1$。转子转动起来之后,$n>0$,$n_1-n$ 差值减小,电动机的转差率 $S<1$。如果转轴上的阻力矩增大,则转子转速降低,即异步程度加大,才能产生足够大的感应电动势和电流,产生足够大的电磁转矩,这时的转差率 $S$ 增大。反之,若转子转轴上的阻力矩减小,则转子转速升高,$S$ 减小。在理想情况下,转轴上的阻力矩为零,转子转速等于同步转速 $n=n_1$,$S=0$。这表明,异步电动机的转差率 $S$ 在 0 到 1 之间。在额定运行状态时,转差率约在 0.015~0.06 之间。

根据公式 $S=\Delta n/n_1=(n_1-n)/n_1$ 可得电动机的转速常用公式

$$n=(1-S)n_1 \tag{3-3}$$

## 五、异步牵引电动机的基本特性

异步电动机在转轴上产生的电磁转矩是决定电动机输出的机械功率大小的一个重要因素,也是电动机的一个重要的性能指标。下面主要介绍三相异步电动机的电磁转矩及与其有关的特性,这些内容是正确使用异步电动机的基础。

(一)电磁转矩的基本公式

异步电动机的工作原理告诉我们,电磁转矩是旋转磁场与转子绕组中感应电流相互作用产生的,是转子中各载流导体在旋转磁场作用下产生的电磁力对转子轴形成的转矩总和。设旋转磁场每极的磁通量用 $\Phi$ 表示,它的值等于气隙中平均磁感应强度与每极面积的乘积。$\Phi$ 表示旋转磁场的强度。并设转子电流用 $I_2$ 表示。根据电磁力定律,电磁转矩 $M$ 应与 $\Phi$ 成正比、与 $I_2$ 也成正比,即 $M\propto\Phi I_2$。此外转子绕组是一个感性电路,转子电流 $I_2$ 滞后于感应电动势 $E_2$,它们之间的相位差是 $\phi_2$。考虑到电动机的电磁转矩对外做机械功,与有功功率相对应。因此电磁转矩还与转子电路的功率因数 $\cos\phi_2$ 有关,即与转子电流的有功分量 $I_2\cos\phi_2$(与 $E_2$ 同相位的电流分量)成正比。

总结以上所述,可列出异步电动机电磁转矩方程:

$$M=C_m\Phi I_2\cos\phi_2 \tag{3-4}$$

式中 $C_m$——与电机本身机构有关的常数。

(二)定子电路的分析——旋转磁场的磁通量 $\Phi$ 与电源电压 $U_1$ 的关系

从异步电动机的结构和原理来看,其定子、转子都是彼此独立的电路。当定子的三相绕组外接三相电源后,在气隙中产生空间旋转磁场,采用在定子铁芯内圆周表面合理分布定子绕组导体的方法,可以使旋转磁场的磁通沿气隙按正弦规律分布,且同时穿过定子绕组和转子绕组。

由于三相绕组是对称的，故只分析其中的一相即可。由于定子绕组在空间是静止不动，所以旋转磁场以同步转速 $n_1=60f_1/P$(r/min)切割定子绕组，并在定子绕组中产生感应电动势 $e_1=-N_1(\mathrm{d}\Phi/\mathrm{d}t)$。因为旋转磁场在空间按正弦规律分布，所以感应电动势也按照按正弦规律变化的。可推出感应电动势有效值 $E_1$ 表示式：

$$E_1=4.44K_1f_1N_1\Phi \tag{3-5}$$

式中　$\Phi$——旋转磁场每极下的磁通量；

$N_1$——定子每相绕组的匝数；

$f_1$——定子绕组中感应电动势的频率，即外接电源的频率；

$K_1$——定子绕组系数。

由于组成定子绕组的各个导体边分散布置在定子铁芯表面不同位置的槽内，各导体内的感应电动势之间存在相位差。所以每相绕组内的感应电动势是各个导体内感应电动势的相位和，而不是它们的算术和，所以在 $E_1$ 表示式中引入定子绕组系数 $K_1$。$K_1<1$，一般在 0.9～0.97。

定子绕组内也有很小的导线电阻和产生漏磁通，当略去这些影响后，可近似认为电源电压有效值 $U_1\approx E_1$，即

$$U_1\approx E_1=4.44K_1f_1N_1\Phi \tag{3-6}$$

且

$$\Phi\approx U_1/4.44K_1f_1N_1 \tag{3-7}$$

该式表明旋转磁场每极磁通量 $\Phi$ 是由外加电源电压 $U_1$ 确定的。电源电压 $U_1$ 不变时，磁通量 $\Phi$ 也近似是恒定不变的，并与负载情况无关。

(三)转子电路的分析

旋转磁场切割转子绕组的导体，在转子绕组中产生感应电动势 $e_2$，其有效值

$$E_2=4.44K_2f_2N_2\Phi \tag{3-8}$$

式中　$N_2$——转子每相绕组的匝数。

$f_2$——转子绕组中感应电动势的频率。

$K_2$——转子绕组系数。

1. 转子电量的频率 $f_2$

转子感应电动势的频率 $f_2$ 取决于旋转磁场切割转子导体的速度。旋转磁场和转子的相对转速是 $\Delta n=n_1-n$(r/min)，按每秒计算的相对转速是 $\Delta n/60=(n_1-n)/60$。若旋转磁场有 $P$ 对磁极，则二者每相对运动一圈，转子绕组感应电动势交变 $P$ 个周期。故转子绕组感应电动势的频率应该是：

$$f_2=\frac{\Delta n}{60}P=\frac{n_1-n}{60}P=\frac{n_1-n}{n_1}\cdot\frac{Pn_1}{60}=Sf_1 \tag{3-9}$$

由于电源频率 $f_1$ 是固定的，所以转子感应电动势的频率 $f_2$ 与转差率 $S$ 成正比，即与转子转速 $n$ 有关。

当转子静止不动，如电动机刚刚接通电源，启动的瞬间，转子因惯性关系来不及转动时，$n=0$，$S=1$。此时转子导体与旋转磁场的相对运动速度最大，转子电量频率最高，用 $f_{20}$ 表示，且

$$f_{20}=f_1 \tag{3-10}$$

当电动机正常工作时，如达到额定转速时，$S$ 在 0.015～0.06，$f_2$ 约在 0.75～3 Hz 之间，可见这时转子电量的频率 $f_2$ 是很低的。

2. 转子绕组感应电动势 $E_2$

将 $f_2=Sf_1$ 代入式(3-8)得

$$E_2 = 4.44K_2Sf_1N_2\Phi \tag{3-11}$$

上式表明转子感应电动势也与转差率 $S$ 有关。当电动机启动瞬间，转子还来不及转动时，$S=1$，此时的感应电动势为最大值，用 $E_{20}$ 表示。

$$E_{20} = 4.44K_2f_1N_2\Phi \tag{3-12}$$

转子转动时的感应电动势

$$E_2 = SE_{20} \tag{3-13}$$

转子转速越高，$S$ 越小，转子感应电动势就越小。

3. 转子电路的阻抗 $Z_2$

转子电路由若干导体组成，并自成闭路的，它有一定的电阻 $R_2$。同时转子电流也会产生少量的漏磁通，即相当于转子电路有一定的感抗 $X_2$。所以转子每相绕组用图 3-16 所示的等效电路来分析计算。

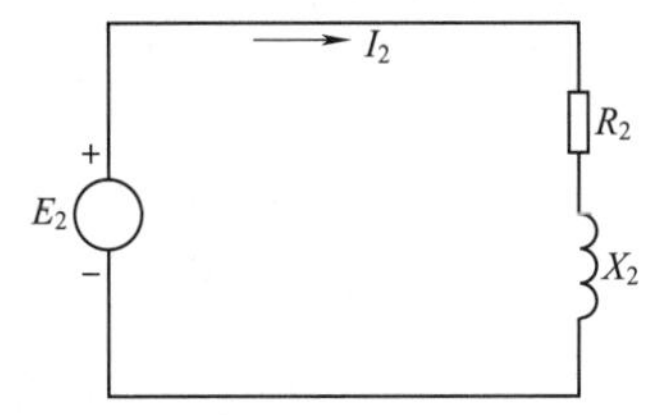

图 3-16 转子绕组的等效电路

转子电路中 $R_2$ 可以认为是不变的，而感抗 $X_2$ 却与转子电量的频率 $f_2$ 有关。即：

$$X_2 = \omega_2L_2 = 2\pi f_2L_2 = 2\pi f_1SL_2 \tag{3-14}$$

当转子静止不动，$S=1$，感抗用 $X_{20}$ 表示，其值固定，即：

$$X_{20} = 2\pi f_{20}L_2 = 2\pi f_1L_2 \tag{3-15}$$

转子转动时的感抗：

$$X_2 = X_{20}S \tag{3-16}$$

每相转子电路的阻抗也与转差率 $S$ 有关：

$$Z_2 = \sqrt{R_2^2+X_2^2} = \sqrt{R_2^2+(SX_{20})^2} \tag{3-17}$$

4. 转子电流 $I_2$

由转子绕组等效电路可以得到转子电流 $I_2$ 的表示式：

$$I_2 = \frac{E_2}{\sqrt{R_2^2+X_2^2}} = \frac{SE_{20}}{\sqrt{R_2^2+(SX_{20})^2}} \tag{3-18}$$

上式中，$E_{20}$、$R_2$、$X_{20}$ 均为常数，故转子电流 $I_2$ 也与转差率 $S$ 有关。$I_2$ 随 $S$ 的变化规律如图 3-17 所示。对该曲线可做如下解释：

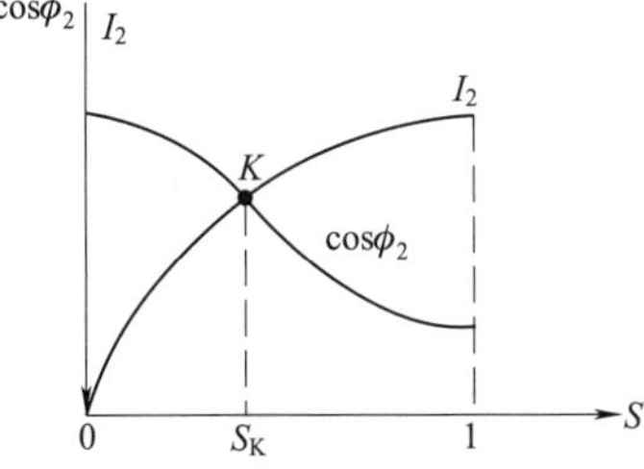

图 3-17 $I_2$、$\cos\phi_2$ 的变化规律

当电动机理想空载时，转子转速 $n$ 等于同步转速 $n_1$，$S=0$，转子感应电动势 $E_2=0$，转子电流 $I_2=0$；当 $S$ 较小时，$R_2 \gg SX_{20}$，分母中的 $(SX_{20})^2$ 一项可略去。这时可近似认为 $I_2 \approx \frac{SE_{20}}{R_2}$，$I_2$ 与转差率 $S$ 成正比；当 $S$ 很大时，接近为 1，$R_2 \ll SX_{20}$，此时分母中的 $R_2^2$ 一项可略去。这时可近似认为 $I_2 \approx \frac{E_{20}}{X_{20}}$，$I_2$ 具有较大值，且近似与转差率 $S$ 无关。

5. 转子电路功率因数 $\cos\phi_2$

转子电路是一个感性电路，转子电流 $I_2$ 滞后于感应电动势 $E_2$，它们之间的相位差是 $\varphi_2$。转子电路的功率因数是 $\cos\phi_2$，且：

$$\cos\phi_2=\frac{R_2}{\sqrt{R_2^2+X_2^2}}=\frac{R_2}{\sqrt{R_2^2+(SX_{20})^2}} \tag{3-19}$$

上式表明转子电路功率因数是 $\cos\phi_2$ 也与转差率 S 有关。随 $S$ 的变化规律如图3-17所示。对该曲线可做如下解释：

当 $S$ 较小时，$R_2 \gg SX_{20}$，分母中的 $(SX_{20})^2$ 一项可略去，这时可近似认为 $\cos\phi_2$ 与转差率 $S$ 无关，$\cos\phi_2 \approx 1$。当 $S$ 很大时，$R_2 \ll SX_{20}$，此时分母中的 $R_2^2$ 一项可略去，$\cos\phi_2 \approx \frac{R_2}{SX_{20}}$，即随着 $S$ 的增大，$\cos\phi_2$ 下降，二者之间近似为双曲线关系。

通过以上分析可知，在电动机启动瞬间，$S=1$，转子电量 $f_{20}$、$E_{20}$、$X_{20}$ 均为固定值。转子转动起来之后，转子电路的各有关电量 $f_2$、$E_2$、$X_2$ 以及 $I_2$、$\cos\phi_2$ 等都和转差率 $S$ 有关。这一点在分析异步电动机的使用特性及使用问题时是十分重要的。

（四）异步电动机的转矩特性（图 3-18～图 3-21）

在对定子和转子电路进行了必要的分析之后，我们在重新讨论异步电动机的电磁转矩。

1. 电磁转矩

把式(3-18)、(3-19)、(3-7)、(3-12)代入电磁转矩的基本公式(3-4)中，得：

$$\begin{aligned}
M &= C_m \Phi I_2 \cos\phi_2 \\
&= C_m\Phi \cdot \frac{SE_{20}}{\sqrt{R_2^2+(SX_{20})^2}} \cdot \frac{R_2}{\sqrt{R_2^2+(SX_{20})^2}} \\
&= C_m\Phi(4.44K_2 f_1 N_2 \Phi) \cdot \frac{SR_2}{R_2^2+(SX_{20})^2} \\
&= C_m \cdot 4.44K_2 f_1 N_2 \cdot \frac{U_1^2}{(4.44K_1 f_1 N_1)^2} \cdot \frac{SR_2}{R_2^2+(SX_{20})^2} \\
&= C_m \cdot \frac{K_2 N_2}{4.44K_1^2 N_1^2} \cdot \frac{U_1^2}{f_1} \cdot \frac{SR_2}{R_2^2+(SX_{20})^2}
\end{aligned}$$

$$M = C\frac{U_1^2}{f_1}\frac{SR_2}{R_2^2+(SX_{20})^2} \tag{3-20}$$

式中 $C=C_m \cdot \frac{K_2 N_2}{4.44K_1^2 N_1^2}$ 为比例常数。

式(3-20)直接表示出异步电动机电磁转矩与电源电压 $U_1$、转差率 $S$(转速 $n$)、转子电路参数 $R_2$、$X_{20}$之间的关系，在分析异步电动机的运行状态、特性和正确使用电动机等方面都十分有用。

2. 转矩特性

式(3-20)表明，当电源电压 $U_1$ 和转子电路参数 $R_2$、$X_{20}$ 为定值时，电磁转矩 $M$ 仅随转差率 $S$ 变化，是转差率 $S$(转速 $n$)的函数。电磁转矩与转差率的关系 $M=f(S)$ 叫异步电动机的转矩特性。该特性通常用曲线表示。转矩曲线可分成两部分：在 $0<S<S_K$ 部分，转矩 $M$ 随的转差率 $S$ 增大几乎成线性规律增大；在 $S_K<S<1$ 部分：转矩 $M$ 随转差率 $S$ 的增大反而减小。用上述公式可以这样来解释转矩的变化规律：当 $S$ 较小时，$R_2 \gg SX_{20}$，可近似认为分母不变，而分子部分却随 $S$ 的增大而增大，故几乎成直线关系变化；当 $S$ 很大时，$R_2 \ll SX_{20}$，此时随 $S$

的增大，分母增长速度大于分子增长速度，反而使转矩下降。

3. 最大转矩 $M_{max}$

曲线中在 $S=S_K$ 点时，转矩由上升变为下降，称此点为临界点。所对应的转矩是电动机在一定的电源电压下，所能提供的最大转矩，又称临界转矩或倾覆转矩。此时的转差率称临界转差率 $S_K$。

下面我们介绍最大转矩 $M_{max}$、临界转差率 $S_K$ 与哪些因素有关。

对式(3-20)求转矩对转差率的导数，确定临界转差率的表示式，即令 $\frac{dM}{dS}=0$

求得：

$$S_K=\frac{R_2}{X_{20}} \tag{3-21}$$

将式(3-21)代入式(3-20)，得：

$$M_{max}=C\frac{U_1^2}{2f_1X_{20}} \tag{3-22}$$

对式(3-21)、式(3-22)分析可得以下结论：

(1)倾覆转矩 $M_{max}$ 与转子电路内阻 $R_2$ 无关。

(2)达倾覆转矩 $M_{max}$ 时的临界转差率 $S_K$ 与转子电路内阻 $R_2$ 成正比，与 $X_{20}$ 成反比。而 $X_{20}=2\pi f_1L_2$，所以 $S_K$ 也与 $f_1$ 成反比。

(3)在电源频率 $f_1$ 不变的条件下，倾覆转矩 $M_{max}$ 与电源电压 $U_1$ 的平方成正比。

(4)在电源电压 $U_1$ 不变的条件下，倾覆转矩 $M_{max}$ 与电源频率 $f_1$ 的平方成反比。不同的电源频率 $f_1$ 时的倾覆转矩 $M_{max}$ 所对应的临界转差率 $S_K$ 也不同，$f_1$ 值愈大，$S_K$ 值愈小。

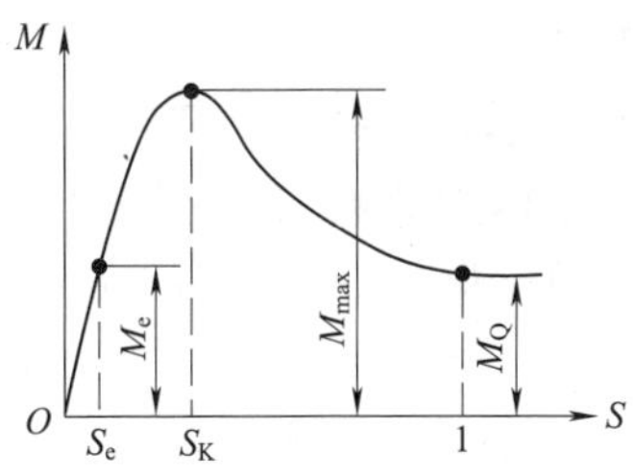


图 3-18 电磁转矩特性

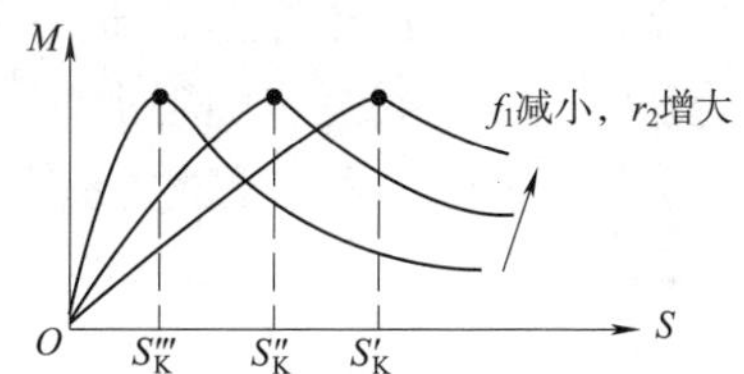


图 3-19 不同 $f_1$、$r_2$ 时的 $S_K$ 值

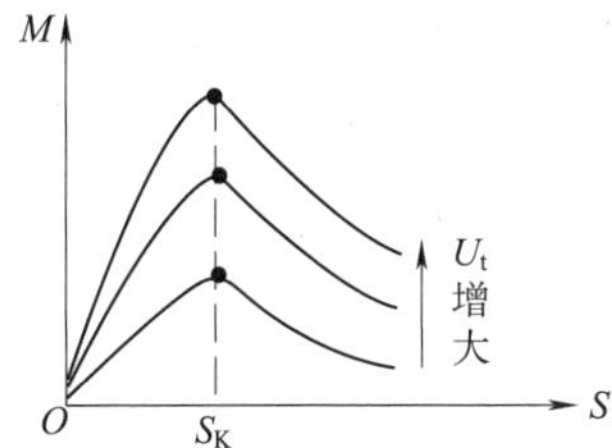


图 3-20 不同外加电压时的 $M=F(s)$ 曲线

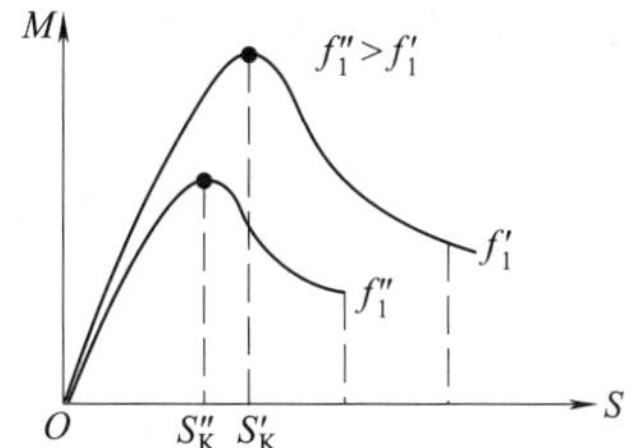


图 3-21 不同频率 $f_1$ 时的 $M=F(s)$ 曲线

4. 额定转矩 $M_e$

当电动机在额定状态下工作时，其转轴上的机械负载为额定负载，电动机所产生的转矩就是额定转矩 $M_e$。此时的转差率称额定转差率 $S_e$。

为保证电动机在电源电压发生波动时能可靠工作，一般规定倾覆转矩 $M_{max}$ 比额定转矩 $M_e$ 大，并用过载系数 $\lambda$ 来表示。

$$\lambda=\frac{M_{max}}{M_e} \tag{3-23}$$

λ是衡量电动机短时过载能力和运行稳定性的一个重要数据。一般λ在1.8～2.5范围内，λ越大，表示电机过载能力越强。

5. 启动转矩 $M_Q$

当异步电动机刚与电源接通时，转子不转 $n=0$，$S=1$，电机所产生的转矩称启动转矩。启动转矩 $M_Q$ 的大小决定电机的启动性能。只有启动转矩大于负载转矩时，电动机才能顺利启动。启动转矩越大，电动机带负载启动的能力就越强，由启动到稳定运行所需的时间越短，电机启动性能越好。启动转矩 $M_Q$ 与额定转矩 $M_e$ 之比$\frac{M_Q}{M_e}$反映了电动机的启动能力。普通笼型电动机的$\frac{M_Q}{M_e}$值范围为1.0～2.2。

（五）异步电动机的机械特性（图3-22、图3-23）

将上述转矩特性曲线 $M=f(S)$中的 $S$ 换成 $n$，便成为一般常用的机械特性 $M=f(n)$。曲线可分成两部分：在 $n_1\geqslant n>n_K$ 范围时，称为稳定运行区；在 $0\leqslant n<n_K$ 范围时，称为不稳定运行区。例，异步电动机的负载转矩为 $M_Z$、它与机械特性有两个交点 $a$、$b$。当电机工作在 $a$ 点时，若负载转矩发生波动，如果由 $M_Z$ 增大到 $M_Z'$，必将导致异步电机转速的减小，从机械特性看，随着电机转速的减小，电机的转矩增大，以适应负载的变化，在新的工况点 $a'$ 达到平衡；反之，若 $M_Z$ 减小，随着电机转速的上升，转矩减小，也达到新的平衡。所以电机在 $n_1\geqslant n>n_K$ 范围内运行时是稳定的。假如电机工作在 $b$ 点时，则当 $M_Z$ 增大到 $M_Z'$，异步电机转速的减小，结果转矩也下降，更小于负载转矩，进一步使电机转速的减小，最终导致电机停转；反之，若 $M_Z$ 减小，电机转速上升，转矩也随着上升，进一步使电机转速上升，直到电机工况越过临界点进入稳定运行区，并在稳定运行区建立新的平衡为止。可见，电机不能在 $0\leqslant n<n_K$ 范围稳定运行。

可见，电动机正常工作范围只能在 $n_1\geqslant n>n_K$ 区段内，由于此区段特性曲线陡直，转速变化范围小，电机正常运行的转速很接近同步转速 $n_1$，其转差率 $S_e$ 很小，称“硬特性”。这种“硬特性”使电机自动调速困难，但防空转性能好，可充分利用黏着质量。

（六）附加转矩

由于异步电动机的定子绕组为分布绕组，使气隙中旋转磁场的磁通量不是按正弦规律分布，而近似于阶梯状。这个阶梯状磁场除基波外，还有高次谐波存在，前面所述的转矩是指基波磁场的磁场转矩，而高次谐波磁场产生的转矩称附加转矩。附加转矩会使启动转矩发生很大波动，恶化了异步电动机的启动性能。

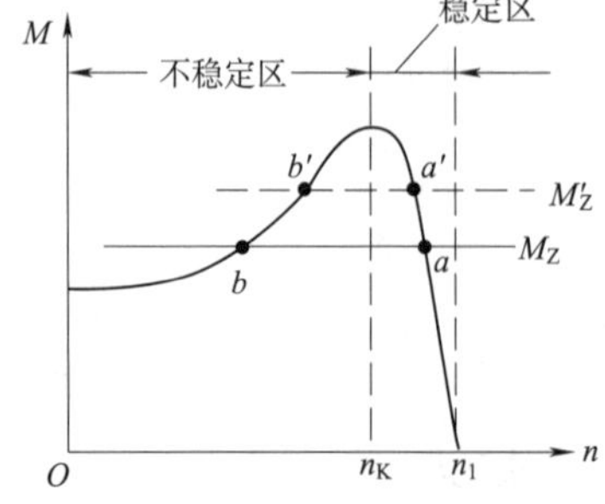


图3-22　异步电动机机械特性

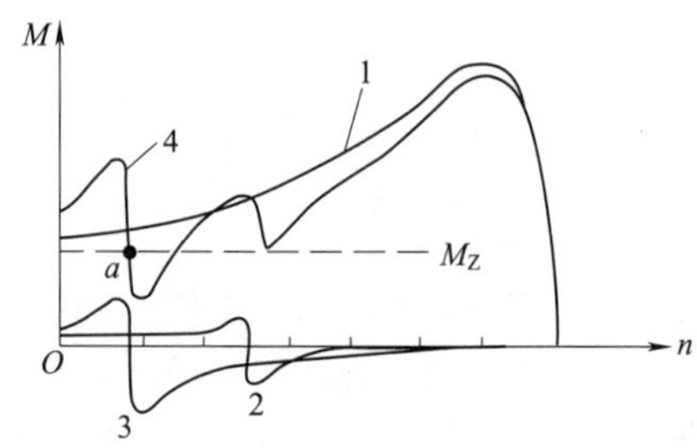


图3-23　异步电动机基波和高次谐波转矩

## 六、异步牵引电动机的调速

1. 调速的基本方法

异步电动机的调速可从定子和转子两方面采取措施。通常采用结构简单的鼠笼式异步电动机作牵引电动机，由于这种电机的转子绕组是“短路绕组”，无法在转子上采取调速措施，所以下面仅对定子上采取的调速方法进行研究。从定子方面采取的措施如下：

(1)变更加到定子绕组上的电压 $U_1$ 的调速(图 3-24)

由式(3-22)已知，在电源频率 $f_1$ 不变的条件下，异步电动机转矩 $M_{max}$ 与电源电压 $U_1$ 的平方成正比，因此改变 $U_1$ 后，电机转矩随 $U_1$ 的减小成平方关系下降。但由于其倾覆转矩 $M_{max}$ 对应的临界转差率 $S_K$ 与 $U_1$ 无关，所以对应不同 $U_1$ 时，$M_{max}$ 对应的 $n_K$ 不变。如此时负载转矩为 $M_Z$，由图可知，改变 $U_1$ 调速，其平衡工况点 $a$、$b$、$c$ 对应的速度变化不大，且引起 $M_{max}$ 很大的波动，降低电动机适应负载变化的能力，因此，不宜采用变更电压 $U_1$ 的方法作异步电机的调速。

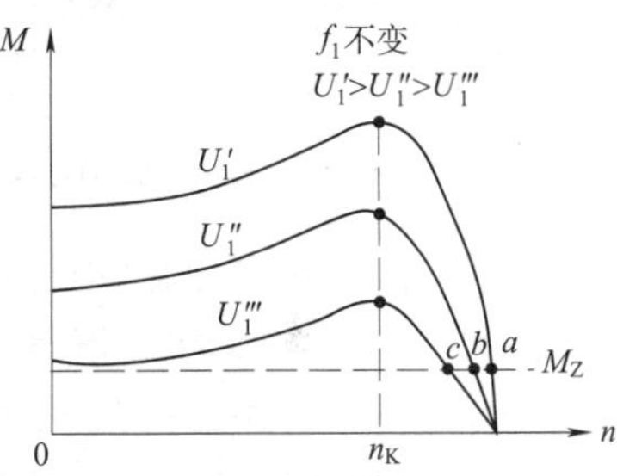

图 3-24　电机转矩与外加电压的关系

(2)变更极对数 $P$ 的调速

由 $f_1=Pn_1/60$ 可知，在电源频率 $f_1$ 不变时，异步电动机同步转速与极对数成反比，所以，变更极对数 $P$ 可改变同步转速，也就可以改变电动机转速。但极对数 $P$ 只能跳变，平滑性差；且换接电路过于复杂，运行可靠性差。机车中没有采用。

(3)变更电源频率 $f_1$ 的调速

由 $f_1=Pn_1/60$ 可见，在极对数 $P$ 一定的条件下，如能平滑改变 $f_1$，就可以平滑改变同步转速 $n_1$ 和电动机转速 $n$；$f_1$ 变化范围大，转速的变化范围也大，可满足牵引电动机转速从零到最大值的调速要求。

电源频率的改变是由机车上自行设置的由大功率半导体器件组成的变频装置。

2. 异步电动机变频调速对机械特性的影响

异步电动机在不同电源频率 $f_1$ 的机械特性曲线形状相似，但在不同电源频率 $f_1$ 时其机械特性分布的转速范围和倾覆转矩的大小不同，这种变化可以用倾覆转矩和对应的转速 $n_K$ 来表示。

将 $X_{20}=2\pi f_1 L_2$ 代入倾覆转矩公式 $M_{max}=C\dfrac{U_1^2}{2f_1X_{20}}$

可得：

$$M_{max}=C'\frac{U_1^2}{f_1^2} \tag{3-24}$$

式中 $C'=\dfrac{C}{4\pi L_2}$，是一个与电机结构有关的常数。

由上式可见，倾覆转矩 $M_{max}$ 与 $\dfrac{U_1^2}{f_1^2}$ 成正比。如变频调速在 $U_1=$常数的条件下进行，则此时 $M_{max}\propto 1/f_1^2$，即 $M_{max}$ 随 $f_1^2$ 成反比变化，其机械特性的变化情况如图 3-25

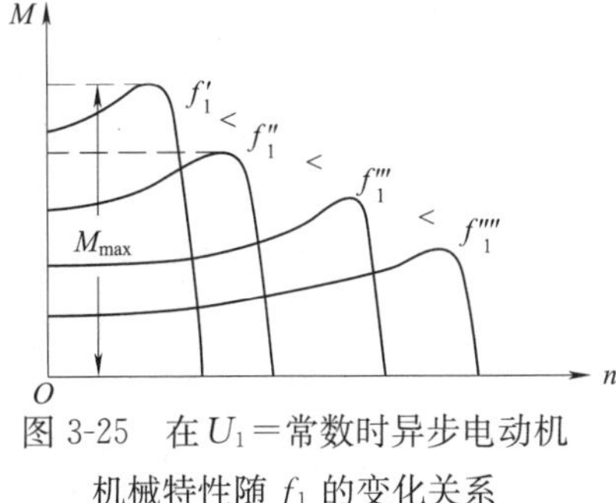

图 3-25　在 $U_1=$常数时异步电动机机械特性随 $f_1$ 的变化关系

所示，$f_1$ 增大，$M_{max}$减小，$f_1$ 减小，$M_{max}$增大。这种变化规律可满足机车恒功率牵引特性的要求。

如变频调速在$U_1/f_1$＝常数条件下进行，则 $M_{max}$将是一个常数，这时机械特性的变化情况如图 3-26 所示，机械特性几乎是随 $f_1$ 的不同而平移。基本上满足机车低速启动时具有较大而稳定不变的牵引力的要求。

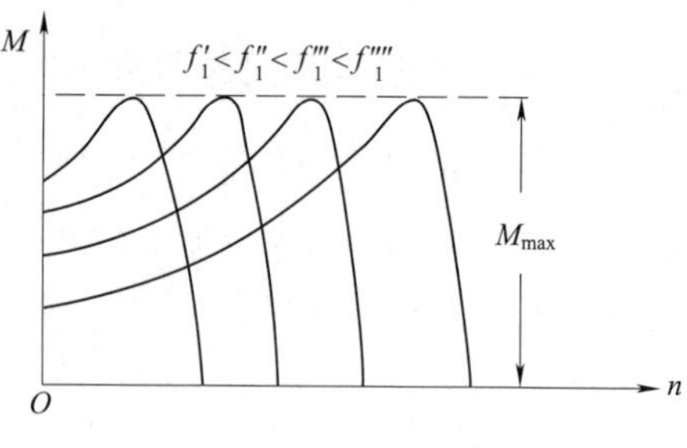


图 3-26 在$\frac{U_1}{f_1}$＝常数时异步电机机械特性随 $f_1$ 的变化关系

由式 $\Phi=\frac{E_1}{4.44f_1K_1W_1}\approx\frac{U_1}{4.44f_1K_1W_1}$可知，在$U_1/f_1$＝常数条件下，异步电动机旋转磁场的每极磁通量是不变的，如果这时的磁通接近于饱和状态，则可认为电动机工作在全磁场状态；在 $U_1$＝常数条件下，电动机旋转磁场的磁通量随电源频率的增大而减小，则可认为电动机工作在磁场削弱状态。至于临界转速 $n_K$ 的变化，它总是随电源频率的的增大而增加。

## 七、异步牵引电动机的制动

三相异步电动机的制动是指加上一个与电动机转向相反的转矩来使电动机迅速停转或限制电动机转速。电动机在下属情况下运行时属于制动状态。一种情况是在负载转矩为势能转矩的机械设备中(例如机车下坡运行)使设备保持一定的运行速度。另一种情况是在机械设备需要减速或停止转动时，电动机能实现减速或停止转动。

三相异步电动机的制动方法有两类:机械制动和电气制动。电气制动是使异步电动机所产生的电磁转矩的方向和电动机转子的旋转方向相反，电气制动通常可分为反接制动、回馈制动和能耗制动。

1. 反接制动

就是在分析异步电动机工作原理时指出的制动状态($n<0,S>1$)，此时，转子的转向与定子旋转磁场的转向相反，实现反接制动可用下述两种方法。

正转反接:将正在电动机状态下运行的异步电动机的定子绕组 3 根供电线任意对调两根，则定子电流的相序改变，其相应的旋转磁场立即反转，从原来与转子转向一致变为与转子转向相反，于是电机立即进入相当于 $S\approx2$ 时的制动状态。当电动机转速下降至零时，必须立即切断定子电源，否则电动机将向相反方向旋转。

正接反转:用于绕线型异步电动机。

2. 回馈制动

当异步电动机作电动机运行时，如果由于外来因素，使转子加速到超过同步转速，则异步电动机进入回馈制动(发动机运行)状态，将势能转换为电能送给电机所接的电网，因此称为回馈制动。回馈制动的优点是经济性能好，可将负载的机械能变为电能返送电网。缺点是应用范围窄，只有在转速大于同步转速时才能实现。

3. 能耗制动

如图 3-27 所示，将正在运行中的异步电动机的定子绕组从电网断开，而接到一个直流电源上，由直流电流励磁而在气隙中建立一个静止的磁场。于是，从正在旋转的转子上来看此磁场是向后旋转的，因此，由它感应在转子中的电流所产生的电磁转矩的方向应为向后转，即对转子起制动作用。这种制动方法是利用转子旋转时的惯性，使转子导体切割静止磁场的磁通而产生制动转矩，把转子的动能消耗于转子回路的电阻上，故称能耗制动。

能耗制动的优点是制动力强、制动平稳、对电网影响小。缺点是需要一套直流电源装置，而且制动转矩随着电机转速的减小而减小，不易制停。

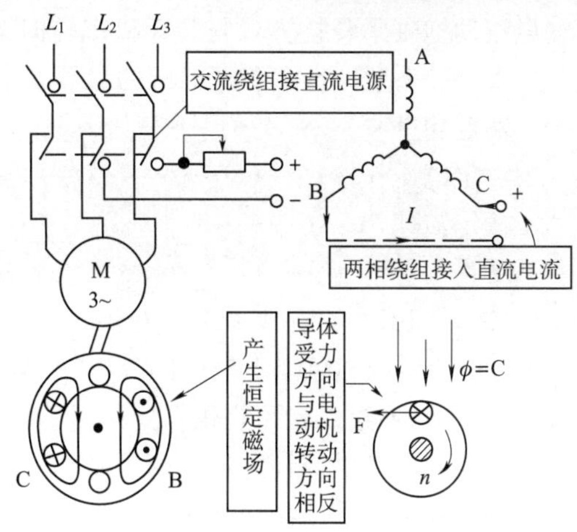

图 3-27 异步电动机的能耗制动

## 八、典型的异步牵引电动机

### （一）YJ90A 型异步牵引电动机

$HXD_2$ 型电力机车上使用的 YJ90A 电机是三相六极鼠笼式异步牵引电动机，以鼻式悬挂方式安装在机车转向架上；主动齿轮安装在传动端轴承内侧，即主动齿轮安装在两轴承之间；主动齿轮和电机轴连接锥度为 1 ∶ 20。由 VVVF 逆变器系统驱动，一台逆变器供电给一台电机。定子采用全叠片无机壳结构，以减轻质量和改善散热。转子采用坚固的鼠笼式结构，导条端环采用铜合金材料，用以提高转子的强度和可靠性。通过轴端的接地电刷装置，将电流传递到地面，以消除轴电流对轴承的损坏。

YJ90A 型异步牵引电动机的参数如下：

额定功率 …… 1 275 kW
额定电压 …… 1 391 V
额定电流 …… 620 A
功率因数 …… 0.896
额定转速 …… 1 499 r/min
转差率 …… 1.38%
额定频率 …… 76 Hz
额定转矩 …… 8 124 N·m
最高转速 …… 2 768 r/min(约对应 140.7 Hz)
额定效率 …… 95.6%
绝缘等级 …… 200
级数 …… 6
定子绕组接线方式 …… Y
工作制 …… S1
质量 …… 2 660 kg
冷却方式 …… 强迫通风
风量 …… 1.26 $m^3/s$

### （二）A2983-5 型异步牵引电动机

$HXN_3$ 型内燃机车上使用的 A2983-5 型电机是三相六极鼠笼式异步牵引电动机，以吊杆轴悬滚动抱轴承悬挂方式安装在机车转向架上。

A2983-5 型异步牵引电动机的参数如下：

额定功率…………………………………………………………………………………… 690 kW
额定电压…………………………………………………………………………………… 2 027 V
额定转速 …………………………………………………………………………… 3 220 r/min
质量 ………………………………………………………………………………………… 2 950 kg

（三）YJ87A 型异步牵引电动机

$CRH_5$ 型内燃机车上使用的 YJ87A 型电机是三相六极鼠笼式异步牵引电动机，采用开放式强迫风冷，通过 2 台可提供恒定风量的风机冷却，通风装置设在电动机两侧。电动机安装一套速度检测系统供监控之用，并且在定子线圈上预埋温度传感器用来测量电动机定子温度，牵引电动机采用弹性吊架吊装于车体底架上，电动机通过万向轴与转向架上的齿轮箱连接。

YJ87A 型异步牵引电动机的参数如下：

额定功率…………………………………………………………………………………… 568 kW
电压（相电压/线电压） ………………………………………………………… 1 206/2 089.3 V
电流 ………………………………………………………………………………………… 211.22 A
转速 ……………………………………………………………………………………… 1 177 r/min
频率 ………………………………………………………………………………………… 59.8 Hz
转速范围 ………………………………………………………………………… 0～3 638 r/min
冷却方式……………………………………………………………………… 开启式，强迫通风
绝缘等级…………………………………………………………………………………………… 200
额定效率 ……………………………………………………………………………………… 93.5%
功率因数…………………………………………………………………………………………… 0.795
定子绕组接线方式 ……………………………………………………………………………… Y
总质量 ……………………………………………………………………………………… 1 613 kg

## 第二节　同步牵引发电机

### 一、同步牵引发电机的基本原理

在交—直流电力传动内燃机车中，牵引发电机采用同步发电机，称为同步牵引发电机。图 3-28(a)是同步发电机的原理结构图。在它的定子铁芯中嵌有三相对称绕组 AX、BY、CZ，称为电枢绕组。它的对称条件是：这 3 组绕组的匝数和导线截面相等；在空间位置上互相距离 120°电角度。在电机的转子上绕有励磁绕组，借以通入直流励磁电流产生磁场。当原动机拖动转子旋转时，则定子绕组与转子磁场之间出现相对运动，根据电磁感应原理，在定子绕组中将产生感应电势。由于定子上的三相绕组匝数相同而在空间又互差 120°电角度，因此在三相绕组中的感应电势大小相等，相位互差 120°电角度，即为三相对称电势。接通三相对称负载，输出三相交流电。图 3-28(b)、(c)中示出了它们的波形图和向量图。

由于定子绕组的导体不断交替地处于不同极性的磁极下，故感应电势的方向也是交变的。在同步发电机中感应电势的频率 $f$ 与磁极对数 $P$、转子转速 $n$ 之间存在固定的关系。转速愈

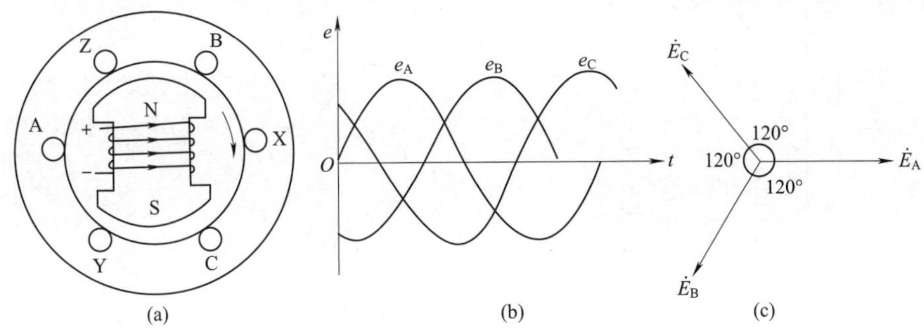


图 3-28 同步发电机的原理图

高，对定子上任一导体而言，单位时间内对应的磁极极性变化次数就愈多，感应电势的频率也就愈高。同样，极对数愈多，则转子每转一周，定子导体对应的磁极极性变化次数就愈多，感应电势的频率也就愈高。这就是说，感应电势的频率与转子转速、磁极对数成正比。如果转速用 r/min 表示，则此关系可用下式表达：

$$f = \frac{Pn}{60} \tag{3-25}$$

在交—直流电力传动系统中，为了使经过整流后供给直流牵引电动机的电压波动较小，要求同步牵引发电机的频率较工业频率高，如 TQFR-3000 型同步牵引发电机，其频率 $f=165$ Hz、转速 $n=1\ 100$ r/min，磁极对数 $P=9$。

同步发电机定子绕组每相感应电势可由每根导体中的感应电势求出。当主极磁场（转子磁场）为正弦分布时[见图 3-29(a)]，则空气隙磁密 $B_x$ 可表示为：

$$B_x = B_1 \sin x \tag{3-26}$$

如果导体的长度为 $L$，切割主磁场的速度为 $v$，则导体中感应电势的瞬时值为：

$$\begin{aligned} e_{1d} &= B_x lv = B_1 \sin x lv \\ &= \sqrt{2} E_{1d} \sin \omega t \end{aligned} \tag{3-27}$$

式中 $x=\omega t$ 为导体所处的磁场位置；$\sqrt{2}E_{1d}$ 为导体电势的最大值，它相当于导体切割主磁场最大磁通密度时的感应电势，即 $\sqrt{2}E_{1d}=B_1 lv$。导体感应电势波形如图 3-29(b)所示，它是一个正弦波，其频率 $f=\frac{Pn}{60}$(周/s)。故导体电势的有效值为：

$$E_{1d} = \frac{B_1 lv}{\sqrt{2}} = \frac{B_1 l}{\sqrt{2}} \cdot \frac{2P\tau n_1}{60} = \sqrt{2} f B_1 l\tau \tag{3-28}$$

式中 $\tau$ 为极距。考虑到主磁通量为正弦分布时每极磁通量 $\Phi_1$ 为：

$$\Phi_1 = \int_0^{\tau} B_{(x)} l \mathrm{d}x = \frac{2}{\pi} B_1 l\tau \tag{3-29}$$

则导体电势的有效值还可表示为

$$E_{1d} = \frac{\sqrt{2}}{2} \pi f \Phi_1 = 2.22 f \Phi_1 \tag{3-30}$$

由于每个单匝元件有两根导体，于是单匝元件的电势应为这两根导体电势之矢量差。如图 3-30(a)所示，两根导体电势的方向都是由下而上为正，通过端接连成一个元件后，沿追踪方

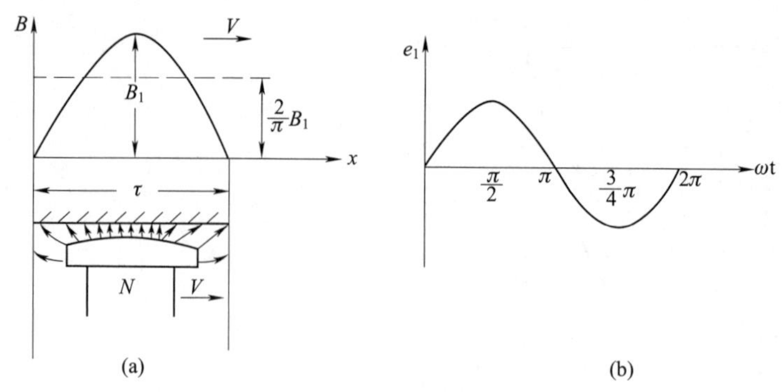


图 3-29　主磁场正弦分布时导体中的感应电势

向，$\dot{E}_{1d}$和$\dot{E}'_{1d}$的方向正好相反。但是，这并不说明这两个导体电势在元件内会互相抵消，因为矢量加减的结果还与它们的相位有关。

当单匝元件为整距时(即 $y=\tau$)，两条有效边在磁场中正好相距一个极距，即 180°电角度，它们中的电势 $\dot{E}_{1d}$和$\dot{E}'_{1d}$正好大小相等方向相反。故单匝元件电势为：

$$\dot{E}_{1z}=\dot{E}_{1d}-\dot{E}'_{1d}=2\dot{E}_{1d} \tag{3-31}$$

单匝元件电势的有效值为：

$$E_{1z}=2E_{1d}=2\times2.22f\Phi_1=4.44f\Phi_1 \tag{3-32}$$

当单匝元件为短距时(即 $y<\tau$)，两条有效边之间的距离 $y$ 小于一个极距 $\tau$，如果短距的电角度为 $\beta$，则两个有效边在空间相距$(180°-\beta)$电角度，两导体电势在时间相位上相差$(180°-\beta)$电角度。如图 2-30(c)所示。此时匝电势 $\dot{E}_{1z}$为：

$$\dot{E}_{1z}=2\dot{E}_{1d}\cos\frac{\beta}{2} \tag{3-33}$$

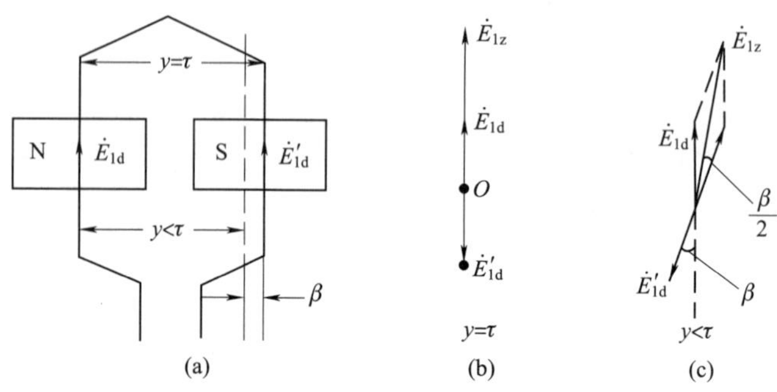


图 3-30　匝电势和短距系数

可见短距时，匝电势公式中多一部分 $\cos\frac{\beta}{2}$，而 $\cos\frac{\beta}{2}$ 总是小于 1 的，故短距时匝电势总是比整距时的匝电势小些。$\cos\frac{\beta}{2}$称为绕组的短距系数，用 $K_d$ 表示。这样，短距时匝电势的有效值为：

$$E_{1z}=4.44f\Phi_1K_d \tag{3-34}$$

当元件的匝数为 $N_1$，时，则每一元件电势的有效值为：

$$E_{1z} = 4.44 f\Phi_1 K_d N_1 \tag{3-35}$$

在采用分布绕组的三相绕组时，每极下面每相绕组并不是集中放在一个定子槽里，而是由放在几个不同槽里的几个绕组元件串联起来组成一个线圈组。以三相四极 36 槽分布绕组为例，每极下有九个槽，每极下每相有三个槽(即每极每相的槽数 $q=\dfrac{Z}{2mP}$，其中 $Z$ 为定子槽数、$m$ 为相数、$P$ 为极对数)。把属于同一相的三个绕组元件串联起来，就组成了一个线圈组，如图 3-31 所示。可见线圈组合成电势 $\dot{E}_{1rZ}$ 应为三个串联绕组元件 1、2、3 电势的矢量和，其值将小于代数和。这样，线圈组电势的有效值为：

$$\begin{aligned} E_{1rz} &= (qE_{1z})K_{1F} \\ &= 4.44 f\Phi_1 K_d N_1 q K_{1F} \\ &= 4.44 f\Phi_1 N_1 q K_{rz} \end{aligned} \tag{3-36}$$

式中 $q$ 为每极每相线圈组中的元件数，$qN_1$ 为线圈组 $q$ 个元件串联后的总匝数，$K_{rz}$ 称为绕组系数。

在了解了线圈组电势后，就可以进一步得出三相绕组的相电势和线电势了。一台电机共有 $2P$ 个磁极，这些极下属于同一相的线圈组根据设计要求既可以互相串联起来，也可以互相并联起来组成一定数目的支路。设每一相绕组的总串联匝数为 $N$，则每相电势有效值为：

$$E_1 = 4.44 f\Phi_1 N K_{rz} \tag{3-37}$$

对于对称绕组的线电势，当采用 Y 接法时，线电势为 $E_e=\sqrt{3}E_1$；当采用△接法时，线电势即等于相电势。

必须指出，上面我们分析的是当主极磁场为正弦分布时的绕组感应电势，这时的感应电势注以下角 1。实际上，一般同步发电机的主极磁场在空间并不完全是正弦分布，而是非正弦分布，如图 3-32 所示。这种非正弦分布的波形可按富氏级数分解为基波和一系列高次谐波，为了清楚起见，只画出了基波，三次和五次谐波。

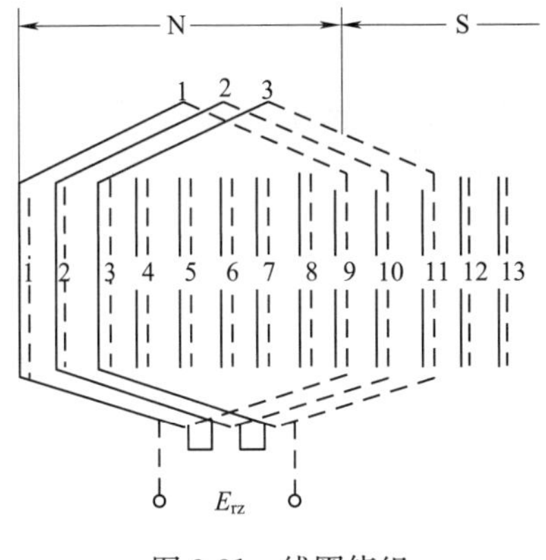


图 3-31　线圈绕组

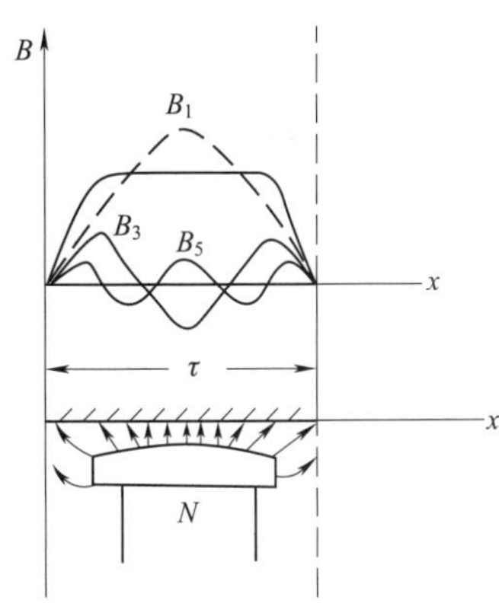


图 3-32　主磁场中的高次谐波

基波磁场在定子绕组中感应的电势也就是上面所讨论的主磁场为正弦分布时的感应电势，它是所需要的正弦波形的电势。此外，各次谐波磁场也都在定子绕组中感应出各次谐波电势，这些谐波电势是我们所不希望的。因为高次谐波的存在对电机、输电线和邻近通信线路的运行都很不利。对发电机本身来说，谐波不仅使电动势的波形变坏，而且谐波电动势还在发电机中引起额外的附加损失，使发电机效率降低，温升增高。对通信线路来说，附近输电线中高次谐波电流所产生的电磁场会对正常的通信产生有害的干扰。因此，我们应该设法消除和削弱感应电势中的谐波成分。

对三次谐波来说，由于三相绕组在3次谐波磁场中相距120°×3＝360°电角度，因此三相3次谐波电势同相位。由此推得，凡是3的倍数的谐波电势，三相都同相位。所以，在三相绕组之间按Y接时，3次谐波电势互相抵消，线电压中是没有3次谐波的。

如果三相绕组接成△形时，在三角形闭合回路中，3个三相谐波电势由于相位相同，于是总电势就等于一相电势的三倍，这样大的3次谐波电势就在闭合三角形回路内产生很大的3次谐波电流。由于3次谐波电势等于3次谐波电流在绕组本身阻抗上产生的电压降，故从三相绕组的输出端来看，线电压中也不出现3次谐波电势。但是3次谐波电流将在绕组中引起附加损耗，从而使发电机效率降低，温升增高。所以，现代三相发电机大多采用Y形连接。

为了削弱绕组中的其他高次谐波（主要是5次和7次谐波），通常把定子绕组元件做成短距绕组，这一办法的实质可由图3-33看出。以5次谐波为例，图3-33(a)表示了基波磁场和五次谐波磁场的分布情况。由图可见，如果基波磁场的极距（即相邻磁极中心线之间的距离）是$\tau$，那么5次谐波磁场的极距$\tau_5=\frac{1}{5}\tau$。图3-33(b)表示了一个节距为$\frac{4}{5\tau}$的短距元件放在5次谐波磁场中的情况。由图可见，这时短距元件的两条有效边正好处在同一极性（图中所示位置为N极）的对应位置上，因此在每条有效边中，由五次谐波磁场感应的5次谐波电势大小相等方向也相同，但就整个元件所形成的回路来看，这两个电势恰好互相抵消，这就是短距元件可以消除或削弱谐波电势这一现象的实质。而在整距元件中，它的两条有效边中的5次谐波电势大小相等，方向相反，在整个元件形成的回路中，不能互相抵消。

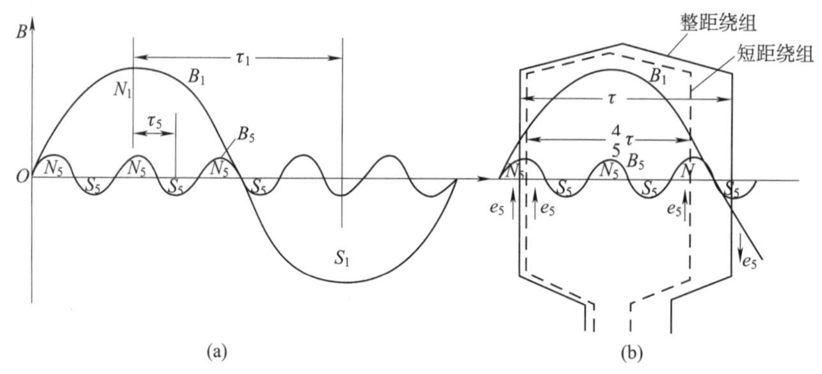


图3-33　用短距绕组消除电势中的高次谐波

另外，可选择适当的转子磁极极弧形状，使气隙磁通密度分布趋于正弦分布。还可以把定子铁芯做成斜槽。

## 二、同步牵引发电机的电枢反应

同步牵引发电机由原动机（柴油机的输出端）拖动，并在转子励磁绕组中通入直流励磁电流（由感应子励磁机发出三相交流电通过硅整流装置2*ZL*整流后通入），由励磁电流产生的旋转磁场——转子磁场，依次切割定子槽中的三相绕组，并在绕组中感应出三相对称交流电势。

如果三相绕组不接负载，则电枢电流为零，同步发电机处于空载运行。此时，在定子和转子之间的空气隙中，就只有由励磁电流产生的主磁场。当原动机转速不变时，同步发电机感应电势的频率不变，感应电势的大小随主磁场每极磁通正比变化。此时的感应电势称为空载电势，用 $E_0$ 表示，$E_0=4.44fNK_{rz}\Phi_0$，式中 $\Phi_0$ 表示由励磁电流产生的转子磁场每极磁通量。

在上一节中我们已经知道，当异步电动机定子槽内的三相绕组中流过对称三相交流电流时，在定子和转子之间的气隙中就会产生一个旋转磁场。这个旋转磁场的转速决定于电枢电流的频率 $f$ 和电枢绕组的极对数 $P$，叫做同步转速 $n_1$，即 $n_1=\frac{60f}{P}$ r/min。旋转磁场的转动方向与三相电流的相序一致，和转子的转向相同。同样的道理，如果同步发电机的电枢绕组接通对称的三相负载，那么定子绕组中便有三相对称电流流过，这个三相对称的负载电流也会产生一个旋转磁场，我们把这个旋转磁场叫做定子磁场，或称电枢磁场。在同步发电机中，电枢电流是由感应电势产生的，故它们的频率相同。电枢绕组的极对数总是与转子磁极对数相等。已知同步发电机感应电势的频率与转子转速和磁极对数之间的关系为 $f=\frac{nP}{60}$，故转子转速为 $n=\frac{60f}{P}$。由此可见，$n=n_1$，即电枢磁场的转速与转子磁场的转速相同。电枢磁场的旋转方向是由 $A\rightarrow B\rightarrow C$，而这个相序又是由转子磁场的旋转方向决定的。因此，电枢磁场的转动方向与转子转动方向也相同。这就是说，当同步发电机接上负载以后，定、转子之间的空气隙中就同时存在着两个旋转磁场，即转子磁场和电枢磁场。这两个磁场以相同的转速、相同的方向同步旋转，两者之间没有相对运动，因此它们就叠加在一起，形成发电机总的气隙磁场——合成磁场，它也是一个旋转磁场。

电枢磁场对转子磁场的影响称作电枢反应。和直流电机相似，电枢反应将会使转子励磁磁场(主磁场)发生畸变，从而影响同步发电机电枢绕组中感应电势的大小以及发电机的各种运行性能。

在忽略电机磁路饱和的影响时，同步发电机电枢磁场的磁通应与电枢电流成正比。故电枢反应与电枢电流的大小有关。除此之外，电枢反应还与负载的性质有关。负载性质不同，空载电势和电流的相位差也不相同，因此使电枢磁场和转子磁场的相对位置不同。若用 $\psi$ 表示电枢电流 $I$ 滞后于空载电势 $E_0$ 的电角度($\psi$ 叫做同步发电机的内功率因数角。它与负载的功率因数角 $\phi$ 即发电机定子端电压 $U$ 和电枢电流 $I$ 之间的相位差不同。$\psi$ 角决定于负载阻抗和发电机定子绕组的阻抗之和，而 $\phi$ 角仅仅决定于负载的阻抗)，则当 $\psi$ 不同时，就有不同的电枢反应。

1. 当 $\psi=0°$，即电枢绕组中的电流 $I$ 和空载电势 $E_0$ 同相位时的电枢反应

在图 3-34 示出的最简单的同步发电机中，转子磁场的励磁磁势 $F_L$ 方向如图 3-34(a)所示，它在空间按正弦分布，见图 3-34(b)。当转子磁场逆时针旋转时，根据右手定则，在 N 极范围内电枢绕组导体中的空载电势 $E_0$ 的方向为由里向外(标以“·”)，在 S 极范围内电枢绕组导体中 $E_0$ 的方向为由外向里(标以“×”)。在图 3-34(a)所示转子所在位置的这一瞬间，A 相绕组的两个有效边正好位于磁极中心线之下，切割最大磁通，所以感应电势 $E_0$ 处于最大值。由于我们研究的是 $\psi=0°$时的情况，即 $I$ 与 $E_0$ 同相位，因此各相电流的方向与感应电势方向一致，A 相电流在此瞬时达到最大值。

前面已经说过，当定子绕组中有对称三相电流流通时，就会产生旋转磁场，根据三相绕组

中电流方向，可以确定旋转磁场磁势 $F_S$ 的方向如图 3-34(a)所示，它与转子磁场的轴线相垂直，即在空间滞后于 $F_L$90°电角度。通常称这种电枢反应为交轴电枢反应。由于电枢磁势 $F_S$ 和转子励磁磁势 $F_L$ 都以同方向，同转速旋转，它们之间的相对位置在任何瞬间都维持不变，因此可以用矢量表示，并且可以用矢量相加的方法，得到同步发电机中的合成磁势 $F_h$。

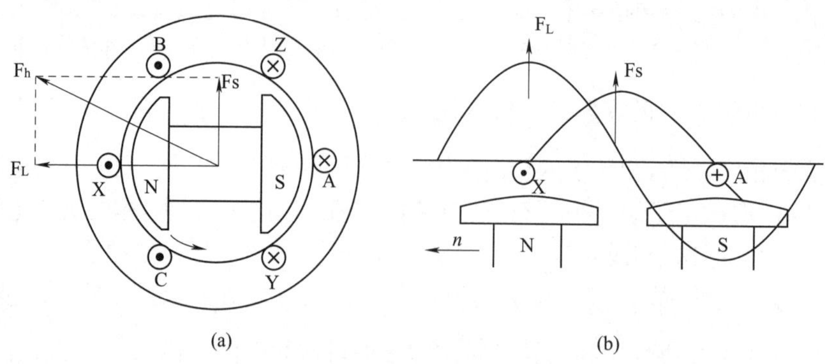


图 3-34　$\psi=0°$时的电枢反应

同步发电机中产生电枢磁势后，空气隙中的合成磁势 $F_h$ 与原来的励磁磁势 $F_L$ 相比，在大小及空间位置上都不同了。因此，气隙合成磁场也与励磁磁场不同了。这种电枢反应的结果使磁场发生了歪扭，这必将引起定子绕组中的感应电势及端电压发生变化。

2. 当 $\psi=90°$，即电枢绕组中的电流 $I$ 滞后空载电势 $E_0$90°电角度时的电枢反应

图 3-35 表示 $I$ 滞后 $E_0$90°电角度时，电枢磁势与励磁磁势的空间关系。与图 3-34 情况一样，当线圈有效边位于磁极中心之下，切割最大磁通时，该绕组电势达最大值。但是现在我们研究的是 $\psi=90°$的情况，所以在时间上电流要比电势迟 90°电角度才能达到最大值，也就是要等转子磁极从图 3-34(a)所示的位置转到图 3-35 所示位置时，绕组中的电流才能达到最大值。

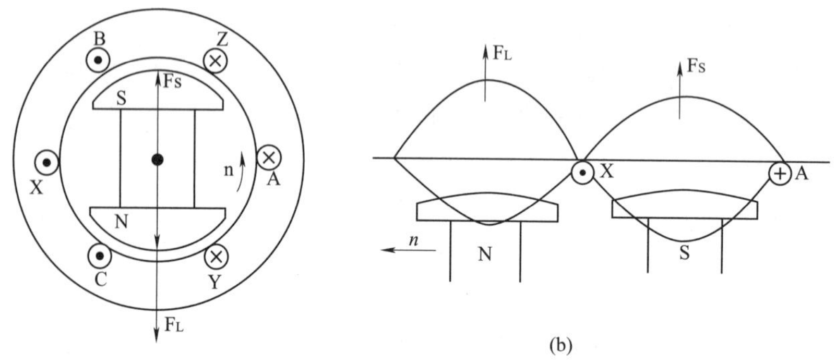


图 3-35　$\psi=90°$时的电枢反应

这样，电枢磁势 $F_S$ 的方向在空间滞后于励磁磁势 180°，即电枢磁势与励磁磁势在同轴线上，但方向相反。气隙合成磁势后为两矢量之差，其方向与励磁磁势相同，但数值上比励磁磁势减小了。这时的电枢反应起去磁作用，称为直轴电枢反应，它使气隙合成磁通减小，从而降低了发电机的感应电势和端电压。

3. 当 $0<\psi<90°$，即电枢绕组中的电流 $I$ 滞后空载电势 $E_0$ 的电角度 90°介于 0～90°之间

时的电枢反应

电枢电流滞后于空载电势的电角度介于 0°～90°之间时，电枢磁势 $F_S$ 和励磁磁势 $F_L$ 的夹角为 $90°+\psi$，如图 3-36 所示。为了分析此时电枢反应的性质，可以把电枢磁势 $F_S$ 分解为两个互相垂直的分量：一个和矢量 $F_L$ 垂直的交轴分量 $F_{Sh}$，其值为 $F_S\cos\psi$；另一个和矢量 $F_L$ 反向的直轴分量 $F_{SZ}$，其值为 $F_S\sin\psi$。它们对励磁磁场的作用可以看做是上述两种电枢反应情况的综合，其结果是既使气隙合成磁场歪扭又使励磁磁场去磁。

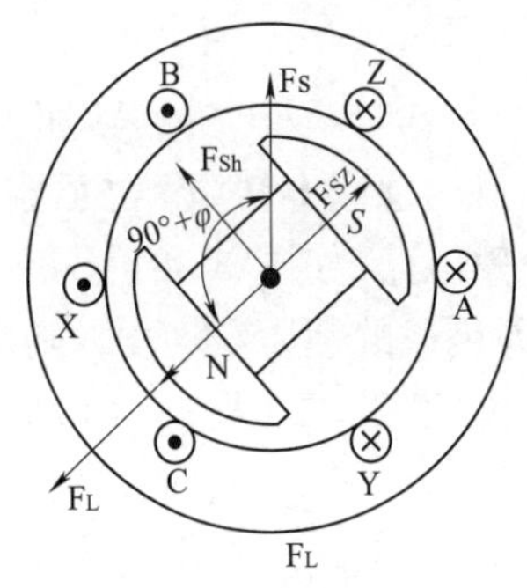

图 3-36　$0<\psi<90°$时的电枢反应

在交直流电传动内燃机车上，同步牵引发电机的电枢反应常属于 $0<\psi<90°$的情况。

## 三、同步牵引发电机的特性

同步牵引发电机的特性是指：发电机在对称负载及恒定转速运行情况下，各个量之间的变化关系。主要有空载特性、短路特性、负载特性、外特性和调节特性。

从运行的角度看，外特性和调节特性是主要的运行特性，根据这些特性，运行人员可以判断发电机的工作是否正常，以便及时进行调整。空载特性、负载特性和短路特性则是检验发电机基本性能的重要依据。

1. 空载特性

当同步牵引发电机在额定转速 $n_e$ 及电枢电流 $I$ 为零（即电枢绕组不接负载）的情况下运行时，发电机的端电压 $U_0$ 和电枢绕组产生的空载电势 $E_0$ 完全相等，此时发电机为空载运行。

空载特性是指发电机在空载运行时，端电压 $U_0$（即 $E_0$）随着转子励磁电流 $I_L$ 变化的关系，用函数关系表示就是 $U_0=f(I_L)$或 $E_0=f(I_L)$。空载特性曲线可以用实验的方法求得，即在发电机空载运行时，改变它的励磁电流 $I_L$ 的值，并同时测量出相应的端电压值，根据这些数据绘成 $U_0=f(I_L)$曲线，就是空载特性曲线。

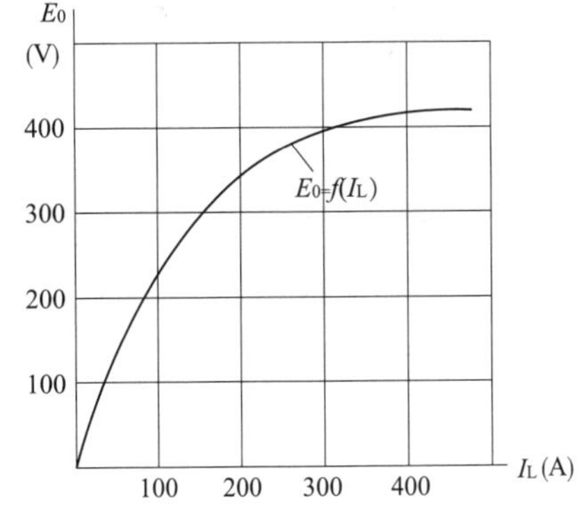

图 3-37　TQFR-3000 型同步牵引发电机的空载特性（当 $n$=1 100 r/min 时）

我们已经知道，同步牵引发电机定子每相绕组的感应电势可用下式表示：空载时 $E_0=4.44f\Phi_0 NK_{rz}$。由此可知，在发电机转速等于额定转速时，感应电势的频率 $f$ 变，故空载电势 $E_0$ 仅正比于转子励磁磁通 $\Phi_0$，而 $\Phi_0$ 与励磁电流 $I_L$ 之间的关系即是发电机的磁化曲线。因此空载特性曲线的形状与发电机磁化曲线相似。如图 3-37 所示为 $DF_4$ 型机车上所采用的 TQFR-3000 型同步牵引发电机在转速 n=1 100 r/min 时的空载特性曲线。

空载特性是同步发电机的基本特性，它反映的正是发电机最基本的电与磁的关系。

2. 外 特 性

同步发电机的外特性是指当发电机的转速 $n$、励磁电流 $I_L$、负载功率因数 $\cos\phi$ 恒定不变时，发电机的端电压 $U$ 随负载电流 $I$ 之间的变化关系，即：

$$U=f(I)$$

当同步发电机的转速 $n$、励磁电流 $I_L$ 不变时，同步发电机的感应电势 $E_0$ 也恒定不变。此时，由同步发电机的等效电路(如图 3-38 所示)可以看出：当负载的功率因数(即负载的性质)不变时，随着负载电流 $I$ 的变化，发电机的阻抗压降 $\dot{I}(jX_T+R_S)$将随之改变，故发电机的端电压 $U$ 也将随之变化。我们还可以看出：对于不同功率因数 $\cos\phi$ 的负载，端电压 $U$ 的变化是不同的，因此同步发电机就有不同的外特性。

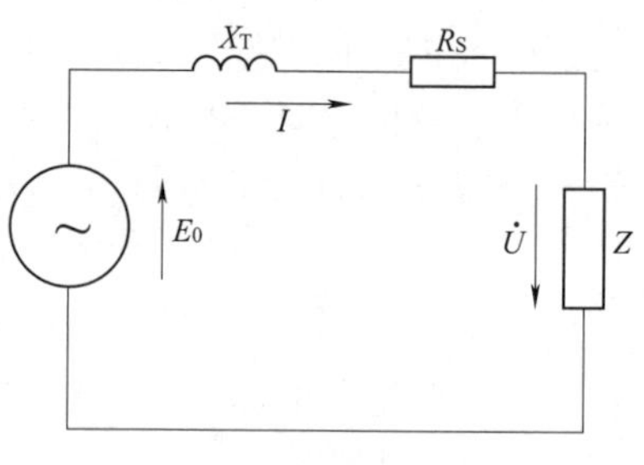


图 3-38　同步发电机一相定子绕组等效电路

同步牵引发电机发出的三相交流电，是通过整流装置整成直流电后向直流牵引电动机供电的，电流的脉动成分不大。由于牵引电动机是有电感的负载，其主极、换向极的绕组电感对电流的脉动成分具有很大的电抗，起着平波作用，所以整流后的电流脉动就更小了，可以看成是稳定的直流。线圈的电抗对直流电是不起阻抗作用而仅呈现电阻作用的。因此从整流装置看牵引电动机，相当于一个纯电阻性的负载。而且整流装置的电感也很小，故可认为同步牵引发电机的负载基本上是电阻性的，$\cos\phi\approx1$。如果同步牵引发电机每相的负载电阻为 $R$，则同步牵引发电机的等效电路将如图 3-39 所示。由图可见，同步牵引发电机负载电流 $I$ 总是滞后于 $E_0$，内功率因数角 $\psi$ 总大于零。故同步牵引发电机的电枢反应总有纵轴去磁作用。负载电流 $I$ 愈大(相当于直流牵引电动机负载电流增大)，即相当于 $R$ 愈小时，$\frac{X_T}{R}$ 愈大，$\psi$ 愈大，电枢反应的去磁作用愈强烈，发电机端电压下降愈快。

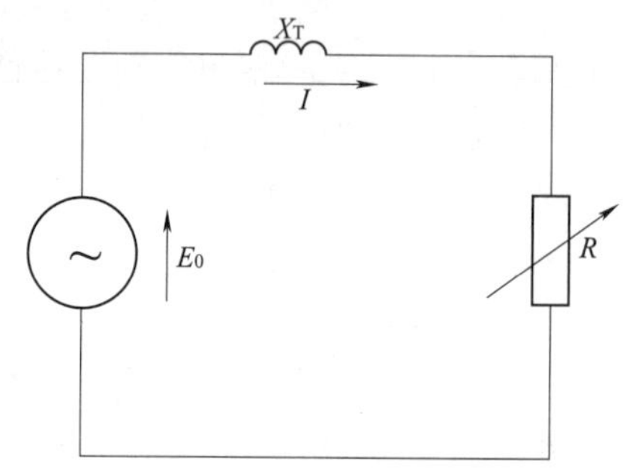


图 3-39　同步牵引发电机一相等效电路

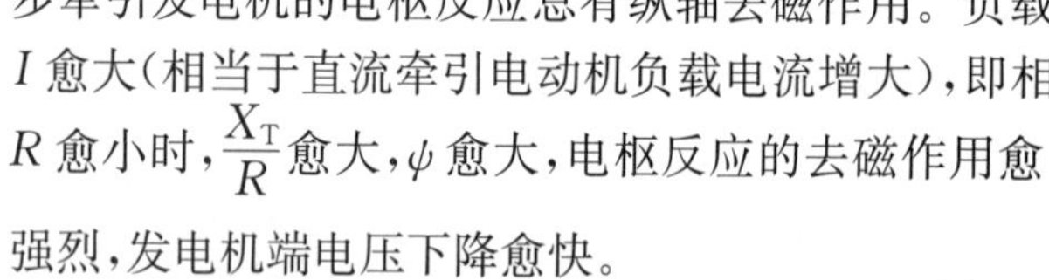

图 3-40 为 TQFR-3000 型同步牵引发电机在 $\cos\phi=1$、转速 $n$ 和励磁电流 $I$ 分别为 $n_1=1\ 100$ r/min、$I_{L1}=22$A；$n_2=840$ r/min、$I_{L2}=222$ A时的外特性曲线。由图可见，当电枢电流 $I=0$ 时，每相绕组的端电压 $U$ 就等于空载电势 $E_0$。当有负载后，端电压 $U$ 由于电枢反应的去磁作用以及电枢绕组的电阻压降和漏抗压降的产生而开始下降。但这时磁路很饱和，所以电枢反应的去磁作用并未使端电压显著下降。随着电枢电流 $I$ 的进一步增加，电枢反应的去磁作用逐步加强，使电机磁路离开饱和状态，此后，端电压 $U$ 随着电枢电流的增加迅速下降。TQFR-3000 型同步牵引发电机是具有强电枢反应的电机，因而其外特性曲线为凸起的下降曲线，当端电压 $U$ 下降到零时的电流称为稳态时的短路电流。

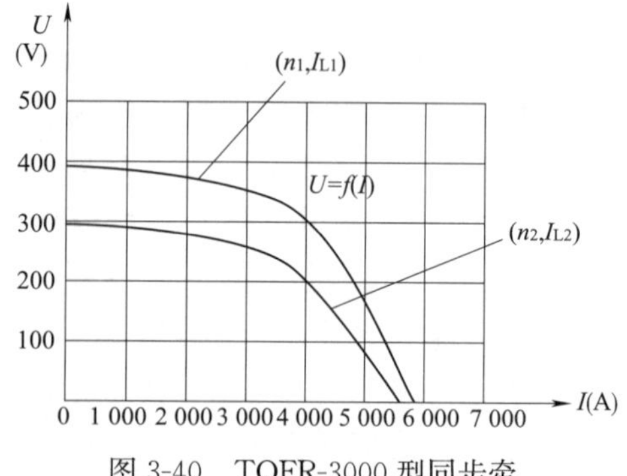


图 3-40　TQFR-3000 型同步牵引发电机的外特性曲线

在电传动内燃机车上，为了满足柴油机恒功率运行的要求，必须对同步发电机的外特性进行调整使其满足恒功率的要求。因此我们希望同步牵引发电机有较强的电枢反应，这样一方面能够减小外特性调整的范围，使同步牵引发电机的外特性比较接近于所要求的外特性，另一方面使发电机稳态短路电流不致很大，对机车上的电气设备起到一定的保护作用。为了使同步牵引发电机具有一条凸起下降的外特性曲线，在设计时，采用了小空气隙，磁路也比较饱和。

由于机车运行的需要，同步牵引发电机的转速 $n$ 和励磁电流 $I_L$ 是经常改变的，此时，牵引发电机的外特性曲线的形状仍与上述形状相似。并且随着励磁电流 $I_L$ 和转速 $n$ 的下降，空载电势和短路电流随之减小，故外特性曲线逐渐下移，其与横坐标轴的交点也左移。如图 3-40 中所示（$n_2$、$I_{L2}$）时的外特性曲线。

在实际应用中，同步牵引发电机的外特性，通常采用三相全波整流后的直流电压（用 $U_F$ 表示）与直流电流（用 $I_F$ 表示）的关系来表示，即 $U_F=f(I_F)$。

由于发电机相电压 $U$ 与整流后的直流电压 $U_F$、电枢电流 $I$ 与整流后的直流电流 $I_F$ 都有一定的比例关系，因此 $U=f(I)$ 与 $U_F=f(I_F)$ 这两条外特性曲线是相似的。

3. 负载特性

当同步发电机转速 $n$、电枢电流 $I$ 和功率因数 $\cos\phi$ 都恒定不变时，发电机的励磁电流 $I_L$ 与端电压 $U$ 之间的关系，称为同步发电机的负载特性，即 $U=f(I_L)$。

图 3-41 为 TQFR-3000 型同步牵引发电机在转速 $n=1\ 100$ r/min，$\cos\phi=1$，电枢电流分别为：$I_1=2\ 805$ A，$I_2=3\ 200$ A、$I_3=3\ 936$ A 时的负载特性。为了便于比较，把 $I=0$ 的空载特性曲线也画在图中。由图 3-41 可见，负载特性与空载特性曲线形状相似，但对应于同一励磁电流 $I_L$ 下，电枢电流 $I$ 就愈大，则电枢反应的去磁作用愈强，因而端电压就愈低。

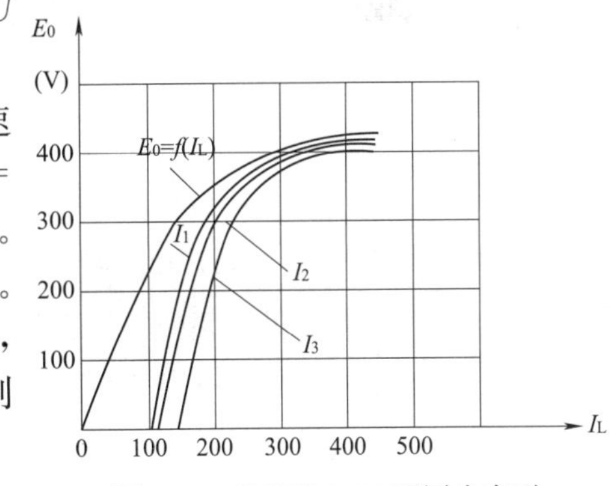

图 3-41　TQFR-3000 型同步牵引发电机的负载特性

4. 短路特性

当同步发电机电枢绕组的三相接线端 A、B、C 全部短路时，端电压 $U$ 等于零，此时流过电枢绕组的电流称为短路电流 $I_{dL}$。在同步发电机转速为额定值，三相维持短路情况下短路电流 $I_{dL}$ 与励磁电流 $I_L$ 之间的关系称为发电机的短路特性即 $I_{dL}=f(I_L)$。

三相完全短路运行时，由于端电压 $U=0$，发电机产生的电势 $E_0$ 只能与电机本身的阻抗压降相平衡，由于电枢绕组的电阻 $R_S$ 远比同步电抗为小，因此可以认为短路时，电路是纯电感的，也就是短路电流 $I_{dL}$ 滞后于电势 $E_0$ 近 90°，发电机的内功率角 $\psi=90°$，此时短路电流 $I_{dL}$ 所产生的电枢反应磁势为一完全去磁的直轴磁势。励磁磁势的大部分被电枢反应磁势所抵消，剩下的部分就是空气隙中的合成磁势，由于它的数值以及由它所感应的电势很小，仅与漏抗压降相平衡。因此发电机在短路状态时磁路是不饱和的。所以随着励磁电流 $I_L$ 的增加 $E_0$ 按正比变化，根据短路时的电势方程式可以计算短路电流的大小，即：

$$I_{dL}=\frac{E_0}{X_T} \tag{3-38}$$

由于电机磁路不饱和，$X_T$ 为一常数，所以 $I_{dL}$ 正比于 $E_0$。励磁电流 $I_L$ 与 $E_0$ 的关系必然位于空载特性曲线的直线部分，也就是 $E_0$ 正比于 $I_L$。因此短路电流 $I_{dL}=f(I_L)$ 是一条直线如图 3-42 所示。

随着发电机转速的增加，空载电势 $E_0$ 和电抗 $X_T$ 均以正比关系增加，所以短路电流的大小与转速无关。

同步牵引发电机的上述运行特性，可以从试验中得出，也可以根据设计数据，利用矢量图计算出来。

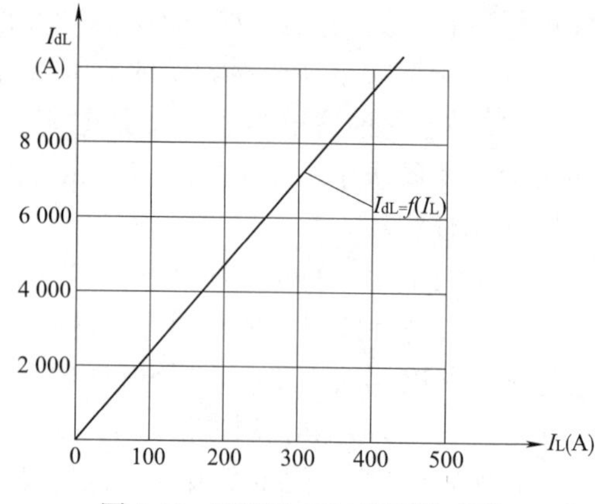


图 3-42　TQFR-3000 型同步牵引发电机的短路特性

## 四、同步牵引发电机的理想外特性

1. 同步牵引发电机的理想外特性

在机车上，柴油机所发出的有效功率，除小部分供给机车辅助设备外，绝大部分都用来供给同步牵引发电机作为牵引之用，因此牵引发电机的输出功率与柴油机有效功率之间的关系可用下式表示：

$$P_F=(N_e-N_{fj})\eta_F\eta_Z=\frac{U_F I_F}{1\ 000} \tag{3-39}$$

式中　$P_F$——牵引发电机直流侧的功率，kW；

$N_e$——柴油机有效功率，kW；

$N_{fj}$——由柴油机所驱动的辅助设备所消耗的功率，kW；

$\eta_F$——牵引发动机的效率；

$\eta_Z$——整流器的效率；

$U_F$——整流后的牵引发电机电压，V；

$I_F$——整流后的牵引发电机电流，A。

机车上辅助设备所消耗的总功率约占柴油机功率的 10%～15%，辅助设备所消耗的功率决定于它们自己的工况，与机车运行情况关系不大。$\eta_F$ 和 $\eta_Z$ 虽与负载电流有关，但变化很小。为讨论问题方便起见，先假设 $N_{fj}$ 不变，并忽略效率的变化，则上述保持柴油机功率恒定不变的要求就成为牵引发电机直流侧电流和电压的乘积($U_F\cdot I_F$)保持不变，即牵引发电机在电压、电流变化时仍应保持其输出功率不变。从外特性曲线上看，就是牵引发电机应具有等边双曲线的外特性，如图 3-43 中的 *bcd* 所示。这一双曲线通常称为牵引发电机的恒功率外特性曲线。

但是，这一恒功率曲线并不能沿坐标轴无限延伸下去，因为任何一个发电机的最高电压和最大电流总是受到电机本身参数的限制而不能无限增大。恒功率曲线上最高点 $b$ 相应的电压称恒功率范围内的最高电压 $U_{FPmax}$，相应的电流称恒功率范围内的最小电流 $I_{FPmin}$；恒功率曲线上最低点 $d$ 相应的电流称恒功率范围内的最大电流 $I_{FPmax}$，相应的电压称恒功率范围内的最低电压 $U_{FPmin}$。

由于受到 $U_{FPmax}$ 和 $I_{FPmax}$ 的限制，因而可得图 3-43 中 *abcde* 曲线，这条曲线称为牵引发电机的理想外特性曲线。该曲线三个部分中，$ab$ 称为限压区，$de$ 称为限流区，$bcd$ 称为恒功区。图中对应的 $abcde$ 各区段柴油机功率的变化如曲线 $ofge$ 所示。

需要指出的是，牵引发电机的电流值是按额定电流设计的。当牵引发电机电流等于或小于额定电流值时，牵引发电机可以持续运行，而当牵引发电机电流大于额定电流时，电机仅能作短时运行。因此，牵引发电机的理想外特性曲线由额定电流值分界，可分为短时工作区域与持续工作区域（见图 3-43 所示）。通常将持续工作区域内与额定电流相对应的电压称额定低电压 $U_{Fde}$，而额定电流又称低压额定电流 $I_{Fde}$或持续电流 $I_{Fch}$。持续工作区域内的最高电压 $U_{FPmax}$又称为额定高电压 $U_{Fge}$。最高电压 $U_{FPmax}$与额定低电压 $U_{Fde}$的比值，称为牵引发电机调压比 $K_{pu}$，即 $K_{pu}=\dfrac{U_{FPmax}}{U_{Fde}}$。调压比是衡量牵引发电机恒功率曲线范围大小的重要参数。牵引发电机调压比越大，则机车在恒功率持续运行工况下的调速范围越宽，但调压比大，将使牵引发电机造价增大，因此恒功率曲线范围通常总是根据机车运行要求及机车造价等因素综合考虑的。

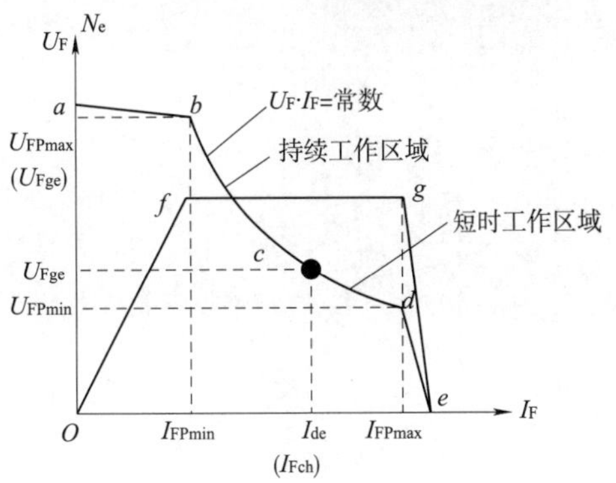


图 3-43 牵引发电机的理想外特性

当牵引发电机在 $U_{FPmin}\sim U_{FPmax}$范围内运行时，牵引电动机相应是在一定的转速范围内运行，同时柴油机是在某一固定不变的有效功率值下稳定运行，这就达到了恒功率调速之目的。通常机车运行的主要速度范围是在发电机持续运行的恒功率区段内。

牵引发电机在限流区及限压区工作时，柴油机功率均有所降低，但是限流区段，通常仅是机车在启动阶段时运行的区域，而限压段是机车运行中不希望进入的区域。有些机车在整个运行范围内，牵引发电机不会进入限压区工作，有些机车则在高速运行范围内才有可能进入限压段。

以上是在假设 $N_{fj}$不变时得到的理想外特性曲线，但实际上机车运行时 $N_{fj}$也会有所变化。图 3-44 为 $N_{fj}$值从最大到最小之间变化时理想外特性曲线变化的情形。

机车上辅助功率变化时，相应的牵引发电机理想外特性曲线总是处在 $bcdd'c'b'$ 区域之内。可见，为维持柴油机功率不变，牵引发电机的理想外特性曲线并不是唯一的循着 $bcd$ 变化，而是随着 $N_{fj}$的变化面有所变化，在设计牵引发电机励磁系统时，需要考虑 $N_{fj}$值的变化。

但是 $N_{fj}$值的变化与额定功率相比是较小的，通常为了叙述问题方便起见，可以忽略 $N_{fj}$的变化，此时相应某一柴油机功率下的牵引发电机理想恒功率曲线仅为一条。

以上讨论了相对于柴油机某一功率下的牵引发电机理想外特性。下面进一步讨论在司机控制器各手柄位时的理想外特性曲线。

由于在电力传动内燃机车的柴油机上，一般均采用全制式调速器调节柴油机转速，因此司机控制器的每一手柄位与柴油机的每一转速值相对应。司机各手柄位下的理想外特性曲线将如图 3-45 所示，其中每一手柄位的理想外特性曲线同样都由恒功率、限流、限压区段所组成。

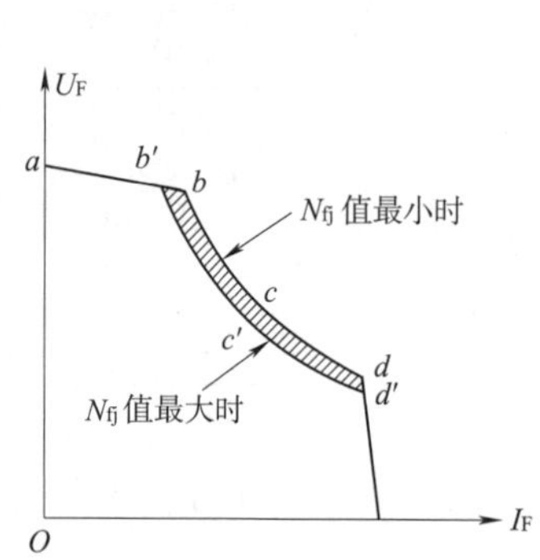


图 3-44 $N_{fj}$值变化时，牵引发电机理想外特性

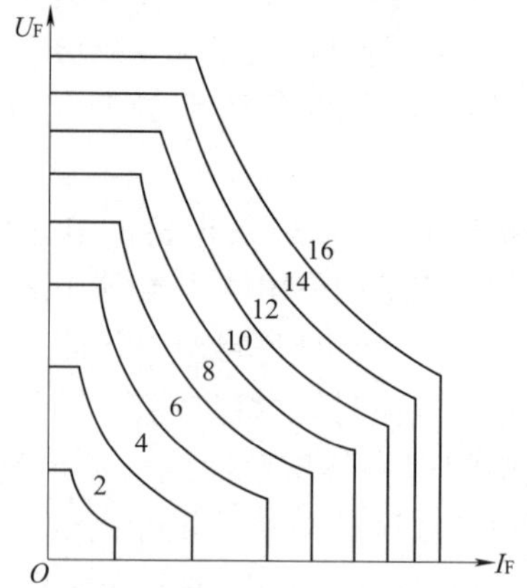


图 3-45 牵引发电机各手柄位时的理想外特性曲线

根据对电力传动装置的要求，最大手柄位时牵引发电机理想外特性中恒功率区段的功率应与柴油机额定功率相对应，低手柄位时各恒功率区段的功率应与柴油机各转速下经济特性曲线上的功率相对应。

低手柄位时理想外特性曲线中的限流值应该根据机车启动要求来选择，因为机车的启动牵引力是由各低手柄位置时的限流值所决定的。目前，低手柄位时限流值的选择是仍需探讨的一个问题。根据美国通用电气公司（简称 GE 公司）介绍，限流值的选择应该在第一手柄位时较小，在低手柄范围内增加得较快，在较高手柄范围内增加得较慢，这样可使机车启动既平稳又快速，并能较好控制机车启动时容易发生的轮对打滑现象。图 3-45 中各手柄位时的限流值是参考美国 GE 公司生产的 U36C 型机车的限流线绘制的。

各手柄位时的限压值主要由牵引发电机励磁绕组的发热所限制。

顺便指出，这里所讨论的牵引发电机外特性均是指直流侧的电压和电流间的关系，但由于硅整流器的交流输入与直流输出之间基本上具有固定的比例关系，因此硅整流器直流侧输出的电压和电流之间的关系即反映了同步牵引发电机交流侧的外特性、两者没有根本区别。

2. 同步牵引发电机的调整特性

为了得到同步牵引发电机的理想外特性，必须使其励磁电流随着负载电流的变化而变化。当保持柴油机的转速不变时，牵引发电机的励磁电流 $I_{FL}$ 随负载电流 $I_F$ 的变化关系，称为牵引发电机的调整特性，即 $I_{FL}=f(I_F)$。

牵引发电机的调整特性可通过它的自然外特性用图解法求得。

同步牵引发电机在某转速 $n$ 时的自然外特性如图 3-46 所示。图中绘出三条曲线，每条自然外特性对应的励磁电流分别为 $I_{FL1}$、$I_{FL2}$、$I_{FL3}$，其中 $I_{FL1}>I_{FL2}>I_{FL3}$。图中同时也绘出该转速时发电机应维持的恒功率曲线 $abcde$（恒功率值为 $P$），其中 $a$、$b$、$c$、$d$、$e$ 各点分别为恒功率曲线与各自然外特性的交点（$c$ 点为切点）。各交点对应的发电机负载电流为 $I_{Fa}$、$I_{Fb}$、$I_{Fc}$、$I_{Fd}$、$I_{Fe}$。在工况点 $a$ 时，发电机负载电流为 $I_{Fa}$，发电机励磁电流为 $I_{FL1}$，由此可在图 3-47 所示的调整特性上定出对应于工况点 $a$ 的位置。同理，可以求得工况点 $b$、$c$、$d$、$e$ 时负载电流 $I_{Fb}$、$I_{Fc}$、$I_{Fd}$、$I_{Fe}$和对应的励磁电流 $I_{FL2}$、$I_{FL3}$、$I_{FL2}$、$I_{FL1}$，并相应在调整特性上定出 $b$、$c$、$d$、$e$ 各点的位置。连接各点，即可求得同步牵引发电机转速为 $n$、功率为 $P$ 时的调整特性曲线 $abcde$。

用同样的方法也可求出理想外特性曲线上限压和限流区的调整特性。图 3-47 中线段 $me$ 和 $ak$ 是对应于限压段和限流区段的调整特性。由于同步牵引发电机理想外特性上的限压和限流线与其自然外特性曲线接近重合，所以在调整特性上对应的这两个区段基本上是两条水平直线（励磁电流接近保持不变）。

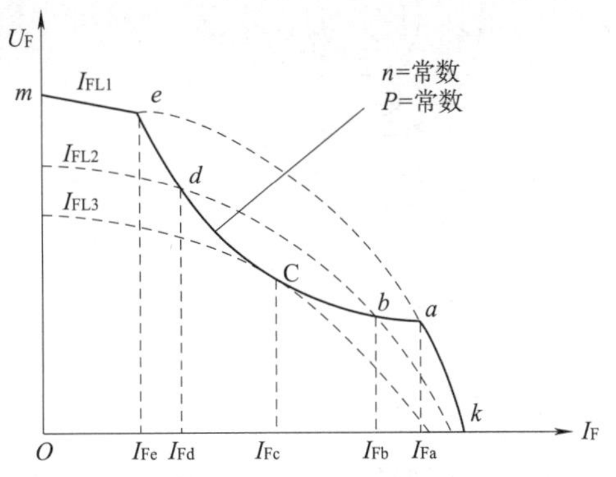


图 3-46　同步牵引发电机调整特性的图解法

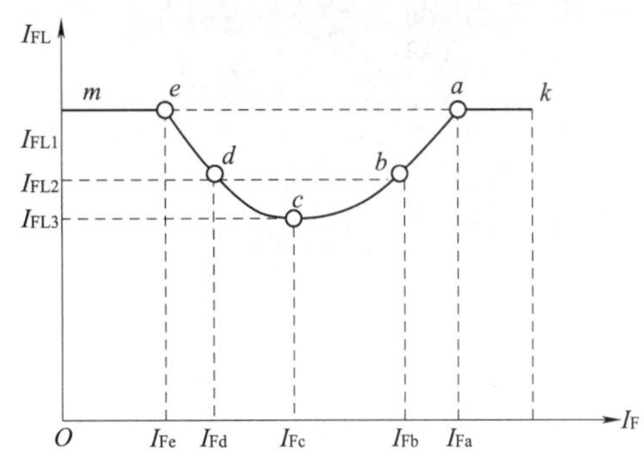


图 3-47　同步牵引发电机的调整特性

同步牵引发电机在不同的转速时，具有不同的自然外特性，同时它所应维持的恒功率值 $P$ 也不同。所以在不同的手柄位置时，发电机对应有不同的调整特性，但各调整特性的曲线形式大致相似，均呈一凹形曲线。

调整特性为我们展示了同步牵引发电机励磁电流大致的调节规律。在设计牵引发电机的励磁控制系统中，通常需要根据调整特性来正确选择元件参数。在某些恒功率励磁控制系统中，牵引发电机在各手柄位下的限流值、限压值就是由限制牵引发电机的励磁电流值来达到的，这时各手柄位下的最大励磁电流值就可由调整特性确定。

## 五、同步牵引发电机的结构

由于同步牵引发电机容量大、电压高，故普遍把电枢绕组布置在定子上，把励磁磁极布置在转子上，做成旋转磁极式结构。就旋转磁极式的同步发电机来讲，按转子磁极结构形式不同，又可分为凸极式和隐极式两种主要型式，如图 3-48 所示。

隐极式同步发电机从转子外形来看，没有凸出的磁极。它的励磁绕组直接嵌放在转子铁芯槽里，当其中通过电刷和滑环装置引入直流励磁电流时，转子就呈现出一定的极性来，如图 3-48(a)所示。

凸极式同步发电机的磁极，以明显的形式凸起安装在转子上，励磁绕组绕在磁极铁芯外面。当通入直流励磁电流时，每个磁极就呈现出一定的极性，相邻磁极交替呈现出 N 极和 S 极。

选用哪种结构形式与发电机的转速以及发电机的容量有关。高速运转的发电机，由于转子上离心力大，必须考虑尽量减小转子的直径和增加转子的机械强度，并使励磁绕组有更好的固定和绝缘，因而合理的结构形式应是隐极式的转子结构。汽轮发电机的原动机一般都是高转速的蒸汽轮机，所以汽轮发电机大部分都采用隐极式。当发电机的原动机转速较低、又要求磁极对数较多时，一般采用凸极式转子结构。内燃机车上用的同步牵引发电机，其转速一般在1 500 r/min 以下，所以采用结构和工艺都较简单的凸极式转子结构，故为凸极式同步发电机。

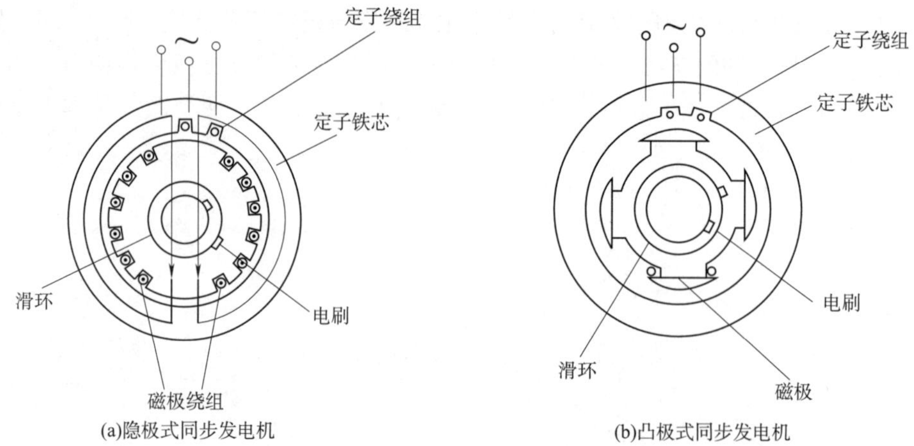


图 3-48　同步发电机结构示意图

图 3-49 是 TQFR-3000 型同步牵引发电机的剖面图。在转轴 5 上压装着磁轭支架 3，在磁

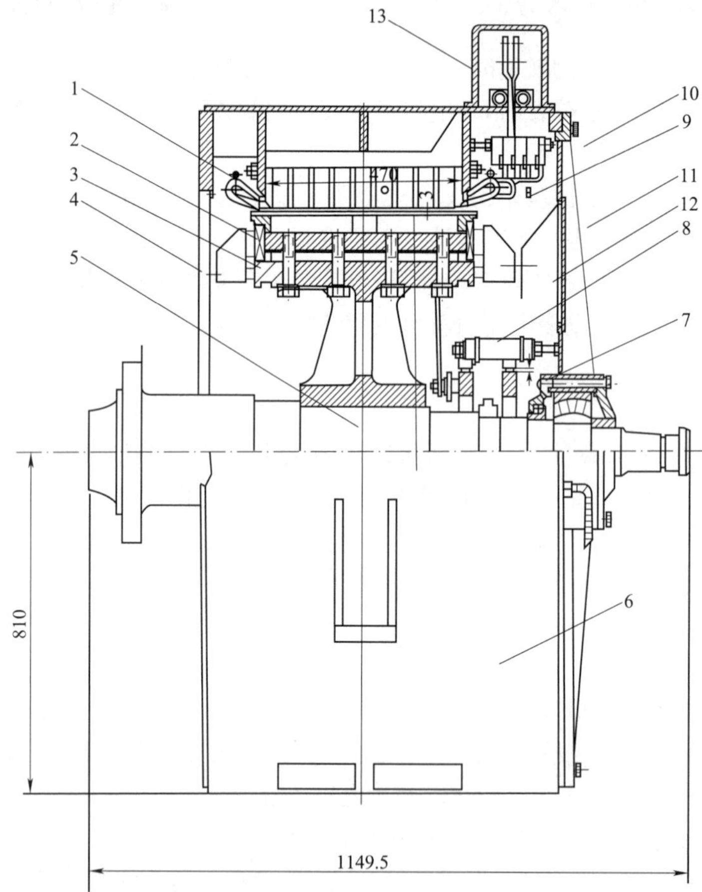


图 3-49　TQFR-3000 型同步牵引发电机剖面图

1—定子铁芯；2—磁极；3—磁轭支架；4—风扇叶片；5—转轴；6—机座；7—滑环；8—刷架；9—定子电枢绕组；10—端盖；11—吸风网；12—导风板；13—出线端

轭支架上安装磁极 2。滑环 7 固定在转轴上，刷架固定在端盖 10 上，转子一端通过轴承支承在机座上，另一端与柴油机曲轴直接相连。定子铁芯 1 压装在机座 6 上。在定子铁芯内圈共开有 108 个槽，槽内嵌放定子电枢绕组。

（一）转子部分

同步牵引发电机的转子由磁极、磁轭支架、滑环、风扇和转轴等组成。

同步牵引发电机的磁极对数，四到九对的都有，极对数少的优点是转子结构简单，缺点是电机尺寸和质量均较大，因为当极对数较少时，为保证电机具有必要的磁通量，必须相应增加磁路尺寸。另外当极对数减少时，电机感应电势的频率较低。磁极对数增多时，其优缺点与上述情况刚好相反。

1. 磁极铁芯

磁极铁芯的主要作用是固定励磁绕组并提供主磁场磁路。它由导磁性能较好的铁磁材料制成。同步牵引发电机的主磁场并不是交变磁场，而是由直流励磁电流建立的恒定磁场，它的磁极可以用整体铁芯而不必用钢片叠成。但是，为了制造上的方便和简化加工工艺，往往采用 1～2 mm 的钢片冲压而成，或者采用含硅量低的电工钢片制成。铁芯冲片形状如图 3-50 所示。

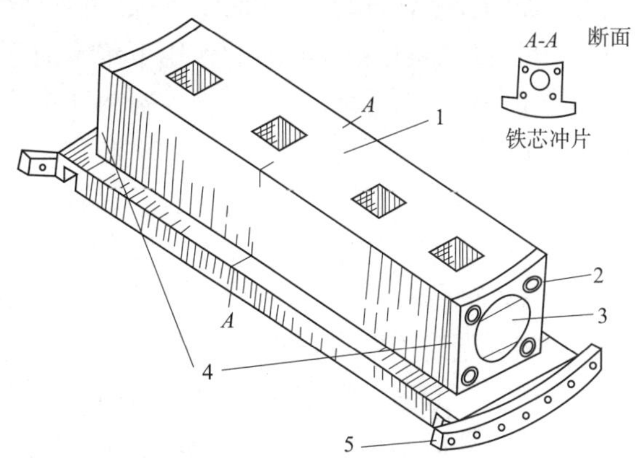


图 3-50 磁极铁芯

1—磁极冲片；2—铆钉；3—芯柱；4—端板；5—阻尼环

在正常运动时，磁极具有很大的离心力，这就要求磁极铁芯与磁轭支架之间的固定要有足够的机械强度。如图 3-51 所示是采用螺钉把磁极铁芯紧固在磁轭支架上的。这种固定方式的优点是磁轭表面可以加工成圆形，工艺简单。其缺点是连接强度决定于螺钉本身的强度，因此对磁极螺钉的强度要求较高。

磁极铁芯与磁轭支架之间较可靠的连接方式如图 3-52 所示，称作鸽尾式结构。它是把铁芯的根部做成鸽尾形，在磁轭上也开有同样的鸽尾槽。装配时，两者之间打入楔块使之撑紧。这种结构的优点是连接强度高，装配简单，故用得较广。它的缺点是机械加工工艺比较复杂。

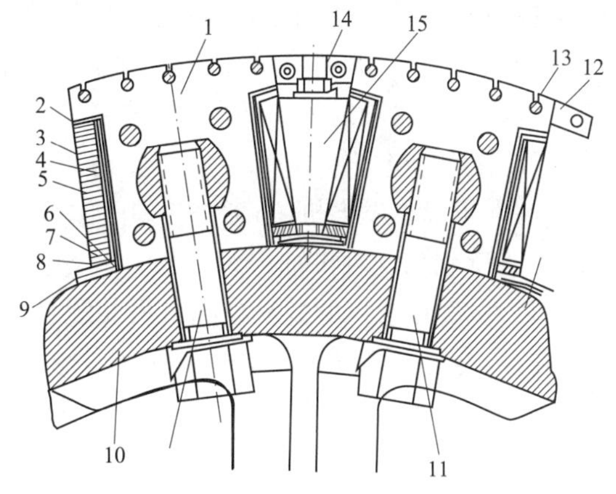


图 3-51 磁极装配示意图

1—磁极铁芯；2—磁极衬垫；3—硅有机玻璃云母板；4—聚酰亚胺薄膜；5—磁极绕组；6、7、8—磁极衬垫；9—弹簧垫；10—磁轭支架；11—螺钉；12—阻尼环；13—阻尼条；14—阻尼环连接板；15—撑块

一般为了工艺上的方便起见，常将磁极铁芯极靴表面制成半径较小的圆弧形，使其与定子铁芯内表面之间形成中间小、两边大的空气隙，这样有利于磁通密度沿气隙的分布接近于正弦。同步牵引发电机的气隙的大小，对同步发电机的技术性能和经济指标都有很大影响。在同步牵引发电机中，由于体积和质量的限制，

往往希望空气隙较小，以便减小励磁的安匝数，例如TQFR-3000型同步牵引发电机的气隙仅有3 mm。

2. 励磁绕组

同步牵引发电机运行时，励磁绕组中流过较大的直流电流，为使励磁绕组散热良好，一般都采用矩形扁铜线扁绕结构。匝间绝缘为二苯醚坯布。绕组绕好后进行热压，使聚二苯醚坯布固化，同时使各匝之间粘牢成为一个坚固整体，以减小匝间空气隙，增强热的传导和线圈的强度，避免在离心力的作用下绝缘遭到破坏。励磁绕组与磁极铁芯装配时，采用弹簧垫9来压紧(见图3-51)。

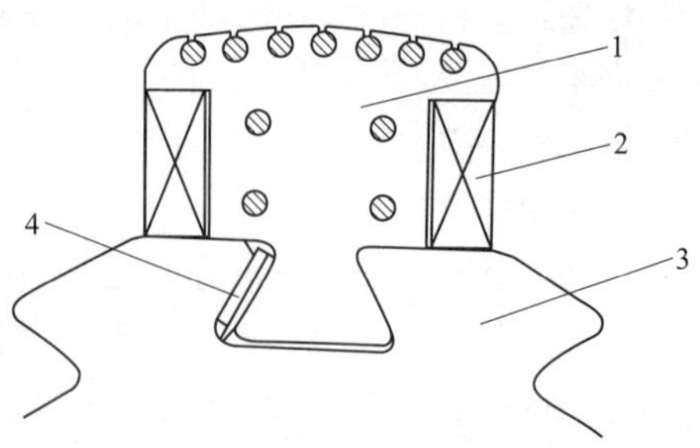


图3-52　鸽尾式结构的磁极示意图
1—磁极铁芯；2—磁极绕组；
3—磁轭；4—楔块

由于磁极绕组沿轴向长度较长，受切向力作用时会向外鼓出。为此，在两个磁极之间加装撑块15，用以挤紧绕组。撑块固定在磁轭上(图3-51)。

3. 磁轭支架

磁轭支架既用来安装磁极，又是组成转子磁路的一部分，它的材料应有较好的导磁性能。它连同磁极一起固定在转轴上。因此它必须有足够的机械强度。

磁轭支架的结构形式与磁极固定方式有关。磁轭和支架可以做成一体的，也可以分开。TQFR -3000型同步牵引发电机即采用一体式。采用分开时，磁轭部分可用钢片叠制而成，而支架则仍然用铸钢加工。

4. 转轴

转轴上面既要安装转子各部件，又要传递机械力，因此必须有足够的强度。为了便于安装各部件，轴的形状制成不同直径的阶梯状。TQFR-3000型同步牵引发电机是单边轴承支承，没有轴承的一端(大端)与柴油机曲轴相连。为了与柴油机曲轴定位，大端头有内孔，通过套和曲轴端相配合。轴的另一端(小端)带有1∶10的锥度，以便安装带动辅助传动装置的法兰。

5. 滑环与电刷装置

在同步牵引发电机中，通过电刷与滑环把直流励磁电流不停地送入旋转着的励磁绕组。滑环装在转轴上，与转轴一道旋转，并与励磁绕组相连。电刷安装在定子端盖上固定不动。TQFR-3000型同步牵引发电机采用装配式滑环，它由滑环座、滑环，绝缘圈及螺栓等组成。考虑到滑环与电刷之间是导电滑动接触，所以要求滑环有高度的耐磨性和优良的导电性，并有足够的表面粗糙度。滑环安装在滑环座上，滑环座热压在轴承上，滑环与滑环座之间通过绝缘连接起来。

电刷装置由刷架和电刷组成。刷架由导电环、刷盒、绝缘圈和螺杆等组成。

(二)定子部分

同步牵引发电机的定子由机座、定子铁芯，定子绕组等组成。

1. 机座

机座的主要作用是固定定子铁芯并承受定子的扭矩。同步牵引发电机的机座与直流牵引电动机的机座不同，它不提供磁路，可全用钢板焊接而成，从而减轻了电机的质量。为了满足电机通风散热的要求，往往将定子铁芯外圆固定在机座内圆的筋上，使铁芯外圆与机座之间留有空隙加上隔板形成通风道。

2. 定子铁芯

定子铁芯的作用是提供交变磁场作用下的磁路，嵌放定子电枢绕组，提供通风和散热条件。为了降低电机的损耗，提高电机的效率，定子铁芯材料选用含硅量较高的 $D_{41}$ 电工钢片。

当定子铁芯的外径超过整张电工钢片的规格尺寸时，定子铁芯只能由数片扇形冲片拼接而成。图 3-53 为 TQFR-3000 型同步牵引发电机定子铁芯的扇形冲片。整个定子圆周由九片扇形冲片拼成。在叠制铁芯时，各个扇形冲片的接缝应错开。扇形片的内圆开槽，用以嵌放电枢绕组。TQFR-3000 型同步牵引发电机的铁芯是用拉紧螺杆来压紧的，故扇形冲片外圆上开有半圆形的槽，以便螺杆从中穿过。定子铁芯装配示意图如图 3-54 所示。铁芯两端有定子压圈，通过拉紧螺栓把铁芯压紧，最后将定子压圈和机座搭焊上，使定子铁芯在圆周方向和轴向完全固定。

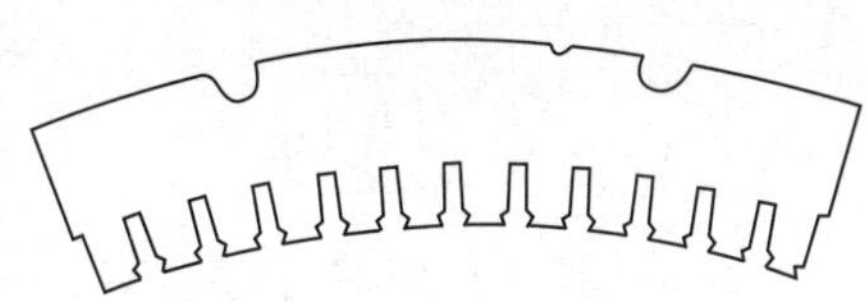

图 3-53　定子铁芯扇形冲片

由于通风冷却的需要，定子铁芯径向留有通风沟，通风沟的宽度一般约为 10 mm 左右。TQFR-3000 型同步牵引发电机的定于铁芯留有 8 个径向通风沟，从而把铁芯分成 9 段，各段之间加工字铁支撑。

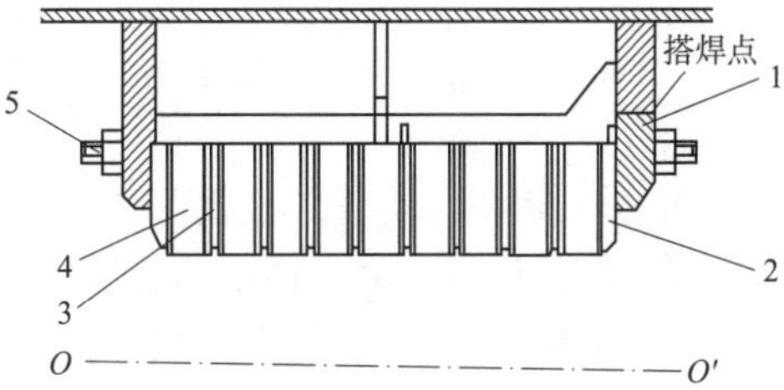

图 3-54　定子铁芯装配示意图

1—定子压圈；2—定子端板；3—通风沟；4—铁芯叠片段；5—拉紧螺杆；O O′—转轴中心线

3. 定子绕组

同步牵引发电机的定子绕组是电机的电枢绕组。现代同步牵引发电机的电枢绕组多采用三相、短距、分布绕组。

从运行性能和设计制造两方面考虑，三相绕组构成的主要原则是：三相绕组要对称，以保证各相电势、电抗和电阻的对称；绕组的合成电势要大、波形要好。

在同步发电机中，当转子旋转时，定子槽中的导体便依次切割主磁场的磁力线产生感应电势。由于各槽之间所处的位置不同，各槽导体产生的感应电势在时间上的相位就不同，彼此存在一定的相位差。在空间上相距一对极距的导体，它们的感应电势在时间上的相位差正好是 360°电角度。相邻两槽间导体电势相位差就是一对极内的槽数去等分 360°电角度。这样，便可将各槽导体的电势矢量图画出来，从而构成了放射状的电势星形图，这种星形图称为槽电势星形图，简称电势星形图。

以 TQFR-3000 型同步牵引发电机的三相绕组为例，用电势星形图进行分析，看定子绕组是如何构成的。

TQFR-3000 型同步牵引发电机的极对数 $P=9$、定子槽数 $Z=108$，由此可画出九对极下的 108 个槽的展开图。为简化起见，我们只画出了其中一对磁极下的电枢绕组展开图（图 3-55），其余部分的情况可依此类推。

因为一对极下的槽数 $=\dfrac{Z}{P}=\dfrac{108}{9}=12$，所以相邻两槽之间相差的电角度：

$$a=360°/\text{一对极下的槽数}=360°/12=30°$$

由此可画出其槽电势星形图(图 3-56),各槽导体电势大小相等,相位依次相差 30°电角度。画完一对磁极后再继续画下一对磁极时,可以发现处在相同磁场位置下的电势矢量是相重合的。因此,我们只需画出一对磁极下的电势矢量图,其余可以类推。

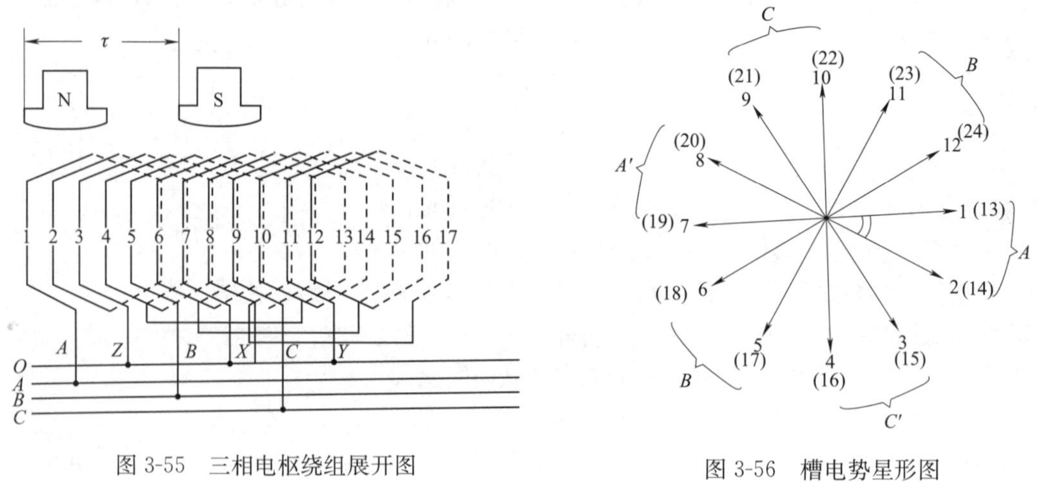


图 3-55　三相电枢绕组展开图

图 3-56　槽电势星形图

根据三相绕组要获得三相对称电势的原则,运用槽电势星形图可以将定子槽分配给各相。对于双层绕组,就是将各槽中的上层导体分给各相。

TQFR-3000 型同步牵引发电机采用在一个极内分相的办法。由于一个磁极跨 180°电角度,三相等分,每相各占 60°电角度。每相在每个磁极内分得两个槽,如 A 相绕组分得 1、2、7、8、13、14……槽(图 3-55)。N 极下的 1 和 2 与 S 极下的 7 和 8 槽矢量相位正好相反,只要把它们正确地连接起来,就可以得到电势相加,数值最大。

根据绕组的节距,便可分配下层导体。绕组的节距就是绕组元件两个有效边之间的距离,用相距的槽数表示。根据获得最大电势的原则,两个有效边应相距一个极距 $\tau$(对 TQFR-3000 型同步牵引发电机来说,$\tau=\dfrac{Z}{2P}=\dfrac{108}{18}=6$),即绕组的节距 $y$ 应等于 $\tau$,称为整距绕组。但是为了改善电势波形,削弱电势中的高次谐波,往往采用短距绕组;即 $y$ 略小于 $\tau$。如 TQFR-3000 型同步牵引发电机,绕组节距 $y=5$。这样上层有效边与相距一个节距(5 个槽)的下层有效边组成一个绕组元件,如图 3-55 所示。槽 1 中的上层导体与槽 6 中和下层导体组成一个绕组元件。以此办法,有关上、下层导体串联组成绕组元件,这样得到的绕组元件具有同样的尺寸,而且绕组元件的数目与定子槽的数目相等。

发电机发出的电压高低是与绕组匝数成正比,但是需要注意的是,这个匝数是指同一相绕组串联的匝数。发电机送出的电流大小是受导体截面限制的,这个导线截面应理解为各并联支路的导线截面的总和。TQFR-3000 型同步牵引发电机是一台低电压、大电流的发电机,所以它把同一对磁极内的各相绕组元件分别串联起来,每相各形成一条支路。9 对磁极下共有 9 条支路,这 9 条支路再进行并联。

TQFR-3000 型同步牵引发电机三相绕组之间采用Y接,由于它每相有 9 条并联支路,它的铭牌上标明连接为 9Y,即指有 9 条并联支路的Y形接法。在电机定子上有 4 个集电环,A、B、C 三相的头分别接在三个集电环上,A、B、C 三相的尾共同接在第四个集电环上,然后再由集电环向外引线。也就是说，三相绕组在电机内部已经接成了Y形。

TQFR-3000 型同步牵引发电机绕组元件的形状如图 3-57 所示。绕组元件在定子槽内的嵌放情况如图 3-58 所示。槽的上层为一个绕组元件边，下层为另一绕组元件边，每个绕组元件由三根 1.95× 8 的单玻璃丝包高强度漆包扁线并联绕 2 匝构成。

(三)通风系统

同步牵引发电机一般采用自通风式的冷却系统，冷却空气依次流经转子、定子，使电机各部温度保持在允许的范围之内。TQFR-3000 型同步牵引发电机的通风系统见图 3-59。在转子两端装有风扇叶片，当转子转动时，冷却空气从端盖进风口处吸入，绝大部分空气流进磁极间的缝隙和定子上的通风沟，最后由排风口排出，少部分空气去冷却定子绕组的端接部分，再经机座筋板上的孔，从排风口排出。为防止柴油机附近的油污随冷却空气进入发电机，在靠近柴油机侧设有挡风板，使冷却空气只由远离柴油机的一端进入，这样吸入的空气比较清洁。

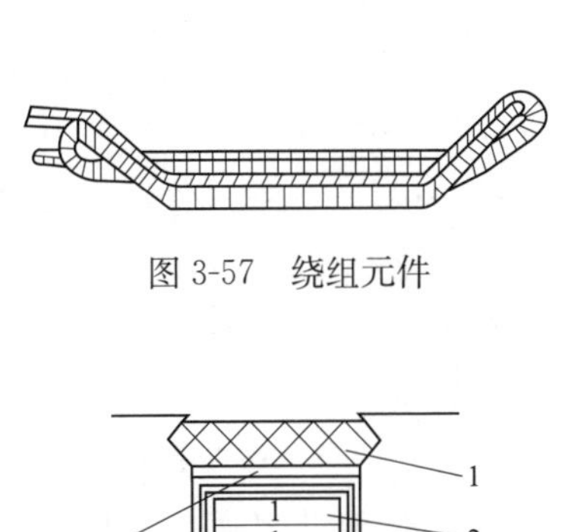

图 3-57　绕组元件

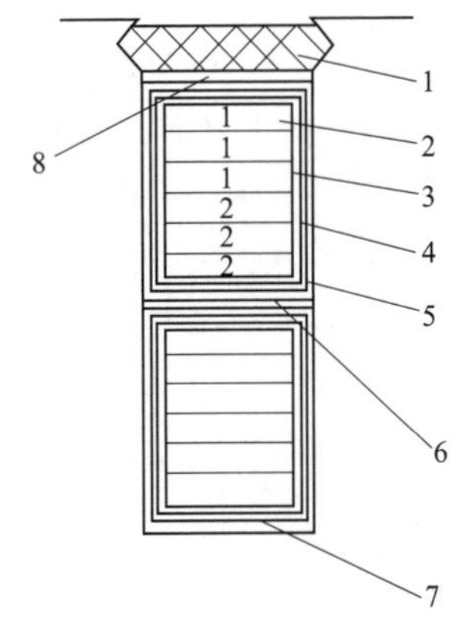


图 3-58　定子槽剖面图

1—槽楔；2—导体；3、4、5—绝缘；
6—层面绝缘条；7—槽底绝缘条；
8—楔下绝缘条

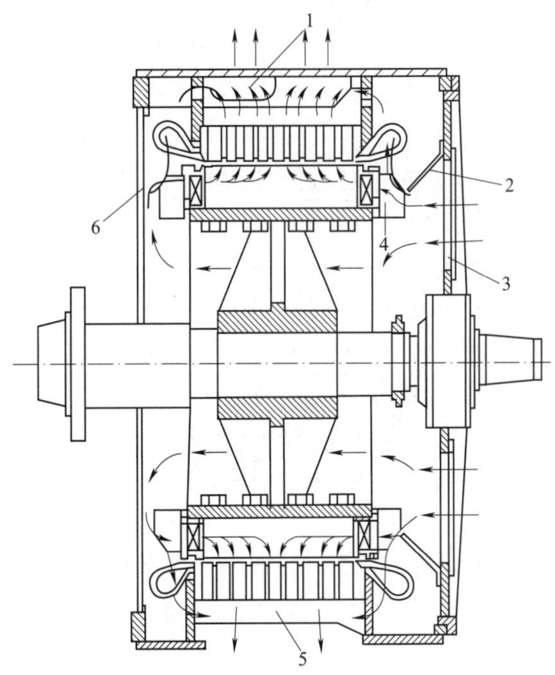


图 3-59　同步牵引发电机通风系统

1—上排风口；2—导风板；3—进风口；
4—风扇叶片；5—下排风口；6—挡风板

## 六、各型内燃机车所使用的同步牵引发电机的主要技术数据

(一)$DF_{4D}$(客)内燃机车使用的 TQFR-3000E 型同步牵引发电机的主要技术数据

额定容量 ………………………………………………………… 2 911 kV·A

额定电压 ………………………………………………………… 425/770 V

额定电流 ………………………………………………………… 3 955/2 183 A

额定转速 …… 1 000 r/min
额定频率 …… 150 Hz
额定功率因数 …… 0.95
励磁方式 …… 他励
额定励磁电压 …… 92/105 V
额定励磁电流 …… 255/267 A
绝缘等级(定子/转子) …… H/H
冷却方式 …… 径向自通风
相数 …… 三相
定子接线方式 …… 星形
工作制 …… 连续
电枢绕组总电阻 15℃ …… 0.001 445 Ω
励磁电枢绕组总电阻 15℃ …… 0.254 3 Ω
极数 …… 18 极
总质量 …… 5 120 kg

(二)$DF_{4B}$(货)内燃机车使用的 TQFR-3000 型同步牵引发电机的主要技术数据

额定容量 …… 2 985 kV·A
额定电压 …… 438/613 V
额定电流 …… 3 936/2 805 A
额定转速 …… 1 100(1 000) r/min
额定频率 …… 165(150) Hz
额定功率因数 …… 0.95
励磁方式 …… 他励
额定励磁电压 …… 101/112 V
额定励磁电流 …… 244/272 A
绝缘等级(定子/转子) …… F/F
冷却方式 …… 径向自通风
相数 …… 三相
定子接线方式 …… 星形
工作制 …… 连续
电枢绕组总电阻 15℃ …… 0.001 125 Ω
励磁电枢绕组总电阻 15℃ …… 0.246 4 Ω
极数 …… 18 极
总质量 …… 4 985 kg

(三)$DF_{4C}$(客、货)内燃机车使用的 TQFR-3000B 型同步牵引发电机的主要技术数据

额定容量 …… 2 570 kV·A
额定电压 …… 386/606 V
额定电流 …… 3 840/2 444 A

额定转速 …………………………………………………………… 1 000 r/min
额定频率 …………………………………………………………… 150 Hz
额定功率因数 ………………………………………………………… 0.95
励磁方式 …………………………………………………………… 他励
额定励磁电压 ………………………………………………………… 90/112 V
额定励磁电流 ………………………………………………………… 213/267 A
绝缘等级(定子/转子) ………………………………………………… F/F
冷却方式 …………………………………………………………… 径向自通风
相数 ………………………………………………………………… 三相
定子接线方式 ………………………………………………………… 星形
工作制 ……………………………………………………………… 连续
电枢绕组总电阻 15℃ ………………………………………………… 0.001 21 Ω
励磁电枢绕组总电阻 15℃ …………………………………………… 0.253 3 Ω
极数 ………………………………………………………………… 18 极
总质量 ……………………………………………………………… 5 100 kg

(四)$HXN_3$ 型内燃机车使用的 TA20JBF-CA9C 型同步牵引发电机的主要技术数据

输入功率 …………………………………………………………… 4 400 kW
持续输出功率 ………………………………………………………… 3 730 kW
峰值功率 …………………………………………………………… 4 205 kW
最大电压 …………………………………………………………… 2 632 V
最大持续电流 ………………………………………………………… 8 100 A
总质量 ……………………………………………………………… 5 953 kg

## 第三节　感应子励磁发电机

在电力传动内燃机车上,同步牵引发电机的直流励磁电源一般采用专门的励磁发电机。在国内外电力传动机车上感应子励磁发电机已被采用作为同步牵引发电机的励磁发电机和辅助发电机。感应子励磁发电机是一种交流发电机,其结构特点是励磁绕组和电枢绕组都装在定子上(称定子发电机),转子上没有绕组,不需要换向器、电刷和滑环,因此没有滑动接触部件(称无触点电机)。这种电机结构简单,制造成本低,而且工作可靠、维护工作很小。感应子励磁发电机的主要缺点是效率较低,电势波形不易达到理想的正弦波,但在内燃机车上,由于它仅用作辅助电机,故影响不大。

### 一、感应子励磁发电机的工作原理

感应子励磁发电机在原理上与一般凸极式同步发电机基本相同,它有多种结构形式。GQL-45 型励磁机是一种三相感应子发电机。

图 3-60 是感应子励磁发电机原理结构图。它的定子铁芯 1 由电工钢片叠压而成,在定子铁芯的内圆周上开有放置励磁绕组 2 的大槽和放置电枢绕组 3 的小槽。转子 4 由齿形冲片叠

压而成。

感应子励磁发电机气隙中的主磁场是靠通入直流励磁电流的励磁绕组建立的。当按图3-60所示方向给励磁绕组输入直流电流时，根据右手定则，形成图示的主磁通方向。由于转子中齿的部分磁导最大，所以，与磁导成比例的主磁通主要从转子齿中通过。而在转子槽的部分，因为磁导减小，故只有很少一部分磁通由转子槽中通过。可见，当转子均匀旋转时，在转子齿距 $2\tau$ 内，气隙磁导将进行周期性的变化如图 3-61(a)所示。气隙中的磁通密度 $B$ 的变化情况如图 3-61(b)所示，转子齿对准定子槽时，气隙中的磁通密度为 $B_{max}$，而转子槽对准定子槽时，气隙中的磁通密度为 $B_{min}$。这时，电机气隙中的磁通可以看成是由两部分分量合成的，一部分是不变的恒定分量，其磁通密度用 $B_0$ 表示；另一部分是交变分量，其基波磁通密度用 $B_1$ 表示。由于磁通恒定分量的大小和方向都是不变的，因此它不能在电枢绕组中感应出电势来，而磁通的交变分量则在电枢绕组中感应出交变电动势。交变分量的基波磁场在转子槽上和转子齿上的方向刚好相反，磁通交变值：

$$\phi_1 = \frac{\phi_{max} - \phi_{min}}{2} = 0.5(\phi_{max} - \phi_{min}) \tag{3-40}$$

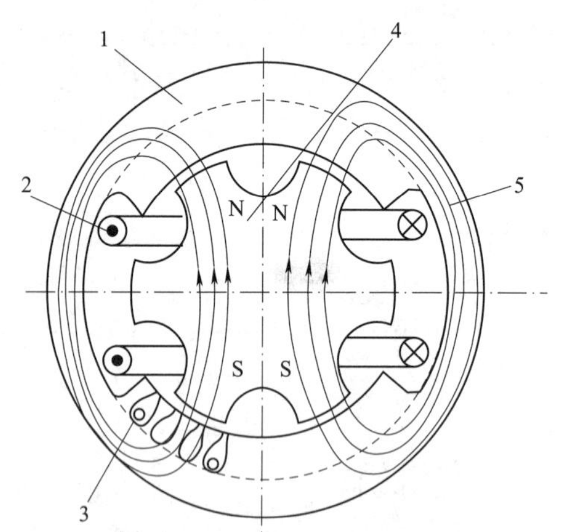


图 3-60　感应子发电机原理图

1—定子铁芯；2—励磁绕组；3—电枢绕组；4—转子；5—主磁通

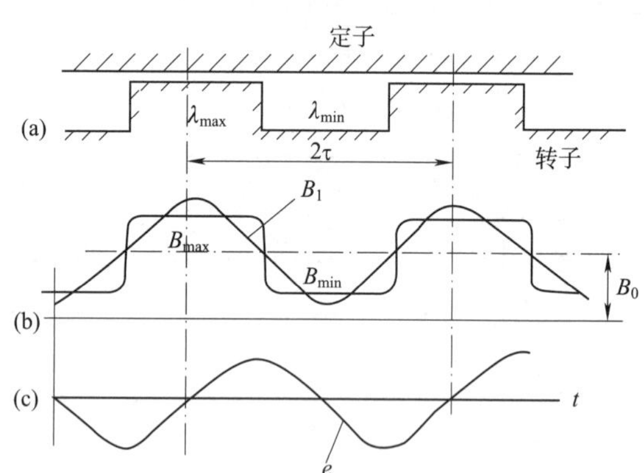


图 3-61　气隙磁导及磁通密度的波形

当电机转子旋转时这个随着气隙磁导周期变化的磁通，便在三相电枢绕组中感应出交变电动势。

对气隙磁场的基波来讲，感应子励磁发电机的齿和槽可以看成是不同极性的磁极。当转子转过一个齿距时，电枢元件中的感应电势变化一个周期。因此，这种电机的磁极对数 $P$ 就等于转子齿数 $Z_2$ 即 $P=Z_2$。可见，转子齿数愈多，发电机转速愈高，发电机感应电势的频率 $f$ 就越高。

$$f = \frac{Pn}{60} = \frac{Z_2 n}{60} \tag{3-41}$$

由于与电枢绕组交链的基波磁场按正弦规律变化，因此，根据电磁感应定律，这个交变磁通在电枢每相绕组中产生的感应电势为：

$$e=-N\frac{\mathrm{d}\phi_1}{\mathrm{d}t} \tag{3-42}$$

e 也是按正弦规律变化的，它在相位上比磁通 $\Phi_1$ 滞后 90°电角度如图 3-61(c)所示。其有效值为：

$$E=4.44\,K_b\cdot K_{rZ}\cdot N\cdot f\Phi_1 \tag{3-43}$$

式中 $\Phi_1$ 为基波磁场的振幅，单位为 Wb，在感应子电机中 $\Phi_1=0.5(\Phi_{max}-\Phi_{min})$，故感应子电机每相电枢绕组的感应电势为：

$$E=2.22K_b\cdot K_{rZ}\cdot N\cdot f(\Phi_{max}-\Phi_{min}) \tag{3-44}$$

式中 $K_b$——磁场波形系数；

$K_{rZ}$——电枢绕组系数；

$N$——电枢绕组每相串联匝数。

## 二、感应子励磁发电机的结构特点

感应子励磁发电机的主要结构特点是励磁绕组和电枢绕组都固定在定子上，转子只作为交变磁场的磁路，除了导磁材料做成的叠片以外，转子上没有其他组装件和滑环等接触部件。

GQL-45 型感应子励磁发电机的定子用 $D_{41}$ 电工钢片叠压而成，定子外径为 423 mm，内径为 300 mm，励磁磁极 $2P=4$，故在定子内圆周表面均匀地开有 4 个大槽，安放励磁绕组。励磁绕组共由四个线圈(11′、22′、33′、44′)组成，绕好后的形状如图 3-62 所示。每个励磁绕组的两个边分别安放在相邻的两个卡槽里，如图 3-63 所示。4 个励磁绕组互相串联起来，当通入直流励磁电流时，便产生如图所示的主磁通。从图中可见，每个转子齿并没有固定的极性，当转子齿转到电机右上方的空间时，便呈现 S 极，而当同一个转子齿转到电机左上方的空间时，便呈现 N 极(称异极式或多极式电机)。

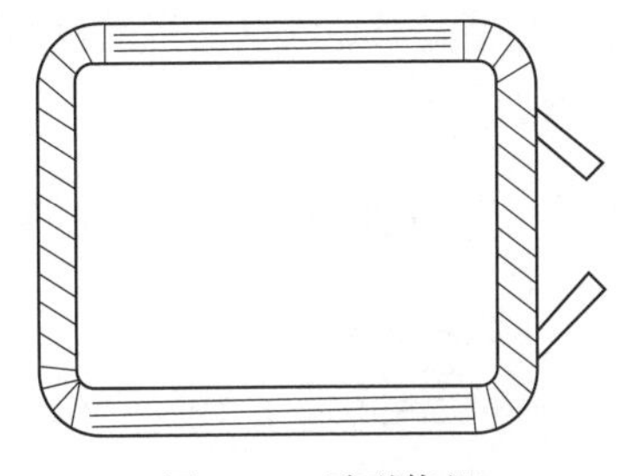

图 3-62 励磁绕组

在被每个励磁绕组包围的定子内表面上，均匀地开有小槽 5，以便安装电枢绕组，见图3-63(图中仅画出一个小槽)。由于感应子励磁发电机每极每相槽数，即为半个转子齿距上每相定子占有的槽数 $q$，即 $q=\dfrac{Z_1}{2Z_2m}$，通常取 $q$ 为 1。其中 $Z_1$为定子齿数；$Z_2$ 为转子齿数；$m$ 为绕组相数。所以感应子励磁发电机定子齿数与转子齿数之间的关系为：

$$Z_1=2Z_2m \tag{3-45}$$

GQL-45 型感应子励磁发电机的 $m=3$；$Z_2=12$，$Z_1=72$，图 3-64 为三相电枢绕组在定子小槽中的安放情况。如 $a_1x_1$ 即代表 A 相绕组的一个绕组元件，$a_1$ 表示元件的首端，$x_1$ 为末端，其他依此类推。由图可见，每相绕组具有相同数目的元件，三相绕组在空间位置上互相距离 120°电角度，因此在它们中感应出来的电势相位也互差 120°电角度，从而构成三相对

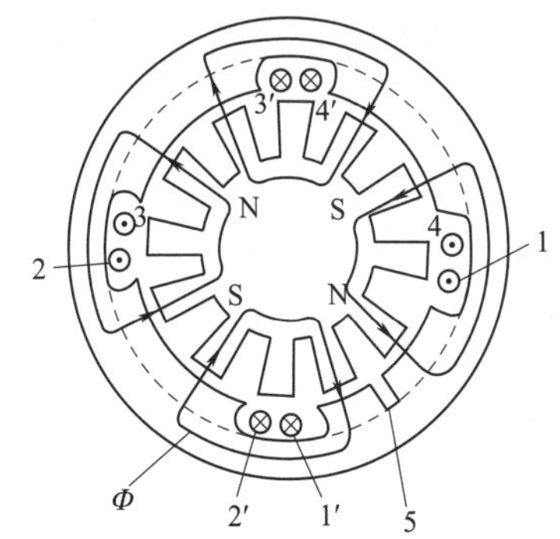


图 3-63 GQL-45 型感应子电机结构原理

1 1′、2 2′、3 3′、4 4′—励磁绕组；5—电枢槽

称电势。把各相元件按电势叠加的原则连接起来，即可构成3个相绕组。三相绕组相互之间的连接可根据要求接成Y或△形。GQL-45型感应子励磁机的三相是接成Y形。

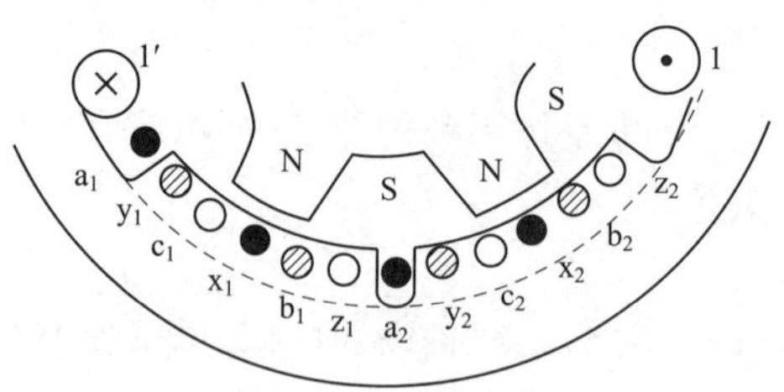

图3-64　三相绕组安放情况

为了减小谐波电势，改善电压波形，感应子励磁发电机的转子采用斜齿结构，即转子齿的中心线相对于转轴的中心线扭斜一个角度。

为了减小电机的体积，并获得较大电势，感应子励磁机的气隙应当选取制造工艺所能允许的最小值。因为当气隙增大时，磁通的交变分量将减小，在电枢绕组中感应出的电势将降低，发电机功率减小，同时，需要较大的励磁磁势，结果发电机的质量和尺寸都得增大。当频率愈高时，气隙应该愈小，以增大磁通的交变分量。但是气隙过小会给制造带来困难，为运行可靠起见，电机机座和转轴的刚度应大大加强，以减小偏心度。感应子励磁发电机的气隙较凸式同步发电机的气隙小，一般为0.4～1.3 mm。

感应子励磁发电机的磁路应为弱饱和，因为，如果齿部饱和时，其导磁率减小，磁通的交变分量减小，电势将随之降低，特性将变坏。

感应子励磁发电机的机座不是磁路的一部分，可用较薄的钢板卷成，并留有足够的空隙作为通风道。

### 三、GQL-45型感应子励磁发电机的性能参数

额定功率 $P_e$ …… 45/36 kV·A
额定电压 $U_e$ …… 105/94 V
额定电流 $I_e$ …… 248/221 A
额定功率因数 …… $\cos\phi=0.95$
额定频率 $f_e$ …… 525/235 Hz
额定转速 $n_e$ …… 2 625/1 175 r/min
极数 …… 四极
相数 …… 三相
转子齿数 $Z_2$ …… 12

## 第四节　劈相机

在单相工频交流供电的电力机车上，为各辅助机组提供三相交流电源的劈相机是一种将单相电变换成三相电的特殊电机，其实质是由单相电动机和三相发电机组合而成的旋转电机。劈相机可以是同步型，也可以是异步型，目前应用较广的是异步劈相机。

### 一、异步劈相机的工作原理

异步劈相机是一种结构特殊、用途特殊的三相异步电机。它是一种能实现单—三相变换的异步电机，用于一切由单相电源供电，而又以三相异步电动机为负载的场合。在单相工频交

流供电的电力机车的辅助系统中，异步劈相机（简称“劈相机”）用来将主变压器辅助绕组供给的单相电源“劈成”三相，向辅助系统所有三相异步电动机供电。如图 3-65 所示为异步劈相机工作原理线路图。

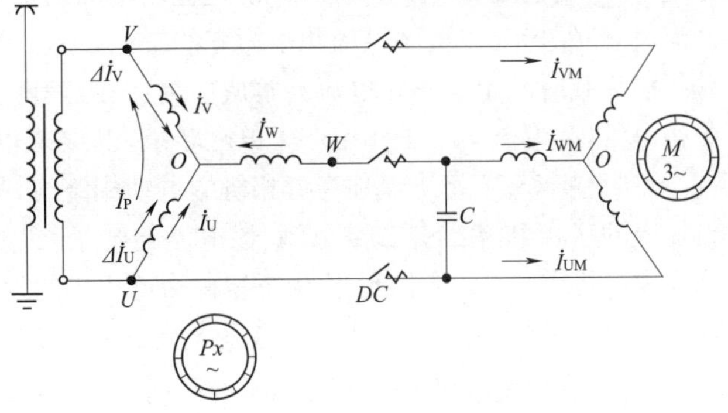


图 3-65 劈相机工作原理线路图

（一）劈相机的空载工况

当定子绕组 UOV 接至单相电源时，单相电流 $\dot{I}_P$ 由 $U$ 相流入，从 $V$ 相流出，该电流产生的磁场可以分解为两个幅值相等、转速相同、转向相反的旋转磁场，分别称为正序旋转磁场和负序旋转磁场。当劈相机转子静止不动时，这两个旋转磁场在转子导体中感应出两个大小相等、方向相反的电势和电流，而产生两个大小相等、方向相反的电磁转矩，其合成启动转矩为零，故劈相机不能自行启动，这是劈相机的一个特点，也是一个缺点。因此，如何经济、可靠地实现相机的启动，是劈相机运行中必须首先解决的问题。

如果用某种方法使劈相机的转子转动起来，并达到额定转速 $n_e$，那么和转子转向一致定子正序磁场与转子的相对速度很小，而和转子转向相反的定子负序磁场与转子的相对速度约为两倍同步转速，定子负序磁场切割转子导体，在转子导体中感应出数值较大，且频率为接近两倍电网频率的转子负序电势和电流。由于转子漏抗的显著增大，使转子负序电流在相位上滞后于转子负序电势 90°电角度，从而使转子负序电流建立的磁场几乎抵消了定子负序磁场，气隙中的剩余负序磁场很微弱，这种现象称为转子的阻尼作用。异步电机的这种阻尼作用正是异电机具有劈相机功能的基础。因此，当劈相机转子以额定转速转动时，可以认为气隙中只有正序磁场和正序磁通。

当劈相机转动起来以后，若劈相机不与外界电负载相接，称为劈相机空载工况。这时劈相机气隙中的正序磁场和磁通有两个作用：一是，正序磁通和转子导体内感应的正序电流相互作用产生电磁转矩，用以克服转子的机械阻转矩及转子负序电流产生的电磁阻力转矩，驱使转子沿着正序磁场的方向继续维持转动，这时劈相机实际上是作为一台单相异步电动机运行；二是，正序磁场切割定子三相绕组，感应出三相电势，从劈相机三相负载端来看，它又是三相发电机。因此，从这两方面作用来看，劈相机是一台单相异步电动机和三相异步发电机的组合体，既可以在它的轴上接上机械负载，又可以在它的 U、V、W 三相输出端接上电负载。

（二）劈相机的负载工况

当劈相机与三相电负载接通后，因 U、V 两相负载直接与单相电源相连，不需要经过劈相机即可直接从单相电源获得负载电流 $\dot{I}_U$ 和 $\dot{I}_V$。W 相负载电流 $\dot{I}_W$ 则由劈相机的 W 相供。因为当电网 W 相缺相时，劈相机的 W 相电势高于 W 相端电压，从而使 W 相电流反相，源源不断地向三相负载输出第三相电流 $\dot{I}_W$，这时电机才真正进入劈相机工况运行。由于专用劈相机的轴上均不带机械负载，故劈相机负载前后的轴输出机械功率是不变的，所以它的气隙正序磁场也应保持不变。但 W 相输出电流 $\dot{I}_W$ 产生的单相磁势将使气隙磁场发生变化，这就需要从 U 相和 V 相输入相应的附加电流 $\Delta\dot{I}_U$ 和 $\Delta\dot{I}_V$，以保持气隙正序磁场不变，而定子的负序磁场将随着 W 相电流 $\dot{I}_W$ 的增加而增加，这些新增加的负序磁场同样由转子产生新的负序电流去抵消，仍然保持气隙负序磁场几乎为零的特点。用数学关系式来表示上述两个物理现象，可把劈相机负载时的定子三相电流分解成两组：一组是劈相机空载时，仅在 U、V 相绕组中流过的单相电流，此电流与转子作用产生电磁转矩，以维持转子的继续转动，故称此电流为电动机电流，习惯上将 U、V 相绕组称为劈相机的电动相绕组；另一组是劈相机负载后，在三相绕组中重新加入的三相电流 $\Delta\dot{I}_U$、$\Delta\dot{I}_V$、$\Delta\dot{I}_W$，该电流与转子作用产生电磁阻转矩，相应地将这一组电流称为发电机电流，习惯上将 W 相绕组称为劈相机的发电相绕组。由此可知，当劈相机负载时，在劈相机的发电相绕组中仅有发电机电流 $\Delta\dot{I}_W$ 流过，而在 U、V 电动相绕组中同时存在着电动机电流 $\dot{I}_P$ 和发电机电流 $\Delta\dot{I}_U$、$\Delta\dot{I}_V$，所以劈相机负载后的定子三相电流的关系可写成：

$$\dot{I}_U=\dot{I}_P+\Delta\dot{I}_U \tag{3-46}$$

$$\dot{I}_V=-\dot{I}_P+\Delta\dot{I}_V \tag{3-47}$$

$$\dot{I}_W=\dot{I}_W \tag{3-48}$$

因此，劈相机无论是空载工况还是负载工况，其定子三相电流都是不对称的，这种三相电流的不对称是劈相机负载后三相电压不对称的重要原因之一，这将直接影响辅助电动机的正常运行。如何在劈相机负载后或负载变化时保持其输出三相电压的对称性，也是劈相机运用中必须解决的核心问题之一。

上述分析表明：劈相机实质上是一种本身只输出一相电流的异步电机。劈相机工况实际上是三相异步电机在不对称条件下运行的一个特例。

异步电机进入劈相机工况一般应具备以下两个条件：

(1)电机轴上的机械负载不变；

(2)三相电网中 W 相缺相，使 W 相电流反相输出。

只要具备上述条件，一般的三相异步电动机同样具有劈相机功能。对于多台异步电动机并联运行的场合，如果电网突然缺相造成三相异步电动机单相运行，那么先运行的电动机便会自动投入劈相机工况来启动后面的电动机，当后面的电动机启动完成后，该电机的劈相工况自动结束。根据这个原理，$SS_4$ 改型电力机车的每节车内仅设置一台劈相机，另将一台牵引通风机电动机作为先导机，即它不仅是一台通风机，也是一台“劈相机”。在劈相机烧损或控制失灵的故障情况下，作为应急手段，实践证明这种设计是有益的。

## 二、异步劈相机的启动及三相电压对称性调整

### (一)异步劈相机的启动

在单相电网中，劈相机不能自行启动，需采用特殊的启动方法。异步劈相机的启动方法有辅助电动机启动法和分相启动法两种。辅助电动机启动法是在劈相机的转轴上安装一台辅助电动机，启动时先由辅助电动机带动劈相机转子转动，待劈相机转速达到一定值时，将劈相机投入单相电网，并切除辅助电动机的电源。显然，这种启动方法需要增加设备，而且使劈相机的结构复杂、维修困难，故一般都不采用这种方法。分相启动法分为电阻分相启动和电容分相启动两种。电阻分相启动具有线路简单、设备成本低等优点，因而得到广泛的应用，国产 SS 系列电力机车上的劈相机都采用电阻分相启动的方法。

劈相机的电阻分相启动原理线路如图 3-66(a)所示，图中 $R_Q$ 为启动电阻。当劈相机的电

动相绕组 UV 接通单相电源启动时，可以把定子绕组看作是由两相组成：一相是 VOU，它直接由单相电源供电；另一相是 VOW，它与启动电阻 $R_Q$ 串联后由单相电源供电。这时流经 VOU 相电流 $\dot{I}_{Q1}$ 滞后电压 $\dot{U}_{VU}$ 90°电角，而流经 VOW 相电流 $\dot{I}_{Q2}$ 滞后电压 $\dot{U}_{VU}$ $\phi$ 角（$\phi<$ 90°），如图 3-66(b)所示。这两个时间上有不同相位的启动电流通入在空间彼此相差一定电角度的两相绕组中，所产生的气隙合成磁场是一个旋转磁场，在该磁场的作用下能产生较大的启动转矩，使劈相机的转子转动起来。当转速达到同步转速的 80%～90%时，借助接触器切除启动电阻，启动即告完成，劈相机投入空载运行。

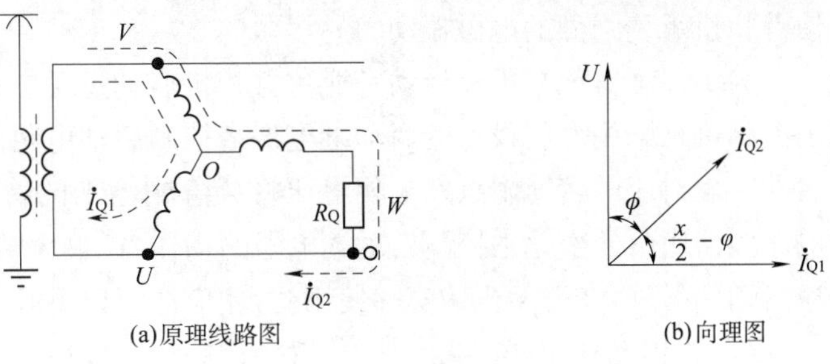


(a)原理线路图　(b)向理图

图 3-66　劈相机电阻分相启动原理图

多年来，在国产 SS 系列电力机车上经常发生的劈相机烧损故障大部分发生在启动过程中，其主要原因是由于分相启动元件未能合理选择或正常接入。为了保证劈相机的可靠启动，应该解决以下两个问题。

(1)启动电阻值应选择合适，以获得最大的启动转矩

由于启动电阻值的大小对发电相启动电流 $\dot{I}_{Q2}$ 的幅值和相位影响极大，启动电阻过大或过小都会使两相磁势的合成磁场成为一个幅值变动、非恒速的椭圆形磁场，从而使启动转矩变小。因此，对不同型号的劈相机而言都有一个相应的启动电阻最佳值。

(2)控制好切除启动电阻的时刻

当劈相机的启动转矩达到最大值时，应及时切除启动电阻，启动电阻切除过早或过晚对启动电阻和劈相机都是很不利的。图 3-67 所示为 YPX-280M-4 型劈相机的转矩特性，曲线 1 为启动电阻为 0.79 Ω 时的转矩特性，曲线 2 为无启动电阻单相通电时的转矩特性。由图可见，该劈相机切除启动电阻的最佳时刻应为转速达到最大转矩所对应的转速为 1 400 r/min，此时，切除启动电阻，劈相机转矩虽由 735 N·m 突然降至 441 N·m，但电磁转矩仍为正的加速转矩，因此劈相机仍能启动起来直至达到额定转速。但是，当劈相机转速低于 850 r/min 时提前切除启动电阻，则电磁转矩立即由某个正的加速转矩降为负的制动转矩，使劈相机转子迅速减速，相应的定子电流迅速接近堵转电流，而造成劈相机烧损。所以，在劈相机转速低于临界转速（YPX-280M-4 型为 850 r/min），尚未启动起来而过早切除启动电阻，则会因劈相机启动失败，造成定子绕组流过单相大电流而烧损，这种故障习惯上称为“走单相”。反之，当劈相机转速达到最大转矩对应的转速以后，如不及时切除启动电阻，对劈相机和启动电阻也是不利的。这是因为随着转速的增加，流过启动电阻的发电相电流也随之增加，造成启动电阻过热而烧损或阻值增大；同时负序磁场随发电相电流 $\dot{I}_W$ 的增加而增加，使转子导体中的负序电流增大，转子负序电流与气隙正序磁场相互作用产生 100 Hz 的交变电磁转矩，

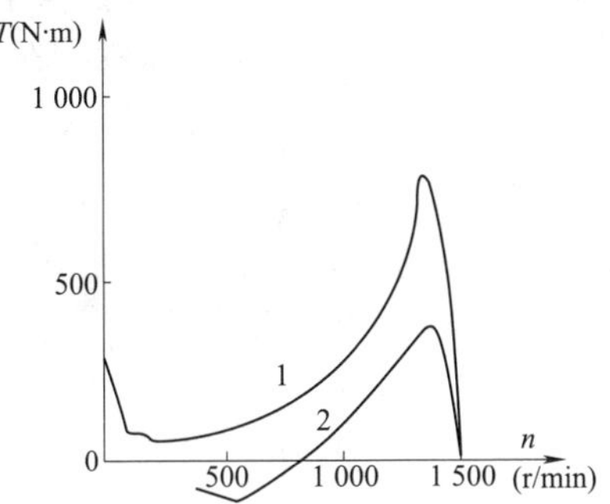


图 3-67　劈相机机械特性

1—启动电阻为 0.79Ω；2—无启动电阻

使劈相机承受强烈的电磁振动。

为了保证劈相机可靠启动和避免劈相机启动过程中有害的电磁振动，SS 系列电力机车上的劈相机是采用专门设计的启动继电器来控制启动电阻的切除时刻。它是根据劈相机在最大启动转矩对应的转速附近发电相电压将会急剧增加的特点，正确利用发电相电压 $U_W$ 与电网电压 $U_{VU}$ 比值的变化来控制启动继电器的动作，在最大转矩点切除启动电阻，以保证劈相机可靠启动。另外，在劈相机的实际使用时，还应注意以下几点：

(1)劈相机只允许空载启动，待劈相机启动完成后，才能逐个接通电动机负载。

(2)劈相机停止工作前应先断开电动机负载。劈相机运行中应特别防止接触网突然断电，劈相机转速下降到 1 200 r/min 以下不带启动电阻重新启动时，可能造成劈相机“走单相”故障的发生。

(3)劈相机启动时间不能过长，在最低网压(19 kV)下启动时间应不超过 15 s，在高网压(29 kV)下要防止过早切除启动电阻，造成劈相机在低速大电流下单相堵转。在一般情况下，连续启动次数不应超过 3 次，如仍不能启动，则应查明原因消除故障后，方可再行启动。

(二)异步劈相机三相电压对称性的调整

使用由单相电源和劈相机组成的三相电源时，另一个需要解决的问题是，劈相机负载后如何保证输出三相电压的对称性，以使三相负载得到实际对称的电压和电流，保证辅助电动机的正常运行。实际上，如果劈相机的定子三相绕组为对称绕组，当劈相机空载时其输出的三相端电压是对称的，而在劈相机负载以后，即使负载是对称的，其输出三相端电压也是不对称的。

1. 劈相机负载后三相电压不对称的原因

通过前面的分析已知，劈相机负载时其电动相绕组中流过的既有电动机电流，又有发电机电流；而发电相绕组中只流过发电机电流，这说明劈相机的定子三相电流是不对称的，不对称电流引起不对称的阻抗压降。在感性负载情况下，发电机电流引起的阻抗压降将使绕组的端电压小于感应电势，而电动机电流引起的阻抗压降使绕组的端电压大于感应电势。因此，如果三相绕组对称，则三相感应电势是对称的，在劈相机负载后由于三相不对称的阻抗压降，仍会造成劈相机三相端电压的不对称。

此外，没有被完全抵消的气隙剩余负序磁场，也将在定子三相绕组中感应出负序电势，这就进一步加剧了三相电压的不对称。

2. 改善劈相机三相电压对称性的措施

劈相机输出三相电压的不对称，将直接影响辅助电动机的正常运行，严重的三相电压不对称还将引起辅助电动机个别绕组过热而烧损，直接影响电力机车的正常工作。为了改善劈相机三相电压的对称性，通常采取以下措施。

(1)劈相机定子绕组采用三相不对称绕组

根据输出负载的要求，相应提高或降低某些相的电势，是改善劈相机在额定负载时三相电压对称性的主要方法。为此，劈相机的定子三相绕组匝数和空间相隔的电角度均应根据需要确定，其绕组选择的定性规律是：一方面要增加发电相 W 相的匝数，另一方面要减少电动相 U、V 的匝数，即应 $W_W>W_U>W_V$。YPX-280M-4 型和 JP402A 型异步劈相机三相绕组匝数分别为：$W_W:W_U:W_V=54:48:24$。

应当指出，采用这种方法只能保证劈相机在额定负载、额定电压下三相电压的对称性。但劈相机的电负载是随机车运行工况而改变的，当负载变动以及单相电源电压在 270～460 V 范围内波动时，劈相机的三相端电压也要随之改变，这将直接影响其三相电压的对称性。为了改善劈相机在负载变动时的三相电压对称性，还可采用并联电容器的措施。

(2)在负载侧的 U 和 W 端子上并联电容器

劈相机的负载是三相异步电动机群，因机车运行工况的改变，电动机投入台数也不同，这就要求劈相机输出功率和功率因数随投入电动机数的差异而有所不同。为适应实际需要，可在负载侧的 U、W 端子并联一些电容器和电感元件，以扩展劈相机的容量，通过这些元件向负载提供 W 相电流。由它们辅助劈相机相向负载提供电流，有利于改善三相电压的对称性。在实际使用中为了简化线路起见，一般只在负载侧的 U 和 W 端子间并联一定数量的电容器，图 3-68(a)为其原理接线图。这时，流经电容 C 的电流 $\dot{I}_{CK}$ 超前电压 $\dot{U}_{wu}$ 90°，如图 3-68(b)所示。在三相电压对称时，该电流对 W 相负载而言是提供正的电功率 $P_w=0.5U_w\cdot I_{CK}$，这样就使单相电源通过电容向 W 相负载提供部分电流。因为电容 C 具有分相作用，故称为分相电容。

负载侧并联电容后可以减小流过劈相机 W 相的电流，从而降低劈相机三相电压的不对称度。设劈相机 W 的负载电流 $\dot{I}_{WM}$ 滞后 $\dot{U}_w$ 一个 $\psi$ 角，则在没有并联电容时，负载电流 $\dot{I}_{WM}$ 即为流过劈相机 W 相电流 $\dot{I}_W$，而在并联电容后，流经劈相机 W 相电流为 $\dot{I}_W=\dot{I}_{WM}+\dot{I}_{ck}$。由图 3-68(b)可见，$\dot{I}_W$ 小于 $\dot{I}_{WM}$，$\dot{I}_W$ 的减小可使 $\dot{I}_V$ 和 $\dot{I}_U$ 也随之减小，从而减小各相阻抗压降对三相电压的影响。显然，只要随着负载的增减相应增减并联电容的数量，就能保证劈相机负载变化时的三相电压对称性。另外，并联电容后可使发电相电流 $\dot{I}_W$ 相位超前，有利于提高劈相机的功率因数。对 $SS_4$ 改型电力机车在牵引工况下，可视为在劈相机的 $U_1$ 和 $W_1$ 端子间接有 4 个 12 kvar、138 μF 的电容器，在制动工况下接有 6 个 12 kvar、138 μF 的电容器，以保证机车辅助系统中输出三相线电压的不对称度在单相电源电压为 270～460 V 范围内不超过《机车车辆用三相异步电机基本技术条件》(TB 1608—2001)中的有关规定。由于电动机并联电容后，会在合闸瞬间产生较大的合闸电流，因此对频繁启动的压缩机电动机没有并联电容器。

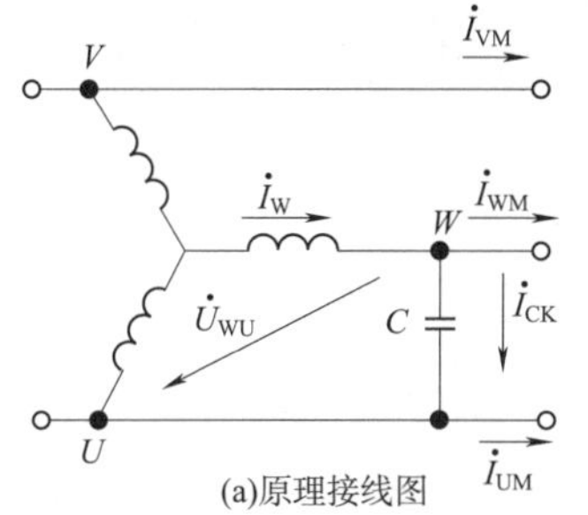

(a)原理接线图

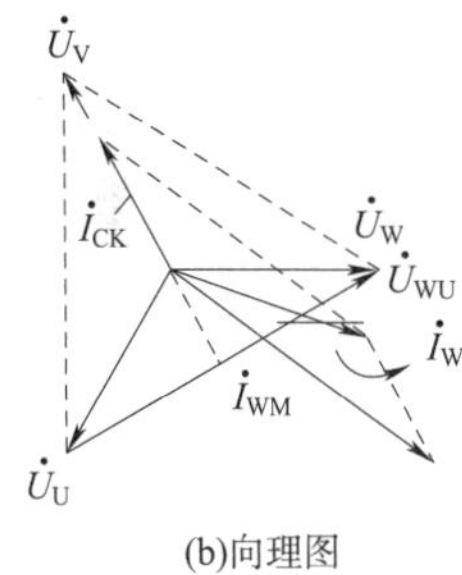

(b)向理图

图 3-68　并联电容器改善电压对称性

## 三、异步劈相机的额定参数及结构特点

### (一)异步劈相机的额定参数

由于劈相机实质上是一种其本身只输出一相电流的特殊异步电机，因此对劈相机的额定参数就有必要重新定义。《机车车辆用三相异步电机基本技术条件》对劈相机的额定参数作了明确定义，由于该标准规定这些额定参数都是三相电压对称条件下进行测量和考核的，因此，为了确切反映劈相机供电电压的对称性，引入了“电压和电流不对称度”的概念，所谓电压(或电流)不对称度是指三相电压(或三相电流)中的负序分量与正序分量之比值。标准规

定对劈相机系统的三相不对称度是用三相电流不对称度小于10%来测量和考核额定参数的(表3-2)。

**表3-2 国产劈相机的主要技术数据表**

| 参数 \ 数据 \ 型号 | | YPX2-280M-4 | JP402A | YPX-280M-4 |
| --- | --- | --- | --- | --- |
| 额定功率(kW) | 输入单相 | 38 | 64.8 | 64.8 |
| | 输出三相 | 31.5 | 57 | 57 |
| 额定电压(V) | 输入单相 | 380 | 380 | 380 |
| | 输出三相 | 380 | 380 | 380 |
| 额定电流(A) | 输入单相 | 147 | 200 | 200 |
| | 输出三相 | 57 | 90 | 90 |
| 功率因数 | 输入单相 | 0.645 | 0.8 | 0.8 |
| | 输出三相 | 0.84 | 0.96 | 0.84 |
| 额定转速(r/min) | | 1 499 | 1 499 | 1 499 |
| 极数 | | 4 | 4 | 4 |
| 频率(Hz) | | 50 | 50 | 50 |
| 绝缘等级 | | B | F | F |
| 定额种类 | | 连续 | 连续 | 连续 |
| 质量(kg) | | 550 | 586 | 568 |
| 配属机车 | | $SS_4$ | $SS_4$改 | $SS_8$ |

1. 额定功率

劈相机的额定功率是指在额定单相输入电压而且负载三相电流不对称度小于10%的条件下,劈相机能输出的三相电功率。它不包括电容分相的视在功率。劈相机在这样的负载下能连续工作,温升也不超过绝缘材料规定的限值。

2. 额定电压

劈相机的额定电压是指额定运行时单相输入电压。国产劈相机的额定电压规定为380 V。

3. 额定电流

劈相机的额定电流是指在额定电压、额定负载下相对应的相电流。由于劈相机输出的三相电流中实际上只有W相电流由劈相机提供,因此劈相机额定电流首先是指劈相机在额定电压、额定负载下的三相输出电流,即发电相向负载提供的电流$I_W$。为了清楚地表示出劈相机单相变换的概念,又将单相输入电流作为劈相机的第二个额定电流,单相输入电流为单相电源向劈相机及其负载提供的总电流。

4. 额定功率因数

劈相机的额定功率因数与额定电流对应有输入功率因数和输出功率因数两项。输入功率因数是指单相电源向劈相机及其负载供电的单相功率因数,它等于单相输入的有功功率与无功功率之比。输出功率因数是指劈相机向负载供电的三相功率因数,它可由劈相机的额定功率、额定三相输出电流和额定电压给出。一般情况下劈相机的输入功率因数低于输出功率因数，通常铭牌数据中只给出输入功率因数。

5. 效率

劈相机的效率是指劈相机输出三相额定有功功率与单相输入有功功率之比。劈相机效率比较高，一般在 90%以上。

(二)异步劈相机的结构特点

国产韶山系列电力机车上先后采用过 YPX2-280M-4 型、JP402A 型、YPX-280M-4 型等型号的劈相机，它们都是由相近容量的三相异步电动机改型设计而成。各型劈相机的主要技术数据见表 3-2。上述各型劈相机的结构和一般的鼠笼式三相异步电动机结构相似，下面以 $SS_4$ 改型电力机车所用的 JP402A 型劈相机为例简要介绍其结构特点。

JP402A 型劈相机由定子和转子两部分组成，作为专用劈相机轴上是不带任何机械负载的，故该电机无轴伸端，其结构如图 3-69 所示。

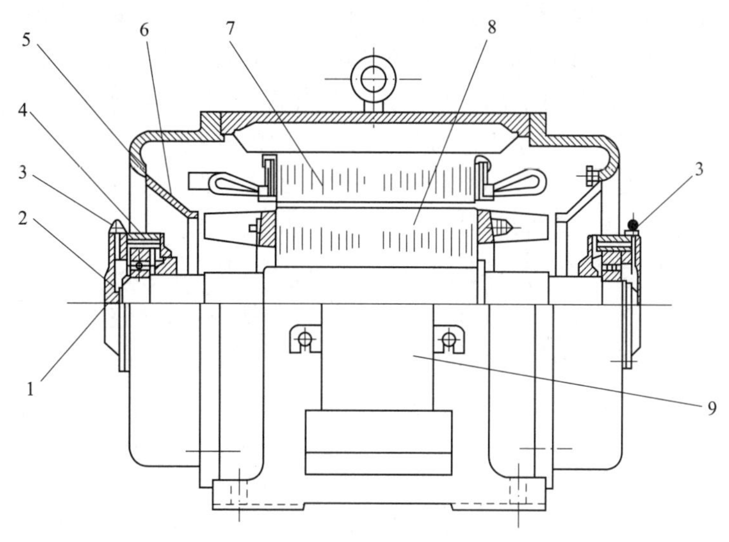


图 3-69　JP402A 型劈相机结构图

1—313Z1 轴承；2—轴承外盖；3—油杯；4—轴承内盖；5—端盖；6—挡风板；7—定子；8—转子；9—接线罩

1. 定子

劈相机的定子由机座、定子铁芯和定子绕组等组成。定子铁芯采用 0.5 mm 厚、双面带有绝缘涂层的 DW470-50 冷轧电工钢片冲片叠压而成，铁芯外径为 $\phi$423 mm，内径为 $\phi$280 mm，铁芯长 310 mm，铁芯内圆均匀冲有 60 个半闭口梨形槽。铁芯采用外压装工艺将定子冲片叠压成型，紧固后压入机座以保证定子内圆和转子外圆同心。定子绕组为双层、短距、叠绕软绕组，导线采用 $\phi$1.45QZ(G)-2/155 改性高强度聚酯漆包线，定子绕组连接起来组成星接不对称三相绕组。

定子采用 F 级绝缘，槽绝缘为 0.35 mm 复合绝缘 DMD 一层，内层辅以 0.05 mm 聚酯薄膜两层；层间绝缘及端部绝缘均为 0.35 mm 一层。考虑到在最高电压下定子电流过大，将造成线圈端部导线受电动力作用向外涨，故每个线圈端部均用涤纶带扎紧，以加强端部机械强度。绕组嵌线完成后，整个定子应浸渍 5152 无溶剂漆或 1032 三聚氰胺醇酸树脂漆两次。

2. 转子

转子是劈相机实现相数变换的主要部件，旋转着的转子对定子负序磁场有很强的阻尼作用，转子绕组中的负序电流频率为电源频率的两倍，趋肤效应很强。根据这一运行特点，劈相机的转子均采用趋肤效应较差的单鼠笼式结构，而且转子槽形的设计应考虑到在转子导条中负序电流渗透的有效高度范围内的槽形面积能尽可能大些，通常采用上宽下窄的倒梨形槽或中字形组合槽，如图 3-70 所示。

JP402A 型劈相机的转子为铸铝鼠笼式结构，它由转子铁芯、单鼠笼绕组及转轴等组成。转子铁芯用 0.5 mm 冷轧电工钢片冲片叠压成斜槽式，转子外径为 $\phi$278 mm，共 50 槽，槽形为倒梨形半闭口槽。鼠笼式转子的导条、端环、风叶和转子铁芯是在专门的铸铝模内用 Al99.5 铝液铸成一体。铸铝转子热套在转轴上，由于劈相机的转轴不需要传递大的电磁转矩，因此对转轴材料的强度要求不高，而对其刚度要求较高，一般用 A5 中碳钢车制而成。

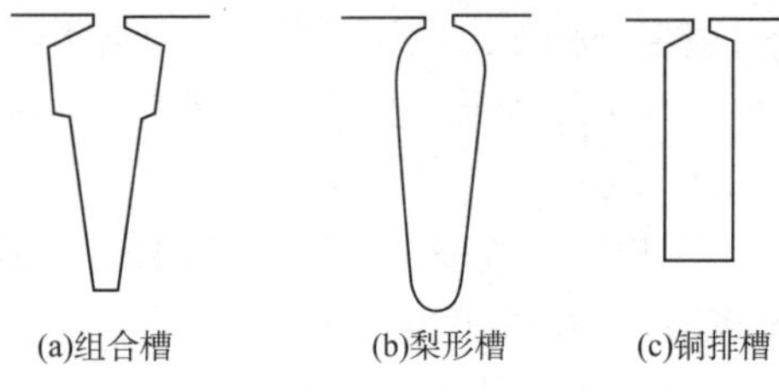

图 3-70　劈相机转子槽形图

劈相机的定子铁芯与转子铁芯之间的气隙约在 1 mm 左右，比一般同尺寸的三相异步电动机要大15%～25%。由灰口铁铸成的端盖既是保证定子、转子同心度使气隙均匀的重要支撑部件，也是电机自通风系统的重要部件。端盖上设有 3 个扇形进风口及装有挡风板的轴承盖，使冷却空气沿一定路径吹拂线圈表面、定子铁芯，再从机座两侧和底面的出风口吹出。端盖中央的轴承孔内装有 313Z1 低噪声单列向心球轴承。轴承外盖上装有 45°M10×1 mm 接头式压注油杯，以便向轴承的储油室注入润滑脂。

## 小　　结

转子转速与定子旋转磁场的转速(即同步转速)不相等，是异步电机运行的基本条件，也是异步电机与同步电机的基本区别。

三相异步电动机由固定的定子和旋转的转子两个基本部分组成。

三相绕组的基本要求是尽可能使合成电势和磁势为正弦波，并保证三相电势对称，同时考虑节省材料和工艺方便。

三相绕组的电势与定子绕组中电流的频率、定子绕组的串联匝数、异步电动机的每极磁通和绕组结构有关；三相绕组的合成磁势为圆形旋转磁势。

转差率 $S$ 是异步电机的一个基本变量，它可以表示异步电机的各种不同运行状态：当 $0<S<1$ 时，三相异步电机作为电动机运行；当 $S<0$ 时，三相异步电机作为发电机运行；当 $S>1$ 时，三相异步电机在制动状态下运行。三相异步电动机的机械特性是指电磁转矩 $M$ 和转速 $n$ 的关系。

三相异步电动机启动要求在尽量小的启动电流下获得足够大的启动转矩；三相异步电动机的调速有变极调速、变电压调速和变频调速 3 种方法。三相异步电动机的制动有反接制动、回馈制动和能耗制动三种形式。

同步发电机在它的定子铁芯中嵌有三相对称绕组 AX、BY、CZ，称为电枢绕组。它的对称条件是：这三组绕组的匝数和导线截面相等；在空间位置上互相距离 120°电角度。

同步发电机工作时在电机的转子上绕有励磁绕组，借以通入直流励磁电流产生磁场。当原动机拖动转子旋转时，则定子绕组与转子磁场之间出现相对运动，根据电磁感应原理，在定子绕组中将产生感应电势。接通三相对称负载，输出三相交流电。

同步发电机电枢磁场的磁通应与电枢电流成正比。故电枢反应与电枢电流的大小有关。

除此之外,电枢反应还与负载的性质有关。负载性质不同,空载电势和电流的相位差也不相同,因此使电枢磁场和转子磁场的相对位置不同。

同步牵引发电机的特性是指:发电机在对称负载及恒定转速运行情况下,各个量之间的变化关系。主要有空载特性、短路特性、负载特性、外特性和调节特性。

牵引发电机的理想外特性是:保持柴油机功率恒定不变的要求就成为牵引发电机直流侧电流和电压的乘积($U_F \cdot I_F$)保持不变,即牵引发电机在电压、电流变化时仍应保持其输出功率不变。

同步牵引发电机的结构由定子和转子两部分组成。

感应子励磁发电机是一种交流发电机,其结构特点是励磁绕组和电枢绕组都装在定子上,转子上没有绕组,不需要换向器、电刷和滑环,因此没有滑动接触部件。这种电机结构简单,制造成本低,而且工作可靠、维护工作很小。

异步劈相机是一种结构特殊、用途特殊的三相异步电机,在单相电网供电条件下,当劈相机接上三相负载后,其中两相负载直接由单相电源供电,劈相机本身利用发电相绕组的发电作用向三相负载输出第三相电流,从而实现了将单相电源变换成三相电源,这种向负载提供第三相电流的功能称劈相。因此,劈相机本质上是一台本身只输出一相电流的异步电机。劈相机运行必须解决的核心问题有两个:一是启动问题;二是劈相机负载后如何保持三相输出电压的对称性问题。

异步劈相机的启动通常采用电阻分相启动的方法,为了保证劈相机可靠启动和避免在启动过程中产生有害的电磁振动,必须正确选择启动电阻阻值,并利用启动继电器控制好切除启动电阻的时刻。

造成劈相机负载后三相输出电压不对称的原因是:定子三相电流的不对称和定子绕组中负序电势的存在。为改善劈相机负载后三相输出电压的对称性,专用劈相机的定子绕组均采用三相不对称绕组,并在负载侧的 U 相和 W 相端并联电容。

异步劈相机的结构与三相鼠笼式异步电动机相似,其主要结构特点是:(1)定子三相绕组的匝数不等,通常 $W_W > W_U > W_V$;(2)转子均采用趋肤效应较差的单鼠笼式结构,其槽形通常为上宽下窄的倒梨槽或中字形组合槽;(3)专用劈相机无轴伸端。

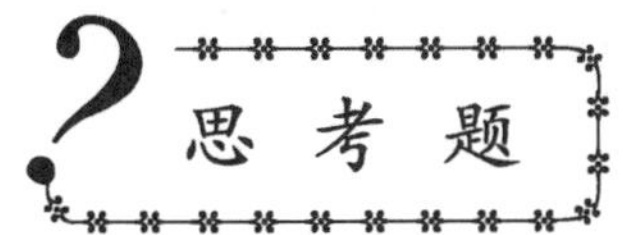


1. 在电力牵引传动中采用三相交流牵引电动机的主要优点是什么?
2. 按照转子型式,三相异步电动机可分为哪两大类?
3. 三相异步电动机主要由哪些部件组成? 各部件的作用是什么?
4. 异步电动机的转速为什么小于旋转磁场的转速(同步转速 $n_1$)?
5. 电角度的意义是什么? 它与机械角度有怎样的关系?
6. 简述异步电动机的工作原理。
7. 异步电动机转子的旋转方向是由什么决定的? 如何改变异步电动机的转向?
8. 异步电动机"异步"的含义?
9. 何谓旋转磁场? 旋转磁场的转速和方向由谁决定?

10. 三相异步电动机的转子绕组并没有外接电源，而是自成闭路，那么转子电流是如何产生的？电磁转矩是怎样产生的？

11. 简述同步牵引发电机的工作原理。

12. 同步牵引发电机的“同步”是什么含义？

13. 简述同步牵引发电机由哪几部分组成？各有何作用？

14. 同步牵引发电机的特性有哪些？

15. 什么是同步牵引发电机的理想外特性？它由哪几部分组成？

16. 感应子励磁发电机在结构上有什么特点？

17. 画出异步劈相机的工作原理图，并说明异步劈相机的用途和工作原理。

18. 异步劈相机的启动方法有哪两种？有什么优缺点？

19. 异步劈相机的结构包括哪几部分？各部分的主要结构特点是什么？

20. 画出异步电动机特性曲线，并说明其特点。

# 第四章　变　压　器

在工农业生产及社会生活的各个方面，存在着千差万别的用电设备，不同的用电设备常常需要接在各种不同等级电压的电源上。例如，家用电器一般接在电压为 220 V 的电源上；三相异步电动机一般接在电压为 380 V 的电源上；我国电力机车接在电压为 25 kV 的接触网上。为了供电、输电、配电的需要，就必须使用一种电气设备把发电厂内交流发电机发出的交流电压变换成不同等级的电压。这种电气设备就是变压器。变压器是在法拉第电磁感应原理的基础上设计制造的一种静止的电气设备，它可以将输入的一种等级电压的交流电能变换成同频率的另一种等级电压的交流电能输出。

本章主要介绍变压器基本结构和工作原理；并简要介绍自耦变压器和互感器的原理和作用。

## 第一节　变压器的基本结构、分类及铭牌

变压器的基本结构部件是铁芯和绕组，由它们组成变压器的器身。为了改善散热条件，大、中容量变压器的器身浸入盛满变压器油的封闭油箱中，各绕组与外电路的连接则经绝缘套管引出。为了使变压器安全可靠地运行，还设有储油柜、气体继电器和安全气道等附件，如图 4-1 所示。

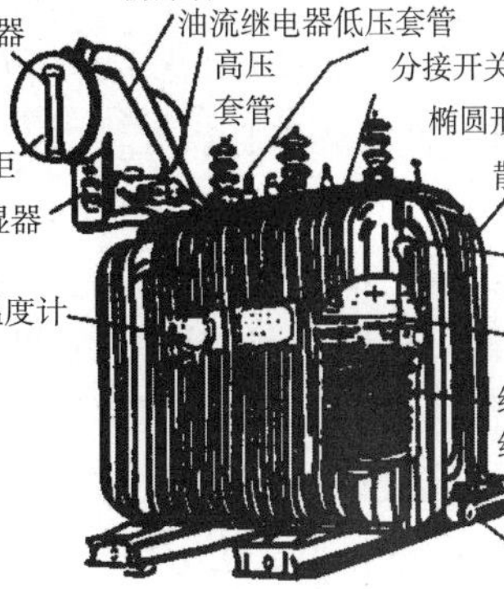

图 4-1　电力变压器外形

### 一、变压器的基本结构

变压器由铁芯、绕组、油箱及附件等三大部分组成。下面以油浸式电力变压器为例来分别介绍。

1. 铁芯

铁芯既作为变压器的磁路；又作为变压器的机械骨架。

为了提高导磁性能、减少交变磁通在铁芯中引起的损耗，变压器的铁芯都采用厚度为 0.35～0.5 mm 的电工钢片叠装而成。电工钢片的两面涂有绝缘层，起绝缘作用。大容量变压器多采用高磁导率、低损耗的冷轧电工钢片。电力变压器的铁芯一般都采用芯式结构，其铁芯可分为铁芯柱（有绕组的部分）和铁轭（连接两个铁芯柱的部分）两部分。绕组套装在铁芯柱上，铁轭使铁芯柱之间的磁路闭合，如图 4-2 所示。

在铁芯柱与铁轭组合成整个铁芯时，多采用交叠式装配，使各层的接缝不在同一地点，这样能减少励磁电流，但缺点是装配复杂，费工费时。在一般变压器中，铁芯柱截面采用内接圆的阶梯形。只有当变压器容量很小时才采用方形。

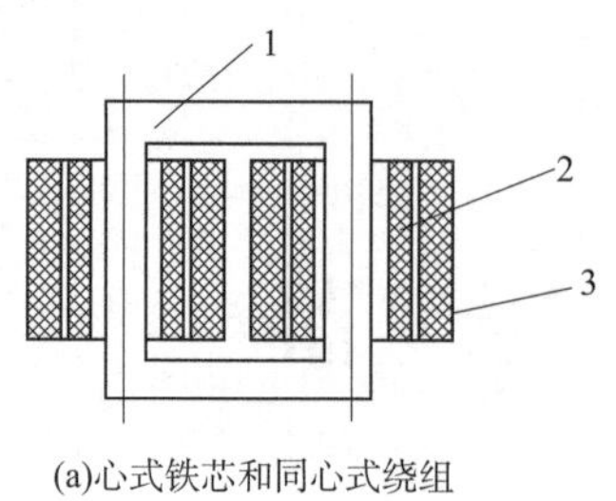

(a)心式铁芯和同心式绕组

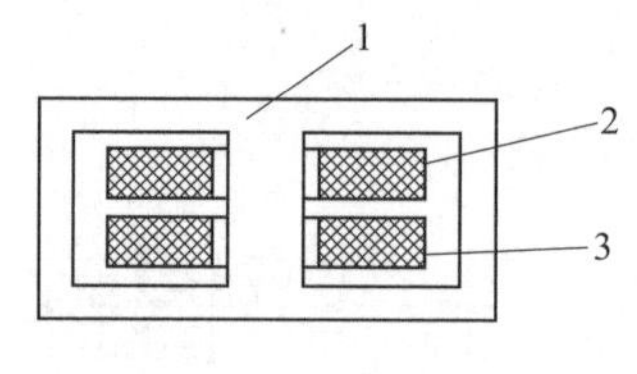

(b)壳式铁芯和交叠式绕组

图 4-2　变压器的铁芯与绕组型式

1—铁芯；2—低压绕组；3—高压绕组

交流磁通在铁芯中会引起涡流损耗和磁滞损耗，使铁芯发热。在大容量变压器的铁芯中往往设置油道。铁芯浸在变压器油中，当油从油道中流过时，可将铁芯中的热量带走。

2. 绕组

绕组是变压器的电路部分，用来传输电能，一般分为高压绕组和低压绕组。接在较高电压上的绕组称为高压绕组；接在较低电压上的绕组称为低压绕组。从能量的变换传递来说，接在电源上，从电源吸收电能的绕组称为原边绕组（又称为一次绕组或初级绕组）；与负载连接，给负载输送电能的绕组称副边绕组（又称为二次绕组或次级绕组）。

绕组一般是用绝缘的铜线绕制而成。高压绕组的匝数多、导线横截面小；低压绕组的匝数少、导线横截面大。为了保证变压器能够安全可靠的运行以及有足够的使用寿命，对绕组的电气性能、耐热性能和机械强度都有一定的要求。

绕组是按照一定规律连接起来的若干个线圈的组合。根据高压绕组和低压绕组相互位置的不同，绕组结构形式可分为同心式和交叠式两种。

同心式绕组是将高压绕组和低压绕组同心地套装在铁芯柱上，如图 4-2(a)所示。为了绝缘方便，低压绕组紧靠着铁芯，高压绕组则套装在低压绕组的外面，两个绕组之间留有油道。油道一是作为绕组间的绝缘间隙；二是作为散热通道，使油从油道中流过冷却绕组。在单相变压器中，高、低压绕组均分为两部分，分别套装在两铁芯柱上，这两部分可以串联或并联；在三相变压器中属于同一相的高、低压绕组全部套装在同一铁芯柱上。同心式绕组的结构简单、制造方便，心式变压器一般都采用这种结构。

叠式绕组是将高压绕组和低压绕组分成若干线饼，沿着铁芯柱交替排列而构成，如图 4-2(b)所示。为了便于绝缘和散热，高压绕组与低压绕组之间留有油道并且在最上层和最下层靠近铁轭处安放低压绕组。交叠式绕组的机械强度高，引线方便，壳式变压器一般采用这种结构。

3. 油箱及附件

油箱就是油浸式变压器的外壳。变压器在运行中绕组和铁芯会产生热量，为了迅速将热量散发到周围空气中去，可采用增加散热面积的方法。变压器油箱的结构形式主要有平板式、管式等。对容量较大的变压器，采用在油箱壁的外侧装有散热管的管式油箱来增加散热面积，当油受热膨胀时，箱内的热油上升到油箱的上部，经散热管冷却后的油下降到油箱的底部，形成自然循环，把热量散发到周围空气中。对大容量变压器，还可用强迫冷却的方法，如用风扇吹冷变压器等以提高散热效果。

高、低压绕组套装在铁芯上总称为器身，器身放在油箱中，油箱中充以变压器油。充油的目的是:(1)提高绕组的绝缘强度。因为油的绝缘性能比空气好。(2)便于散热。因为通过油受热后的对流作用,可以将绕组及铁芯的热量带到油箱壁,再由油箱壁散发到空气中去。对变压器油的要求是:介质强度高、着火点高、黏度小、水分和杂质含量尽可能少。

变压器油受热后要膨胀,因此油箱不能密封。为了减小油与空气的接触面积,变压器安装有储油柜。储油柜固定在油箱顶上并用管子与油箱直接连通,储油柜的上部有加油栓,可以向变压器内补油,油箱的下部有放油活门,可以排放变压器油。储油柜使油箱内部与外界空气隔绝,减少了油氧化及吸收水分的面积。储油柜内的油面高度被控制在一定范围内,当油受热膨胀时,一部分油被挤入储油柜中使油面升高,而油遇冷收缩时,这部分油再流回油箱使油面降低。储油柜的大小应能满足变压器在各种可能的运行温度下,油面的升降总是能保持在储油柜的范围内。储油柜的一侧有油位计,可查看油面高度的变化。另外,储油柜上还装有吸湿器,它是一种空气过滤装置,外部空气经过吸湿器干燥后才能进入储油柜,从而使油箱中的油不易变质损坏。

在油箱与储油柜之间还装有气体继电器。当变压器发生故障时,油箱内部会产生气体,气体继电器动作而发出故障信号以提示工作人员及时处理或使相应的开关自动跳闸,切除变压器的电源。

大容量变压器的油箱盖上还装有安全气道,它是一个长的钢筒,下面与油箱相通,上端装有防爆膜。当变压器内部发生严重故障产生大量气体时,油箱内部压力迅速升高而冲破安全气道上的防爆膜,喷出气体,消除压力,以免产生重大事故。

变压器绕组的接线端子由绝缘套管从油箱内引到油箱外。绝缘套管由外部的瓷套和中心的导电杆组成,它穿过变压器上部的油箱壁,其导电杆在油箱内部的一端与绕组的出线端子连接,在外部的一端与外电路连接。绝缘套管的结构因电压的高低而不同,引出的电压越高,套管的结构越复杂。当电压不高时,可采用简单的瓷制实心式套管。电压很高时,要采用高压瓷套管,高压瓷套管在套管和导电杆之间充油,在外部做成多级伞形,电压越高,级数越多。

## 二、变压器的分类

由于变压器的应用范围十分广泛,因此它的种类很多,主要有以下几种。

1. 按用途分类

(1)电力变压器

用来传输和分配电能,是所有变压器中用途最广、生产量最大的一种变压器,通过如图 4-3 所示的一个简单电力系统的示意图,可加深对电力变压器所处重要地位的认识。

远距离输送一定的电功率,电压越低则电流越大,消耗在输电线路上的电阻损耗越大;若要减小输电线电阻以输送大电流,就要用大截面的输电线而消耗较多的导体材料。所以,为了减小输电线路上的电阻损耗和节约导体材料,目前电力系统的输电线路都采用高压输电。由于受到绝缘水平的限制,发电厂的同步发电机一般输出的额定电压为 10.5 kV(发电机额定电压越高对发电机各部分的绝缘要求就越高),而一般高压输电线路的额定电压为 110 kV、220 kV、330 kV、500 kV,这就需要用升压变压器将电压升高后再送入输电线路;当电能经过高压输电线路传输到用电区后,必须用降压变压器把输电线路上的高电压降下来,才能供给我们一般情况下所使用的动力用电和照明用电。如图 4-3 所示，电力系统中存在许多变压器，通过这些变压器的作用产生了不同等级的电压从而能够满足不同的需要。

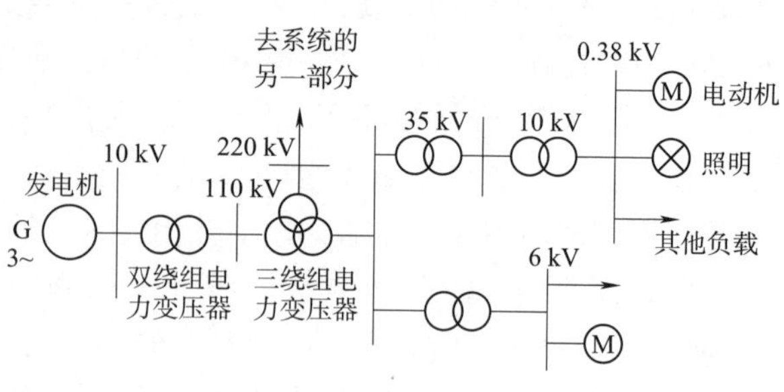

图 4-3　简单的电力系统

(2)仪用变压器

包括电流互感器和电压互感器，在测量系统中使用。它们能够把大电流变换成小电流，或把高电压变换成低电压，从而隔离大电流或高电压以便于安全地进行测量工作。

(3)自耦变压器

容量较大的异步电动机降压启动时常用自耦变压器实现降压。在实验室中，经常要使用自耦变压器，可以很方便地调节输出电压。

(4)专用变压器

如电解用的整流变压器，焊接用的电焊变压器以及供无线电通信用的特殊变压器等。

2. 按相数分类

按相数分主要有两类：一是单相变压器，用于单相交流电系统；二是三相变压器，用于三相交流电系统。

3. 按结构分类

按结构分类主要有芯式变压器和壳式变压器两类，如图 4-2 所示。

芯式变压器：其结构特点是绕组包围铁芯，电力变压器都采用芯式结构。

壳式变压器：其结构特点是铁芯包围绕组，电子设备中的小变压器一般采用这种结构。该结构的变压器机械强度高，铁芯散热比较容易。

此外还有其他分类方法。例如，按照绕组数目来区分，则有双绕组变压器、三绕组变压器等；按冷却方式来区分，则有干式变压器和油浸式变压器，油浸式变压器还可进一步分为油浸自冷、油浸风冷、油浸水冷、强迫油循环风冷或水冷等型式。

虽然变压器的种类很多，但各种变压器运行时的基本物理过程及分析变压器运行性能的基本方法，大体上都是一样的。

## 三、变压器的铭牌和额定值

每台变压器都有一块铭牌，上面标注着变压器的型号和额定值等。铭牌用不受气候影响的材料制成，并安装在变压器外壳上的明显位置。在使用变压器之前必须先查看铭牌。通过查看铭牌，对变压器的额定值等有了充分了解后，才能正确使用变压器。如图 4-4 所示为一台变压器铭牌的示意图。

额定值是制造工厂对变压器正常工作时所作的使用规定。在设计变压器时，根据所选用的导体截面、铁芯尺寸、绝缘材料以及冷却方式等条件来确定变压器正常运行时的有关数值，例如，它能流过多大电流及能承受多高的电压等等。这些在正常运行时所承担的电流和电压等数值，被规定为额定值。各个量都处在额定值时的状态被称为额定运行。额定运行可以使变压器安全、经济地工作并保证一定的使用寿命。变压器的额定值主要如下。

**电力变压器**

产品型号　　S7-500/10　　标准代号××××

额定容量　　500 kV・A　　产品代号×××

额定电压　　10 kV　　出厂序号×××

额定频率　　50 Hz 3 相

连接组标号　　Y，yn0

阻抗电压　　4%

冷却方式　　油冷

使用条件　　户外

| 开关位置 | 高压 | | 低压 | |
|---|---|---|---|---|
| | 电压(V) | 电流(A) | 电压(V) | 电流(A) |
| Ⅰ | 10 500 | 27.5 | | |
| Ⅱ | 10 000 | 28.9 | 400 | 721.7 |
| Ⅲ | 9 500 | 30.4 | | |

××变压器厂　　××年××月

图 4-4　变压器的铭牌

1. 额定电压

在额定运行时规定加在原边绕组的端电压，称为原边绕组额定电压，以 $U_{1e}$ 表示；当变压器空载时，原边绕组加以额定电压后，在副边绕组上测量到的电压，称为副边绕组额定电压，以 $U_{2e}$ 表示。因此副边绕组的额定电压是指它的空载电压。在三相变压器中，额定电压都是指线电压。电压的单位是 V 或 kV。

2. 额定电流

在额定运行时，原边绕组、副边绕组所能承担的电流，分别称为原边绕组、副边绕组的额定电流，并分别用 $I_{1e}$ 和 $I_{2e}$ 表示。在三相变压器中，额定电流都是指线电流。电流的单位是 A。

3. 额定容量

原边绕组或副边绕组额定电流与额定电压的乘积，称为额定容量，以 $S_e$ 表示，它是在铭牌上所标注的额定运行状态下，变压器输出的视在功率。它的单位以 kV・A 表示。对于三相变压器来说，额定容量是指三相的总容量，即：

单相变压器：$S_e = I_{1e}U_{1e} = I_{2e}U_{2e}$ （4-1）

三相变压器：$S_e = \sqrt{3}I_{1e}U_{1e} = \sqrt{3}I_{2e}U_{2e}$ （4-2）

4. 额定频率

额定频率用 $f_e$ 表示。在我国，交流电的额定频率为 $f_e=50$ Hz。

5. 阻抗电压

阻抗电压又称为短路电压。它表示在额定电流时变压器短路阻抗压降的大小。通常用它与额定电压 $U_{1e}$ 的百分比来表示。

此外，额定值还包括额定状态下变压器的效率、温升等数据。在铭牌上除额定值外，还标注着变压器的制造厂名、出厂序号、制造年月、标准代号、相数、连接组标号、接线图、冷却方式等。为便于运输，有时还标注变压器的质量和外形尺寸等数据。

# 第二节　变压器的工作原理及运行分析

## 一、变压器的工作原理

变压器的工作原理示意图如图 4-5 所示。在绕组 $N_1$ 上外施交流电压 $\dot{U}_1$ 便有交流电流 $\dot{I}_1$ 流入，因而在铁芯中激励出交变磁通 $\dot{\Phi}$。根据电磁感应定律可知，磁通 $\dot{\Phi}$ 的交变会在绕组 $N_2$ 中感应出电势 $\dot{E}_2$，此时若绕组 $N_2$ 接上负载，就会有电能输出。由于绕组的感应电势正比于它的匝数，因此只要改变绕组 $N_2$ 的匝数，就能改变感应电势 $\dot{E}_2$ 的大小，这就是变压器的工作原理。

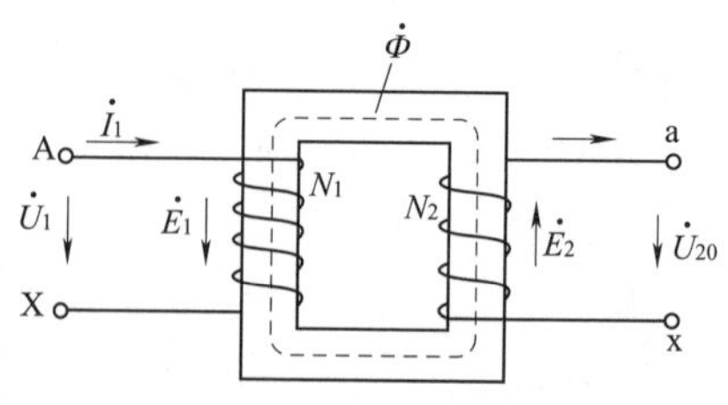


图 4-5　变压器的工作原理

绕组 $N_1$ 从电源吸收电能，称为原边绕组，有关原边所有交流电绕组的各量均以下标“1”来表示，例如原边绕组的功率、电流、电阻分别为 $P_1$、$I_1$、$R_1$；绕组 $N_2$ 向负载输出电能，称为副边绕组，有关副边绕组的各量均以下标“2”来表示，如副边绕组的功率、电流、电阻分别为 $P_2$、$I_2$、$R_2$。若原边绕组为高压绕组，副边绕组为低压绕组则该变压器就是降压变压器；若原边绕组为低压绕组，副边绕组为高压绕组则该变压器就是升压变压器。

## 二、变压器的空载运行

空载运行是指变压器的原边绕组接在电源上，副边绕组不带负载(开路，$I_2=0$)时的状态。为了便于理解变压器的电磁关系，以下按照由简到繁的顺序先从理想变压器的空载运行开始分析。所谓理想变压器是指绕组没有电阻，铁芯中没有损耗，磁路不饱和且没有漏磁通的变压器。

变压器是接在交流电源上工作的，其中的电压、电流、电势及磁通的大小和方向都随时间而变化，要研究这些量之间的关系及计算它们的数值，必须首先规定出它们的正方向。正方向的规定是人为的，习惯上将变压器中各电磁量的正方向按图 4-5 所示做如下规定：

(1)电位降用电压 $\dot{U}$ 表示；电位升用电势 $\dot{E}$ 表示；

(2)原边绕组电压 $\dot{U}_1$ 的正方向是从原边绕组的首端 A 指向末端 X；

(3)原边绕组电流 $\dot{I}_1$ 的正方向是从原边绕组的首端 A 指向末端 X，即原边绕组电压的正方向和电流的正方向一致；

(4)磁通 $\dot{\Phi}_1$ 的正方向与电流 $\dot{I}_1$ 的正方向之间符合右手螺旋定则；

(5)原边绕组感应电势 $\dot{E}_1$ 的正方向和副边绕组感应电势 $\dot{E}_2$ 的正方向与产生它们的磁通由的正方向之间亦符合右手螺旋定则。

1. 理想变压器空载时的电压方程

理想变压器空载运行示意图如图 4-5 所示。空载时原边绕组上接电源电压 $\dot{U}_1$(正弦交流电)，原边绕组中流过的电流 $\dot{I}_1$ 用 $\dot{I}_0$ 表示，$\dot{I}_0$ 被称为空载电流。空载电流 $\dot{I}_0$ 产生空载磁势 $\dot{I}_0N_1$ 加在变压器的铁芯磁路上。由于铁芯中的磁场就是由 $\dot{I}_0N_1$ 建立的，所以又称空载磁势，$\dot{I}_0N_1$ 为励磁磁势，空载电流 $\dot{I}_0$ 又被称为励磁电流。励磁磁势 $\dot{I}_0N_1$ 在铁芯中激励起按正弦变

化的磁通 $\dot{\Phi}$，该磁通同时与原边、副边绕组交链，通过铁芯回路闭合，称为主磁通，其幅值用 $\Phi_m$ 表示，它在原边和副边绕组中产生感应电势 $\dot{E}_1$ 和 $\dot{E}_2$。

根据电磁感应定律，可推导出原边、副边绕组感应电势的有效值为：

$$E_1 = 4.44 f N_1 \Phi_m \tag{4-3}$$

$$E_2 = 4.44 f N_2 \Phi_m \tag{4-4}$$

式中 $E_1$、$E_2$——原、副边绕组感应电势的有效值(V)；

$N_1$、$N_2$——原、副边绕组的匝数；

$\Phi_m$——主磁通的幅值(Wb)；

$f$——正弦交流电的频率(Hz)。

上式表明了感应电势与主磁通的关系。而主磁通与励磁电流的关系由磁化曲线相联系。因而感应电势与励磁电流之间必然存在着一定的关系。通过进一步的分析可知，理想变压器原边绕组感应电势 $\dot{E}_1$ 与励磁电流 $\dot{I}_0$ 之间的关系可以用一个电抗来表达，即：

$$\dot{E} = -j\dot{I}_0 X_m \tag{4-5}$$

式中的 $X_m$ 称为变压器的励磁电抗，它是表示铁芯磁化性能的一个参数，$X_m$ 与铁芯绕组的电感 $L_m$ 相对应，因而它与原边绕组匝数 $N_1$ 的平方和铁芯磁路的磁导 $\mu_m$ 成正比，即：

$$X_m = \omega L_m = 2\pi f N_1^2 \mu_m \tag{4-6}$$

根据正方向的规定和基尔霍夫定律可知，电势 $\dot{E}_1$ 应与电压 $\dot{U}_1$ 平衡，即理想变压器空载时原边绕组电压方程为：

$$\dot{U}_1 = -\dot{E}_1 \tag{4-7}$$

上式表明，在理想变压器中，外加的电源电压 $\dot{U}_1$ 和原边绕组中的感应电势 $\dot{E}_1$ 在数值上是相等的，而在相位上相差 180°。因此可以得到：

$$U_1 = E_1 = 4.44 f N_1 \Phi_m \tag{4-8}$$

上式表明，一定幅值的外加电压 $U_1$，产生一定幅值的交变磁通 $\Phi_m$，以建立与电压平衡的感应电势。即在频率 $f$ 和匝数 $N_1$ 不变的条件下，电压 $U_1$ 正比于磁通 $\Phi_m$；或者说，若外加电压 $U_1$ 不变，则磁通 $\Phi_m$ 也不变。变压器运行时铁芯中的磁通 $\Phi_m$ 基本上不变，这是分析变压器运行情况的一个基本概念。

根据正方向的规定和基尔霍夫定律可知，副边绕组输出的空载电压 $\dot{U}_{20}$ 就等于副边绕组感应电势 $\dot{E}_2$，即变压器空载时副边绕组电压方程为：

$$\dot{U}_{20} = \dot{E}_2 \tag{4-9}$$

2. 变压器的变压比

变压器的变压比用 $K$ 表示，它定义为原边绕组电势 $E_1$ 与副边绕组电势 $E_2$ 之比，即：

$$K = \frac{E_1}{E_2} \tag{4-10}$$

根据 $E_1 = 4.44 f N_1 \Phi_m$，$E_2 = 4.44 f N_2 \Phi_m$，$\dot{U}_1 = -\dot{E}_1$，$\dot{U}_{20} = \dot{E}_2$ 及变压器额定电压的定义可得：

$$K = \frac{E_1}{E_2} = \frac{N_1}{N_2} = \frac{U_1}{U_{20}} = \frac{U_{1N}}{U_{2N}} \tag{4-11}$$

上式表明，变压器的变压比等于原边、副边绕组的匝数之比，等于原边绕组电压与副边绕组空载电压之比，也等于原边绕组额定电压与副边绕组额定电压之比。在实际的变压器中，$K=\frac{U_{1N}}{U_{2N}}$ 只是近似的。变压比 $K$ 是变压器的一个重要参数。

3. 实际变压器空载时的电压方程

实际变压器空载运行时有铁磁损耗和磁路饱和的问题，则原边绕组感应电势 $\dot{E}_1$ 与励磁电流之间 $\dot{I}_0$ 的关系应该用一个阻抗来表达，即：

$$\dot{E}_1=-\dot{I}_0 Z_m \tag{4-12}$$

式中的 $Z_m$ 称为变压器的励磁阻抗，它是表示变压器铁芯磁化性能和铁耗的一个综合参数，其表达式为：

$$Z_m=R_m+jX_m \tag{4-13}$$

式中的 $R_m$ 称为变压器的励磁电阻，它是表示铁磁损耗的一个等值参数。由于变压器铁芯的磁化曲线是非线性的，磁导随铁芯饱和程度的提高而降低，励磁电抗 $X_m$ 将随饱和程度的提高而减小。因而，严格地讲，励磁阻抗 $Z_m$ 不是一个常值。但是，一般情况下由于变压器的电源电压变化不大，可以近似认为励磁阻抗 $Z_m$ 是一个常值。

实际上的变压器空载运行时，空载电流 $\dot{I}_0$ 激励的磁通分为两部分：一部分为主磁通，它同时与原边、副边绕组交链并产生感应电势 $\dot{E}_1$ 和 $\dot{E}_2$；另一部分通过原边绕组周围的空间形成闭路，只与原边绕组交链而不与副边绕组交链，称为原边绕组漏磁通，用 $\dot{\Phi}_{S1}$ 表示，它在原边绕组中产生的感应电势称为漏电抗电势，用 $\dot{E}_{1\sigma}$表示，相应的漏电抗用 $X_{1\sigma}$表示，则：

$$\dot{E}_{1\sigma}=-j\dot{I}_0 X_{1\sigma} \tag{4-14}$$

由于漏磁通经过空气闭路，磁路不会饱和，使得漏磁通保持与 $\dot{I}_0$ 成正比，所以 $X_{1\sigma}$是一个常数。由于漏磁通经过的路径磁阻很大，因此相应的漏电抗和漏电抗电势是很小的。

由于及 $R_1$、$X_{1\sigma}$均很小，$Z_{1\sigma}$也是很小的，很小的空载电流在漏阻抗上产生的压降当然也是很小的。所以实际变压器空载运行时可以认为：

$$U_1\approx E_1=4.44fN_1\Phi_m \tag{4-15}$$

上式再次表明，变压器运行时铁芯中的磁通 $\Phi_m$ 基本上不变。

## 三、变压器的负载运行

负载运行就是指变压器的原边绕组接在电源上，副边绕组接上负载后输出电流的状态。

变压器负载运行示意图如图 4-6 所示。

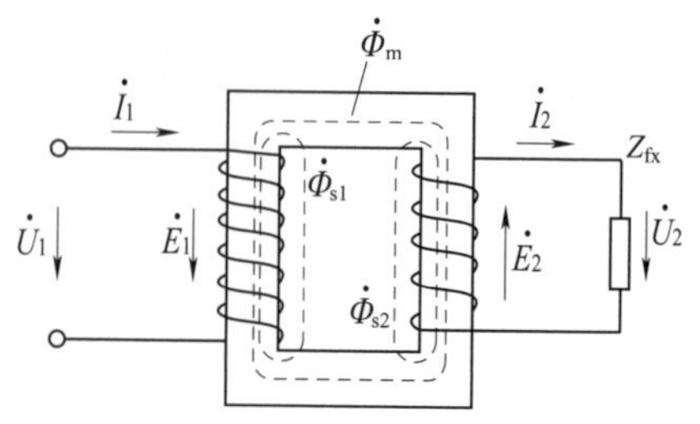

图 4-6　变压器的负载运行

变压器空载运行时，原边绕组流过空载电流 $\dot{I}_0$，铁芯磁路只有励磁磁势 $\dot{I}_0 N_1$，它产生的主磁通 $\Phi_m$ 分别在原边、副边绕组中感应出电势 $\dot{E}_1$ 和 $\dot{E}_2$。当副边绕组接上负载后，在 $\dot{E}_2$ 作用下，副边绕组流过负载电流 $\dot{I}_2$，并产生相应的磁势 $\dot{I}_2 N_2$ 也加在铁芯磁路上，根据楞次定律，该磁势将使铁芯中的主磁通 $\Phi_m$ 趋于改变，因而 $\dot{E}_1$ 也将趋于改变，从而打破了原有的平衡，使原边绕组电流发生变化。设电流由 $\dot{I}_0$ 变为 $\dot{I}_1$，则变压器负载运行时原边绕组电压方程为：

$$\dot{U}_1=-\dot{E}_1+\dot{I}_1 Z_{1\sigma} \tag{4-16}$$

由于 $\dot{I}_1 Z_{1\sigma}$在数值上比 $\dot{E}_1$ 小很多，将 $\dot{I}_1 Z_{1\sigma}$忽略不计。当 $\dot{U}_1$ 不变时，$\dot{E}_1$ 近似不变，与 $\dot{E}_1$ 对应的磁通 $\Phi_m$ 也近似不变，因而变压器空载时和负载时产生该磁通 $\Phi_m$ 的磁势也应该不变，即空载时的励磁磁势与负载时的合成磁势应该相等，由此，可以得出变压器的磁势平衡方程为：

$$\dot{I}_0 N_1=\dot{I}_1 N_1+\dot{I}_2 N_2 \tag{4-17}$$

上式表明，变压器负载时原边绕组电流产生的磁势与副边绕组电流产生的磁势的合成值等于励磁电流产生的磁势。在上式中用 $N_1$ 除各项后可得：

$$\dot{I}_1=\dot{I}_0+\dot{I}_1{}' \tag{4-18}$$

式(4-18)中 $\dot{I}_1{}'=-(N_1/N_2)\dot{I}_2$ 表示原边绕组电流的负载分量。

式(4-18)表明，原边绕组电流 $\dot{I}_1$ 由两部分组成：其中 $\dot{I}_0$ 用来产生磁通 $\Phi_m$，称它为励磁分量；$\dot{I}_1{}'$用以抵消副边绕组电流 $\dot{I}_2$ 产生的去磁作用，称它为负载分量。当变压器的负载电流 $\dot{I}_2$ 变化时，原边绕组电流 $\dot{I}_1$ 会相应变化，以抵消副边绕组电流的影响，使铁芯中的磁通基本上不变。正是磁通近似不变的这种效果，使得变压器可以通过磁的联系，把输入到原边绕组的电功率传递到副边绕组电路中去。这个概念是相当重要的。从功率平衡的角度来讲，也应该是这样：副边绕组输出了功率，原边绕组就应该相应输入功率。

当变压器在额定负载下运行时，励磁电流 $\dot{I}_0$ 相对于额定电流来说是很小的，故将上式中的 $\dot{I}_0$ 忽略后可得：

$$\dot{I}_1\approx-(N_1/N_2)\dot{I}_2=-(1/K)\dot{I}_2 \tag{4-19}$$

上式表明，变压器的原边绕组电流 $\dot{I}_1$ 与副边绕组电流 $\dot{I}_2$ 在相位上几乎相差 180°，而有效值的大小是 $\dot{I}_2$ 为 $\dot{I}_1$ 的 $K$ 倍。

## 第三节 主变压器

主变压器(又称为牵引变压器)，是电力机车中的重要电器设备，用来将接触网上取得的单相工频交流 25 kV 高压电降为机车各电路所需的电压。主变压器的工作原理与普通单相降压电力变压器基本相同，但由于其工作条件特殊，特别是为了满足机车调压、整流电路的特殊要求，故在主变压器的设计及结构形式上均有自身的特点。

### 一、主变压器的特点

主变压器与电力机车其他部件相比较，其特点大致可归纳为以下几方面。

(1)绕组多

为满足机车调压及辅助设备用电的需要，主变压器除网侧高压绕组外，二次侧低压绕组有：牵引绕组、辅助绕组、励磁绕组及采暖绕组等多个绕组，有的绕组还有多个抽头。为保证各绕组之间耦合程度适当，有些绕组还需交叉布置，这就给绕组的绕制和装配带来一定的难度。

(2)电压波动范围大

我国干线电气化铁道接触网的额定电压为($25^{+4}_{-6}$) kV,即允许电网电压在 19～29 kV 范围内波动,这就要求主变压器的铁芯和绕组绝缘结构设计应留有足够的裕量,磁路的磁通密度不能过高,以满足高网压下正常工作的要求。

(3)负载变化大

随着机车运行条件的变化,主变压器的负载变化范围很大,这就要求主变压器应能承受较大的负载变化,并具有一定的过载能力,以保证机车可靠运行。

(4)耐振动

机车运行中产生的冲击和振动将不可避免地传给主变压器,这就要求主变压器各部件应具有足够的机械强度,所有连接紧固件应有防松装置。

(5)对阻抗电压要求高

因主变压器二次侧绕组有较高的短路故障几率,故绕组抽头间的阻抗电压不能太小,以满足机车对调压整流电路和短路保护的要求。

(6)质量轻、体积小、用铜多

为满足机车总体布置及减轻自重的需要,主变压器与同容量的电力变压器相比,应具有较轻的质量和较小的体积。这就要求主变压器在设计上采用铜导线、高导磁率的冷轧电工钢片,强迫油循环冷却;工艺上采用真空干燥、真空注油等措施,来减轻质量和缩小体积。由于变压器绕组多、容量大,故用铜量特别多。通常,一般电力变压器的铜重与铁重之比为 1∶4 左右;而主变压器一般为 1∶2,有的甚至达到 1∶1。用铜量多不但使主变压器造价高,而且还使冷却困难,冷却器庞大,这不利于变压器的轻量化。

## 二、主变压器的型号

国产韶山系列电力机车上使用 TBQ 系列主变压器,其型号意义为:T——铁路机车用;B——变压器;Q——牵引;数字为设计序号;“—”后为容量(kV·A)/电压等级(kV)。

## 三、主变压器的技术参数

### (一)$SS_3$ 型电力机车的主变压器

$SS_3$ 型电力机车的主变压器是单相降压变压器,其型号为 TBQ3-7000/25 型主变压器。

主要技术参数

额定容量

高压绕组 …………………………………………………… 6 925 kV·A

牵引绕组 …………………………………………………… 6 600 kV·A

辅助绕组 …………………………………………………… 319/4.6 kV·A

额定电压

高压绕组 …………………………………………………… 25 000 V

牵引绕组 …………………………………………………… 1 111×277.8×4 V

辅助绕组 …………………………………………………… 396.8/218 V

额定电流

高压绕组 …………………………………………………… 277 A

牵引绕组……………………………………………………………………… 2 970 A
辅助绕组 ……………………………………………………………………… 805/20 A
整流电路 ………………………………………………………………………… 单相桥式
调压方式………………………………… 桥式级间晶闸管相控调压，正、反接，共八级
空载电流……………………………………………………………………………… 0.7%
冷却方式 …………………………………………………… 强迫油循环风冷(OFAF)
通风机
型号………………………………………………………………………… JT61-2LA
风量…………………………………………………………………… 18 000 $m^3/h$
电机功率 …………………………………………………………………… 14 kW
潜油泵
型号 ………………………………………………………………… QB80-20/13D
流量 ………………………………………………………………………… 80 $m^3/h$
扬程………………………………………………………………………… 200 kPa
电机功率 …………………………………………………………………… 13 kW
连接组 ……………………………………………………………………… 1/1-12
质量
器身 ……………………………………………………………………… 约 5 540 kg
油箱及附件 ……………………………………………………………… 约 4 000 kg
变压器油 ………………………………………………………………… 约 2 900 kg
总质量…………………………………………………………………… 约 12 440 kg

(二)$SS_4$ 改型电力机车的主变压器

$SS_4$ 改型电力机车变压器型号为 TBQ8-4923/25。这是一种一体化分裂变压器(径向分裂)，除含有主变压器外，还含有平波电抗器和四个独立磁路的滤波电抗器，它们装在一个油箱里，共用一个冷却系统。

主要技术参数
额定容量
高压绕组 ………………………………………………………………… 4 923 kV·A
牵引绕组 ………………………………………………………… 1 168.25×4 kV·A
辅助绕组 …………………………………………………………………… 250 kV·A
励磁绕组………………………………………………………………… 87.6 kV·A
额定电压
高压绕组 …………………………………………………………………… 25 000 V
牵引绕组 ……………………………………………… (695.4+2×347.7)×2 V
辅助绕组 ……………………………………………………………… 399.86/226 V
励磁绕组 …………………………………………………………………… 104.3 V
额定电流
高压绕组 …………………………………………………………………… 196.92 A

牵引绕组……………………………………………………………………………… 1 680 A
辅助绕组 ………………………………………………………………………… 625/100 A
励磁绕组 ……………………………………………………………………………… 840 A
整流电路 ……………………………………………………………………………… 单相桥式
调压方式 ………………………………………………………………………………… 相控
冷却方式 ………………………………………………………………… 强迫油循环风冷
通风量………………………………………………………………………… 22 500 $m^3/h$
油流量 …………………………………………………………………………… 80 $m^3/h$
质量
器身总重(含主变压器、平波电抗器) ………………………………………… 7 940 kg
油重 ………………………………………………………………………………… 2 500 kg
总质量 ……………………………………………………………………………… 13 100 kg

(三)$SS_8$ 型电力机车的主变压器

$SS_8$ 型电力机车变压器型号为 TBQ9-5816/25。这是一种一体化分裂变压器(径向分裂),除含有主变压器外,还含有平波电抗器和 4 个独立磁路的平波电抗器,它们装在一个油箱里,共用一个冷却系统。

主要技术参数
额定容量
高压绕组 …………………………………………………………………… 6 350 kV·A
牵引绕组 ………………………… (1 332.4+2×666.2)×2=5 329.6 kV·A
辅助绕组……………………………………………………………… 220/22.9 kV·A
励磁绕组……………………………………………………………………… 88.9 kV·A
采暖绕组…………………………………………………………………… 400×2 kV·A
额定电压
高压绕组 ………………………………………………………………………… 25 000 V
牵引绕组 ……………………………………………………… (686.8+2×343.4)×2 V
辅助绕组 ……………………………………………………………………… 389/229 V
励磁绕组 …………………………………………………………………………… 91.6 V
采暖绕组 …………………………………………………………………………… 1 511×2 V
额定电流
高压绕组 …………………………………………………………………………… 254 A
牵引绕组…………………………………………………………………………… 1 940 A
辅助绕组 …………………………………………………………………… 565.6/100 A
励磁绕组 …………………………………………………………………………… 970 A
采暖绕组 ……………………………………………………………………………… 264.7 A
整流电路 ………………………………………………………………… 单相桥式(顺控)
调压方式 …………………………………………………………………………… 相控
冷却方式 ………………………………………………………… 强迫油循环风冷(ODAF)

通风量 …… 22 500 m³/h

油流量 …… 80 m³/h

质量

器身总重(含主变压器、平波电抗器) …… 6 785 kg

油重 …… 2 150 kg

总质量 …… 11 535 kg

(四)SS9 型电力机车的主变压器

SS9 型电力机车使用 TBQ12-8668/25 型主变压器。

主要技术参数

额定容量

高压绕组 …… 8 668 kV·A

牵引绕组 …… 7 170 kV·A

辅助绕组 1 …… 314.7 kV·A

辅助绕组 2 …… 22.9 kV·A

励磁绕组 …… 108 kV·A

采暖绕组 …… 580×2 kV·A

额定电压

高压绕组 …… 25 000 V

牵引绕组 …… (686.8+2×343.4)×2 V

辅助绕组 …… 389/229 V

励磁绕组 …… 114.5 V

采暖绕组 …… 870×2 V

额定电流

高压绕组 …… 346.7 A

牵引绕组 …… 2 610 A

辅助绕组 …… 809/100 A

励磁绕组 …… 945 A

采暖绕组 …… 667 A

整流电路 …… 单相桥式

调压方式 …… 晶闸管相控

冷却方式 …… 强迫油循环风冷(OFAF)

通风量 …… 27 000 m³/h

油流量 …… 95 m³/h

质量

器身 …… 5 100 kg

油箱及附件 …… 2 850 kg

变压器油 …… 2 850 kg

滤波电抗器 …… 1 090 kg

平波电抗器 …………………………………………………………… 3 430 kg

总质量……………………………………………………………… 约 15 600 kg

(五)$CRH_{380BL}$ 型动车组的主变压器

$CRH_{380BL}$ 型动车组使用 TBQ12-8668/25 型主变压器。

主要技术参数

额定容量 ……………………………………………………… 约 5 846 kV·A

额定电压,初级…………………………………………………… 25 000 V

标称频率 ……………………………………………………………… 50 Hz

次级绕组数目…………………………………………………………… 4

额定电压,次级(牵引绕组) ……………………………………… 约 4×1 850 V

额定功率,次级(牵引绕组) ……………………………………… 约 4×1 462 kV·A

## 第四节　其他用途变压器

### 一、自耦变压器

双绕组变压器的原、副边绕组是分开绕制的,原边绕组和副边绕组虽然装在同一个铁芯上,但它们之间只有磁的联系,没有电的直接联系。自耦变压器是原、副边共用一部分绕组的变压器,它只有一个绕组,低压绕组是高压绕组的一部分,如图 4-7 所示,图中标出了各电磁量的正方向,采用与双绕组变压器相同的惯例。这是一台降压自耦变压器,原边绕组匝数 $N_1$ 大于副边绕组匝数 $N_2$。

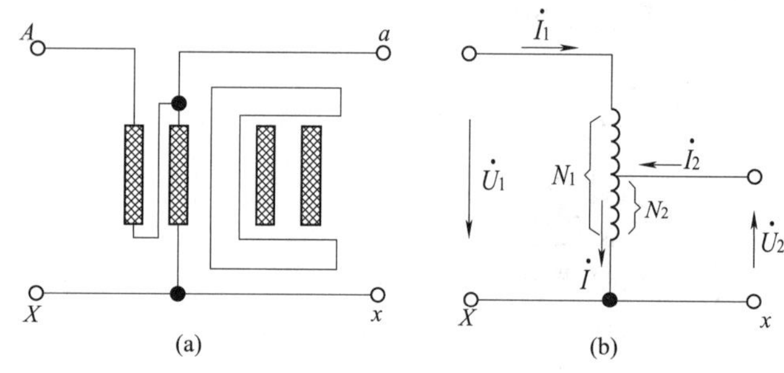


图 4-7　自耦变压器原理

1. 电压、电流关系

自耦变压器与双绕组变压器一样,有主磁通和漏磁通,主磁通在原绕组 $N_1$ 和副绕组 $N_2$ 中分别产生感应电势 $E_1$ 和 $E_2$。当原边接在额定电压 $U_{1e}$ 上,副边空载电压为 $U_{2e}$,忽略漏阻抗压降,则它们的关系是:

$$\frac{U_{1e}}{U_{2e}}=\frac{E_1}{E_2}=\frac{N_1}{N_2}=K_A>1 \tag{4-20}$$

式(4-20)中 $K_A$ 为自耦变压器的变比。

同双绕组变压器一样,带负载时,由于电源电压保持额定,主磁通为常数,因此有同样的磁势平衡关系:

$$\dot{I}_0N_1=\dot{I}_1N_1+\dot{I}_2N_2 \tag{4-21}$$

分析负载运行时,忽略 $\dot{I}_0$,则有:

$$\dot{I}_1N_1+\dot{I}_2N_2\approx 0 \tag{4-22}$$

因此可得原边输入电流和副边输出电流的关系为:

$$\dot{I}_1 \approx \frac{1}{K_A} \dot{I}_2 \tag{4-23}$$

由图 4-7 可见，副边绕组中的电流 $\dot{I}$ 为：

$$\dot{I} = \dot{I}_1 + \dot{I}_2 \approx -\frac{1}{K_A} \dot{I}_2 + \dot{I}_2 = (1 - \frac{1}{K_A}) \dot{I}_2 \tag{4-24}$$

2. 容量关系

对于自耦变压器，有两个容量必须分清楚，这就是变压器容量和绕组容量。所谓变压器容量也叫做通过容量，是指它的输入容量，也等于它的输出容量，在数值上为输入（或输出）的额定电压乘以额定电流，也就是前面所讲的额定容量。所谓绕组容量是指额定情况下该绕组的电压与电流的乘积。对于双绕组变压器，原边绕组的绕组容量就是变压器的输入容量，副边绕组的绕组容量就是变压器的输出容量，都等于变压器容量。但是，对于自耦变压器来说，变压器容量和绕组容量是不相等的。如图 4-7 所示。

自耦变压器的额定容量为：

$$S_e = U_{1e} I_{1e} = U_{2e} I_{2e} \tag{4-25}$$

从接线图可以看出，额定运行时，绕组 $Aa$ 的容量为：

$$S_{Aa} = U_{Aa} I_{1e} = \frac{N_1 - N_2}{N_1} U_{1e} I_{1e} = (1 - \frac{1}{K_A}) S_e \tag{4-26}$$

绕组 $ax$ 的容量为：

$$S_{ax} = U_{ax} I_{1e} = U_{2e} I_{2e} (1 - \frac{1}{K_A}) = (1 - \frac{1}{K_A}) S_e \tag{4-27}$$

可见，额定运行时，绕组 $AX$ 和绕组 $ax$ 的容量相等并且比变压器额定容量小。实际上，原边输入电流 $\dot{I}_1$ 和副边输出电流 $\dot{I}_2$ 的相位在忽略励磁电流时是相差 180°，同时 $K_A > 1$，$I_2 > I_1$，原边输入电流 $\dot{I}_1$、副边输出电流 $\dot{I}_2$ 及副绕组中电流 $\dot{I}$ 的有效值的关系为：

$$I_1 + I = I_2 \tag{4-28}$$

因此，自耦变压器副边输出的容量为：

$$S_2 = U_2 I_2 = U_{ax}(I_1 + I) = U_{ax} I_1 + U_{ax} I = S_{传导} + S_{ax} \tag{4-29}$$

从上式可见，自耦变压器输出容量可以分为两部分：一是副边绕组容量 $U_{ax} I_1 = S_{ax}$，这是通过（$N_1$-$N_2$）段绕组和 $N_2$ 段绕组的电磁感应作用传到副边绕组再送给负载的容量。二是 $U_{ax} I_1 = S_{传导}$，叫做传导容量，传导容量是由原边输入电流 $\dot{I}_1$ 直接传到负载去的。双绕组变压器没有传导容量，全部输出容量都是经过原、副绕组的电磁感应作用传递的，因而双绕组变压器的绕组容量与额定容量是相等的。

3. 主要优缺点

当原、副边的电压较接近时，采用自耦变压器，其绕组公共部分的电流是很小的，这一部分的导线可以用得细一些，小电流引起的损耗也小，效率高。

理论和实践都可以证明：当原、副边电压之比接近于 1 时，或说不大于 2 时，自耦变压器的优点是显著的，当变比大于 2 时，优点就不明显了。所以自耦变压器的变比一般在 1.2～2.0 的范围内。

自耦变压器的缺点在于：原、副边绕组电路直接连在一起，高压侧的电气故障会波及到低压侧，很不安全，因此，它对内部绝缘与过电压保护的要求较高，使用时必须正确接线，且外壳必须接地,并规定安全照明变压器不允许采用自耦变压器结构形式。

自耦变压器有单相的也有三相的。与讨论双绕组电力变压器一样,对单相自耦变压器运行时电磁关系等的分析方法及结论,也适用于对称运行的三相自耦变压器的每一相。

## 二、互 感 器

直接测量大电流或高电压是比较困难的。在交流电路中,常用特殊的变压器把高电压转换成低电压、大电流转换成小电流后再测量。这种特殊的变压器就是互感器。使用互感器可以使测量仪表与高电压隔离从而保证人身和仪表安全;可以扩大仪表量限,便于仪表的标准化。

### 1. 电压互感器

电压互感器实质上就是一台降压变压器,它将高电压转换成低电压以供测量,也可作为控制信号使用。电压互感器副边的额定电压一般为 100 V。

电压互感器接线图如图 4-8 所示。原边绕组并连接入主线路,被测电压为 $U_1$。副边电压为 $U_2$,副边绕组接的电压表或功率表的电压线圈的阻抗很大,实际副边绕组近似为开路。因此,电压互感器是一个近似空载运行的单相降压变压器。为了安全,铁芯及副边绕组一端必须接地。

采用单相变压器的分析方法来分析电压互感器可知,不计漏阻抗压降,电压互感器原边被测电压 $U_1$ 与副边实际测量得到的电压 $U_2$ 之间的关系为:

$$U_1 = KU_2 \tag{4-30}$$

$K$ 是电压互感器的变压比,是个常数,$K=N_1/N_2$,$N_1$ 为原边绕组匝数,$N_2$ 为副边绕组匝数。可见,电压互感器副边电压数值乘以常数 $K$ 就是原边被测电压的数值。测量的电压表按 $KU_2$ 来刻度,就可直接从表上读出被测电压的数值。

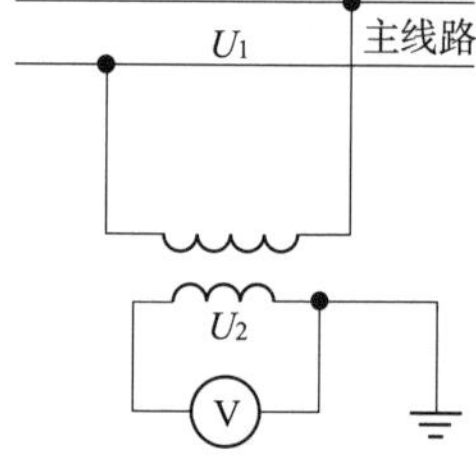


图 4-8　电压互感器接线图

实际上的电压互感器,原、副边都有漏阻抗压降,因此,原、副边电压数值之比只是近似为常数 $K$,误差必然存在。电压互感器的误差有电压误差(数值大小的误差)和相位误差。根据误差的大小分为 0.2、0.5、1.0、3.0 几个等级,每个等级的允许误差可查阅有关技术标准。

电压互感器使用时必须注意以下 3 个问题:

(1)副边不许短路。电压互感器正常运行时接近空载,如副边短路,则电流变得很大,使绕组过热而烧毁。

(2)铁芯及副边绕组一端接地。

(3)副边接的阻抗值不能太小。否则原、副边电流都将增大,使原、副边漏阻抗压降增加,误差加大,降低电压互感器的精度等级。

$SS_4$ 型、$SS_9$ 型电力机车的 TBY1-25 型电压互感器主要参数

额定一次电压 ………………………………………………………… 25 kV

额定二次电压 ………………………………………………………… 100 V

额定电压比…………………………………………………………… 250

准确级次 …………………………………………………………… 0.5 级

额定输出($\cos\phi=0.8$) …… 20 V·A

误差限值

　　电压误差 …… ±0.5%

　　相位差 …… ±20′

相数 …… 单相

频率 …… 50 Hz

冷却方式 …… 油浸自冷

功率因数 …… 0.8(滞后)

质量 …… 145 kg

$HXD_2$ 型电力机车的 $JDZXW_2$-$25A_2$ 型电压互感器主要参数

额定一次电压 …… 25 kV

额定二次电压 …… 100 V

额定频率 …… 50 Hz

精度等级 …… 1 级

额定二次输出 …… 20 V·A

极限输出 …… 400 V·A

绝缘等级 …… E 级

额定绝缘水平 …… 31 kV/75 kV/175 kV

额定电压因数 …… 1.5(30 s)

表面爬电距离 …… 1 100 mm

功率因数 …… $\cos\phi=0.8$(滞后)

温升限值 …… 75 K

质量 …… 145 kg

2. 电流互感器

电流互感器实质上是一台升压变压器，它将大电流转换成小电流，送到电流表或功率表的电流线圈以供测量，也可作为控制信号使用。电流互感器副边的额定电流一般为 5 A 或 1 A。

电流互感器接线图如图 4-9 所示。原边绕组串连接入主线路，被测电流为 $I_1$。副边电流为 $I_2$，副边绕组接内阻很小的电流表或功率表的电流线圈，实际副边近似为短路。因此，电流互感器是一个近似短路运行的单相升压变压器。为了安全，铁芯及副边绕组一端必须接地。

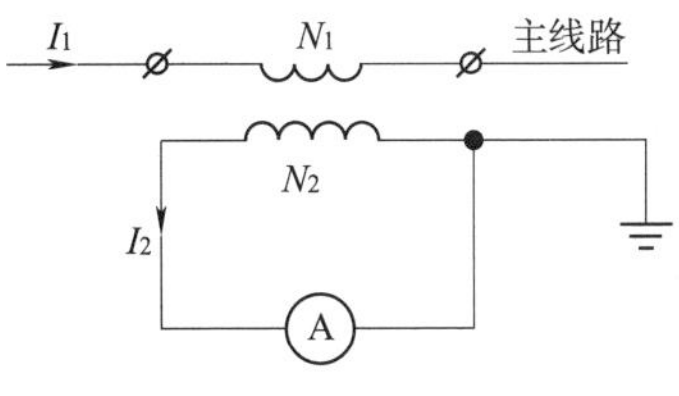


图 4-9　电流互感器接线图

采用单相变压器的分析方法来分析电流互感器可知，忽略励磁电流，电流互感器原边被测电流 $I_1$ 与副边实际测量得到的电流 $I_2$ 之间的关系为：

$$I_1=\frac{1}{K}I_2 \tag{4-31}$$

$K$ 是电流互感器的变压比，是一个常数，$K=N_1/N_2$，$N_1$ 为原边绕组匝数，$N_2$ 为副边绕组匝数。可见，电流互感器副边电流数值上乘以常数 $\frac{1}{K}$ 就是原边被测电流的数值。用来测量的

电流表按 $\frac{1}{K}I_2$ 来刻度，就可直接从表上读出被测电流的数值。

实际上的电流互感器中，励磁电流不可能为零，因此，原、副边电流数值之比只是近似为常数 $\frac{1}{K}$，误差必然存在。电流互感器的误差有电流误差(数值大小的误差)和相位误差。根据误差的大小，电流互感器分为以下几个等级：0.2、0.5、1.0、3.0 和 10.0，每个等级的允许误差可查阅有关技术标准。

电流互感器使用时必须注意以下 3 个问题：

(1)副边不许开路。电流互感器正常运行时接近短路，如副边开路，则原边被测的主线路电流就成为励磁电流，它比正常工作时的励磁电流大几百倍，这样大的励磁电流会造成电流互感器的铁磁损耗急剧上升，使它过热甚至烧毁绝缘，会造成电流互感器的副边出现很高的电压，不但击穿绝缘，而且危及操作人员和其他设备安全。

(2)铁芯及副边绕组一端接地。

(3)副边回路串入的阻抗值不能超过有关技术标准的规定。这是因为，如果副边回路串入的阻抗值过大，则副边电流变小，而原边电流(主线路电流)不变，造成励磁电流增大，使误差加大，降低电流互感器的精度等级。

$SS_4$ 型、$SS_9$ 型电力机车的 TBL2-25 型高压电流互感器主要参数

额定电流比…………300/5
额定电压…………25 kV
额定二次负载($\cos\phi=0.8$)…………1.6 Ω
准确级次…………10 P
准确限值系数…………6
电压误差…………±0.5%
相数…………单相
频率…………50 Hz
冷却方式…………自冷
绝缘等级…………B 级
功率因数…………0.8(滞后)
质量…………90 kg

$HXD_2$ 型电力机车的 $JDZXW_2$-25$A_2$ 型电压互感器主要参数

额定电压…………25 kV
额定一次电流…………255 A
额定二次电流…………2.55 A
额定二次输出…………10 V·A
准确级次…………10 P10
绝缘等级…………E 级
额定绝缘水平…………0.5/3 kV
额定频率…………50 Hz
负荷功率因数…………$\cos\phi=0.8$(滞后)

温升限值 ………………………………………………………………………… 75 K

质量 ……………………………………………………………………………… 9 kg

## 小　结

变压器是一种传递电能的静止电器,变压器由铁芯、绕组、油箱及附件等三大部分组成。由于变压器的应用范围十分广泛,因此它的种类很多,主要按用途、相数、结构来分类。

变压器由主磁通在原边、副边绕组中感应出电势 $E_1$ 和 $E_2$ 来传递电能。原边绕组电势 $E_1$ 的大小与电源频率、原边绕组匝数、主磁通成正比,与铁芯材料和尺寸无关。当变压器原边电压一定时,无论负载是否变化,主磁通基本不变,电势 $E_1$ 的大小也基本不变。

为了把复杂的电磁场的问题转化为相对简单的电路问题,引出了励磁电阻、励磁电抗和漏电抗的概念,画出了变压器的等效电路,用等效电路作定量计算比较方便。

主变压器是用于交流电力机车上的特种单相降压变压器。为满足机车牵引的特殊需要,与普通单相电力变压器相比较,主变压器具有绕组多、耐振动、阻抗电压要求高、体积和质量相对较小,且能在规定的电压波动及负载变化范围内可靠工作等特点。

自耦变压器原边、副边绕组之间除了磁的耦合外,还有电的联系,输出功率中有一部分功率是从电源传导过来的,这是和普通变压器的根本区别。电压互感器相当于一台降压变压器的空载运行。电流互感器相当于一台升压变压器的短路运行。

1. 变压器是根据什么原理制造的?变压器有哪些部件?各部件的作用是什么?

2. 变压器不用铁芯行不行?为什么铁芯要用电工钢片叠装而成?电工钢片的厚度对变压器的铁磁损耗有何影响?

3. 为什么对变压器要规定有额定值?确定变压器额定值的依据是什么?变压器的额定值主要有哪些?

4. 自耦变压器有什么特点?自耦变压器的功率是如何传递的?自耦变压器与普通双绕组变压器相比有什么优缺点?

5. 电流互感器和电压互感器在使用中应注意哪些事项?

6. 主变压器与一般电力变压器相比较有哪些特点?

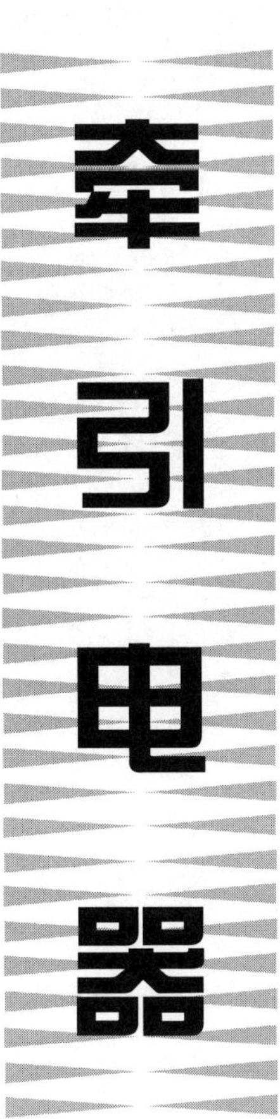
牵引电器

# 第五章　有触点电器

## 第一节　电器概论

### 一、电器的定义

电器是应电能的运用而产生的。由于电能与其他形式的能相比具有易转换和便于控制、调整、输送等优点,因此在生产、生活及一切科学领域中获得了广泛的应用。然而电能的产生、输送到应用并不是一个简单的过程,而是较为复杂,同时也需要一系列的控制、调整、保护装置的作用才能很好完成过程。例如对电力电路实行通、断;对电动机实行启动、停止、正转、反转控制;对用电设备进行过载、过压、短路、断相等故障的保护;在电路中传递、变换、放大电或非电的信号,从而达到自动检测和调节作用等。

所以,凡是根据外界特定信号自动或手动地接通和断开电路,对电路或非电对象起控制、转换、调整、保护及检测作用的电工设备称为电器。简单地说,电器就是一种能控制电的器械。根据这个定义,电机(包括发电机与电动机)和一般的负载不应属于电器的范畴。

### 二、电器的分类及机车电器

由于电器的用途广泛、功能多样、工作原理各异,造成其产品种类繁多。故不可能用一种分类方法来说明其特点,电器的分类只能按不同的分类标准进行分类。

1. 按电压高低、结构和工艺特点分类

(1)高压开关电器——高压断路器、隔离开关、电抗器、电压互感器、电流互感器等。

(2)低压开关电器——接触器、启动器、自动开关、熔断器、继电器和主令电器等。

(3)自动电磁元件——阀用电磁铁、电磁离合器、磁放大器、磁性逻辑组件、传感器和自动电压调节器等。

(4)成套电器和自动化装置——高压成套开关屏、电力用自动化继电保护屏、低压开关柜、低压控制屏、半导体逻辑控制装置、顺序控制器、无触点自动化成套装置等。

2. 按传动方式分类

(1)手动电器——如刀开关、隔离开关、按钮开关等。

(2)自动电器——如高、低压断路器,接触器等。又可根据传动原理不同分类分为电磁传动、电空传动、液压传动及电机传动。

3. 根据电器的执行功能分类

(1)有触点电器——电器通断电路的执行功能由触头实现。

(2)无触点电器——电器通断电路的执行功能是由一些电子组件来完成的。

(3)混合式电器——有触点与无触点结合的电器。一般正常工作由有触点部分完成,而转换过程由无触点部分完成。

4. 按电器使用场合和工作条件分类

(1)一般工业企业用电器——适用于大部分工业企业环境。

(2)特殊工矿企业用电器——适用于矿山、冶金、化工等特殊环境。

(3)热带用电器和高原用电器——适合于热带、亚热带地区及高原山区而派生的电器。

(4)家用电器——近些年发展起来的适用于家庭生活环境中的电器。

(5)牵引、船舶、航空用电器——例如船用电器、航空电器,用于铁道、交通运输的各类机车及车辆上的牵引电器和汽车、拖拉机用电器。

5. 按电流种类分

(1)直流电器。

(2)交流电器。

机车电器属牵引电器中的一类,指牵引电器中用于机车上的各种电器。机车上的电器很多,包括主型电器、接触器、司机控制器、继电器、电阻器、开关、熔断器等。它们主要用来对牵引电动机、牵引发电机、变压器、柴油机及其他辅助电动机等进行切换、控制、检测、调节、保护,使机车上各机组能正常、协调地工作,确保安全可靠运行。根据其特殊情况,机车电器一般可按以下方法进行分类。

1. 按电器所接入的电路分类

(1)主电路电器——指使用在机车主电路中的电器。例如受电弓、主断路器、转换开关、高压连接器、高压互感器及电空接触器等。

(2)辅助电路电器——指使用在机车辅助电路中的电器。例如各种接触器。

(3)控制电路电器——指使用在机车控制电路中的电器。例如司机控制器、各种继电器及一些低压开关等。

(4)仪表和照明电路电器。

2. 按电器在机车上的用途分类

(1)控制电器——用来对机车上的牵引设备进行切换、调节作用的电器。例如司机控制器、接触器、转换开关等。

(2)保护电器——用来保护机车上电气设备不受过电压、过电流及其他损害的电器。例如自动开关、熔断器、接地与过载继电器、避雷器、机械式继电器等。

(3)检测电器——在机车用于检测的电器。例如差示压力计、互感器、传感器等。

(4)受流器——用于电力机车、动车组从接触网上取流的电器。例如受电弓。

(5)通断电路电器。

(6)调节电器。

由于机车所用电器产品数量及品种较多,故在本书介绍电器产品时采用了按接触器、继电器、主型电器(电力机车、动车组上作用重要、结构复杂、体积较大的几种电器)及其他类型电器的产品分类方法。

## 三、机车电器的工作条件和基本要求

机车电器由于是在高速运动的机车上工作,所以其工作条件及环境与一般工作情况有所不同,因此相应的也有些不同的要求,根据机车的工作条件还必须满足机车电路的各种特殊要求。

机车电器的工作条件和环境主要面临的问题有:受较强烈振动、大气环境及污染严重、温度与湿度变化大、操作频率高、工作电压高、电流波动大及安装空间位置受限制等。

1. 振动问题

机车运行中轮对通过钢轨接缝处及轨枕的弹性会使机车产生垂直方向的振动;当机车通过曲线弯道或道岔时,产生横向振动;当机车启动或制动时又产生纵向的振动。另外,机车内部的一些旋转性设备(如电机、通风机、压缩机等)也会引起一些振动。由于振动,使得电器各部件受到附加力的作用,严重时会影响电器的正常工作。为此,在选用、布置、安装电器时应考虑到振动因素的影响。要注意紧固件应有弹簧垫及防松装置,以防松脱。电器中弹簧的力量及电磁吸力应适当增加,以防振动发生误动作。连接线(如母线、电子线路)连接要紧固,避免发生由于振动而产生接触不良、内部发热而造成事故。

2. 工作环境问题

由于机车露天运行,电器工作的环境温度变化范围大。工作时车内温度很高,车底及车顶冬天则温度很低甚至结冰。因此要求机车电器允许的温度范围为－40～40 ℃(其中－40 ℃为存放温度,－25～40 ℃为工作温度)。由于大气中的粉尘及其他污染物对机车电器的腐蚀也较为严重,从而降低了电器的绝缘能力,严重时会影响其正常工作。因此,在机车电器选择时,相应的标准要高一些,并对电器要经常进行清扫、保养,以保证其工作正常。

3. 操作频率问题

由于机车常有启动、停车及在不同工况时进行调速的操纵,所以机车电器的操作频率是较高的。对机车电器而言则要求其操作频率的等级要高些。另外,其电气及机械寿命长一些。

4. 空间安装位置问题

由于安装电器的机车内部空间是有一定限制的,因此对电器则要求尽量小的安装尺寸。为了更有效地利用机车内有限空间,应尽量采用电器成套装置。同一电路中的电器应安装在同一屏柜上,这样既便于安装又便于检修。

总之,机车电器的工作条件及环境是相当恶劣的,对其正常工作有一定的影响。为此,对机车电器的基本要求是:动作准确可靠、有足够的电气寿命与机械寿命、有较高的操作频率及能量消耗少和便于检修。在生产上则要求质轻体小、经济耐用和便于生产。

## 第二节 有触点电器的组成

电路的通断由触头实现的电器称为有触点电器。它主要由三部分组成:触头部分、灭弧装置、驱动装置。

### 一、触头部分

电路的通断是通过电器中的执行部件,主要是由触头来实现的。触头是电器的执行部件,是非常重要的部件,它对电器的工作性能、总体结构、尺寸有着决定性的影响。触头工作性能和质量直接影响到电器的可靠性。触头在正常工作情况下经常要受到机械撞击、电弧等的有害作用,很容易损坏,故它又是有触点电器的一个薄弱环节。

(一)触头分类方法

1. 按其在工作过程中是否动作

可分为动触头和静触头两种,动触头和静触头是成对的。动触头是实现电路闭合、断开的触头;而静触头是固定不动的触头。

2. 按在电路上的用途

可分为主触头和辅助触头两种。

(1)主触头

主触头是用来闭合及断开主要工作电路的触头。

(2)辅助触头

辅助触头则是用在小电流的控制电路中,用来使电器按规定的先后顺序闭合、断开,以实现机车所要求的某种电器联锁作用。辅助触头按其在电路中的不同作用又可分为常开触头、常闭触头。常开触头在电器无电或未受外力状态下,处于断开状态,它用来实现电器先后顺序动作,故又称为正联锁或动合触头。常闭触头在电器无电或未受外力状态下,处于闭合状态,它用于保护电路,故又称为反联锁或动断触头。

3. 按接触方式

可分为点接触触头、线接触触头及面接触触头三种,如图 5-1 所示。

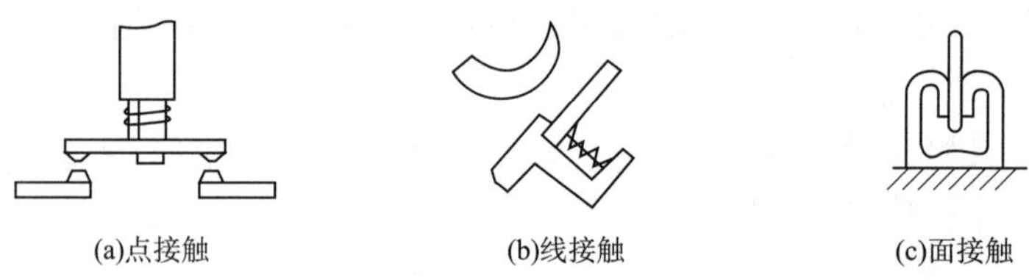


图 5-1　触头的型式

(1)点接触触头

点接触触头由于接触面积小,允许通过的电流也小,保证其工作可靠性所需的接触压力也较小,故用于电流小于 10 A 的继电器上。

(2)线接触触头

线接触触头接触面积和接触压力适中,常用于电流介于几十至几百安的接触器上。触头实现电连接,一般采用触头弹簧压紧、压力较小、并考虑到装配检修的方便和工作可靠时多采用点接触或线接触的形式。

(3)面接触触头

面接触触头接触面积和接触压力大,故用于电流很大的闸刀开关上。为了保证电器可靠工作,对触头有如下要求:工作可靠、有足够的机械强度、长期通过额定电流时温升不超过规定值、通过短路电流时有足够的热稳定性和电动稳定性、有足够抵抗外界腐蚀(如氧化、化学气体腐蚀)的能力、寿命长。

(二)触头基本参数

触头的参数主要有触头的结构尺寸、开距、超程、研距、触头压力等。

1. 触头的结构尺寸

触头的结构尺寸,主要是根据触头工作时的发热条件确定,同时也要考虑到它的机械强度与工作寿命等条件。

2. 触头的开距 $S$

触头的开距(或行程)$S$ 是指当触头断开后，动触头、静触头之间的距离，如图 5-2 所示。要求能开断正常负荷时，保证很快熄弧，并有一定的绝缘强度。

为减小电器的体积，在保证可靠开断电路的原则下，触头的开距 $S$ 愈小愈好。触头开距的大小与开断电流大小、线路电压、线路参数以及灭弧装置等有关。

3. 触头的超程 $r$

触头的超程 $r$ 是指动触头、静触头闭合后，若将静触头拿掉，动触头能继续前移的距离，如图 5-2 所示。触头的超程是用来保证磨耗后的触头仍能可靠工作。一般选取触头厚度的 60%～80%。

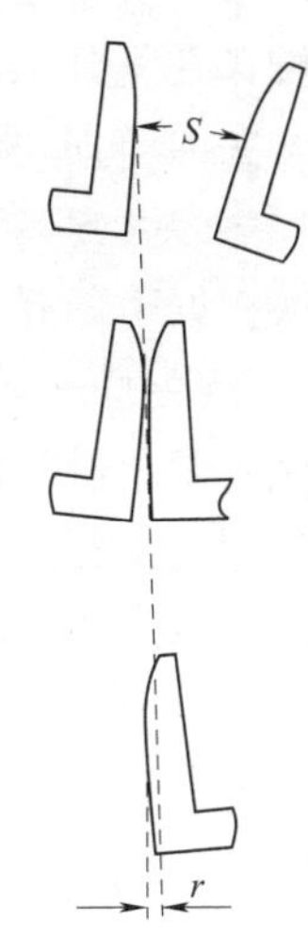


图 5-2 触头开距 $S$，及超程 $r$

4. 触头压力

触头压力是指动触头、静触头闭合后，其接触处的压力。触头压力是由触头弹簧产生的。触头弹簧有一定预压缩，接触闭合瞬间压力称初压力。初压力的大小取决于研磨弹簧的预压缩力，它可以减小闭合过程中动触头、静触头间互相撞击的弹力，从而减小电磨损和熔结的可能性。接触终了的压力称终压力。它是由触头弹簧最终压缩量来决定的。它可以减小动触头、静触头之间的接触电阻，以降低触头的温升。

5. 触头的研距 $E$

一般线接触触头的动、静触头开始接触时，其接触点在线 $a$ 处，如图 5-3 所示，在触头闭合过程中，接触点逐渐移动，最后停在 $b$ 点线接触，以导通工作电流。由于在动触头上的 $ab$ 和静触头上的 $a'b'$ 长度不同，因此，在两者接触过程中，不仅有相对滚动，而且有相对滑动存在，整个接触过程称为触头的研磨过程。

图 5-3 触头的研磨过程及研距

动触头、静触头接触始点到终点之间的距离称研距 $E$。它可以破坏触头接触表面不断生成的氧化膜，消除它引起的接触电阻。

触头的开距、超程、触头压力都是必须进行检测的重要参数。在电器的使用和维修中常用这些参数来反映触头的工作情况及检验电器的工作状态。

触头有 4 种工作情况。

1. 触头处于闭合状态

触头处于闭合状态时的主要任务是保证能通过规定的电流，且触头温升不超过允许值，主要问题是触头的发热及热和电动稳定性，触头的发热是由接触电阻引起的，故应设法减小接触电阻。

2. 触头闭合状态

触头在闭合状态中会因碰撞而产生机械振动，这个过程的主要问题是减小机械振动，从而减小触头的磨损，避免触头熔焊。

3. 触头处于断开状态

触头处于断开状态时，必须有足够的开距，以保证可靠地熄灭电弧和开断电路。

4. 触头的开断过程

触头开断过程是触头最繁重的工作过程。当触头开断电路时，一般会在触头间产生电弧，这个过程的主要问题是熄灭电弧，减小由电弧而产生的触头电磨损。

(三)对触头的主要技术要求

(1)尽量小的接触电阻 $R_{接}$

接触电阻 $R_{接}$ 远远大于触头本身电阻，会产生附加损耗和压降，过大时会引起触头温升过高，使两触头熔结，电器不能正常工作。两触头接触时，在接触面间产生的接触电阻 $R_{接}$ 的大小主要与触头的压力、材料、表面氧化的程度、触头表面加工质量等有关。

(2)一定的触头压力

减小电磨损和熔结的可能性，减小接触电阻 $R_{接}$。

(3)触头的磨耗程度不超过触头厚度的 1/2

以保证动触头、静触头可靠地接触。

## 二、灭弧装置

当电器的动触头、静触头开断具有一定电压和电流电路的瞬间，随着接触面积的减小，引起电流密度和接触电阻 $R_{接}$ 的增大，使触头表面温度大大升高，形成电子热发射，产生电弧。电弧是一种强放电现象，由它产生高热会烧损触头，所以必须设置灭弧装置将其熄灭。

熄灭电弧的方法有很多，有电磁灭弧装置、油冷灭弧装置、气吹灭弧装置、横向金属栅片灭弧、真空灭弧装置等。

1. 电磁灭弧装置

机车上的直流电器主要采用电磁灭弧装置(也称为磁吹式灭弧装置)。它由灭弧室、灭弧线圈、灭弧罩、铁芯、导磁板等组成，如图 5-4 所示。

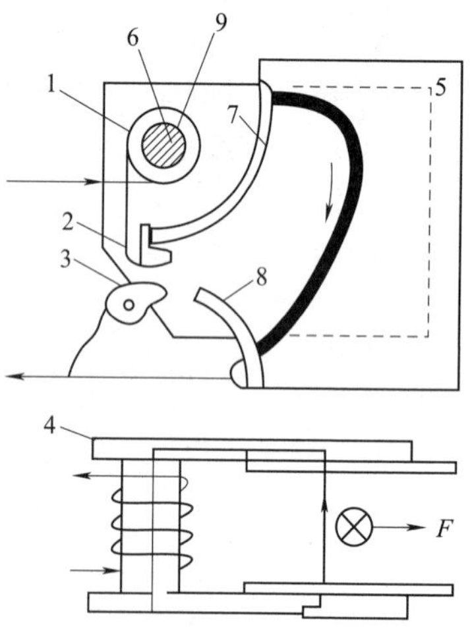


图 5-4　电磁灭弧装置

1—灭弧线圈；2—静触头；3—动触头；4—导磁板；5—灭弧罩；6—灭弧铁芯；7、8—灭弧角；9—绝缘套管

灭弧线圈、铁芯、导磁板用作在触头处产生磁场，灭弧线圈与电路串联，当电流流过线圈时形成一个磁场。灭弧角用来拉长电弧并保护触头不被电弧烧损。灭弧罩用来冷却电弧、限制电弧点燃范围，使电弧逐渐化整为零。

电磁灭弧的原理是把电弧看成带电的导体，并置于这个磁场中，根据左手定则，电弧受电磁力的作用，电磁力指向灭弧室一侧，电弧很快从触头处向灭弧室内移动，由灭弧角拉长，被隔断、冷却、熄灭。

2. 油冷灭弧装置

油冷灭弧是将电弧置于液体介质(一般为变压器油)中,电弧将油汽化、分解而形成油气。油气中主要成分是氢气,在油中以气泡的形式包围电弧。氢气具有很高的导热系数,这就使电弧的热量容易散发。另外,由于存在着温度差,所以气泡产生运动又进一步加强了电弧的冷却。若再要提高其灭弧效果,可在油箱中加设一定机构,使电弧定向发生运动,这就是油冷灭弧。由于电弧在油中灭弧能力比大气中拉长电弧大得多,所以这种方法一般用于高压电器中,如油开关。

3. 气吹灭弧装置

气吹灭弧是利用压缩空气来熄灭电弧。压缩空气作用于电弧,可以很好地冷却电弧、提高电弧区的压力、很快带走残余的游离气体,所以有较高的灭弧性能。按照气流吹弧的方向,它可以分为横吹和纵吹两类。横吹灭弧装置的绝缘件结构复杂,电流小时横吹过强会引起很高的过电压,故已被淘汰。如图 5-5 所示为纵吹(径向吹)的一种形式。压缩空气沿电弧径向吹入,然后通过动触头的喷口、内孔向大气排出,电弧的弧根能很快被吹离触头表面,因而触头接触表面不易烧损。因为压缩空气的压力与电弧本身无关,所以使用气吹灭弧时要注意熄灭小电流电弧引起的过电压。由于气吹灭弧的灭弧能力较强,故一般运用在高压电器中,例如 SS 系列电力机车的主断路器。

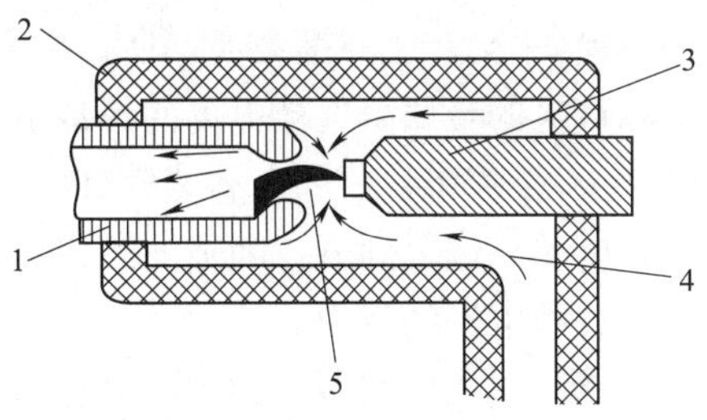


图 5-5 气吹灭弧装置

1—动触头;2—灭弧室瓷罩;3—静触头;4—压缩空气;5—电弧

4. 横向金属栅片灭弧

横向金属栅片又称去离子栅,它利用的是短弧灭弧原理。用磁性材料的金属片置于电弧中,将电弧分成若干短弧,利用交流电弧的近阴极效应和直流电弧的近极压降来达到熄灭电弧的目的。

横向金属栅片灭弧情境如图 5-6 所示。栅片的材料一般采用铁。当电弧靠近铁栅片时,由于铁片为磁性材料,所以栅片本身就具有一个把电弧拉入栅片的磁场力。当电弧被这个磁场力或外力拉入铁片栅中时,空气阻力较大。为了减少电弧刚进入铁栅片时的空气阻力,铁栅片作成楔口并交叉装置,如图5-6(b)所示,即只让电弧先进入一半铁片栅中。随着电弧继续进入铁片栅中、磁阻减小、铁片对电弧的拉力增大,使电弧进入所有的铁片栅中。电弧进入栅片后分成许多串联短弧,电流回路产生作用于各短弧上的电动力使短弧继续发生运动。此时应注意短弧被拉回向触头方向运动的力,它会使电弧重燃并烧损触头。为了消除这种现象,可以采用凹形栅片和 O 形栅片。铁栅片在使用时一般外表面要镀上一层铜,以增大传热能力和防

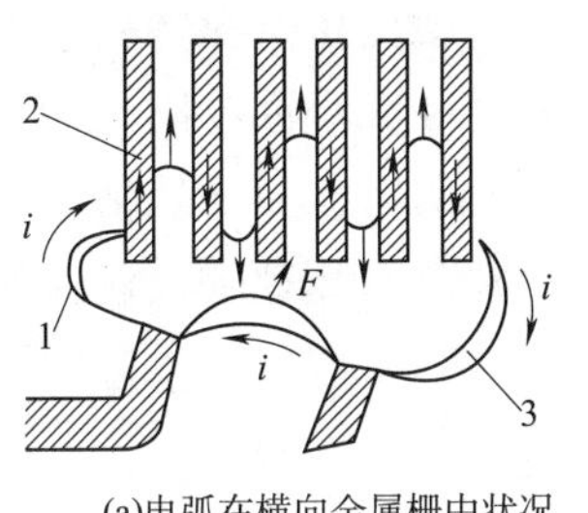


(a)电弧在横向金属栅中状况

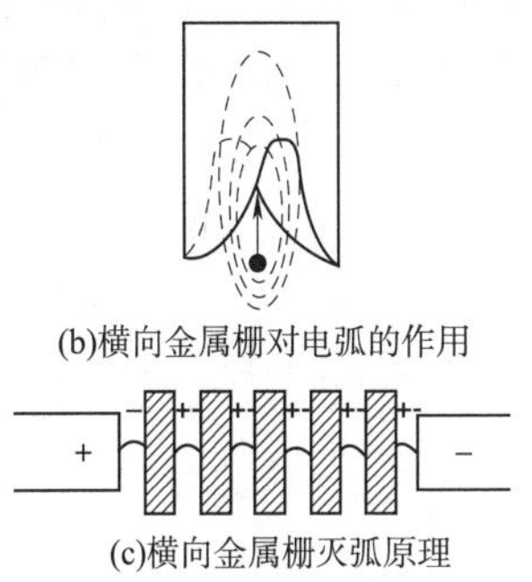


(b)横向金属栅对电弧的作用

(c)横向金属栅灭弧原理

图 5-6 横向金属栅片式灭弧罩结构、原理示意图

1—入栅片前的电弧;2—金属栅;3—入栅片后的电弧

止铁片生锈。

横向金属栅片灭弧装置主要用于交流电器，因为它可将起始介质强度成倍的增长。对于直流电弧而言，因无近阴极效应，只能靠成倍提高极旁压降来进行灭弧。由于极旁压降值较小，要想达到较好的灭弧效果，金属栅片的数量太大，会造成灭弧装量体积庞大。所以直流电弧中很少采用。

5. 真空灭弧装置

在真空中气体很稀薄，电子的自由行程远大于触头间的距离。当真空度为 5～10 mm 汞柱时，电子的自由行程达 43 m。自由电子在弧隙中作定向运动时几乎不会和气体分子或原子相碰撞，不会产生碰撞游离。所以将触头置于真空中断开时产生的电弧则是由于阴极发散电子和产生的金属蒸气被电离而形成的。当电弧电流接近零时，阴极发散电子和产生的金属蒸气减少，弧隙中残留的金属蒸气和等离子体向周围真空迅速扩散。这样，弧隙可以在数秒之内由导电状态恢复到真空间隙的绝缘水平。因此，在真空中触头有很高的介质恢复速度、绝缘能力和分断电流的能力。

真空电弧按其电流的大小可分为扩散弧和收缩弧两种。扩散弧的电流较小（几百至几千安培），此时电弧分裂为许多并联的支弧。每一支弧有自己的阴极斑点和弧柱，阴极斑点互相排斥且均匀分布在阴极上。在电磁场作用下阴极斑点不断地沿左旋方向运动，触头表面的平均温度较低且分布均匀。阳极此时不存在阳极斑点。阴极斑点既发射电子又产生金属蒸气。当电流接近于零值时，最终只剩下一个斑点。电流过零时，电弧自行熄灭。当扩散弧的电流增加到足够大时，阴极斑点相互聚成一团，运动速度很小甚至不再运动。阴极表面不但产生大量的金属蒸气，而且有一部分金属直接以颗粒或液滴的形式向弧隙喷射。阳极此时也出现炽热的阳极斑点且蒸发和喷射一定数量的金属，触头的电磨损迅速增加。当真空灭弧装置中出现收缩弧后，就不能再开断电路。电弧由扩散弧转变为收缩弧的电流，也就是该真空灭弧装置的极限开断电流，它随触头材料和直径大小而不同。

在开断交流电路时，当被开断的电流减小到某一数值时，扩散弧会发生电流突然被截断的现象，称之为截流。这样，在开断感性负载电流时，弧隙上将产生很高的过电压，这是使用真空灭弧装置应注意的问题。

## 三、驱动装置

驱动装置是产生并传递使动触头动作的力的装置。

### （一）电磁驱动装置（电磁机构）

1. 电磁驱动装置的分类

通常电磁铁按以下方法分类：

（1）按吸引线圈通电的性质，分为直流电磁铁和交流电磁铁。

直流电磁铁线圈通的是直流电，可以认为匝数 $N$、电流 $I$ 均不变，故其为恒磁势（$IN$）系统，磁通不交变，在铁芯中没有涡流和磁滞损耗，铁芯可用整块钢或工程纯铁制造。为加工方便，套线圈部分的铁芯常做成圆柱形。交流电磁铁的吸引线圈通的是交流电，可以认为匝数为 $N$ 和磁通有效值 $\Phi$ 不变，但总磁通 $\Phi_z$ 交变，在铁芯中有涡流和磁滞损耗，铁芯是用电工钢片叠制而成，为加工方便，铁芯做成方形的。

(2)按吸引线圈与电路的连接方式，分为并联电磁铁和串联电磁铁。

并联电磁铁的线圈与电源并联，输入电量是电压，其线圈称并联线圈或电压线圈，其阻抗要求大、电流小，故其匝数多且导线细，这种电磁铁应用较为广泛；串联电磁铁的线圈与负载串联，反应的是电流量，其线圈称为串联线圈或电流线圈，其阻抗要求小，故其匝数少且导线粗，应用较少。

(3)按衔铁的运动方式，分为直动式和转动式电磁铁。

(4)按磁路的形状，分为开路磁系统和闭路磁系统。

2. 电磁驱动装置的结构和工作原理

电磁驱动装置是靠工作气隙把电磁能转化为机械能而驱动触头动作的装置。它有多种形式，用于电磁接触器、电磁继电器、电空阀上。

电磁驱动装置都由磁轭、铁芯、衔铁、线圈等组成。当线圈接入电源后，有电流流过线圈并产生磁场，绝大部分磁通经磁轭、铁芯、衔铁、气隙形成一个闭合磁路。衔铁在磁场中受电磁吸力的作用，被吸向铁芯，驱动动触头，动、静触头闭合。对电空阀则是驱动阀杆、开闭阀门、如图5-7 所示。

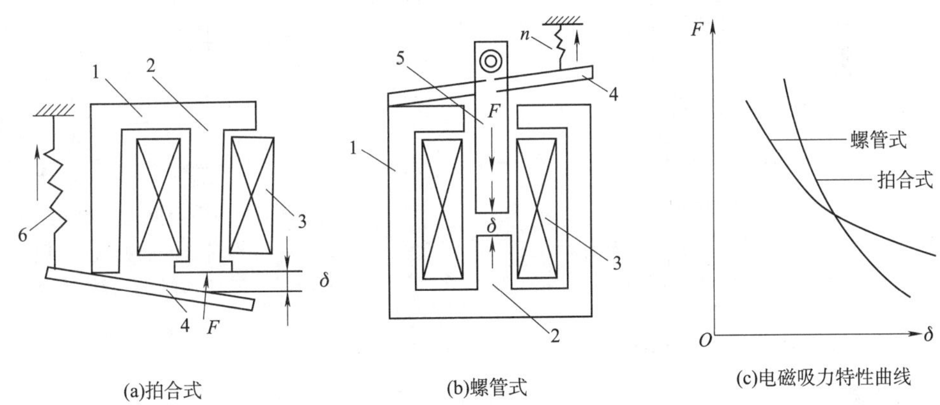


(a)拍合式　(b)螺管式　(c)电磁吸力特性曲线

图 5-7　直流电磁机构及电磁吸力曲线

1—磁轭；2—铁芯；3—线圈；4—衔铁；5—动铁芯；6—开断弹簧

作用在衔铁上的电磁吸力 $F$ 由通过气隙的磁通量决定，磁通越多，电磁吸力越大。

在磁场中，磁通与磁势、磁阻之间的关系式为：

$$\Phi = \frac{IN}{R_m} \tag{5-1}$$

磁场中的磁阻包括导体(磁轭、铁芯、衔铁)磁阻和气隙的磁阻。由式(5-1)可见，当线圈电流不变，即磁势不变时，改变磁阻就可以改变磁通，因而可以改变作用在衔铁上的电磁吸力。

(二)电空驱动装置

由电磁传动装置的吸力特性可知，电磁吸力随气隙的增加而下降，因此在需要长行程、大传动力的场合，用电磁传动装置就不适宜了。而电空传动装置却能将较大的力传递较远，而且机车上有现成的压缩空气气源。所以，在机车上还采用许多电空传动的电器设备。此外，与电磁传动装置相比，采用电空传动时，有色金属的消耗及动作时的控制电源功率都可大为减少。

电空传动装置是一种以电空阀控制的压缩空气作为动力，驱使触头按规定动作的驱动机构。它主要由电空阀和压缩空气驱动装置组成。

1. 电空阀

电空阀是借电磁吸力来控制压缩空气管路的导通或关断，从而达到远距离控制气动器械的目的。电空阀按工作原理分有开式和闭式两种，但从结构来说都由电磁机构和气阀两部分组成。

(1)闭式电空阀

闭式电空阀是机车上应用较多的一种。原理结构如图 5-8 所示，实际结构简图如图 5-10 所示。

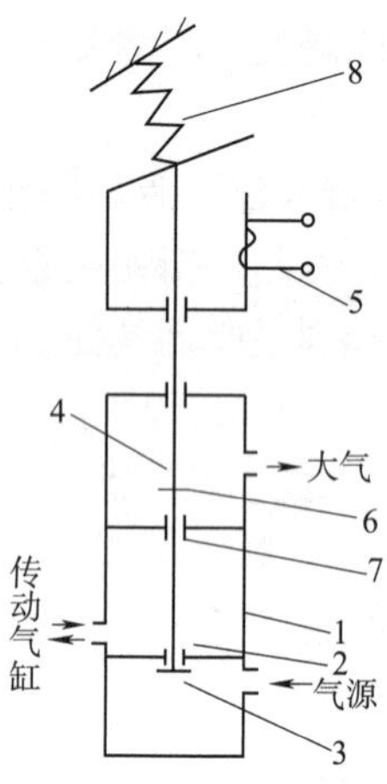


图 5-8 闭式电空阀的原理结构

1—阀体；2—下阀门；3、6—阀块；4—阀杆；5—电磁铁；7—上阀门；8—反力弹簧

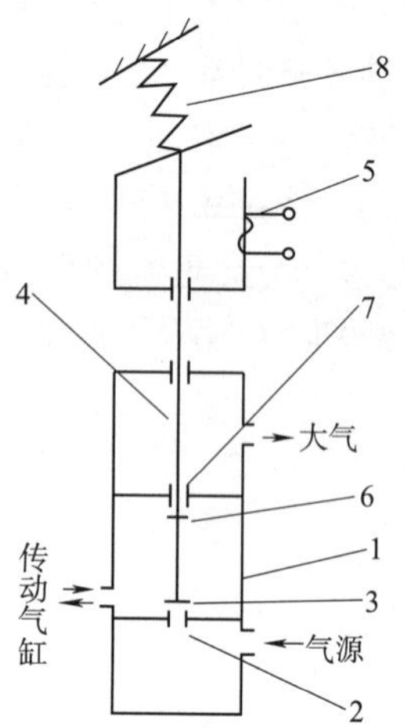


图 5-9 开式电空阀原理结构

1—阀体；2—下阀门；3、6—阀块；4—阀杆；5—电磁铁；7—上阀门；8—反力弹簧

电空阀主要由拍合式电磁机构和由阀杆、上阀、下阀、顶针、阀座、弹簧等组成的阀门两部分组成。用来控制风动装置的风路，操纵控制某些机械设备，以达到远距离控制的目的。

当线圈有电时，衔铁被吸下，压迫阀杆克服弹簧的推力，使阀杆、顶针下移，上阀压贴在阀座上，同时通过顶针将下阀推离阀座，打开压缩空气进入风动装置气缸的通道($a$-$b$ 开通)，压缩空气从气源经电空阀进入传动气缸，推动气动器械动作。同时关闭了风动装置气缸至大气的通道($b$-$c$ 不通)。

当线圈失电时，在弹簧的作用下，下阀与阀座贴合，同时下阀通过顶针将上阀推离阀座，使下阀切断压缩空气进入风动装置气缸的通道($a$-$b$ 不通)，同时打开了风动装置气缸至大气的通道($b$-$c$ 开通)，使传动气缸的压缩空气经电空阀排向大气，气动器械恢复原状。

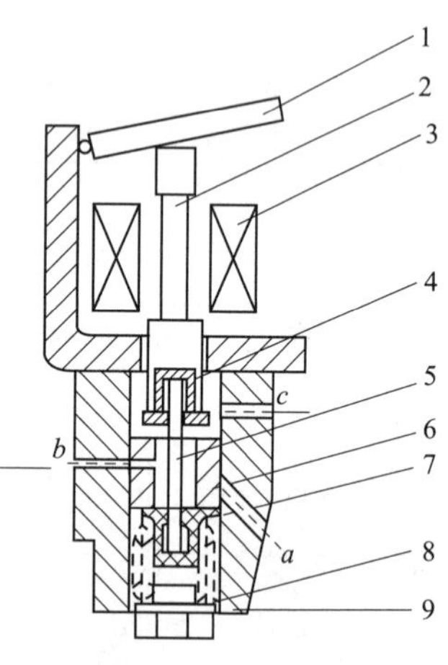


图 5-10 电空阀结构简图

1—衔铁；2—阀杆；3—线圈；4—上阀；5—顶针；6—阀座；7—下阀；8—弹簧；9—阀体

$DF_{4D}$ 型内燃机车上所用电空阀基本规格、使用处所见表 5-1。

(2)开式电空阀

开式电空阀是在线圈失电时，使气源和传动气缸打开，大气和传动气缸关闭的阀。其原理结构如图 5-9 所示。

$SS_3$、$SS_8$ 型机车上使用的是 TFK1B 型螺管式电磁铁、立式安装闭式电空阀。它的型号意义为

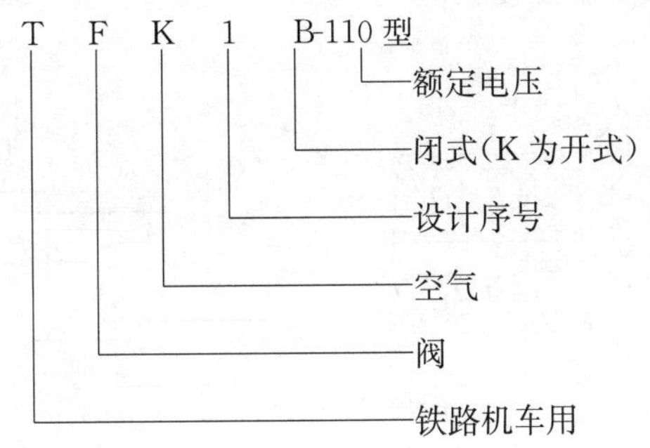


TFK1B-110 型电空阀主要技术参数

额定气压……………………………………………… 500 kPa

额定电压 ……………………………………………… DC 110 V

最小动作电压 ………………………………………… 0.7 $U_e$(77 V)

阀杆行程 ……………………………………………… (1.0±0.2) mm

铁芯气隙 ……………………………………………… (1.9±0.2) mm

线圈

线径……………………………………………… $\phi$0.23 mm

匝数 ……………………………………………… 13 000 匝

阻值 ……………………………………………… $938^{+75}_{-46}$ Ω

**表 5-1 $DF_{4D}$ 型内燃机车用电空阀一览表**

| 名称 | 图号 | 主要技术参数 | | | | | | | | 用途 |
|---|---|---|---|---|---|---|---|---|---|---|
| | | 额定电压(V) | 额定气压(kPa) | 阀杆行程(mm) | 线圈直径(mm) | 线圈匝数(匝) | 线圈电阻(C)20℃ | 通口直径(mm) | 风管接头 | |
| 四类电空阀 | N274 6$Q_4$A | 110 | 500 | $1^{+0.2}_{0}$ | $\phi$0.21 | 11 700 | 800 | $\phi$4.7 | kG 1/4 | 电空传动电器用 |
| 电空阀 | N274A 6$Q_4$B | 110 | 500 | $1^{+0.2}_{0}$ | $\phi$0.21 | 11 700 | 800 | $\phi$6 | kG 1/4 | 电阻制动扩展电空接触器用 |
| 鸣笛撒砂阀 | 6$Q_7$ | 110 | 900 | 2~2.5 | $\phi$0.31 | 9 000 | 292 | $\phi$9.5 | kG 1/4 | 机车鸣笛撒砂用 |

2. 压缩空气驱动装置

压缩空气驱动装置依靠由低压风缸来的压力风，通过活塞杆等杠杆机构使动、静触头闭合。当电空阀有电时，压缩空气进入气缸中，使活塞杆右移，从而驱动电器触头动作。当电空阀断电时，在弹簧的作用下，触头断开。

压缩空气驱动装置有气缸式传动和薄膜式传动两种。

(1)气缸传动装置

①单活塞气缸传动装置[图 5-11(a)所示]

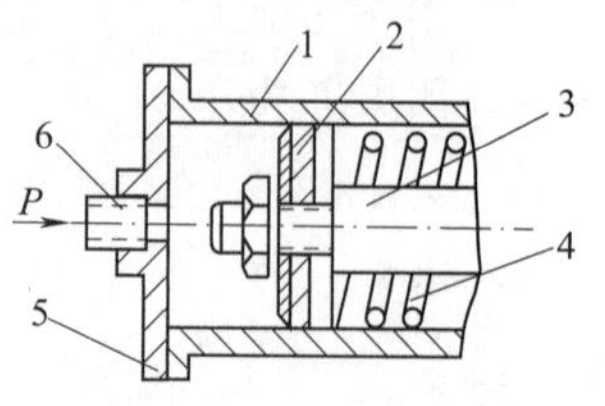


(a)单活塞气缸传动装置

1—气缸；2—活塞；3—活塞杆；

4—弹簧；5—气缸盖；6—进气孔

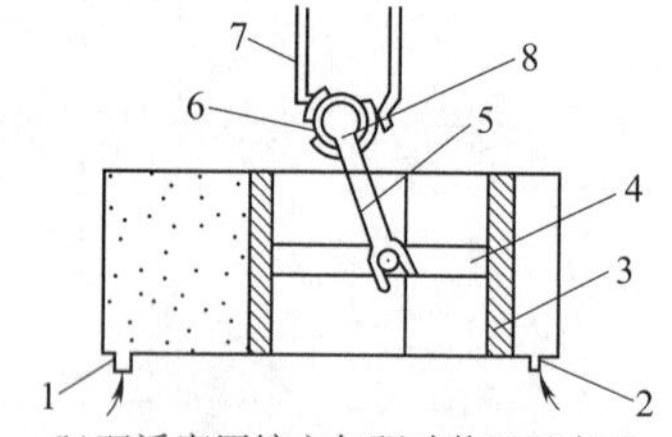


(b)双活塞压缩空气驱动装置示意图

1、2—进气口;3—活塞；4—活塞杆；

5—曲柄；6—转鼓；7—静触头；8—动触孔

图 5-11　气缸式传动装置

优点是工作行程可以选择,以满足开距和超程的要求;缺点是摩擦力较大、动作较慢。

②双活塞气缸传动装置[见图 5-11(b)所示]

特点是所控制的行程受一定限制,且对被控制的触头不具有压力的传递,所用应用较少。

(2)薄膜传动装置(图 5-12、图 5-13)

其特点是动作灵活、摩擦力和磨损较小、加工制作、维修方便。但活塞杆行程小,在低温条件下,薄膜易开裂,需经常更换。

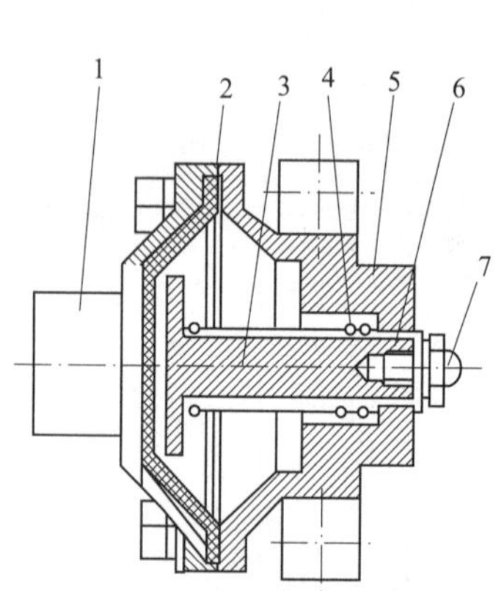


图 5-12　薄膜传动装置

1—气缸盖;2—弹性薄膜;

3—活塞杆;4—复原弹簧;

5—气缸座;6—衬套;7—杆头

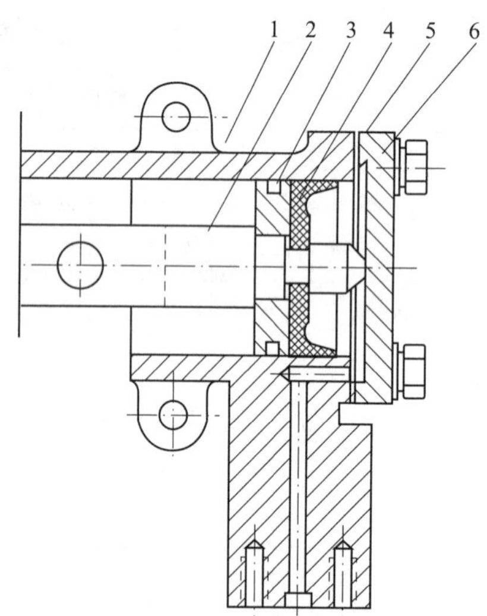


图 5-13　风动装置示意图

1—气缸体;2—活塞杆;3—毛毡;

4—皮碗;5—密封垫;6—气缸盖

# 第三节 接 触 器

## 一、概 述

接触器是用来频繁地接通或切断带有负载的主电路、辅助电路等大容量的自动切换电器。其特点是能开断较大电流，可频繁操作，并能远距离控制。

(一)接触器的组成

1. 触头装置

触头装置分为主触头和联锁触头。主触头一般由动、静主触头等组成，用以直接控制相应电路的通断。联锁触头用以控制其他电器、信号或电气联锁等。

2. 传动装置

传动装置包括驱使触头闭合的装置和开断触头的弹簧机构以及缓冲装置，用来可靠地驱使触头按要求动作。

3. 灭弧装置

灭弧装置一般与主触头配合使用，在主触头断开电路产生电弧时，用来及时地熄灭电弧，切断电路并保护触头。根据电流的性质、灭弧方法和原理，可以制成各种灭弧装置。

4. 安装固定装置

安装固定装置属于非工作部分，用以合理地安装和布置电器各部件。

(二)接触器的分类

接触器的用途广、种类多，一般有以下几种分类形式。

1. 按传动方式分

有电磁接触器和电空接触器之分。电磁接触器采用电磁传动装置，电空接触器采用电空传动装置。电磁接触器一般应用于机车的辅助电路中，电空接触器一般应用于机车的主电路中。

2. 按主触头通断电流的性质分

有交流接触器和直流接触器之分。对于某些在触头系统中控制的是交流电路，而线圈接入的是直流电路的接触器，又称交—直流接触器。

3. 按线圈接入电路方式分

有串联和并联电磁接触器。一般用并联电磁接触器。

4. 按主触头所处的环境分

有空气式和真空式接触器。

5. 按主触头的数量分

有单极和多极接触器。

(三)接触器的基本参数

基本参数除额定电压和电流外还有以下几种。

1. 切换能力

切换能力又称为开闭能力、通断能力，是指触头在规定条件下接通和切断负载的能力。在此电流值下通断负载时，不应发生熔焊、电弧和过分的磨损等现象。保证接触器能在较差的条件下可靠工作。

2. 动作值和释放值

对电磁接触器主要是指电压和电流的动作值和释放值。对电空接触器包括电空阀的动作电压及气缸相应的气压值。

3. 操作频率

指接触器在每小时内允许操作的次数。接触器的操作频率越高，每小时开闭的次数就越多，触头及灭弧室的工作任务也就越重，对交流接触器来说，线圈受到的冲击电流及衔铁铁芯受到的冲击次数也就越多，操作频率对常用的交、直流接触器来说，常采用每小时 150 次、300 次、600 次、1 200 次的规定。

4. 机械寿命和电气寿命

机械寿命指的是接触器在无负载操作下无零部件损坏的极限动作次数。电气寿命指的是接触器在规定的操作条件下无零部件损坏的极限动作次数。目前，接触器的机械寿命一般可达数百万到千万次以上，而电气寿命则按不同的使用类别和不同的机械寿命级别有一定的百分比，一般为机械寿命的 20%左右。

5. 动作时间、释放时间

动作时间（又称为闭合时间）是指从电磁铁吸引线圈通电瞬间时起到衔铁完全闭合所需要的时间；释放时间（又称为开断时间）是指从电磁铁吸引线圈断电瞬间起到衔铁完全打开所需要的时间。为了对有关电路能准确可靠的进行控制，对接触器的动作时间也有一定的要求，如：直流接触器的闭合时间一般为 0.04～0.11 s，开断时间为 0.07～0.12 s，交流接触器的闭合时间一般为 0.05～0.1 s，而开断时间为 0.1～0.4 s。

接触器除应满足以上基本参数的要求外，还应满足在 85%额定控制电压下保证接触器正常工作。另外在选择电磁接触器时还应考虑工作制的要求。

## 二、电磁接触器

电磁接触器采用的是电磁传动装置，通常又分为直流、交流、交直流三大类型。

（一）直流电磁接触器

1. CZO-××/××系列

（1）型号及在机车上的作用

$DF_{4B}$ 型内燃机车上采用 CZO 型系列直流电磁接触器。其型号含义为：C——接触器；Z——直流；O——设计序号；分式：分子××——额定电流，分母第一个×——常开主触头数，分母第二个×——常闭主触头数。

CZO-400/10 型电磁接触器共有两个，分别用于控制柴油机的启动电路（QC）和同步牵引发电机的励磁电路（LC）。

CZO-250/20 型电磁接触器共有两个，用于控制两台空气压缩机启动电路（YC）。

CZO-40/20 型电磁接触器共有 6 个，分别用于控制启动滑油泵电动机电路（QBC）、燃油泵电动机电路（RBC）、辅助发电机励磁电路（FLC）、辅助发电机固定发电时励磁电路（GFC）、励磁机励磁电路（LLC）、故障励磁工况时的励磁机励磁电路（GLC）。

（2）各接触器主要参数

接触器主要参数见表 5-2。

表 5-2　CZO 型系列电磁接触器主要参数

| 型　号 | | CZO-400/10 | CZO-250/20 | CZO-40/20 |
|---|---|---|---|---|
| 主触头 | 额定电压(V) | 440 | 440 | 440 |
| | 额定电流(A) | 400 | 250 | 40 |
| | 开距(mm) | 17～19 | 15～17 | 3.6～4.5 |
| | 终压力(N) | 88.2±8.82 | 52.25～68.86 | 6.86～8.33 |
| 辅助触头 | 额定电流(A) | 10 | 10 | 5 |
| | 开距(mm) | 4～5 | 4～5 | 3.5～4.5 |
| | 超程(mm) | 2～3 | 2～3 | 1.5～2.5 |
| | 终压力(N) | 1.96 | 1.96 | 1.6～1.37 |
| 启动线圈 | 线径(mm) | 0.53 | 0.56 | — |
| | 匝数 | 2 600 | 2 500 | — |
| | 电阻(Ω) | 36.3 | 31.5 | — |
| 保持线圈 | 线径(mm) | 0.31 | 0.31 | 0.23 |
| | 匝数 | 6 200 | 5 600 | 10 000 |
| | 电阻(Ω) | 324 | 293 | 536 |

(3)结构

CZO 型系列直流电磁接触器按结构可分为两种类型：CZO-400/10、CZO-250/20 型电磁接触器采用平面布置的整体结构，如图 5-14 所示。CZO-250/20 型电磁接触器的结构与 CZO-

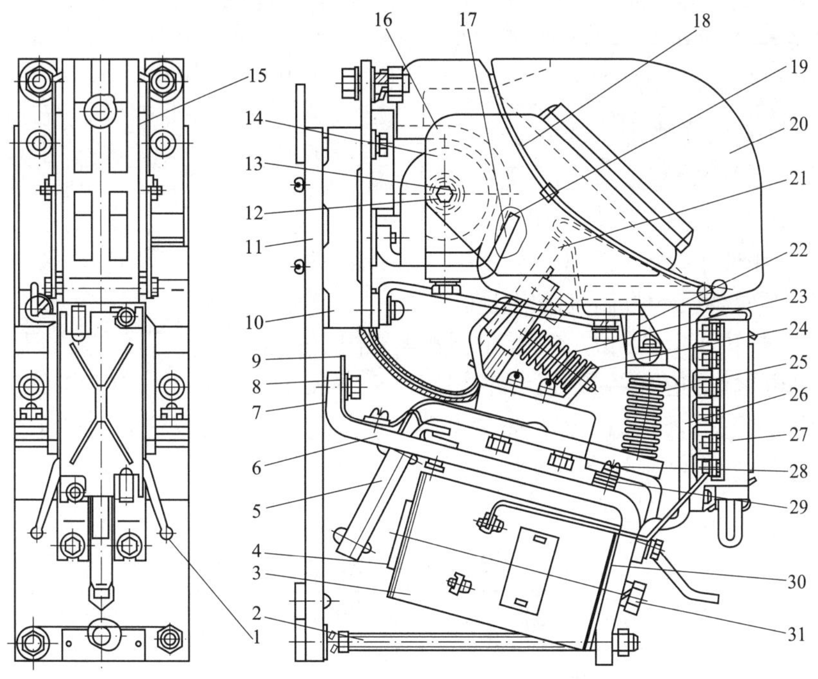


图 5-14　CZO-400/10 型电磁接触器结构

1—引线；2—支持件；3—线圈；4—铁芯；5—衔铁；6—磁轭；7、24—垫圈；8、31—螺栓；9—绝缘片；10—接触板；11—底架；12—灭弧线圈铁芯；13—绝缘套筒；14、15—导磁板；16—灭弧线圈；17—主(静)触头；18—卡箍；19、30—绝缘垫；20—灭弧罩；21—主(动)触头；22—灭弧角；23、25—弹簧；26—触头支持件；27—辅助触头；28—螺钉；29—压板

400/10 型电磁接触器基本相似，只是有两对主触头；CZO-40/20 型电磁接触器采用立体布置的整体结构，如图 5-15 所示。

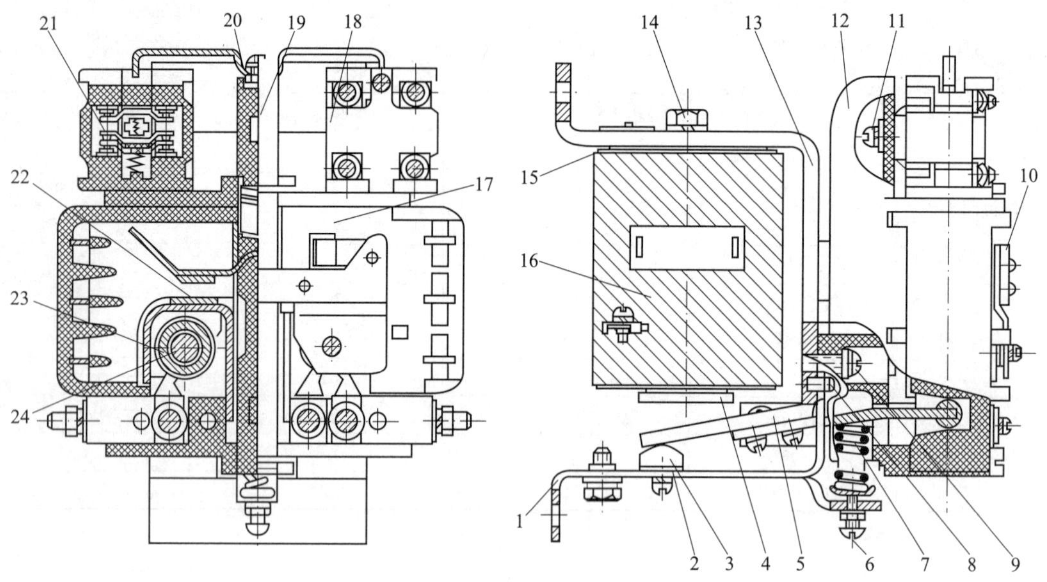


图 5-15　CZO-40/20 型电磁接触器结构

1—支持件；2—调整垫板；3—停挡；4—铁芯；5—衔铁；6—调整螺钉；7—弹簧；8、9、11—螺钉；10—导磁体；12—底盘；13—磁轭；14—螺栓；15—绝缘衬垫；16—线圈；17—灭弧罩；18—透明罩；19—触头支持件；20—垫圈；21—辅助触头；22—主触头；23—灭弧线圈；24—灭弧铁芯

2. S15 系列直流接触器

该系统为直流接触器，是采用系统直流接触器引进了德国先进设计、制造工艺技术。

(1)型号规格及在机车上的作用

S15××-mK-UV。该组合中：××——接触器型号；m——常开辅助触头数量；K——常闭辅助触头数量；UV——控制电源电压值。

$DF_{4D}$ 型内燃机车上选用的该型接触器在电路图中的接触器代号及作用如下：

S156g 型电磁接触器共有两个，用于控制两台空气压缩机启动电路(YC)；S157g 一个用于控制柴油机的启动电路(QC)；S158c 一个用于控制同步牵引发电机的励磁电路(LC)。

(2)各接触器主要技术规格及参数

主要技术规格见表 5-3，主要参数见表 5-4，动作值见表 5-5。

**表 5-3　主要技术规格**

| 序号 | 型　号 | 主触头额定电流(A) | 主触头额定电压(V) | 控制电源额定电压(V) | 用　途 | 电路图中代号 | 注 |
|---|---|---|---|---|---|---|---|
| 1 | S156g | 250 | 110 | 110 | 风泵 | 1～2YC | ≤22 kW |
| 2 | S157g | 400 | 110 | 80 | 启动 | QC | 短时工作 |
| 3 | S158c | 400 | 110 | 110 | 励磁 | LC | |

**表 5-4 触头及线圈参数**

| 接触器型号 | S156g—12 | S157g—12 | S158c—12 |
|---|---|---|---|
| 主触头型号数量 | S307g×3 | S307g×4 | S310c×1 |
| 主触头组合方式 | 3串 | 2串2并 | |
| 辅助触头型号数量 | S007a×3 | S007a×3 | S007a×3 |
| 辅助触头组合方式 | INO<br>2NC | INO<br>2NC | INO<br>2NC |
| 线圈电阻(Ω) | 58.5 | 34.1 | 58.5 |
| 线圈线径(mm) | 0.475 | 0.56 | 0.475 |
| 线圈匝数(匝) | 3 922 | 3 102 | 3 922 |
| 经济电阻值(Ω) | 270 | 无 | 270 |
| 电路图代号 | 1～2YC | QC | LC |

**表 5-5 接触器动作值**(常温下)

| 型 号 | 调整螺栓圈数 | 吸合值(V) | 释放值(V) |
|---|---|---|---|
| S156g | 3～3.5 | ≤77 | ≥8 |
| S157g | 2.5～3 | ≤56 | 4≤$U$≤33 |
| S158c | 3～3.5 | ≤77 | ≥8 |

(3)结构及外形

如图 5-16、图 5-17 所示。

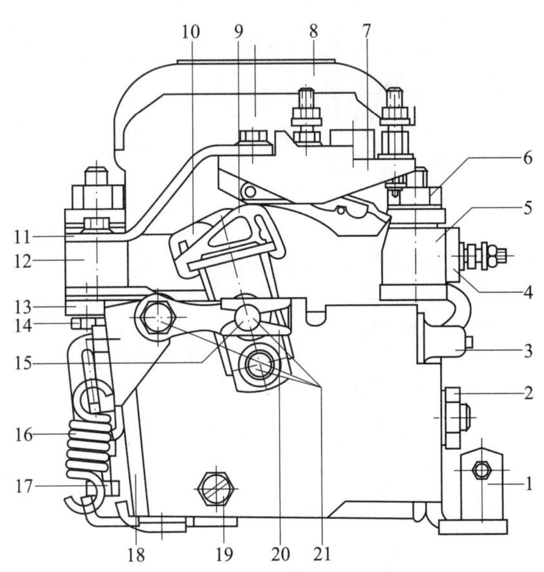


图 5-16 S156 电磁直流接触器外形结构图

1—经济电阻;2—铁芯紧固螺母;3—线圈;4—线圈接线柱;5—主触头上安装座;6—紧固螺母;7—辅助触头;8—主触头;9—主触头凸轮;10—经济电阻凸轮;11—辅助触头支架;12—主触头下安装座;13—挡块;14—挡块调整螺栓;15—圆柱销;16—拉簧;17—拉簧调整螺栓;18—衔铁;19—底部紧固螺栓;20—弹簧夹;21—加润滑油处

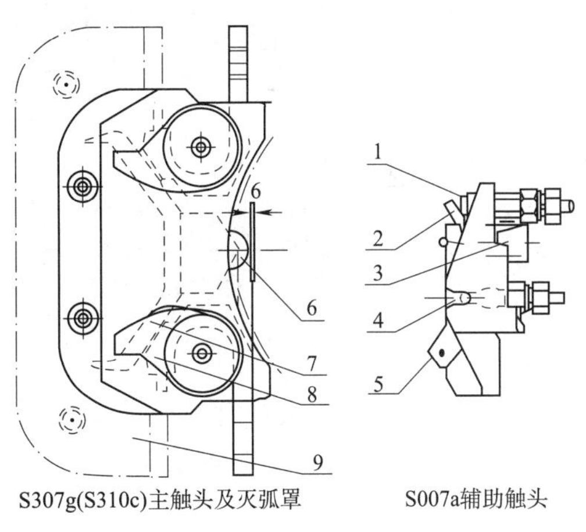


图 5-17 辅助触头、主触头及灭弧罩示意图

1、8—静接点;2、7—动接点;3—簧托;4—圆弧接触面;5、6—滚轮;9—灭弧罩

3. S140 系列直流接触器

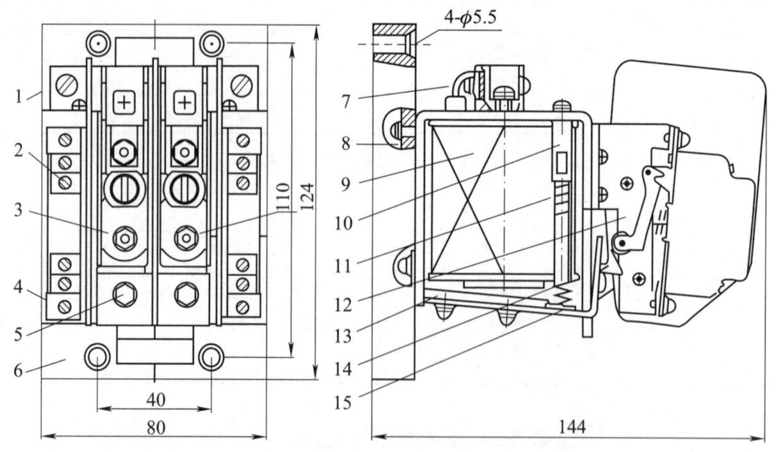


图 5-18　S140A-1 型直流接触器外形结构图(单位:mm)

1—线圈接线螺钉 M4;2—S800 系列辅助触头;3—S008P6(P5)触头;4—辅助触头安装螺钉 M3;5—主触头安装螺栓 M5;6—底座;7—抑制器;8—轭铁;9—线圈;10—导杆;11—弹簧;12—支架;13—衔铁;14—凸轮;15—弹簧座

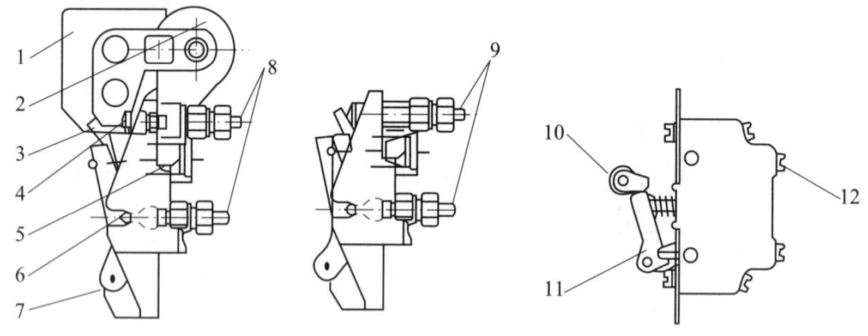


图 5-19　S008P6(P5)、S007a、S800a 系列触头外形结构图

1—灭弧罩;2—永磁磁棒;3—动接点;4—静接点;5—簧托;6—圆弧接触面;7—滚轮;8—接线螺栓 M6(M5);9—接线螺栓 M5;10—滚轮;11—滚轮架;12—接线螺钉 M3

型号规格

S140X-n-UV。该组合中:X——主触头、辅助触头的组合方式,以英文字母表示;n——同一触头组合方式下的设计序列号;UV——额定工作电压值。

DF$_{4D}$ 型内燃机车上采用的 S140A 型接触器触头组合及型号如下:

型号——S140A-2;

主触头组合——2NO;

额定电流——25 A;

主触头型号、数量——S008P5(NO)×2;

辅助触头型号、数量——S800a×2;

辅助触头组合——2NO+2NC。

选用 S140A 型接触器,在机车电路图中的代号:QBC、RBC、LLC、GFC、FLC、GFLC。

4. CZ5 系列直流接触器

在 SS 系列电力机车上都采用了 CZ5 系列的直流接触器。

(1)CZ5-22-10/22 型接触器

①型号

其型号含义为:C——接触器;Z——直流;5——设计序号;22——派生代号;10/22——分子第一位和第二位分别表示常开和常闭主触头数,分母第一、二位分别表示常开和常闭联锁触头数。

②作用

该型接触器是用来控制调压开关伺服电动机电源和机车前照灯。

③组成

该型接触器主要由触头装置、灭弧装置和传动装置等组成。

该型接触器结构如图 5-20 所示。

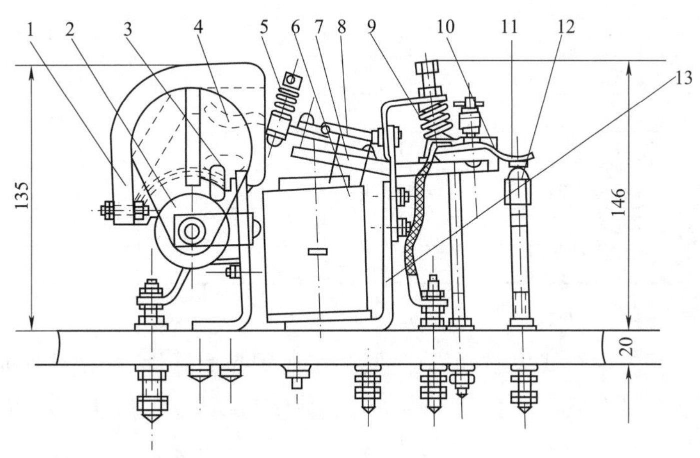


图 5-20 CZ5-22-10/22 型接触器结构简图

1—灭弧罩;2—吹弧线圈;3—主静触头;4—主动触头;5—触头弹簧;6—吸引线圈;7—衔铁;8—软连接;9—反力弹簧;10—绝缘基座;11—动联锁触头;12—静联锁触头;13—磁轭

触头装置:是由单相主触头和二常开二常闭联锁触头组成。静主触头为铜质 T 形结构,与弧角一起装在支架上;动主触头为铜质指形结构,直接装于衔铁上。动联锁触头为指形结构,亦装于衔铁上,静联锁触头为半球形,装于螺杆上,为提高触头寿命,在联锁触头的紫铜块上镶有耐弧材料——银氧化镉片。另外,动主、辅触头上都有触头弹簧,防止触头闭合时产生有害振动。

灭弧装置:是由带有灭弧罩的磁吹灭弧装置完成的,只设在主触头上。磁吹线圈与主触头串联,当主触头在打开过程中产生电弧时,电弧受到磁吹线圈产生的电场力而被拉向灭弧罩,使电弧变长变冷而熄灭。

**表 5-6 CZ5、CJ8Z 电磁接触器主要技术参数**

| 型 号 | CJ8Z-150Z | CZ5-11-00/33 | CZ5-22-10/22 |
|---|---|---|---|
| 额定电压(V) | AC 380 | DC 220 | DC 220 |
| 额定电流(A) | 150 | 20 | 60 |

续上表

<table>
<tr><th colspan="3">型　　号</th><th>CJ8Z-150Z</th><th>CZ5-11-00/33</th><th>CZ5-22-10/22</th></tr>
<tr><td colspan="2" rowspan="5">主触头</td><td>数量</td><td>3</td><td></td><td>1</td></tr>
<tr><td>开距(mm)</td><td>≥5</td><td></td><td>9～11</td></tr>
<tr><td>超程(mm)</td><td>≥3</td><td></td><td>3～5</td></tr>
<tr><td>初压力(N)</td><td>30±3</td><td></td><td>5</td></tr>
<tr><td>终压力(N)</td><td>34±3.4</td><td></td><td>7～14</td></tr>
<tr><td colspan="2" rowspan="6">辅助触头</td><td>数量</td><td>二常开二常闭</td><td>三常开三常闭</td><td>二常开二常闭</td></tr>
<tr><td>额定电流(A)</td><td>5</td><td colspan="2">20</td></tr>
<tr><td>开距(mm)</td><td>≥2.5</td><td colspan="2">8～10</td></tr>
<tr><td>超程(mm)</td><td>≥1.5</td><td colspan="2">1.5～3.5</td></tr>
<tr><td>初压力(N)</td><td>1.1</td><td colspan="2">0.9</td></tr>
<tr><td>终压力(N)</td><td>1.5</td><td colspan="2">1.1～2</td></tr>
<tr><td rowspan="7">控制线圈</td><td rowspan="4">吸引线圈</td><td>额定电压(V)</td><td>DC 110</td><td colspan="2">DC 110</td></tr>
<tr><td>线径</td><td>$\phi$0.49</td><td colspan="2">$\phi$0.23</td></tr>
<tr><td>匝数</td><td>920</td><td colspan="2">10 000</td></tr>
<tr><td>阻值</td><td>15.8～17.5</td><td colspan="2">$476^{+38}_{-23}$</td></tr>
<tr><td rowspan="3">保持线圈</td><td>线径</td><td>$\phi$0.14</td><td colspan="2"></td></tr>
<tr><td>匝数</td><td>6 600</td><td colspan="2"></td></tr>
<tr><td>阻值</td><td>1 740～1 920</td><td colspan="2"></td></tr>
</table>

注:外接启动电容器为电解电容器 470 μF、160 μF。

传动装置:是由直流拍合式电磁铁组成的,为了改善吸力特性,静铁芯端面装有极靴,改变反力弹簧和工作气隙,可改变其动作值。为了防止剩磁将衔铁粘住,在衔铁的磁极端面处装有0.1～0.2 mm 厚的紫铜片,亦称非磁性垫片。在铁芯的磁极端面处一般还加装了极靴,以使直流接触器的吸力特性平坦,减少吸合时的冲击。

④工作原理

其工作原理类同电磁铁的工作原理。当吸引线圈未通电时,衔铁在反力弹簧作用下打开,使常开触头打开,常闭触头闭合;当吸引线圈得电时,铁芯与衔铁间产生的吸力将衔铁吸合,使常开触头闭合,常闭触头打开。

(2)CZ5-11-00/33 型接触器

该型接触器用来控制调压开关伺服电机的转向。

该型接触器的结构和 CZ5-22-10/22 型基本相同,但无主触头和灭弧系统,只有 3 个常开和常闭联锁触头,传动装置完全相同。

5. CZT-20 型直流接触器

(1)型号

C——接触器;Z——直流;T——铁路用;20——负载级别(A);B——主接点构成:二常开一常闭;无 B:二常开。

(2)作用

该型接触器现用在 $SS_4$ 型、$SS_8$ 型、$SS_9$ 型电力机车的控制电路中,也可用于辅助电路中。

(3)组成

该型接触器主要由触头装置、传动装置和灭弧装置等组成。触头装置:二常开一常闭的主触头和二常开二常闭的联锁触头组成,联锁触头的通断电流为 5 A,主触头可通断额定电压 DC 440 V 的直流电路,主触头端子有"+"、"-"极性,要按标志接线。传动装置:为一直动式直流电磁铁。灭弧装置:采用灭弧罩和磁吹装置。灭弧室不能装反,不要拆除灭弧室内的磁铁。

(4)工作原理

其工作原理类同电磁铁工作原理,当吸引线圈得电时,衔铁吸合,带动常开触头闭合,常闭触头打开,当吸引线圈失电时,衔铁在反力弹簧作用下打开并带动常闭触头闭合,常开触头打开,常开主触头上的电弧被灭弧装置熄灭。

(二)交流接触器

1. CJ20 系列三相交流接触器

(1)型号

CJ20-100Z、CJ20-160Z。

其中:C——接触器;J——交流;20——设计序号;100(160)——主触头额定电流(A);Z——直流控制。

(2)作用

在 $SS_4$ 型(1～158 号)和 $SS_6$ 型机车辅助电路中,用来接通和断开三相异步电动机或启动电阻(启动电容)等电路。

(3)结构

CJ20 系列三相交流接触器的结构形式为直动式,立体布置、双断点、开启式,并采用压铸铝底座,增强耐弧塑料底板和高强度陶瓷灭弧罩组成三段式结构,使接触器结构紧凑,便于检修和更换线圈。主要由触头装置、传动装置和灭弧装置等组成,如图 5-21 所示。

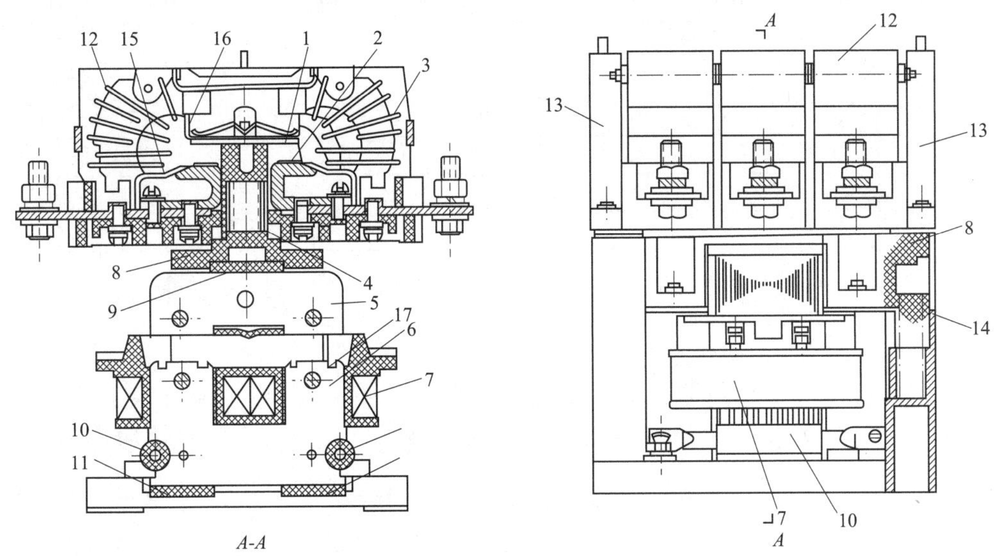


图 5-21 CJ20 型交流接触器结构简图

1—主动触头;2—主静触头;3—灭弧栅片;4—压缩弹簧;5—衔铁;6—静铁芯;7—线圈;8—绝缘支架;9、11—缓冲件;10—缓冲硅橡胶管;12—灭弧室;13—联锁触头;14—反力弹簧;15、16—弧角;17—分磁环

触头装置:主触头中的动触桥为船形结构,因而具有较高的强度和较大的热容量。160 A以下选用黄铜拉伸触桥。静触头选用型材并配以铁质引弧角使之既具有形状的稳定型又便于电弧的外运动,触头材料选用 Ag-cdol2,其特点是具有较好的抗熔焊性能和耐电磨损的性能。辅助触头安置在主触头两侧,采用五色透明聚碳酯做成封闭式结构,确保防尘,使接触可靠,160 A 及以下等级为二常开二常闭。

传动装置:采用具有双线的 U 形铁芯磁系统,衔铁为直动式,没有转轴,气隙置于静铁芯底部中间位置,因而释放可靠。磁系统的缓冲装置采用新型的耐高温吸振材料硅橡胶。还选用了耐磨性能好的聚氨酯橡胶做停挡。

灭弧装置:采用高强度陶瓷纵缝灭弧罩。

(4)动作原理

类似于电磁铁的工作原理,不再详述。

(5)参数

CJ20 系列电磁铁接触器的主要技术参数见表 5-7。

**表 5-7　CJ20 系列电磁接触器主要技术参数**

| 型　　号 | | | CJ20-100 | CJ20-160 |
|---|---|---|---|---|
| 额定工作电压(V) | | | 380 | 380 |
| 额定工作电流(A) | | | 100 | 160 |
| 主触头 | 开距(mm) | | 6 | 6.6 |
| | 超程(mm) | | 2.5±0.5 | 3±0.6 |
| | 初压力(N) | | 15.7±1.6 | 24.5±2.5 |
| | 终压力(N) | | 19.6±2 | 29.4±3 |
| 辅助触头 | 额定发热电流(A) | | 10 | 10 |
| | 额定工作电流(A) | | 0.55 | 0.55 |
| | 开距(mm) | | 4.5 | 4.5 |
| | 超程(mm) | 常开 | 3±1 | 3±1 |
| | | 常闭 | 3±0.5 | 3±0.5 |
| | 初压力(N) | | 1.13±0.12 | 1.13±0.12 |
| | 终压力(N) | | 2.06±0.21 | 2.06±0.21 |
| 控制线圈 | 线径(mm) | | $\phi$0.41 | $\phi$0.55 |
| | 匝数 | | 1 500 | 1 000 |
| | 20℃阻值(Ω) | | 29.0 | 15.3 |

2.3TB 系列三相交流接触器

(1)型号:3TB5217-OBF4 型、3TB4817-OBF4 型

其含义:3TB 系列;48——级别代号;17——辅助触头规格与数量(17 代表二常开二常闭);OB——直流操作(OA——交流操作);F4——线圈电压与频率代号(F4 为直流 110 V)。

(2)作用

用在 $SS_4$ 改型、$SS_8$ 型电力机车的辅助电路中,用来接通和断开三相异步电动机等电气设备。

(3)结构

如图 5-22 所示,3TB 系列接触器采用体积小,质量轻的双断点直动式结构,3TB48、

3TB52 接触器均采用单 U 形双绕组磁系统。

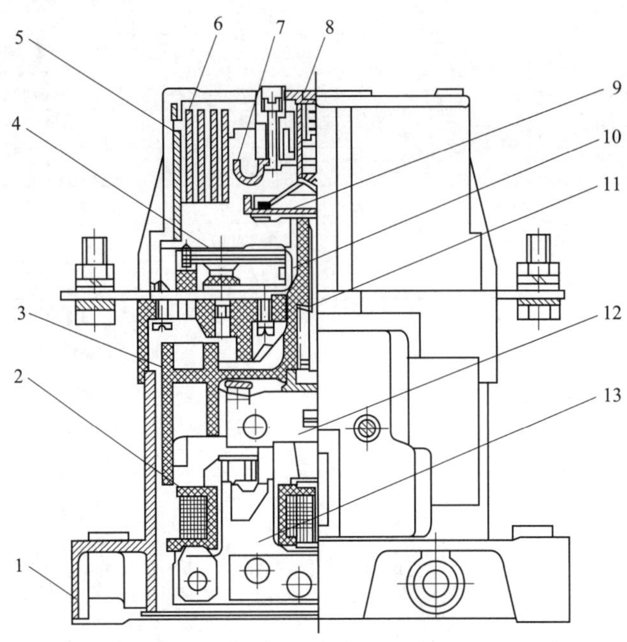


图 5-22 3TB52 型交流接触器结构简图

1—底座;2—线圈;3—弹簧;4—静触头;5—灭弧室;6—灭弧片;7—导板;8—指示件;9—触桥;10—触头支持件;11—弹簧;12—衔铁;13—磁轭

触头装置:采用接触电阻稳定、抗熔焊、耐磨的银氧化镉、银氧化锡及镍等材料,触头支持件与低板均用特别的耐热耐弧的塑料制成。辅助触头安装在基座两侧,为二常开二常闭。

传动装置:采用单 U 形双绕组直流磁系统,线圈按长期工作制设计,寿命长、无噪声、无冲击电流。在 U 形磁系统磁扼中部有一不变气隙,可保证衔铁可靠释放。

灭弧装置:灭弧室中装有桥形灭弧导板,两旁各有带齿形的缺口栅片,使电弧能快速拉出熄灭。

接触器采用机械强度高,导热性能好的铝合金基座。

(4)工作原理

类似电磁铁工作原理。

(5)参数见表 5-8。

**表 5-8 3TB 系列电磁接触器的主要技术参数**

| 型 号 | | | 3TB4817 | 3TB5217 |
|---|---|---|---|---|
| 额定工作电压(V) | | | 380 | 380 |
| 额定工作电流(A) | | | 75 | 170 |
| 主触头 | 开距(mm) | | 7.1±1.3 | 9.3±1.35 |
| | 超程(mm) | | 2.6+0.4 | 3.2±0.35 |
| 辅助触头 | 额定发热电流(A) | | 10 | 10 |
| | 额定工作电压(V) | | 110 | 110 |
| | 额定工作电流(A) | DC 1 | 3.2 | 8 |
| | | DC 11 | 1.8 | 2.4 |

续上表

| 型　　号 | | | 3TB4817 | 3TB5217 |
|---|---|---|---|---|
| 辅助触头 | 开距(mm)<br>超程(mm) | 常开 | 5.4±2.4 | 9.4±2.1 |
| | | | 4.9±1.5 | 3.1±1 |
| | | 常闭 | 6.2±1.9 | 7.2±3.2 |
| | | | 4.1±1 | 5.3±2.2 |
| 控制线圈 | 线径(m) | | $\phi$0.25 | $\phi$0.38 |
| | 匝数 | | 2×7 839 | 25 560 |
| | 20 ℃阻值(Ω) | | 618～683 | 300 |

3. 6C系列交流接触器

(1)型号

6C180型、6C110型。

其含义:6——序号;C——接触器;180、110——主触头额定电流(A)。

(2)作用

$SS_4$、$SS_7$、$SS_8$、$SS_9$型电力机车的辅助电路中,控制辅助电机等设备。

(3)结构

两种型号的结构基本相同,其外形及结构如图5-23所示。

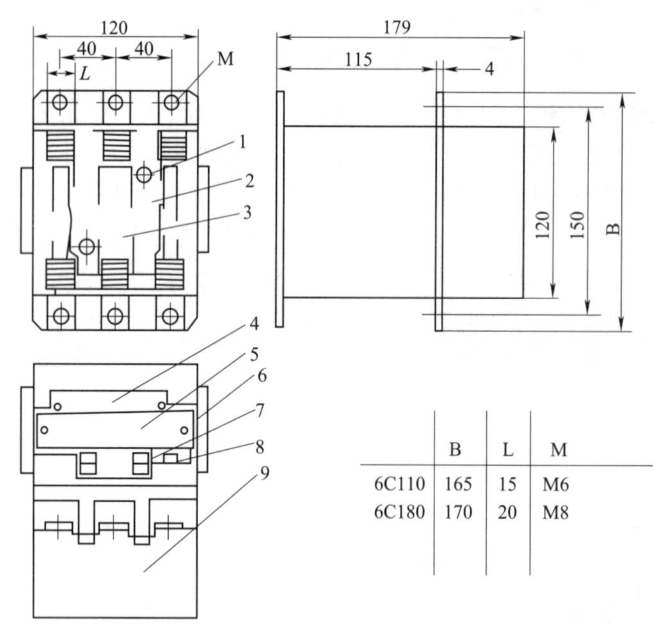


图5-23　6C180型接触器外形及结构简图

1—灭弧罩安装螺钉;2—吸引线圈;3—铁芯;4—机械联锁装置;
5—整流器;6—联锁触头;7—线圈插座;8—指示器;9—灭弧罩

触头装置:主触头采用常开直动式桥式双断点。

传动装置:磁系统为单E型直动式,具有较陡的吸力特性,控制线圈由启动线圈和保持线圈并联组成,并串加一个桥式整流器,使控制电源为交、直流两用,整流器输入、输出端都加有压敏电阻进行过电压保护。控制线圈通电后,启动线圈和保持线圈同时工作,在接触器快吸合时,启动线圈断开,只有保持线圈工作。启动线圈的分断由接触器自身一常闭联锁触头完成。

灭弧装置:灭弧罩采用高强度耐弧塑料制成,罩内设有割弧栅片。

6C180 接触器的灭弧室与触头支持件之间设有机械联锁装置,当灭弧罩取下后,其联锁装置即将触头支持件销住,此时即使有人操作,触头系统也不会动作,能可靠保证维修人员的安全。在控制线圈引线边有一红色指示器,指示接触器的闭合或断开。

(4)动作原理

类似电磁铁的工作原理。

(5)特点

6C180 型交流接触器具有操作频率高,主触头压力大,抗熔焊性好,耐电弧等优点,应用较多。在许多电力机车上,原用的 3TB 系列、6C110 型都改用 6C180 型。

6C 系列接触器结构为模块化设计,配件通用性大,便于维护及更换。

(6)参数

见表 5-9。

**表 5-9 6C110、6C180 型交流接触器主要技术参数表**

<table>
<tr><td colspan="3">型 号</td><td>6C110</td><td>6C180</td></tr>
<tr><td rowspan="6">主触头</td><td colspan="2">额定绝缘电压(V)</td><td>1 000</td><td>1 000</td></tr>
<tr><td colspan="2">运行电流频限(Hz)</td><td>25～400</td><td>25～400</td></tr>
<tr><td rowspan="2">运行电流</td><td>$I_{th}$(A)</td><td>160</td><td>260</td></tr>
<tr><td>AC3(415F)(A)</td><td>110</td><td>180</td></tr>
<tr><td colspan="2">接通能力(均方根值)</td><td>1 100</td><td>1 800</td></tr>
<tr><td colspan="2">分断能力(≤440 V)</td><td>1 300</td><td>1 800</td></tr>
<tr><td rowspan="4">辅助触头</td><td colspan="2">型号</td><td colspan="2">6CA21R</td></tr>
<tr><td colspan="2">约定发热电流 $I_{th}$(A)</td><td colspan="2">15</td></tr>
<tr><td colspan="2">额定绝缘电压(V)</td><td colspan="2">660</td></tr>
<tr><td colspan="2">运行电流(A)</td><td colspan="2">16.5(DC 24 V),15(DC 110 V)</td></tr>
<tr><td rowspan="5">控制线圈</td><td colspan="2">型号</td><td colspan="2">6CC180/415</td></tr>
<tr><td colspan="2">控制电源</td><td colspan="2">交流或直流</td></tr>
<tr><td colspan="2">额定电压(V)</td><td colspan="2">110</td></tr>
<tr><td rowspan="2">电阻</td><td>闭合(Ω)</td><td colspan="2">46</td></tr>
<tr><td>吸持(Ω)</td><td colspan="2">1 240</td></tr>
<tr><td colspan="3">机械寿命(百万次)</td><td>10</td><td>10</td></tr>
<tr><td colspan="3">电器寿命(百万次)</td><td>1.2</td><td>1.2</td></tr>
<tr><td colspan="3">最大操作频率(次/h)</td><td>2 400</td><td>2 400</td></tr>
</table>

## 三、电空接触器

电空接触器具有接触压力大,可减小接触电阻,防止触头温升过高,具有较大的开断能力的特点,多用于高电压大电流电路。电空接触器因此在机车上被广泛用在主电路里。

图 5-24 为电空接触器的工作原理示意图。

其一般由触头装置、灭弧装置、传动装置组成。当电空阀线圈得电时，其控制的压缩空气进入传动气缸，推动活塞，压缩开断弹簧而向上运动，使动静触头闭合。当电空阀线圈失电时，其控制的压缩空气排向大气，在开断弹簧的作用下，推动活塞带动活塞杆和动触头下移，动静触头打开，同时灭弧。在主触头动作的同时，联锁触头也相应动作。

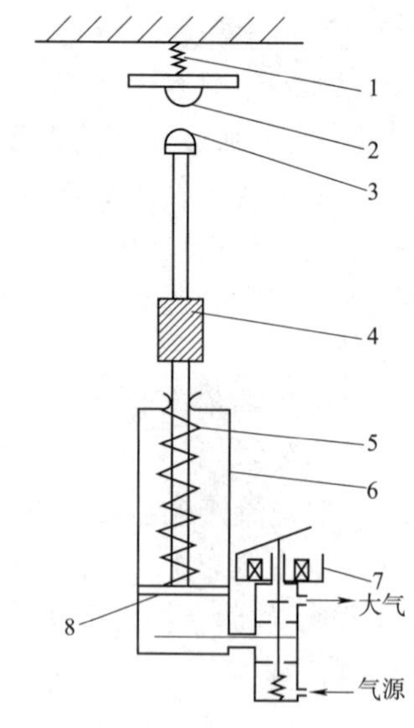


图 5-24　电空接触器工作原理示意图

1—缓冲弹簧；2—静主触头；3—动主触头；4—绝缘块及活塞杆；5—开断弹簧；6—缸体；7—电空阀；8—活塞

(一)TCK3-820/770、TCK3-800/770 型电空接触器

1. 作用

$DF_4$ 型内燃机车用 TCK3-820/770 型电空接触器来操纵牵引整流柜与各台牵引电动机之间电路的通断(1～6C)和用于电阻制动工况下牵引电动机励磁绕组与牵引整流柜负端之间电路的通断(ZC)。用 TCK3-800/770 型电空接触器来操纵电阻制动扩展电路的转换(1～6RZC)。

2. 主要技术参数

电空接触器、转换开关、组合接触器主要技术参数见表 5-10。

**表 5-10　电空接触器、转换开关、组合接触器主要技术参数**

| 顺　号 | 名　　称 | | 电空接触器 | 电空接触器 | 转换开关 | 组合接触器 |
|---|---|---|---|---|---|---|
| 1 | 型号 | | TCK3-800/770 | TCK3-820/770 | TCH-6 | TCZ-400/9 |
| 2 | 图号 | | T705($4Q_5$) | T676($4Q_1$) | T658A($3Q_{7B}$) | T661($4Q_4$) |
| 3 | 主触头 | 额定电压(V) | 770 | 770 | 770 | 9 |
| 4 | | 额定电流(A) | 800 | 820 | 820 | 400 |
| 5 | | 型式及数量 | 1 对动合 | 1 对动合 | 不带电转换，6 组触头 | 两级，每级三对触头 |
| 6 | | 压力(N) | 初压：88.29<br>终压：255.06 | 初压：88.29<br>终压：255.06 | 2×(49.1～53.96) | 初压：39.24<br>终压：78.48 |
| 7 | | 开距(mm) | ≥18 | 16～19 | | 16～19 |
| 8 | | 超程(mm) | 8～1 | ≮9 | 2.5～3.5 | ≥2 |
| 9 | 辅助触头 | 额定电压(V) | 110 | 110 | 110 | 110 |
| 10 | | 额定电流(A) | 5 | 5 | 5 | 5 |
| 11 | | 型式及数量 | 二常开二常闭 | 二常开二常闭 | 六常开六常闭 | 每级常开 2 对，常闭 1 对 |
| 12 | | 终压力(N) | 0.981 | 0.392 | 0.981 | 0.491 |
| 13 | | 开距(mm) | 3～4 | ≮1.5 | ≥4 | 3～4 |
| 14 | | 超程(mm) | ≥1 | ≮1 | ≥0.5 | ≥1 |
| 15 | 传动 | 额定压力(kPa) | 375～650 | 375～650 | 375～650 | 375～650 |
| 16 | | 额定电压(V) | 110 | 110 | 110 | 110 |
| 17 | | 电空阀图号 | N274A($6Q_4$B) | N274($6Q_4$A) | N274($6Q_4$A) | N274($6Q_4$B) |

3. 结构

TCK3-820/770 型电空接触器主要由主触头(动触头及静触头)、灭弧装置、辅助触头及电空驱动装置等组成,如图 5-25 所示。

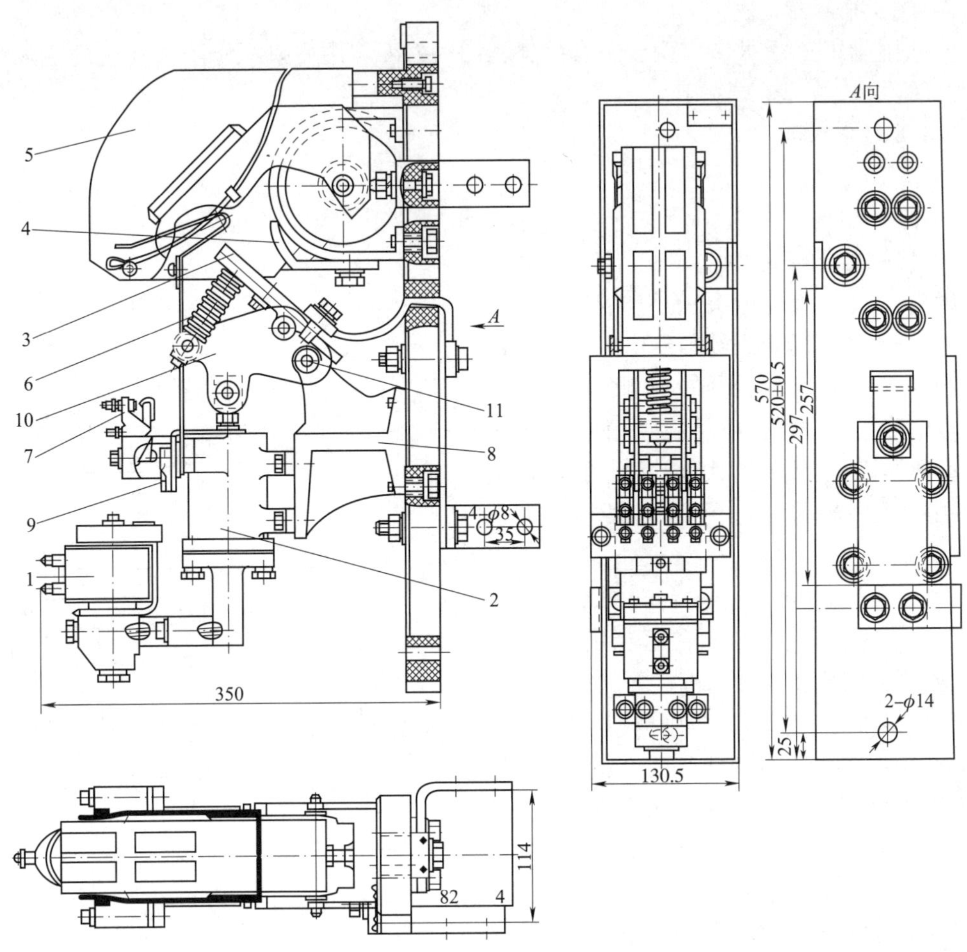


图 5-25 电空接触器结构(单位:mm)

1—电空阀;2—风缸;3—主动触头;4—主静触头;5—灭弧罩;6—触头弹簧;7—辅助触头;8—底座;9—辅助触头滑板;10—转架;11—圆柱销

当电空阀 1 有电时,其衔铁被吸合,压缩空气经电空阀进入传动风缸组件 2 的风缸活塞下部,作用在活塞上的压力克服复原弹簧力和摩擦阻力推动活塞和活塞杆向上移动,活塞杆带动转架并以圆柱销为轴心,作逆时针方向转动,动触头组件 3 也随之作逆时针方向转动,直到主动触头与主静触头 4 接触。主动触头、主静触头接触后,转架继续绕圆柱销逆时针方向转动,由于静触头固定不动,迫使动触头组件 3 顺时针方向转动,压缩触头弹簧 6,主动触头、静触头产生研磨过程(即超程)。同时,当传动风缸组件 2 的转架逆时针方向转动时,辅助触头滑板 9 上移,使辅助触头 7 动作,实现电路的联锁控制。

当电空阀 1 有失电时,衔铁释放后,传动风缸上部的压缩空气经电空阀排到大气中,在复原弹簧作用下,活塞和活塞杆向下移动,与上述闭合过程相反,主触头断开。

电空接触器设有灭弧装置。它由灭弧线圈、灭弧罩、导磁板等组成。在分断时，由于灭弧线圈、灭弧罩、导磁板的熄弧作用，电弧可以比较迅速被熄灭，保证电器可靠地工作。

TCK3-800/770 型电空接触器上不装电空阀，由控制电路内其他电空阀操作其动作。

(二)组合接触器

$DF_4$ 型内燃机车上共装有两台组合接触器(1～2XC)，用来操纵牵引电动机的磁场削弱。型号为 TCZ-400/9 型。

1. 主要技术参数

见表 5-10。

2. 结构

组合接触器主要由电空阀、气缸、轴、联动杆、主触头(动触头及静触头)等组成，如图 5-26 所示。用来接通或断开磁场削弱电阻与主极绕组的并联电路。组合接触器的一侧装有 3 对主触头，按电路图接线，施行一级磁场削弱。由于 $DF_{4D}$ 型内燃机车上没有二级磁场削弱，所以组合接触器的另一侧没装进行二级磁场削弱的 3 对主触头。

一台组合接触器，控制一台转向架上的三台电机，电器柜中，共装有两台组合接触器，分别控制两台转向架上 3 台电机。

牵引电动机进行一级磁场削弱时，操作一级磁场削弱的电空阀有电，压缩空气迅速进入一侧的气缸，推动活塞和联动杆，带动该侧轴转动，使 3 对主触头闭合，同时完成了 3 台牵引电动机的一级磁场削弱。牵引电动机进行二级磁场削弱时，操作二级磁场削弱的电空阀有电，压缩空气迅速进入另一侧的气缸，推动活塞和联动杆，带动该侧轴转动，使 3 对主触头闭合，同时完成了 3 台牵引电动机的二级磁场削弱。组合接触器断开的是纯电阻电路，承受的电压小于 10 V，故在动主触头及静主触头处，没有设置灭弧装置。

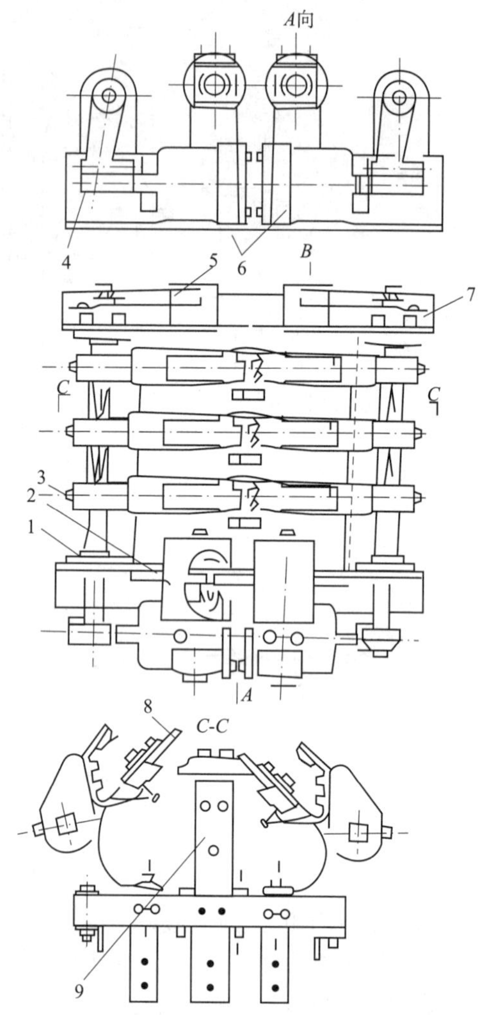


图 5-26 组合接触器

1—轴承座；2—电空阀；3—轴；4—连接杆；5—辅助触头；6—气缸；7—基架；8—动触头；9—静触头

(三)TCK1-400/1500 型电空接触器

1. 型号

其含义为：T——铁路用；C——接触器；K——压缩空气控制；1——设计序号；400——主触头额定电流(A)；1500——开断电压(V)。

2. 作用

用在 $SS_4$ 改型电力机车上，用于控制磁场削弱电阻。

3. 结构

如图 5-27 所示，由于磁场削弱电阻上的压降低，且又是电阻性负载，所以不带灭弧装置，主要由触头装置和传动装置组成。

触头装置主要由主触头和联锁触头组成。主触头为直动桥式双断点，触头表面成 120°夹角，其材质为紫铜，其上焊有银片，且动静触头之间为面接触，有较好的导电性能。联锁触头采用通用件，为一行程开关。

传动装置：采用的是薄膜传动装置，它主要由气缸，活塞，皮碗和复原弹簧等组成，本身不带有专门的电空阀。

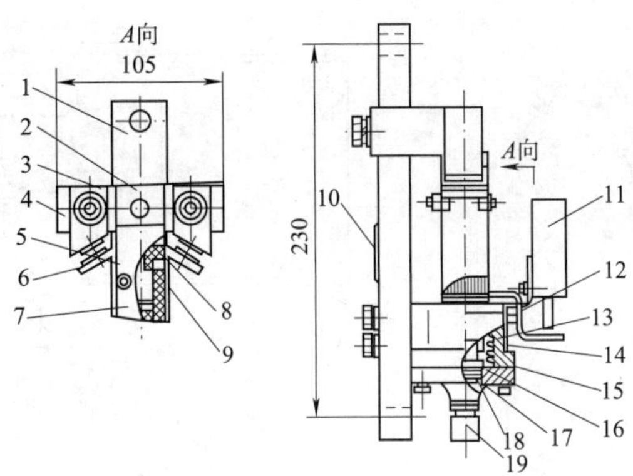


图 5-27　TCK1-400/1500 型电空接触器(单位：mm)

1—支柱；2—静触头座；3—静主触头；4—连接片；5—绝缘块；6—动主触头；7—绝缘杆；8—动主触头桥；9—弹簧；10—铭牌；11—联锁触头；12—联锁板；13—气缸座；14—铜套；15—反力弹簧；16—活塞；17—皮碗；18—气缸盖；19—管接头

4. 动作原理

当电空阀控制的压缩空气通过管接头进入气缸，鼓动皮碗推动活塞克服复原弹簧之反力，使活塞杆、绝缘杆上移，动静触头闭合，联锁触头相应动作。当电空阀失电时，气缸内的压缩空气经电空阀排向大气，在复原弹簧作用下，使活塞杆、绝缘杆下移，带动主触头打开。

(四)TCK7F-1000/1500 型电空接触器

1. 型号

含义同 TCK1 型电空接触器。

2. 作用

该型接触器主要用在 $SS_4$ 改、$SS_8$、$SS_9$ 型电力机车上，控制主电路的有关励磁电流回路和牵引电机回路。

3. 结构

其结构如图 5-28 所示。主要由触头装置、灭弧装置和传动装置等组成。

触头装置主要由主触头和联锁触头组成，主触头为 L 形，线接触，紫铜基面上镶有银碳化钨粉末冶金片，它有较好的抗熔焊、耐电弧、耐机械磨损和电磨损性能，且导电、导热性能好。联锁触头为 $KY_1$ 型盒式桥式双断点触头，材质为银，二常开二常闭。

灭弧装置主要由灭弧罩、灭弧角(由 2 mm 厚黄铜板压制成)、灭弧线圈及铁芯(磁吹装置)等组成。

传动装置为气缸式压缩空气传动装置。由电空阀、传动气缸、绝缘杆等组成。电空阀为 TFK1B-110 型闭式电空阀。传动气缸竖放，缸内有活塞及连杆等，绝缘杆用以隔离带电体。

4. 动作原理

当电空阀得电时，打开气路，压缩空气进入传动气缸，通过皮碗推动活塞杆，带动动主触头上移，与静主触头闭合。同时联锁板带动联锁触头动作。当电空阀失电时，传动气缸内的压缩空气经电空阀排向大气，在反力弹簧的作用下，动主触头下移，动静主触头断开。

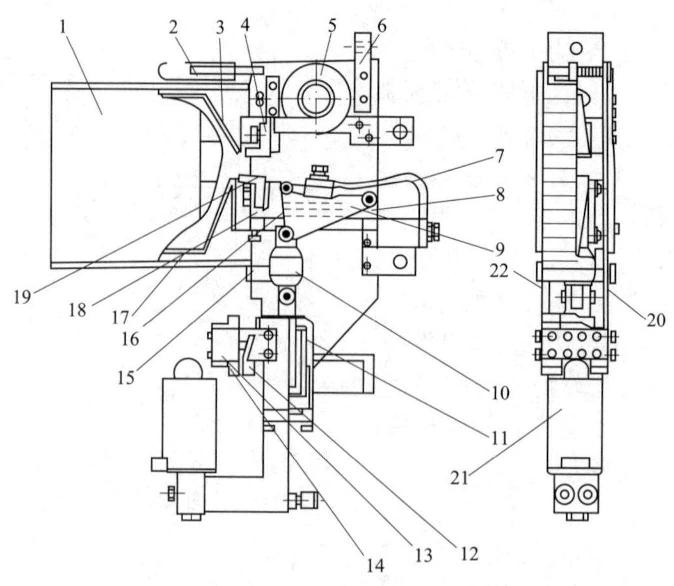


图 5-28 TCK7F-1000/1500 型电空接触器结构

1—灭弧罩；2—挂钩；3—静触头弧角；4—静触头；5—吹弧线圈；6—安装杆；7—软连接；8—杠杆出线座；9—杠杆支架；10—绝缘杆；11—传动气缸；12—联锁板；13—联锁触头；14—联锁支架；15—灭弧室支板；16—动触头弹簧；17—动触头弧角；18—动触头座；19—动触头；20—右侧板；21—电空阀；22—左侧板

5. 参数

TCK7 的派生产品很多，结构基本相同，如 TCK7B 没有灭弧装置，TCK7C 仅多了两对常闭联锁触头，TCK7D 取消了灭弧线圈中的铁芯。

TCK7F-1000/1500 型电空接触器主要技术参数：

额定电压 …… DC 1 500 V
额定电流 …… DC 1 000 A
主触头开距 …… 18～22 mm
主触头初压力 …… 70～100 N
主触头终压力 …… 160～230 N
主触头超程 …… 8～10 mm
主触头滚动 …… >8 mm
主触头滑动 …… 0.5～1.5 mm
接触线长度 …… 80%
额定工作气压 …… 500 kPa
最小工作气压 …… 375 kPa
传动气缸行程 …… 22～24 mm
联锁触头额定电压 …… DC 110 V
联锁触头额定电流 …… DC 10 A
联锁触头接点数 …… 4
电空阀额定电压 …… DC 110 V

## 四、真空接触器

真空接触器由于其灭弧原理上的特点,比较适用于交流电路(若熄灭直流电弧,需采取适当的措施)。它比传统的空气交流接触器有更多的优点,具有耐压强度高,介质恢复速度快,接通、分断能力大,电气和机械寿命长等特点。可在重任务条件下供重要场合使用。

(一)型 号

EVS630/1-110DC、EVS700/1-110DC。

其含义:EVS——真空接触器;700、630——额定工作电流(A);1——极数;110——控制电源的电压值;DC——控制电源类型。

(二)作 用

EVS630/1-110DC 型在 $SS_4$ 改型电力机车主电路中用来接通或断开功率因数补偿装置(PFC),也用在 $SS_9$ 型电力机车的辅助电路中;EVS700/1-110DC 型在 $SS_8$ 型电力机车的列车供电电路中,实现机车向列车供电的控制。

(三)结 构

如图 5-29 所示,在真空接触器的基座上,驱动机构 7 和装在其旁的辅助开关组件 8 位于真空开关管 2 的上方。真空开关管的动触头经联轴节组件 9 和驱动机构 7 连接,并经软连接 5 和上连接板 6 连接。真空开关管的静触头支杆经连接卡圈 3 和下连接板 4 连接。

在断开状态下,真空开关管的两触头拉开 1.5 mm。由于在真空中断开,这么小的距离已能完全开断电路。触头被拉开的状态是由驱动系统中的压力弹簧实现的。

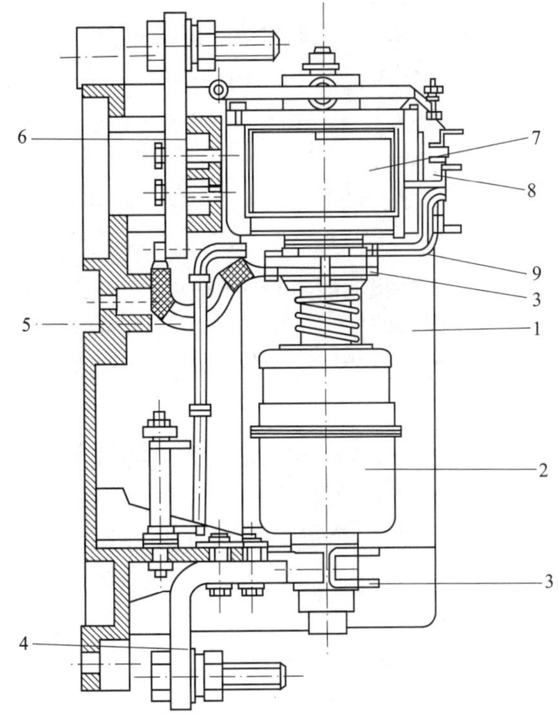

图 5-29 EVS630/1-110DC 型真空接触器剖视图

1—机座;2—真空开关管;3—连接卡圈;4—下连接板;5—软连接;6—上连接极;7—磁驱动机构;8—辅助开关;9—联轴节

(四)动作原理

真空接触器的电磁铁设计为带节能电阻的直流电磁铁。接通控制电源时,电磁铁对压力弹簧做功。释放动触头支杆,动触头支杆借助外部作用力使动静触头闭合。

(五)特 点

真空接触器具有接通、分断能力大,电气和机械寿命长等特点,可在重任务条件下供重要场合使用。但也易出现电弧电流过零前就熄灭,出现截流现象,因而在电感电路中产生过电压。

(六)技术参数

EVS630 真空接触器主回路技术参数:

额定工作电流 ························ 630 A

额定工作电压…………………………………………………… 1 140 V
额定工作频率 ……………………………………………………… 50 Hz
额定接通能力…………………………………………………… 6 300 A
额定分断能力…………………………………………………… 5 040 A
额定短时耐受电流……………………………………………… 8 000 A
额定峰值耐受电流 …………………………………………… 13 600 A
机械寿命 …………………………………………………… ≥$5\times10^6$ 次
电寿命 ………………………………………………………… $0.6\times10^5$
最大机械操作频率 ………………………………………… 3 000 次/h

辅助电路技术参数

额定工作电流 ………………………………………………… DC 0.4 A
额定工作电压 ………………………………………………… DC 220 V
使用寿命 …………………………………………………… ≥$5\times10^6$ 次
电寿命 ……………………………………………………………… $2\times10^5$

驱动机构功率和真空接触器的吸合及释放时间

额定电流 ……………………………………………………… 630 A
极数……………………………………………………………………… 1

功率消耗

启动(直流) ………………………………………………………… 300 W
维持(直流)…………………………………………………………… 30 W
额定接通能力……………………………………………………… 6 300 A
闭合时间 ……………………………………………………………… 25 ms
断开时间 ……………………………………………………………… 25 ms

## 第四节 继 电 器

本节主要介绍继电器的最基本知识，以及机车上常用(电磁式、机械式)继电器的种类、作用、型号、结构、工作原理、特点和主要技术参数。

### 一、概　　述

#### (一)继电器的定义及组成

继电器是一种根据输入量变化来控制输出量跃变的自动切换电器，可实现对有关电器设备的控制和保护，是一种应用非常多的电器。

所有继电器，不论其形状、动作原理有何不同，均可认为是由测量机构，比较机构和执行机构等组成，其原理组成方框图如图 5-30 所示。

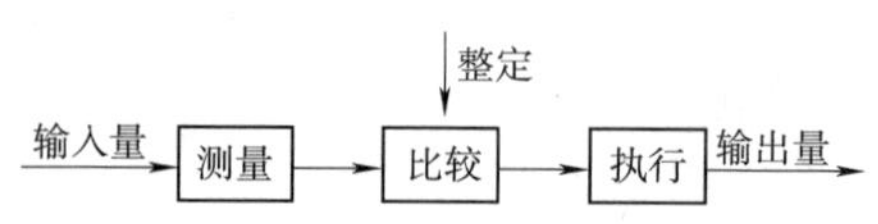


图 5-30　继电器原理组成方框图

输入量可以是电量，如电压、电流、阻抗、功率等，也可以是非电量，如压力、速度、温度等。输入量可以是一个量,也可以是两个或多个量。

测量机构的作用是反应输入量并进行物理量的相应转换。例如电磁型继电器,测量机构是线圈和铁芯构成的磁系统,用来测量输入电量的大小,并在衔铁上将电量的大小转换成相应的电磁吸力。

比较机构的作用是将输入量(或转换量)与其预设的整定值进行比较,根据比较结果决定执行机构是否动作。如:电磁继电器的反力弹簧等。当电磁力大于反力时,衔铁吸合,接点动作;当电磁力小于反力时,衔铁不吸合,接点不动作,没有输出。一般可以在比较环节上调整(整定)继电器的动作值。

执行机构的作用是根据比较结果决定是否动作,执行机构对有触点电器来说是接点。对无触点电器来说一般是晶体管的导通和截止。

输出量是根据比较结果来决定有无的。不管输入是何物理量,输出量往往是电量。需要说明的是,对于有触点的继电器来说,也可按前面电器基本理论所述,将其分为触头装置和传动装置(一般没有灭弧装置)。

(二)继电器的分类

继电器的用途广,种类多,有时对同一种继电器,也常从不同的方面去说明它的特点,仅根据目前机车上使用的情况来分。

1. 按用途分

有控制用继电器和保护用继电器两种。控制继电器用于控制各部分正常工作;而保护继电器用于当机车有关部分发生故障时,发出信号或切除故障电路,起保护作用。

2. 按输入的物理量分

有电量和非电量。如电压、电流继电器;风压、风速继电器等。

3. 按动作原理分

有电磁式、电子式、机械式等。

4. 按输入电流性质来分

有直流继电器和交流继电器。

5. 按接点情况分

有触点继电器和无触点继电器。

6. 按作用分

有电流继电器、电压继电器、时间继电器、中间继电器、压力继电器等。

(三)继电器的特点

在机车上,继电器一般不直接控制主电路(或辅助电路),而是通过其他较大的电器来控制主、辅助电路。同接触器等较大的电器相比,继电器一般采用点接触触点,触头较小,体积小,质量轻,控制的容量也小,故不需灭弧装置;动作灵敏;它可实现远距离控制。

(四)继电器的基本参数

1. 额定值

指输入量的额定值及输出量的额定值,如额定电压、电流、额定气压等。

2. 动作值

能使接点闭合的输入物理量中的最小值,有时也称整定值。

3. 返回值

能使接点打开的输入物理量中的最大值。需要注意的是衔铁的释放值不一定是继电器的返回值。

4. 返回系数

继电器的返回值 $X_{fh}$ 与动作值 $X_{dz}$ 之比，称为返回系数，用 $K_{fh}$ 表示，即：

$$K_{fh}=\frac{X_{fh}}{X_{dz}} \tag{5-1}$$

返回系数是继电器的重要参数之一，对继电器来说一般 $K_{fh}<1$，$K_{fh}$ 越接近于 1，继电器动作越灵敏，但抗干扰能力就差，所以返回系数也不完全是越高越好；对控制继电器来说，返回系数要求不高，对保护继电器要求有较高的返回系数。

继电器的动作值(或返回值)的调整，也称为继电器参数的整定。对电磁继电器的整定，可通过改变反力弹簧和工作气隙来实现。

(五)继电器在电路中的表示方法

继电器和接触器的符号表示方法，在电路图中一般都有说明，同一电器的输入(如线圈)和输出(如接点)往往不画在一起，但代号是相同的。以表示控制和被控制的关系。不同车型的代号编制方法是不同的。另外国产车和进口车的常开、常闭接点的表示方法也相反。国产电力机车的电器接点表示方法为“上开下闭，左开右闭”；内燃机车的电器接点表示方法为“上反下正，右反左正”。

## 二、电磁继电器

电磁继电器的传动机构是电磁铁，测量机构是弹簧，执行机构是触头。它具有工作可靠，结构简单及易于制造等优点，所以在机车上被大量采用。电磁继电器又分为直流和交流电磁继电器两种。

(一)直流继电器

1. 中间继电器

(1)JZ15-44Z 型中间继电器

①型号

SS 系列电力机车上装有 JZ15-44Z 型中间继电器。

其中：J——继电器；Z——中间；15——设计序号；44——四常开四常闭触头数；Z——直流控制。

②作用

该型继电器用在直流控制电路中，用来控制各种控制电器的电磁线圈，以使信号放大或用一个信号控制几个电器。

③组成

如图 5-31 所示，主要由传动装置和触头(接点)装置组成。

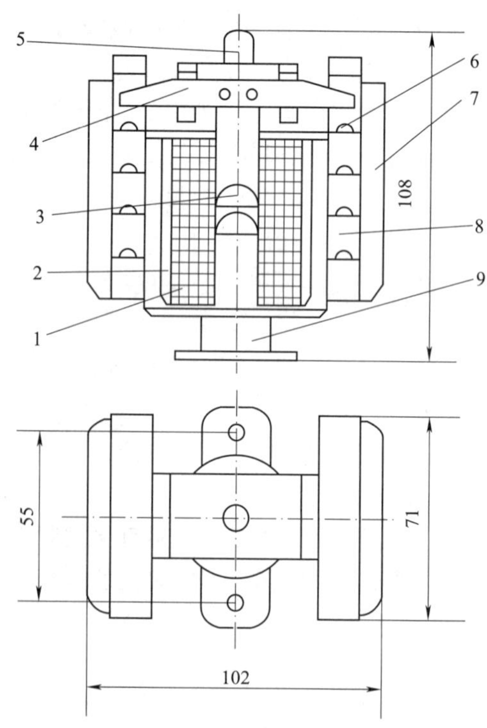


图 5-31　JZ15 继电器结构(单位：mm)
1—线圈；2—磁轭；3—铁芯；4—衔铁；5—按钮；6—触头组；7—防尘罩；8—反力弹簧；9—支座

传动装置：由直流螺管式电磁铁构成，铁芯和线圈布置在继电器中央，为了获得较平坦的吸力特性，足够的开距，铁芯采用锥形衔铁，继电器的反力特性依靠动触头支架上的一对拉伸弹簧调节，衔铁上还有手动按钮，以供检查及故障操作之用。

触头装置：接点（联锁触头）为 8 对桥式，可根据需要任意组合成 2 开 6 闭，4 开 4 闭，6 开 2 闭的方式，但必须注意两个触头盒中的常开常闭接点数应对称布置。为了防尘和便于观察接点，继电器带有透明的防尘罩。

该型继电器的接点容量为 10 A，为了既实现体积小，结构紧凑，又保证大电流分断能力，静接点下采用永磁钢，以使电弧拉长熄灭。

该型继电器的参数见表 5-11。

该型继电器还用在功率因数补偿装置（PFC）中，用来控制并联电阻，使电容尽快放电，结构要求有些不同，也称为放电接触器，型号为 JD15D-22ZF 型。

**表 5-11　电磁继电器主要技术参数**

| 型　号 | | JZ15-44Z | JT3 系列 | JL14 系列 | | TJJ2 系列 |
|---|---|---|---|---|---|---|
| 触头 | 数量 | 四常开四常闭 | 一常开一常闭 | 二常开 | | 二常开一常闭 |
| | 额定电压(V) | DC 110 | DC 110 | DC 110 | | DC 110 |
| | 额定电流(A) | 10 | 10 | 5 | | 5 |
| | 开距(mm) | ≥3 | ≥3 | ≥2.5 | | ≥2.5 |
| | 超距(mm) | ≥2 | ≥1.5 | ≥1.5 | | ≥1.5 |
| | 初压力(N) | 0.7 | 0.7 | | | 0.9 |
| | 终压力(N) | 0.9 | 0.9 | 0.25 | | 1.4 |
| 吸引线圈 | 额定电压、电流 | DC 110 V | DC 110 V | 5A | 1 200A | |
| | 线径(mm) | $\phi$0.16 | $\phi$0.18 | | | $\phi$0.29 |
| | 匝　数 | 13 100 | 6 750 | 216 | 1 | 4 000 |
| | 阻值(Ω) | 1 000 | 644 | 0.417 | 0 | 120 |
| 恢复线圈 | 线径(mm) | | | | | $\phi$0.12 |
| | 匝　数 | | | | | 3 000 |
| | 阻值(Ω) | | | | | 205 |

（2）S141 型中间继电器

①型号规格

DF4D 型内燃机车上采用的 S141X-n-UV 型中间继电器。其中：X——触头数量，以英文字母表示，A 为 5 组，B 为 4 组，C 为 3 组；n——同一触头数量的设计序列号；U——额定工作电压值。

S141 系列中间继电器组合方式及型号如下：

| 型号 | 触头型号数量 | 触头组合 |
| --- | --- | --- |
| S141A-2-110 V | S806×2+S802a×3 | 2NO+3NC |
| S141A-1-110 V | S806a×3+S802a×2 | 3NO+2NC |

②作用

中间继电器是一种控制电器，主要用作信号的中间传递和放大。用于 $DF_4$ 系列内燃机车上，$DF_{4B}$ 型机车上共装有六个中间继电器 1～5ZJ、YZJ。它们主要用途分别是：1ZJ 用于机车平稳启动；2ZJ 受水温继电器的控制，用于柴油机水温高保护；3ZJ 用于柴油机高负荷滑油压力保护；4ZJ 受差示压力计的控制，用于柴油机防爆保护；5ZJ 用于故障励磁；YZJ 受预热锅炉温度继电器的控制，用于预热时水温高保护。

③结构及外形

它采用拍合式电磁机构。由线圈、铁芯、磁轭、衔铁、动触头、静触头等组成，如图 5-32 所示。当线圈有电时，衔铁在电磁吸力作用下，使常开触头闭合，常闭触头断开。

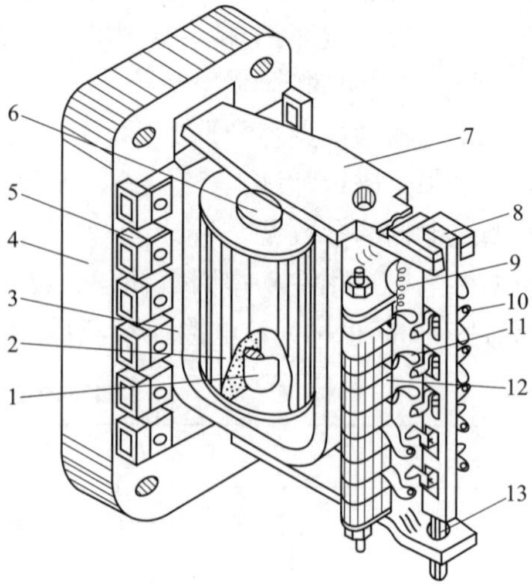

图 5-32　中间继电器结构

1—铁芯；2—线圈；3—磁轭；4—底座；5—接线螺钉；6—极靴；7—衔铁；8—动触头架；9—复原弹簧；10—动触头；11—静触头；12—静触头架；13—动触头架尾杆

4)主要技术参数

额定电压

触头额定电压($U_e$) …………………………………… DC 110 V

控制电源电压($U_s$) …………………………………… DC 110 V

吸合电压 …………………………………… ≤80%$U_s$

释放电压 …………………………………… ≥5%$U_s$

额定电流

触头额定电流($I_e$) …………………………………… DC 1 A

触头发热电流($I_{th}$) …………………………………… DC 10 A

线圈参数

线型 …………………………………… QZ-1 型

匝数 …………………………………… 13 200 匝

线径 …………………………………… $\phi$0.21 mm

电阻 …………………………………… 740 Ω(20℃)

2. TJJ2-18/20 型接地继电器

(1)型号

TJJ2-18/20 型接地继电器，其中：T——铁路；JJ——接地继电器；2——设计序号；18——动作值(18 V)；20——2 常开、0 常闭触头数。

(2)作用

SS 系列电力机车上使用,该继电器用作直流主电路接地保护。

(3)组成

如图 5-33 所示,主要由传动装置、触头装置、指示装置和机械联锁等组成。

传动装置:由拍合式电磁铁构成,带有吸引线圈。

触头装置:有两对主触头和一对联锁触头,均为桥式双断点,主触头由衔铁控制,联锁触头由指示杆带动。

指示装置:带有恢复线圈,螺管式电磁铁和指示杆。

机械联锁:由钩子和扭簧组成。

(4)工作原理

正常工作时,接地继电器的控制线圈无电流,衔铁处于释放位置,指示杆被钩子勾住,接地继电器的联锁触头处于常开位置。当机车主电路发生接地故障时,控制电磁铁吸合动作带动触头切换有关电路,使主断路器跳闸切断机车总电源,保护了主电路。与此同时,衔铁与钩子的尾部相接触,迫使钩子克服扭簧的作用力,而使其顺时针旋转,使得钩子不再钩住指示杆并在弹簧的作用下跳出罩外,显示机械信号,联锁触头也随之闭合,司机台上信号显示屏中显示主接地信号。

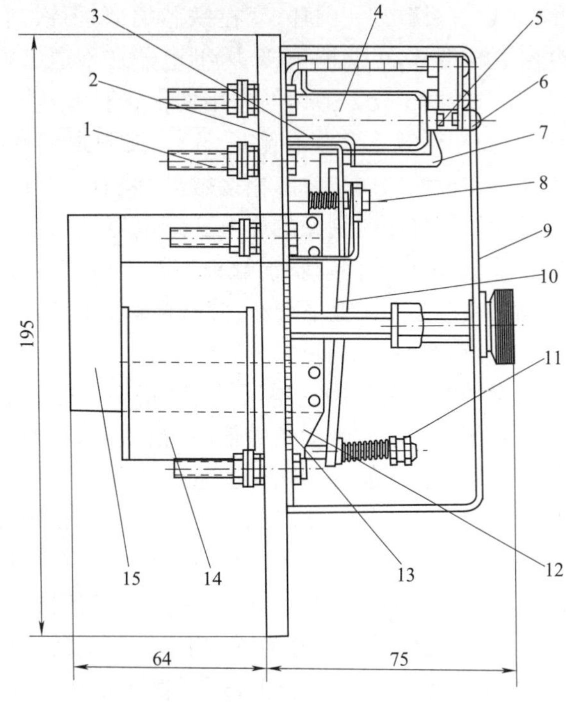


图 5-33 JJ2 系列接地继电器结构简图(单位:mm)

1—接线端子;2—底板;3—主触头;4—恢复线圈;5—联锁触头;6—指示器;7—钩子;8—扭簧;9—外罩;10—衔铁;11—反力弹簧;12—支座;13—非磁性垫片;14—吸引线圈;15—铁芯

当故障消失时,衔铁在反力弹簧的作用下恢复复位,但指示杆发出的机械信号仍保持。如需继续投入运行,则按“主断路器合”按钮,使恢复线圈短时得电,将指示杆吸入罩内,指示杆重新被钩子勾住,联锁触头也随之断开,于是接地继电器发出的机械信号和电信号一起消失。

(5)参数

该继电器的主要技术参数见表 5-11。

3. JT3-21/5 型时间继电器

(1)型号

其中:J——继电器;T——通用;3——设计序号;21——二常开一常闭触头数;5——表示动作值(s)(延时时间)。

(2)作用

SS 系列电力机车上使用,该型继电器作为直流控制电路中的延时控制环节。有 3 个时间等级:1 s(0.3～0.9 s),3s(0.8～3 s),5s(2.5～5 s)。

(3)组成

如图 5-34 所示，该型继电器的铁芯和磁轭采用圆柱整体电工钢，使铁芯与磁轭成为一体，再用铝基座浇铸而成，从而减小了装配气隙，降低磁阻，有利于提高继电器的灵敏度，极靴为一圆环，套在铁芯端部，衔铁制成板状，装在磁轭端部，可绕棱角转动，继电器在不通电释放状态情况下，借助于反力弹簧的作用使衔铁打开，铁芯上套有线圈，而在磁轭上套装有阻尼铜套(或阻尼铝套)起延时作用。在衔铁内侧与铁芯相接触处，装有一非磁性垫片，可减少衔铁释放时剩磁的影响。继电器的联锁触头装置装在前侧，衔铁支件与联锁触头支架连接，衔铁的动作即带动联锁触头支架上下动作，使联锁触头相应的开或闭。

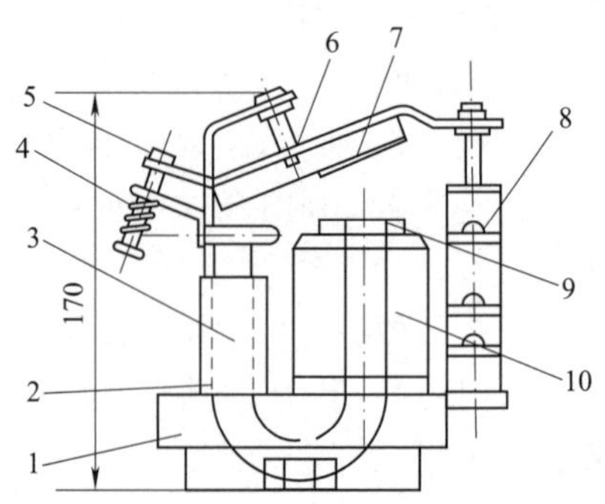


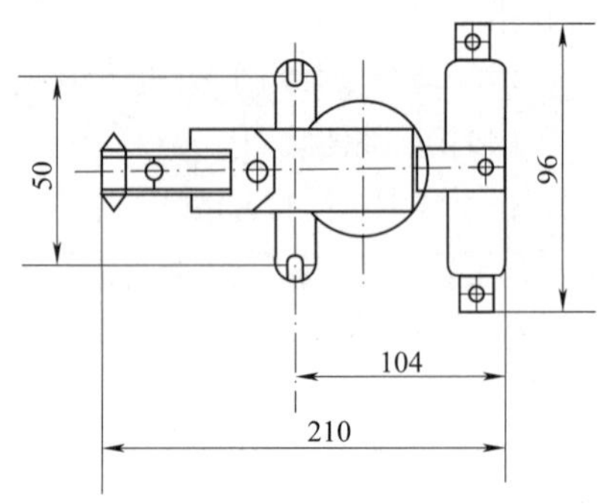


图 5-34　JT3 系列时间继电器结构简图(单位：mm)

1—底座；2—阻尼套筒；3—铁芯；4—反力弹簧；5—反力调节螺母；6—衔铁；7—非磁性垫片；8—触头组；9—极靴；10—线圈

(4)动作原理(延时原理)

当继电器的线圈通电时，在磁路中产生磁通。当磁通增加到能使衔铁吸动的数值时，衔铁开始动作，随着衔铁与铁芯之间气隙的减小，磁通也增加。当衔铁与铁芯吸合以后，磁通最大(此时的磁通大于将衔铁吸住时所需的磁通)。在线圈通电时，因为磁通的增长和衔铁的动作时间很短，所以联锁触头的动作几乎是瞬时的。当线圈断电时，电流将瞬时下降为零，相应于电流的主磁通亦迅速减小，但因其变化率很大，根据楞次定律，在阻尼铜套(或阻尼铝套)内部将产生感应电势，并流过感应电流，此电流产生与原主磁通相同方向的磁通以阻止主磁通下降，这样就使磁路中的主磁通缓慢地衰减，直到磁通衰减到不能吸住衔铁时，衔铁才释放，接点才相应打开(或闭合)，这样就得到了所需的延时。

延时时间的长短与阻尼铜套(或阻尼铝套)的电阻有关，电阻愈小，延时愈长，该型继电器的延时调整方法有两种，一种是更换不同厚度的非磁性垫片，亦即改变衔铁闭合后的工作气隙，增加垫片厚度可减少延时，反之将增加延时。非磁性垫片一般由磷铜片制成，厚度为 0.1 mm、0.2 mm、0.3 mm，这种延时调节为阶梯形，用于粗调。另一种是改变反力弹簧的松紧程度，反力弹簧愈紧，延时愈短，反之延时愈长。但反力弹簧不能调得太松，否则有被剩磁粘住不释放的危险。这种方法可以平滑连续调节，用于延时的细调。

JT3 型时间继电器的主要参数见表 5-11。

4. TJL3 型继电器

(1)概述

用于 $DF_4$ 型内燃机车上，分为 3 种：TJL3-0.5/11 型接地继电器 DJ、TJL3-6.5/11 型过流继电器 LJ、TJL3-0.1/11 型制动过流继电器 ZLJ；三种继电器线圈参数、动作电流各有差异，但外形结构相同。它们均为主电路保护电器，继电器动作后，切断同步牵引发电机及励磁机的励磁，实现机车卸载或在制动工况时减少牵引电动机励磁。继电器靠机械结构自锁，在故障消除以后，手动恢复。

接地继电器DJ是当机车主电路某点接地，接地继电器线圈电流达到500 mA时动作，联锁触头切断牵引发电机及励磁机的励磁电路，柴油机卸载。

过流继电器LJ主要用于当牵引电动机环火、牵引整流元件短路及同步牵引发电机过流时，当整流电流达到6 500 A时，流过继电器线圈电流达到6.5 A，继电器动作，联锁触头切断牵引发电机及励磁机的励磁电路，柴油机卸载。

制动过流继电器ZLJ电阻制动工况，保护制动电阻不致因制动电流过大而烧损，当流过制动电阻的电流达到过流整定值时，流过继电器线圈电流达到100 mA，继电器动作，联锁触头切断牵引电动机的励磁电路，停止电阻制动。

(2)结构

接地继电器DJ、过流继电器LJ、制动过流继电器ZLJ三种继电器结构相同。

它们是一螺管式电磁机构，执行机构为触头。锁扣弹簧、闭锁杆、锁块、解锁杆组成它的自锁装置，如图5-35所示。

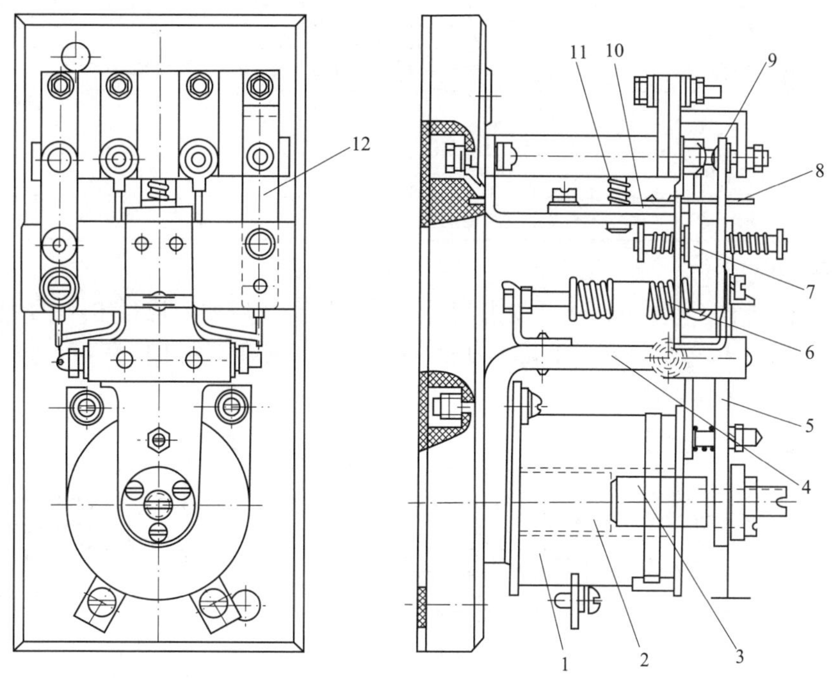


图5-35　接地、过流和制动过流继电器

1—线圈；2—静铁芯；3—动铁芯；4—磁轭；5—衔铁；6—弹簧；7—锁块；8—解锁杆；9—常闭触头；10—闭锁杆；11—锁扣弹簧；12—常开触头

当通过线圈1的电流达到动作电流时，动铁芯3在电磁吸力作用下，克服弹簧6的反作用力被吸向静铁芯2，从而使触头动作。继电器装有机械自锁装置，当动铁芯3被吸向静铁芯2时，在锁扣弹簧11作用下，闭锁杆10向下与锁块7相扣锁。此时即使线圈1无电，由于锁块7被闭锁杆10扣锁住，虽有开锁弹簧6的作用力，动铁芯3也不能释放。只有人为将解锁杆向上扳动，锁块7不再被扣锁住时，在弹簧6的作用下，动铁芯3释放，继电器恢复。

(3)主要技术参数

见表 5-12。

**表 5-12　继电器主要技术参数**

| 1 | 名　　称 | | 接地继电器 | 过流继电器 | 制动过流继电器 | 差动继电器 |
|---|---|---|---|---|---|---|
| 2 | 型　　号 | | TJL$_3$-0.5/11 | TJL$_3$-6.5/11 | TJL$_3$-0.1/11 | |
| 3 | 图　　号 | | T695(5Q$_{17}$) | N429(5Q$_6$) | N409(5Q$_5$) | T698 |
| 4 | 触头 | 额定电压(V) | 110 | 110 | 110 | 110 |
| 5 | | 额定电流(A) | 5 | 5 | 5 | 5 |
| 6 | | 间隙(mm) | ≥3 | | | >3 |
| 7 | | 压力(N) | ≥1 | | | >1 |
| 8 | | 超程(mm) | ≥1.2 | | | >1.2 |
| 9 | | 型式及数量 | 一常开一常闭 | | | 一常开一常闭 |
| 10 | 线圈 | 线径(mm) | $\phi$0.40 | $\phi$2.24 | $\phi$0.25 | |
| 11 | | 电阻(Ω) | 66 | 0.09 | 530 | |
| 12 | | 匝数(匝) | 3 750 | 155 | 11 000 | |
| 13 | | 动作电流(A) | 0.5 | 6.5 | 0.1 | 动作差值电流 33±3 |
| 14 | | 对地电压(V) | 3 925 | 3 925 | 3 925 | 1 500 |
| 15 | 用　途 | | 主电路接地 | 主电路过流 | 电阻制动过流 | 电阻制动失风保护 |

5. 空转继电器 KJ

DF$_4$ 型内燃机车空转继电器用于监视轮对空转。机车在启动或运行中，由于线路和气候的变化，有时会发生机车牵引力大于黏着力的情况，造成轮对在钢轨上空转，其危害很大，除降低或中断牵引力，增加车轮与钢轨的磨耗外，也可能使牵引电动机损坏。

空转继电器线圈两端分别接到两台牵引电动机励磁绕组的正端，在正常工作时，线圈两端电位相同，继电器不动作；当某电机发生空转，当线圈两端的电位差所产生的电流达 0.5 A 时，继电器动作，常开触头闭合，使信号灯亮，警告司机采取措施，制止空转。空转制止之后，在弹簧作用下将动铁芯释放，触头断开，信号灯灭。

空转继电器 KJ 主要由电磁线圈、动静触头、磁轭、衔铁等组成，如图 5-36 所示。

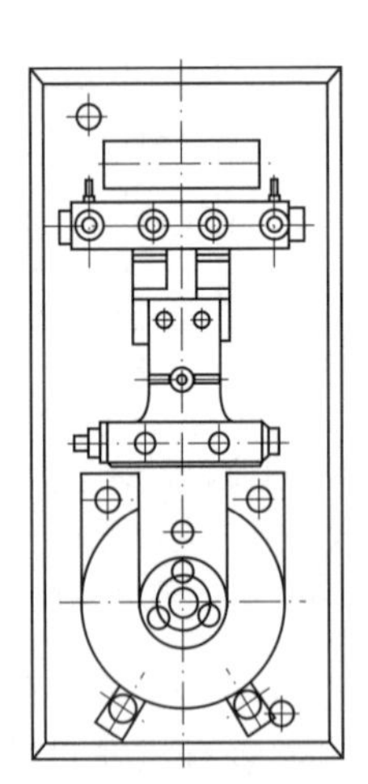

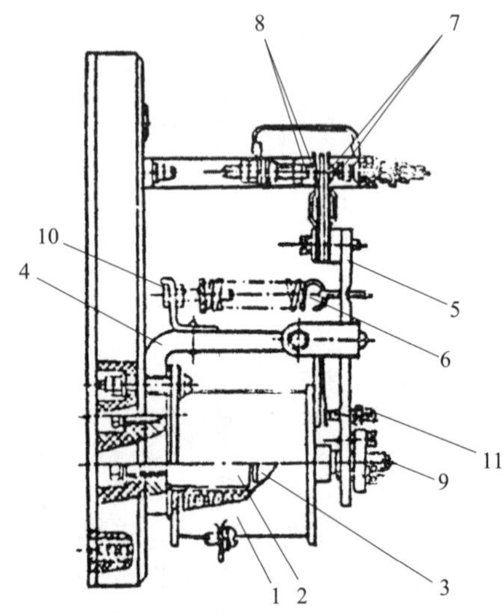


图 5-36　空转继电器结构

1—电磁线圈；2—静铁芯；3—动铁芯；4—磁轭；5—衔铁；6—返回弹簧；7—常开触头；8—常闭触头；9—螺钉；10—螺吊；11—调整螺钉；

6. 差动继电器 FSJ

差动继电器 FSJ 在机车电阻制动工况时，用于制动电阻冷却风机电机电路的保护电器，当两组风机出现不平衡电流差值达到 33 A 时，该继电器动作，切断牵引发电机的励磁电路，停止电阻制动；同时信号灯红灯显示。

(1)主要技术参数

触头

额定电压 …… DC 110 V

额定电流 …… DC 5 A

间隙 …… >3 mm

超程 …… >1.2 mm

压力 …… ≥1 N

线圈

直流电流 …… 101 A

对地电压 …… (700±2)V

动作差值电流 …… (33±3)A

(2)结构

电磁机构为螺管式，由两相同的线圈组成，触头系统具有常开和常闭各一对触头，如图 5-37 所示。

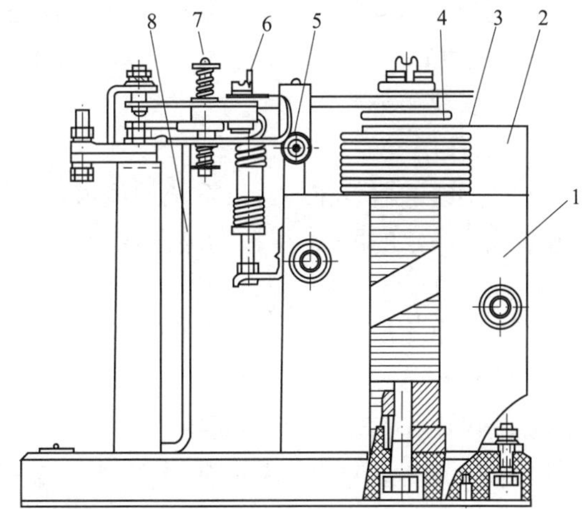


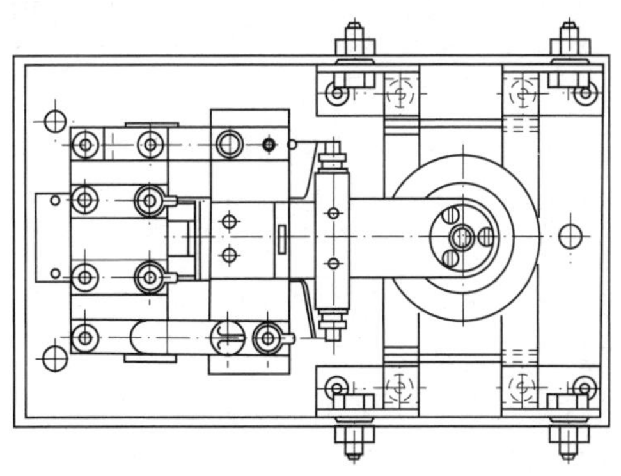

图 5-37 差动继电器结构图

1—线圈部件(二)；2—线圈部件(一)；3—垫块；4—铁芯；5—轴承；6—簧钩；7—动触头组件；8—止挡角铁

(二)交流继电器

1. 型号

JL14-20J 型接地继电器，其中：J——继电器；L——电流；14——设计序号；20——2 常开、0 常闭触头数；J——交流控制。

2. 作用

SS 系列电力机车上使用，该继电器用作主电路和辅助电路过流保护。主电路原边过流保护用 JL14-20J/5 型电流继电器与高压电流互感器配合使用，辅助电路过流保护用 JL14-20J/1200 型电流继电器。

3. 结构

如图 5-38 所示，JL14 系列继电器磁系统是由角板形的磁轭、固定在磁轭上的圆形铁芯、平板形衔铁所组成，衔铁绕磁轭棱角支点转动而成拍合式动作。磁系统上部衔铁一端装有反作用弹簧，继电器不通电时，借助于反作用弹簧的反力使衔铁打开。同样也利用改变反作用弹簧的压力大小来调节继电器动作电流整定值。在磁系统下部装有触头组，与衔铁支件连接，并由衔铁带动触头开闭。在铁芯端的衔铁上装有非磁性垫片，利用调整非磁性垫片的厚度来调节继电器的释放电流值，即调整返回系数。另外，JL14-20J/5 型交流继电器自带线圈，JL14-20J/1 200 型交流继电器不带专门线圈，而是一根母线。

JL14 系列继电器的主要技术参数见表 5-11。

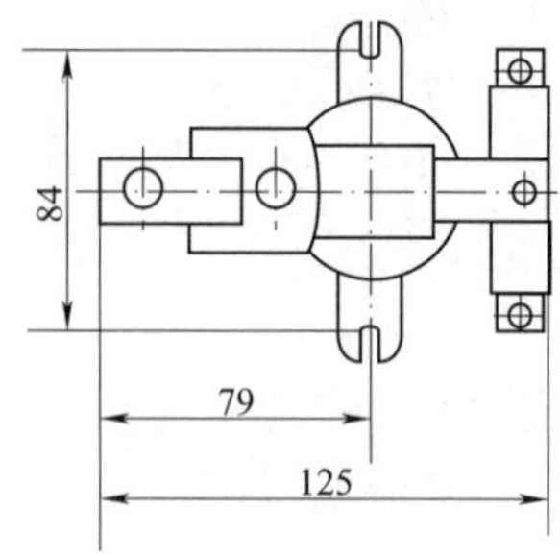

图 5-38　JL14 系列继电器结构简图(单位：mm)

1—磁轭；2—反力弹簧；3—衔铁；4—非磁性垫片；5—极靴；6—触头组；7—铁芯；8—线圈

## 三、机械式继电器

在机车上使用的机械式继电器有风道(风速)继电器、风压继电器、油流继电器、水温继电器。

### (一)风道(风速)继电器

风道继电器用于 SS 系列电力机车上包括 TJV1-7/10 型风速继电器和 TJY5(TJY5A)型风道继电器，分述如下。

1. TJV1-7/10 型风速继电器

(1)型号

TJV1-7/10 型继电器。其中：T——铁路；J——继电器；V——速度；1——设计序号；7——动作值(m/s)；1、0——常开常闭联锁触头数。

(2)作用

该型继电器装在各通风系统的风道里，用来反映通风系统的工作状态是否正常，以确保通风系统有一定的风量，保护发热设备。

(3)组成

主要由测量、比较、执行 3 个环节组成，如图 5-39 所示。

测量环节由风叶组成，用以感测风速。比较环节由扭簧和反力弹簧等组成，以决定继电器是否有输出(动作)。执行环节由 LW-11 型微动开关来担任。在风叶轴上铆有传动块，并套有轴套，在套上套有扭簧，通过扭簧和传动块将叶片上的力矩传到传动组件。传动组件由传动板，滚轮和弹性传动件组成。传动块固定在轴套上，通过传动板上的拨杆、传动块又与扭簧相连，弹性传动件上端套在微动开关的支架上，下端装有滚轮，通过滚轮与传

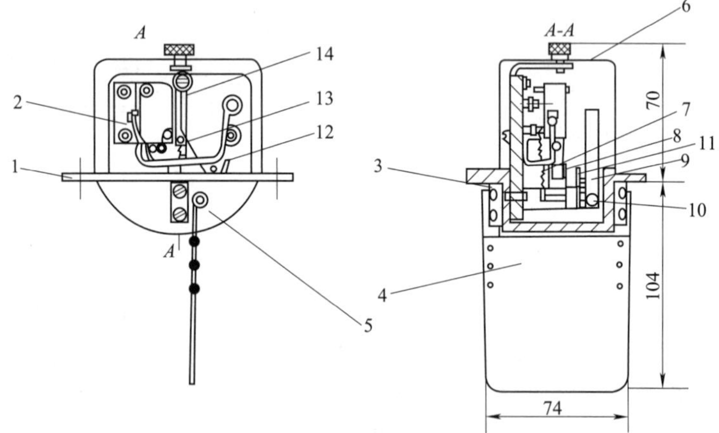

图 5-39　TJV1-7/10 型风速继电器结构简图(单位：mm)

1—底座；2—微动开关；3—挡块；4—风叶；5—转轴；6—盖；7—反力弹簧；8—传动元件；9—传动块；10—扭簧；11—拨杆；12—滚轮；13—弹性传动件；14—微动开关按钮

动板接触。

(4)动作原理

当叶片在风压力作用下转动时，传动块随着转动，传动块通过扭簧拨动传动组件，克服反力弹簧的作用，压迫微动开关动作，使其常开触头闭合，接通相应的控制电路正常工作。

当通风系统发生故障无风量或风量很小时，风叶片在扭簧和反力弹簧的作用下恢复到原位，使继电器返回，微动开关释放，其常开触头打开，从而切断相应的控制电路。

继电器的动作值(风速)靠调节反力弹簧来整定，其返回值约为 6 m/s。

(5)参数

TJV1-7/10 型风速继电器主要技术参数

触头额定电压 …………………………………………………… DC 110 V

触头额定电流 …………………………………………………… 3 A

触头数量 ………………………………………………………… 一常开

风速整定值 ……………………………………………………… 6.3～7.7 m/s

2. 风道继电器

(1)型号

TJY5-0.3/10 型，TJY5A-0.3/10 型

其含义：T——铁路机车用；J——继电器；Y——压力型；5、5A——设计序号；0.3——动作整定风压值(kPa)；1——1 个常开触头；0——0 个常闭触头。

(2)作用

在 $SS_4$ 改型、$SS_8$ 型、$SS_9$ 型电力机车上，安装在牵引电机，硅整流装置柜和制动电阻柜的通风系统风道中，用来反映通风系统的工作状态，保护发热设备。

(3)组成

新型风道继电器外形为圆丘形铸铝合金壳体，电器各部件封闭其内。可分为触头装置和传动装置。亦可分为测量环节、比较环节、执行环节。

测量机构：是膜片。为一很薄的尼龙编织制品，上下铆以膜式铝片，用来感受风压，并带动动触头。

比较机构：为反力弹簧。

执行机构：为铝合金壳内的动、静触头，如图 5-40 所示。

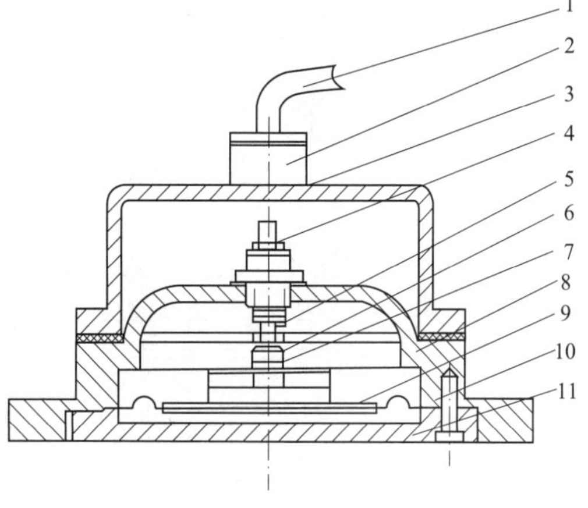


图 5-40　TJY5-0.3/10 型风道继电器

1—导线；2—出线座；3—盖；4—接线头；5—静触头；6—动触头；7—反力弹簧；8—壳体；9—膜片；10—螺钉；11—护板

(4)动作原理

当风机启动后，各风道内产生的静压值为 294(1±10%)Pa 以上时，膜片 9 动作，带动动触头 6 克服反力弹簧 7 的作用，使常开触头闭合，接通相应的控制电路正常工作；当通风系统发生故障，风道内无风压或风压低于 294 Pa 时，动触头在反力弹簧及膜片的作用下恢复到原位，常开触头打开，从而切断相应的控制电路。

(5)特点

TJY5A 型为正压型,装在 $SS_4$ 改型、$SS_8$ 型和 $SS_9$ 型机车的牵引风机和制动风机的风道中。TJY5 型为负压型,装在 $SS_8$ 型电力机车的硅机组风道中。在使用及维护时应注意型号不要搞错。

(6)参数

触头额定电压 ………………………………………… DC 110 V
触头额定电流 ………………………………………… DC 3 A
触头数量 ……………………………………………… 一常开
风压整定值 …………………………………… 294(1±10%) Pa
质量 …………………………………………………… 0.75 kg

(二)风压继电器

1. 型号

TJY3-1.5/11 型和 TJY3A-4.5/11 型风压继电器,其中:T——铁路;J——继电器;Y——压力型;3(3A)——设计序号;1.5(4.5)——动作值($kPa/cm^2$),11——常开常闭联锁触头数。

2. 作用

TJY3-1.5/11 型是作为电力机车电阻制动和空气制动间的安全联锁,在电阻制动时,空气制动不能太强,以免车轮被抱死。

TJY3A-4.5/11 型是作为主断路器的欠气压保护,防止在低气压下分合主断路器。

3. 组成

两种型号的继电器结构基本相同,主要由传动装置和联锁触头组成(当然亦可分为测量、比较和执行三部分)。TJY3 型压力继电器结构如图 5-41 所示。

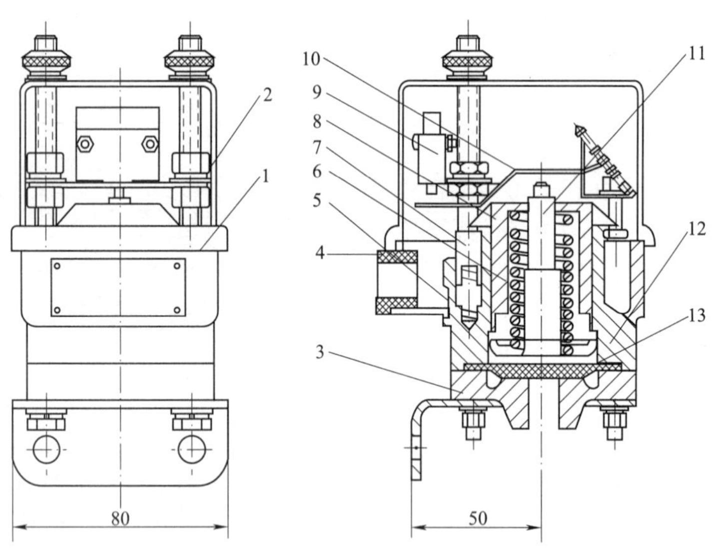


图 5-41 TJY3 型压力继电器结构简图

1—壳体;2—上盖;3—下盖;4—橡皮环;5—弹簧;6—弹簧;7—止销;8—调节螺母;9—行程开关;10—支架组装;11—活塞;12—阀体;13—橡胶薄膜

空气传动装置由橡胶薄膜、活塞、反力弹簧、调节螺母及拉力弹簧等组成。反力弹簧套装在铜质活塞上,其一端压装在基座上;另一端与调节螺母相接。可旋转调节螺母来调整反力弹簧对活塞的作用力，从而达到对该继电器整定值的调整。当调节后，止挡弹出，防止调节螺母的误动，影响整定值。

联锁触头采用 LX19K 行程开关。

TJY3A-4.5/11 型的结构与 TJY3-1.5/11 型相似，只是行程开关换成微动开关，安装支架、反力弹簧和阀体也略有不同。

4. 动作原理

当气压达到动作值时，空气压力大于反力弹簧的反力，推动橡胶薄膜及活塞上行，通过传动件使接点动作。

$SS_8$ 型机车上：

一个 TJY3-1.5/11 型风压继电器，使电阻制动和空气制动间的安全联锁。一个 TJY3A-4.5/11 型风压继电器，作主断路器的欠气压保护。另一个 TJY3A-4.5/11 型风压继电器，用来检测机车蓄能制动器供风的停车制动风管的风压，当停车制动风管压力低于 450 kPa 时，蓄能制动器会上闸抱轮，若司机不注意就会引启动轮弛缓。它的作用是当停车制动风管风压低于 450 kPa 时，继电器触头闭合，司机台上“停车制动”信号灯亮，提醒司机现在风管压力偏低应采取措施。

5. 主要技术参数

触头型式 ………… 桥式双断点

触头数量 ………… 一常开一常闭

触头额定电压 ………… DC 110 V

触头额定电流 ………… 5 A

额定气压 ………… 900 kPa

TJY3 型

触头接通风压 ………… 150 kPa

触头断开风压 ………… 90～110 kPa

TJY3A 型

触头接通风压 ………… 450～465 kPa

触头断开风压 ………… 400～425 kPa

（三）油流继电器

1. 型号

TJV2 型油流继电器。T——铁路用；J——继电器；V——速度；2——序号。

此外还有 LJ-38 和 YJ-100 等型号，结构基本相同。

2. 作用

该型继电器用来监视主变压器油循环冷却系统的工作状况，当油流停止或不正常时，给司机发出警告信号。

3. 组成

如图 5-42 所示，由叶片、扭簧和接线柱组成。

4. 动作原理

油流正常循环时，油流推动叶片克服扭簧的扭力而转动，使其常闭联锁触头（叶片和接线

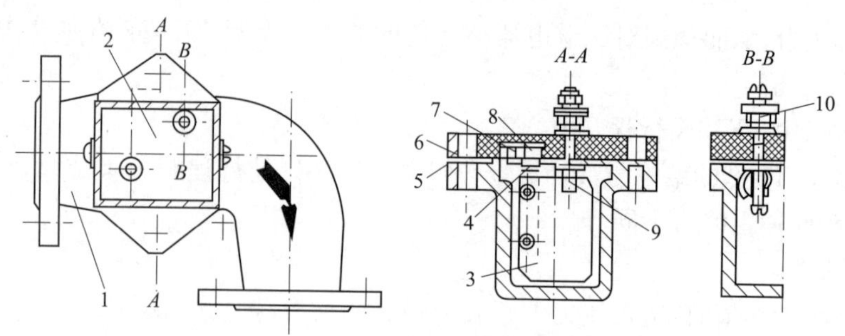


图 5-42　TJV2 型油流继电器

1—连管；2—外罩；3—叶片；4—扭簧；5—橡胶垫；6—底板；
7—球轴承；8—转轴；9、10—接线柱

柱)断开，从而使司机台上油流信号不显示。

当油流停滞时，叶片在扭簧的作用下返回，其常闭联锁触头接通，司机台上油流信号显示，表示油流信号不正常。

该型油流继电器管体上标有油流方向箭头，分左、右两方向，不能装错。

(四)油压继电器 YJ

$DF_4$ 型机车上采用的油压继电器 1～2YJ、3～4YJ，是根据柴油机机油系统的压力数值动作的保护继电器。当机油压力低于规定值时，继电器释放，分别使柴油机卸载或停机，以保护柴油机各摩擦面不致因润滑不良而损坏。

油压继电器 5YJ，是用来当机车紧急制动时，控制撒砂管空气的通断，实现撒砂和停止撒砂的目的。

1. 主要技术参数

整定值

1～2YJ

动作压力 …………………………………………………… $100^{+20}_{0}$ kPa

释放压力 …………………………………………………… $80^{+20}_{0}$ kPa

3～4YJ

动作压力 …………………………………………………… $180^{+20}_{0}$ kPa

释放压力 …………………………………………………… $160^{+20}_{0}$ kPa

5YJ

动作压力 …………………………………………………… $200^{+20}_{0}$ kPa

释放压力 …………………………………………………… $150^{+20}_{0}$ kPa

重复精度 …………………………………………………… 5 kPa

通断调节区间 ……………………………………………… 10～50 kPa

承受压力 ……………………………… 570 kPa(1～4YJ)900 kPa(5YJ)

触头

额定电压 …………………………………………………… 110 V

额定电流 …………………………………………………… 5 A

数量 ……………………………………………………… 一常开一常闭

2. 结构

主要由测量机构和执行机构组成；测量机构即油压发送器，它由作用室体、波纹管、弹簧箱组件组成，弹簧下座杆的位置反映滑油压力的大小。执行机构即触头，如图 5-43 所示。

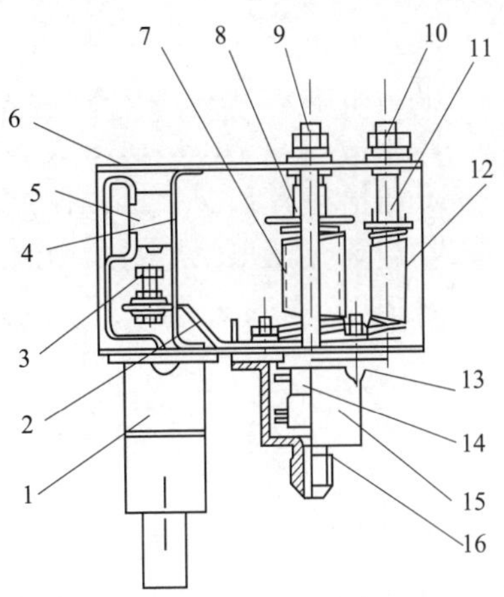

图 5-43 油压继电器

1—插头插座；2—传动板；3—螺栓；4—支板；5—微动开关；6—基架；7—调整弹簧；8—调整螺母；9—调整螺栓；10—微调螺母；11—微调螺栓；12—微调弹簧；13—钢球；14—支托；15—底座；16—波纹管

压力油从管中进入底座 15，当压力达到整定值时，波纹管 16 被压缩，使支托 14 上升，通过钢球 13 克服弹簧压力，顶动传动板 2，使动板上螺栓 3 顶开微动开关 5，使常开触头闭合，接通电路；当压力降到整定值下，触头断开，切断电路。

（五）水温继电器

$DF_4$ 型机车上装有两个结构相同但动作值不同的水温继电器，其中一个水温继电器 WJ 是用来当柴油机冷却水温达到动作值时动作，通过中间继电器 2ZJ 切断牵引发电机的励磁电路，使柴油机卸载，施行保护的继电器；另一个预热锅炉水温继电器 YWJ，当预热锅炉内水温超过 80 ℃时动作，通过电气控制，使锅炉停止工作。继电器采用热敏电阻传感器，集成运算放大器作比较器，高反压大功率管驱动。

1. 结构

温度继电器的执行机构为触头，测量机构主要由温包、波纹管、推杆、弹簧、杠杆组成。杠杆的一端与弹簧固接；另一端由推杆支撑，在杠杆上端的拨臂上安装动触头簧片。当水温升高时，感温液体通过金属毛细管进入波纹管室中，使波纹管受压，推杆上移，顶动杠杆，杠杆克服弹簧拉力绕支架逆时针转动，并推动动触头簧片接通常开触头，如图 5-44 所示。

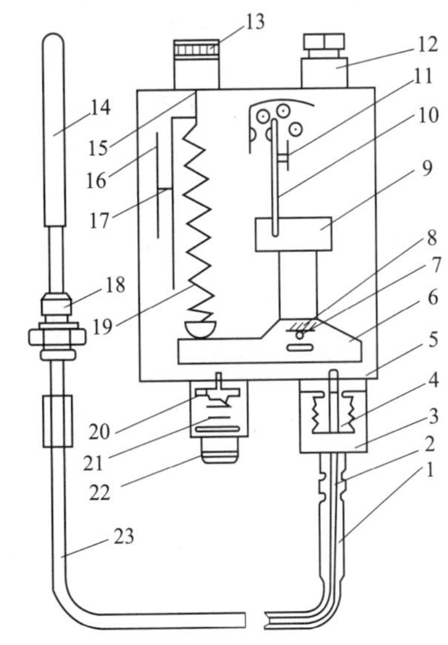

图 5-44 温度继电器结构示意图

1—螺帽；2—金属毛细管；3—波纹管室；4—波纹管；5—推杆；6—杠杆；7、8—刀支架；9—拨臂；10—动触头；11—静触头；12—引出线套；13—锁紧螺帽；14—温包；15—调节杆；16—标尺；17—指针；18—螺帽；19—拉伸弹簧；20—差动推杆；21—差动弹簧；22—差动旋钮；23—金属丝软管

2. 主要技术参数

$DF_4$ 型机车上采用 WTZK-50-C 型温度继电器，主要参数如下：

温度调节范围 ………………… 60～100 ℃
差动可调范围 ………………… 3～5 ℃
允许指针误差 ………………… ±3 ℃
允许动作误差 ………………… ±1.5 ℃
触头容量 ………………… 2.5 A
直流电流 ………………… 2.5 A
直流电压 ………………… 220 V

$DF_{4D}$ 型机车上采用 WDJ-1 型温度继电器，主要参数如下：

额定电压 ………………………………………………………………… DC 110 V
调节范围 ………………………………………………………………… 89～100 ℃
整定值 ……………………………………………………………………… 98 ℃
整定值误差 ………………………………………………………………… ±2 ℃
传感器 ……………………………………………………………………… 热敏电阻
外形尺寸 ……………………………………… 124 mm×76 mm×120 mm

## 小　　结

触头作为电器的执行机构，它对电器的工作性能、总体结构、尺寸有着决定性的影响。

为了保证触头的正常工作，对其基本参数有严格的要求，为此应掌握触头基本参数的定义、作用。

有触点电器触头在断开时会产生电弧，危害电器。

传动装置是有触点电器主要组成部分之一，在机车上常用的是电磁传动装置和电空传动装置。

电空传动装置的作用必需配以相应的电空阀，电空阀可利用电路的变化来控制气路的变化，从而达到控制电空传动装置动作的目的。

接触器的用途很广，种类也很多，是自动控制中不可缺少的元件。

在机车上采用了直流、交流接触器、电空接触器及真空接触器。对于交流接触器，因为机车本身有直流电源，所以采用了直流控制的方法。

继电器在机车上应用的种类比较多，作用也很重要。作为机车控制系统中不可缺少的元件。继电器由于有其本身的特点而不同于接触器。对继电器而言，要准确掌握基本参数中有关动作值、释放值、整定值及返回系数的定义。

机车上所用的继电器有电磁式和机械式两种，要求对各继电器的型号、作用、结构特点及整定值调整方法应重点掌握。

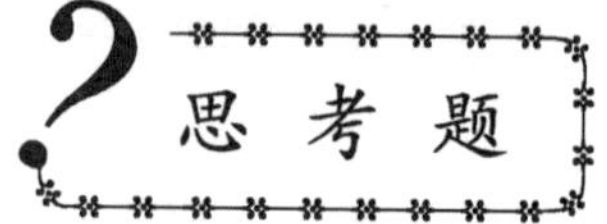


1. 有触点电器由哪几部分组成？各部分有何作用？是如何工作的？
2. 有触点电器的触头有哪几个基本参数？其定义及作用各是什么？
3. 机车上的电器常采用何种形式的传动装置？简述电空阀的工作原理。
4. 电磁传动装置一般由什么组成？其工作原理如何？
5. 电空传动装置有何优点？试分析其工作原理。
6. 接触器有何特点？一般用在什么电路中？
7. 何谓接触器？DF4D 型内燃机车上采用了哪两种接触器？
8. 继电器一般由哪几部分组成？
9. 机车上设有哪几种继电器？各有何作用？
10. 继电器与接触器相比有何特点？

# 第六章　主 型 电 器

主型电器是指专门为电力机车及动车组设计制造的、作用重要、结构复杂、体积较大的专用电器，主要包括受电弓、高压连接器、主断路器、两位置转换开关、司机控制器等。本章主要介绍各主型电器的作用、技术参数、基本结构、动作原理、维护与调整等内容。

## 第一节　受 电 弓

### 一、概　　述

受电弓是电力机车、动车组从接触网接触导线上受取电流的一种受流装置。它通过绝缘子安装在电力机车、动车组的车顶上，当受电弓升起时，其滑板与接触网导线直接接触，从接触网导线上受取电流，通过车顶母线传送到机车、动车组内部，供机车、动车组使用。

受电弓靠滑动接触而受流，是电力机车、动车组与固定供电装置之间的连接环节，其性能的优劣直接影响到电力机车、动车组工作的可靠性。随着电力机车、动车组运行速度的不断提高，对其受流性能也提出了越来越高的要求。其基本要求是：滑板与接触导线接触可靠，磨耗小；升、降弓时不产生过分冲击；运行中受电弓动作轻巧、平稳、动态稳定性好。为此，在接触导线高度允许变化的范围内，要求受电弓滑板对接触导线有一定的接触压力，且升、降弓过程具有先快后慢的特点，即升弓时滑板离开底架要快，贴近接触导线要慢，以防弹跳；降弓时滑板脱离接触导线要快，落在底架上要慢，以防拉弧及对底架有过分的机械冲击。

电力机车、动车组上安装有两台受电弓，正常运行时一般只升后弓，前弓备用。按结构形式分，受电弓分为双臂受电弓和单臂受电弓两种。双臂受电弓结构对称，侧向稳定性好，但结构复杂，调整困难。单臂受电弓结构简单、尺寸小、质量轻、调整容易，具有良好的动特性，高速时动态跟随性及受流特性较好，故而被现代电力机车、动车组广泛采用。

目前，电力机车、动车组上采用有各种型号的受电弓，如 $SS_1$ 型、$SS_{3B}$ 型机车采用的 TSG1-600/25 型受电弓，$SS_4$ 改型机车采用的 TSG1-630/25 型和 LV260-2 型受电弓，$SS_8$ 型电力机车上采用的 TSG3-630/25 型单臂受电弓，$SS_9$ 型、$HXD_2$ 电力机车上采用的 DSA-200 型单臂受电弓，$CHR_5$ 型动车组上采用的 DSA-250 型单臂受电弓等。

### 二、基本结构及主要部件的作用

各型受电弓的某些零部件虽略有不同，但其基本结构有许多相似之处。本节只介绍 $SS_8$ 型电力机车上采用的 TSG3-630/25 型单臂受电弓的结构。TSG3-630/25 型单臂受电弓由底架、铰链机构、弓头部分、传动机构、控制机构等组成基本结构，如图 6-1 所示。

#### (一)底　　架

底架由纵梁 2 和横梁 12 组成，用矩形钢管、钢板压形件及部分铸钢件焊接成 T 字形的基

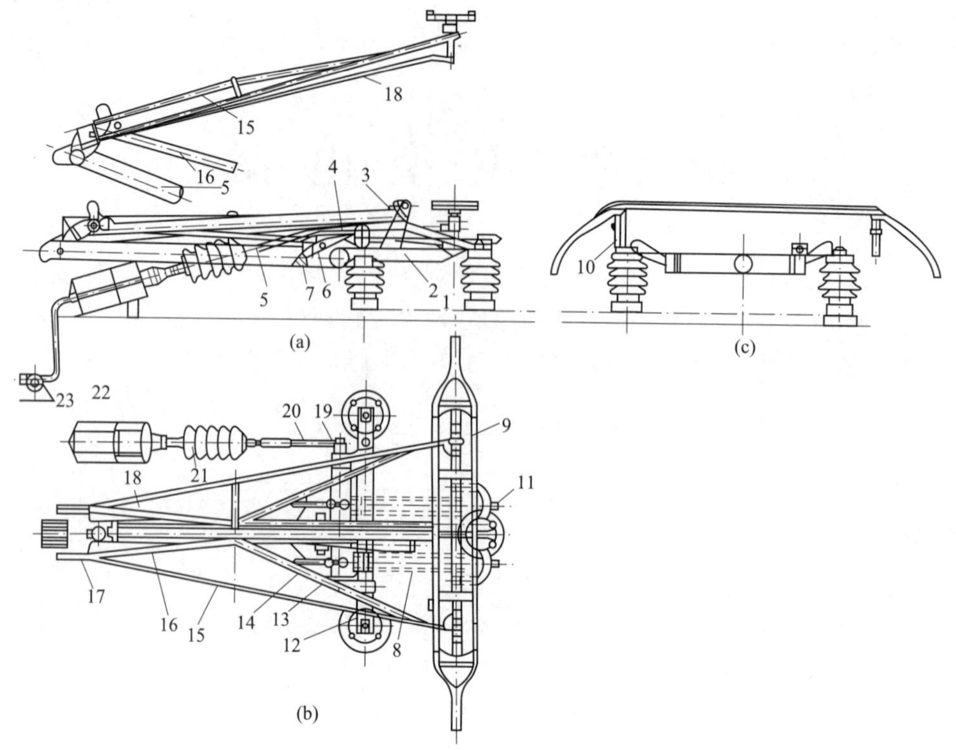


图 6-1 TSG3-630/25 型单臂受电弓结构示意图

1—绝缘子；2—纵梁；3—推杆支座；4—调整螺栓；5—下臂杆；6—弧形调整板；7—挂绳；8—升弓弹簧；9—弓头；10—弹簧盒；11—升弓弹簧调整杆；12—横梁；13—转轴；14—阻尼器；15—上部框架；16—推杆；17—中间铰链座；18—平衡杆；19—转臂；20—U 形连杆；21—传动绝缘子；22—传动气缸；23—缓冲阀

座，并通过 3 个绝缘子安装在机车、动车组车顶盖上。它是整个受电弓受流运动部件的安装基座，应具有足够的机械强度和耐受一定电压的电气性能。

纵梁 2 上组焊有推杆支座 3，此外，底架上还装有两组升弓弹簧 8，一套铰链机构和一副阻尼器 14 等部件。升弓弹簧由外圈和内圈两组弹簧套装而成，其一端与纵梁相连，另一端与下臂杆的底部相连。阻尼器用于有效地吸收机车高速运行时产生的冲击和振动，保证滑板与接触导线良好的接触，其一端与下臂杆铰链，另一端与推杆支座铰链。

(二)铰链机构

铰链机构由下臂杆 5、推杆 16、中间铰链座 17、平衡杆 18、上部框架 15 等部件组成，是实现弓头升降运动的机构。其中，下臂杆、推杆、平衡杆、上部框架由无缝钢管组焊而成，通过铰链座铰链，各铰链处都装有滚动轴承，并采用金属软编织线进行短接，防止电流对轴承的电蚀。

下臂杆 5 由两根钢管焊接成 T 字形构件，横向管两端装有两个转轴，纵向管的前部装有升弓弹簧支架和升弓弹簧 8。升弓弹簧的连接钢丝绳与弧形调整板 6 的背部紧贴，以此保证当受电弓在工作高度范围内升弓弹簧的拉力发生变化时，能产生足够的升弓转矩，维持弓头的静态接触压力基本不变。调整调节螺栓 4，可以改变弧形调整板 6 的倾角，也就改变了压力特性的摆动趋向。

平衡杆的作用是保证弓头部分的滑板面在受电弓整个工作高度范围内始终保持水平状态。

上部框架 15 由 5 根钢管焊接成 1 个构架，保证了上框架有较强的横向刚度和较小的质量。

其一端与弓头上弹簧盒 10 的铰链用螺栓连接，另一端借助于压板用螺栓装在中间铰链座 17 上。

（三）弓头部分

弓头部分由滑板框架、羊角、滑板、弹簧盒、固体润滑剂等组成，如图 6-1(c)所示。

滑板框架用钢板压制后镀锌而成，羊角为铸铝件。羊角与滑板框架组装，连接成整个弓头外形。在滑板框架上装有两排粉末冶金滑板和两排固体润滑剂。

滑板是直接与接触导线接触受流的部件，它是受电弓故障率较高的部件之一，最常见的故障是磨耗到限和拉槽。目前采用的滑板有碳滑板、钢滑板、铝包碳滑板、粉末冶金滑板等。其中，碳滑板较软，滑板自身磨耗较大，需经常更换，适用于铜接触导线；钢滑板较硬，对接触网磨耗较大，适用于钢铝接触导线；粉末冶金滑板的主要成分是铁、铜和润滑油，它有较好的自润滑性和一定的机械强度，电阻率也较小，与接触网导线接触受流性能良好，既能同时适用于铜接触导线和钢铝接触导线，又有助于减少因滑板损坏而造成的刮弓事故，是目前较为理想的滑板材料。$SS_8$ 型电力机车上采用的 TSG3-630/25 型单臂受电弓使用的就是粉末冶金滑板，其原始厚度为 10 mm，磨损至 3 mm 时到限。

弹簧盒使弓头与铰链机构进行弹性连接，保证机车运行时，弓头能随着接触网导线高度和弛度的变化而上下动作，以改善受流特性。

（四）传动机构

传动机构由传动气缸 22、传动绝缘子 21、U 形连杆 20、转臂 19 等组成。传动绝缘子 21 连接在传动气缸 22 与 U 形连杆 20 之间，U 形连杆与转臂连接，转臂再与下臂杆转轴连接在一起。这种安装方式保证了受电弓高、低压之间的电绝缘，并能方便地传递和控制升、降弓作用力矩。

传动气缸的结构如图 6-2 所示，它由缸体 1、活塞 2、降弓弹簧 3、进气口 4、防尘套 5 等组成。气缸体与水平面成 15°仰角，安装在车顶上，如图 6-1 所示。

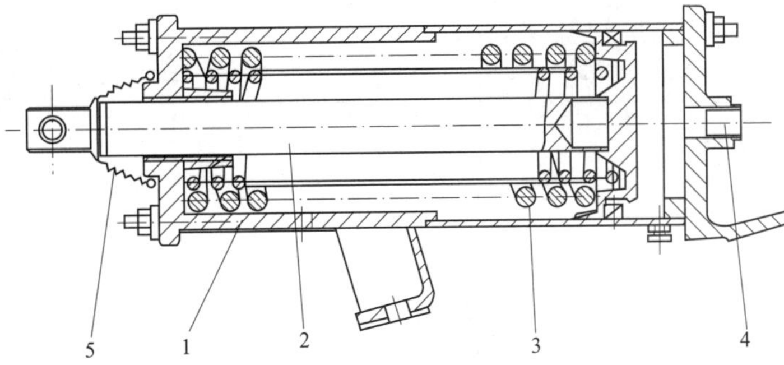

5 1 2 3 4

图 6-2 传动气缸

1—缸体；2—活塞；3—降弓弹簧；4—进气口；5—防尘套

（五）控制机构

TSG3-630/25 型受电弓的控制机构由缓冲阀和升弓电空阀组成，安装在机车、动车组内部，以便在机车、动车组内部调整升、降弓时间。

缓冲阀实际上是一个流量控制阀，它借助改变通流管路的截面大小来调节气流量，满足受电弓升、降弓过程先快后慢的动作要求，减小对接触网和车顶的冲击和振动，避免降弓时的拉弧现象。它由快排阀和节流阀两部分组成，如图 6-3 所示，主要包括阀体 4、快排阀活塞 3、快排阀反力弹簧 5、快排阀调节螺钉 6、节流阀调节螺钉 7、暗道 8 和 9 等部件。缓冲阀的进气口 10 与升弓电空阀下方的进气口相连，压缩空气经缓冲阀阀体内的小孔，通过不同截面的暗道，分别送入节流阀和快排阀。缓冲阀的排气口 1 与受电弓传动气缸的进风口(图 6-2 的 4) 相连。

图 6-4(a)、(b)、(c)图分别表示了受电弓升弓、快速降弓、缓慢降弓的动作原理示意图。升弓

过程是压缩空气压缩降弓弹簧的过程，节流阀口的大小，直接控制着压缩空气进入传动风缸的快慢。当节流阀口调好后、升弓初始后，降弓弹簧的压力最小，克服该力所需要的气压较小，节流阀口的进出气压差最大，此时传动气缸中活塞的移动较快，升弓迅速；随着弓头的逐渐上升，降弓弹簧的压力逐渐增大，克服该力所需要的气压也逐渐增大，因此，节流阀口的气压差逐渐减小，进入风缸的气流逐渐减慢，升弓的速度也逐渐减慢。这就实现了受电弓升弓时先快后慢的动作要求，减小了对接触网的冲击和振动。

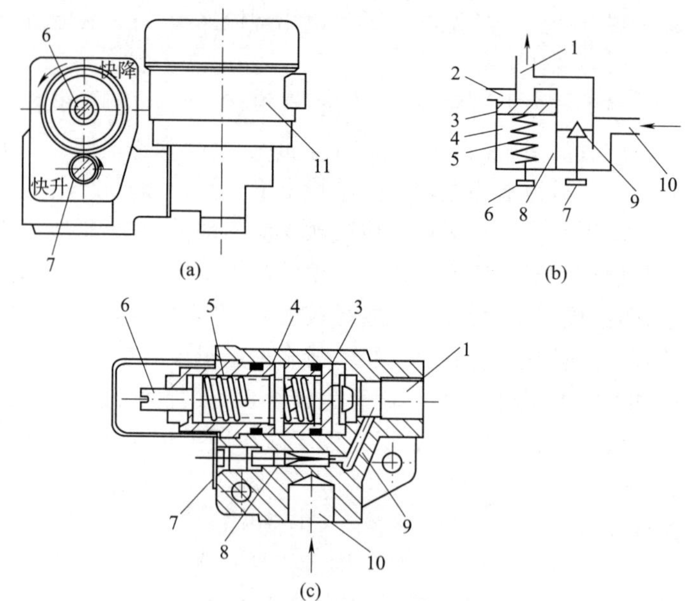


图 6-3　缓冲阀结构示意图

1—缓冲阀排气口；2—快排阀快排口；3—快排阀活塞；4—阀体；5—快排阀反力弹簧；6—快排阀调节螺钉；7—节流阀调节螺钉；8、9—暗道；10—进气口；11—电空阀

降弓时，电空阀失电，传动风缸内的压缩空气经节流阀、电空阀排向大气。降弓初始，传动风缸内

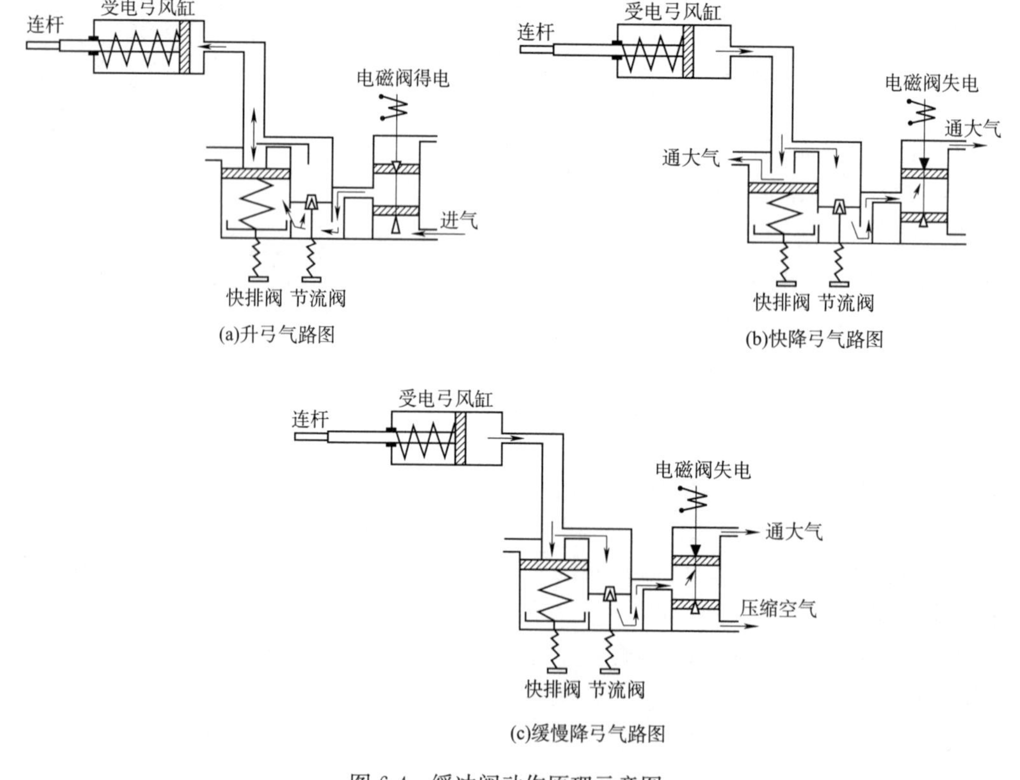


图 6-4　缓冲阀动作原理示意图

气压较大，作用于快排阀上方的力大于快排阀下方弹簧所产生的力，快排阀阀口打开，传动风缸内的压缩空气通过快排阀阀口大量排向大气，使受电弓弓头迅速脱离接触网。随着传动风缸内气压的逐渐下降，在快排阀内弹簧作用下，快排阀阀口关闭，气缸内的残余气体从节流阀口徐徐排出，受电弓下降的速度减慢。这就保证了弓头迅速脱离接触网后变成缓慢下降，避免了拉弧现象，不会对受电弓底架和车顶产生有害冲击。

缓冲阀的阀体上有两个成锥形的调节螺钉，如图 6-3 所示，上面的是降弓时间调节螺钉，下面的是升弓时间调节螺钉。顺时针旋转升弓时间调节螺钉时，节流阀阀口进风量减小，升弓时间延长；反之，则升弓时间缩短。同理，可以调整降弓时间。

### 三、动作原理

升弓时，司机按下受电弓按键开关，升弓电空阀得电，压缩空气经缓冲阀的节流阀进入传动气缸，推动活塞克服降弓弹簧的作用力，带动传动绝缘子和 U 形连杆右移，解除了对下臂杆的约束力，升弓弹簧拉动下臂杆和推杆顺时针转动，推杆推动铰链座和上部框架逆时针旋转，带动受电弓弓头升起。

降弓时，司机恢复受电弓按键开关，受电弓电空阀失电，传动风缸内的压缩空气经快排阀、电空阀排向大气，在降弓弹簧的作用下，活塞带动 U 形连杆左移，当 U 形连杆与下臂杆转轴接触后，迫使转轴向下移动，强制下臂杆做逆时针转动，最终使弓头下降到落弓位。

### 四、主要技术参数

TSG3-630/25 型受电弓主要技术参数：

额定工作电压 ………………………………………… 25 kV
额定工作电流 ………………………………………… 630 A
最大运行速度 ………………………………………… 170 km/h
静态接触压力 ………………………………………… (90±10) N
工作高度 ………………………………………… 500～2 250 mm
最大升弓高度 ………………………………………… 2 600 mm
折叠高度 ………………………………………… 228 mm
弓头总长度 ………………………………………… 2 085 mm
滑板长度 ………………………………………… 1 250 mm
传动气缸工作气压 ………………………………………… 520～1 000 kPa
从 0～1 800 mm 间升弓时间 ………………………………………… 6～8 s
从 1 800～0 mm 间降弓时间 ………………………………………… 5～7 s
降弓位保持力 ………………………………………… 80 N

DSA-200 型受电弓主要技术参数：

额定工作电压 ………………………………………… 25 kV
额定工作电流 ………………………………………… 1 000 A
设计速度 ………………………………………… 200 km/h
静态接触压力 ………………………………………… (70±10) N 可调

工作高度(包括绝缘子) …………………………………… 880～2 800 mm
最大升弓高度(包括绝缘子) ………………………………… 3 000 mm
折叠高度(包括绝缘子)……………………………………… 588 mm
弓头总长度 ………………………………………………… 1 950 mm
弓头宽度……………………………………………………… 580 mm
滑板总长度 ………………………………………………… 1 576 mm
碳滑板 ……………………………………………………… 1 250 mm
输入空气压力…………………………………………………… 0.4～1 MPa
接触压力为 70 N 时空气压力 ……………………………… 约 0.36～0.38 MPa

DSA-250 型受电弓主要技术参数

额定工作电压 ……………………………………………………… 25 kV
额定工作电流…………………………………………………… 1 000 A
设计速度 …………………………………………………… 250 km/h
输入空气压力…………………………………………………… 0.4～1 MPa
静态接触压力(阀板上可调) …………………………………… 50～120 N 可调
80 N 接触压力下标称工作气压 ……………………………… 约 0.33～0.38 MPa
弓头自由度垂直位移 ……………………………………………… 60 mm
质量(不含绝缘子) ………………………………………………… 约 117 kg

## 第二节　主(空气)断路器

### 一、概　　述

主断路器连接在受电弓与主变压器原边绕组之间,安装在机车、动车组车顶中部,它是电力机车、动车组电源的总开关和总保护电器。当主断路器闭合时,电力机车和动车组通过受电弓从接触网导线上获得电源,投入工作;若电力机车、动车组主电路和辅助电路发生短路、过载、接地等故障时,故障信号通过相关控制电路使主断路器自动开断,切断电力机车、动车组总电源,防止故障范围扩大。

主断路器属于高压断路器的一种,按其灭弧介质可分为油断路器、空气断路器、六氟化硫断路器和真空断路器等。目前,在 $SS_1$ 型、$SS_{3A}$ 型、$SS_{3B}$ 型等电力机车上采用的是 TDZ1-200/25[T—铁路机车用;D—断路器;Z—主;1—设计序号;200—额定分断容量(MV・A);25—额定电压(kV)]型空气断路器;在 $SS_4$ 型、$SS_4$ 改型、$SS_{7C}$ 型、$SS_{7D}$ 型、$SS_8$ 型、$SS_9$ 型等电力机车上采用的是 TDZ1A-10/25[T——铁路机车;D——断路器;Z——主;1A——设计序号;10——额定电流(kA);25——额定电压(kV)]型空气断路器;6K 型电力机车、$CRH_5$ 型动车组上采用的是真空断路器。

与其他类型的断路器相比,空气断路器具有下列优点:

(1)压缩空气具有可压缩性,对灭弧室各零部件所产生的机械应力较小。

(2)压缩空气流动性好、传导速度高。灭弧时动作迅速、可靠,可使气体的流动与电弧柱的膨胀和收缩紧密相随,因此燃弧时间短、灭弧性能好、触头寿命长。

(3)防爆,使用安全、可靠。

(4)适用于温度变化较大的工作环境。

它的不足之处主要是:

(1)操作时噪声较大。

(2)分断能力受电压恢复速度的影响较大。

(3)在气压和分断能力一定的情况下,分断小电感电流时,常因灭弧能力过大而产生截流过电压。

(4)结构复杂,制造工艺要求较高。

上述不足之处在采取了若干措施后,可以得到改善,加之在电力机车上有现成的压缩空气气源,因此,在SS系列电力机车上广泛采用了空气断路器。本节只介绍TDZ1A-10/25型空气断路器。

## 二、空气断路器的基本结构及主要部件的作用

TDZ1A-10/25型空气断路器结构如图6-5所示,它以安装在机车车顶盖上铸铝制成的底板为界,分上、下两大部分。露在车顶上的为高压部分,主要有灭弧室1、非线性电阻瓷瓶2、支持瓷瓶20、隔离开关6和转动瓷瓶7等部件。装在底板下部的为低压部分,主要有储气缸21、主阀18、延时阀15、传动气缸22、启动阀12、辅助开关23等部件。

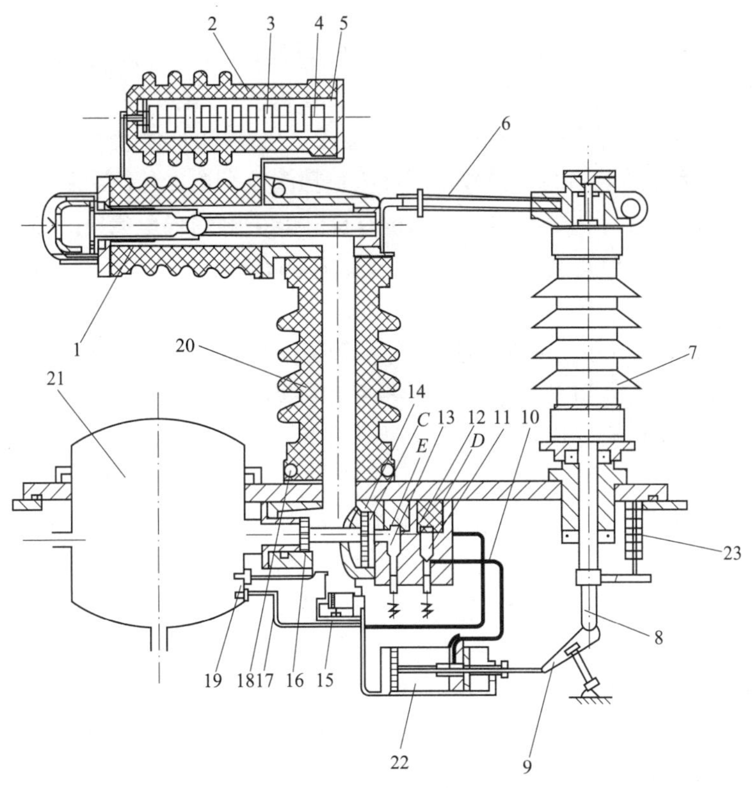


图6-5　TDZ1A-10/25型空气断路器

1—灭弧室;2—非线性电阻瓷瓶;3—非线性电阻;4—干燥剂;5—弹簧;6—隔离开关;7—转动瓷瓶;8—控制轴;9—传动杠杆;10—气管;11—合闸阀杆;12—启动阀;13—分闸阀杆;14—主阀活塞;15—延时阀;16—阀门;17—气管;18—主阀;19—塞门;20—支持瓷瓶;21—储风缸;22—传动风缸;23—辅助开关

（一）高压部分

1. 灭弧室

灭弧室的结构如图6-6所示，它是主断路器安装主触头、熄灭电弧的重要部件。其主体为空心瓷瓶11，一端装风道接头15，通过支持瓷瓶的中心空腔与主阀的气路相连；另一端装法兰盘7，以此将高压电引入主断路器。

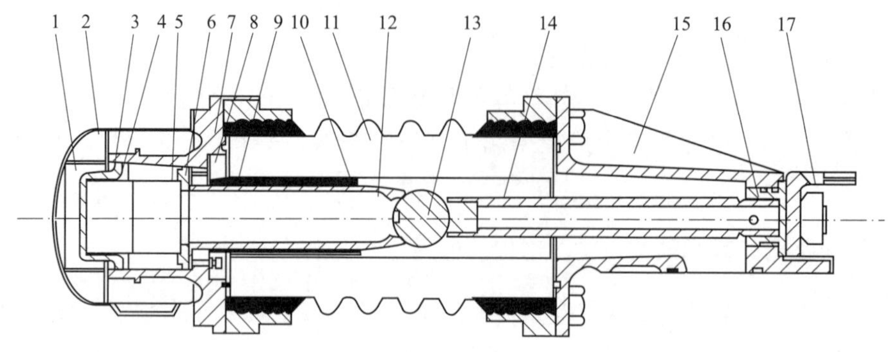


图6-6　灭弧室

1—网罩；2—外罩；3—挡圈；4—缓冲垫；5—触头弹簧；6—弹簧座；7—法兰盘；8—固定圈；9—导电管；10—弹簧；11—灭弧室瓷瓶；12—动触头；13—静触头；14—静触头杆；15—风道接头；16—套筒；17—隔离开关静触头

静触头13的头部为球状，端部镶着耐电弧的钼块，以提高耐弧性能；它固定在风道接头15上，通过套筒16与隔离开关静触头17相连。动触头12呈管状，其一端为工作端，工作端的管内壁作成弧形，成一“喷口”，以利于与静主触头球面有良好接触及产生良好的吹弧作用；另一端与一圆环形弹簧座6相贴。弹簧座后顺次接有触头弹簧5、缓冲垫4、挡圈3、网罩1和外罩2。

动主触头的外面装有与它既有相对滑动也有良好电接触的导电管9。导电管由铜管铣成多瓣形，通过弹簧10弹性地套装在动主触头上，其尾端固定在法兰盘7上。因此，从法兰盘引入的高压电源通过导电管传至动主触头。

触头弹簧5的张力较大，它一方面使动，静主触头间具有一定的接触压力，另一方面使动、静主触头开断后能自行恢复闭合状态。缓冲垫4用来缓和动主触头开断时触头弹簧5对挡圈3的撞击。网罩1在动主触头开断过程中起消音作用。外罩2用于防止外界脏物玷污主触头，其下部有排气孔。

当主断路器处于闭合状态时，主动触头在触头弹簧5的作用下与静触头闭合。当分闸阀得电时，压缩空气进入灭弧室，推动主动触头克服触头弹簧5的压力向左移动，动、静触头间产生的电弧进入主动触头“喷口”，拉长、冷却，进而强迫熄灭。废气通过网罩由外罩下方排气孔排入大气。主断路器分闸完成，压缩空气停止进入灭弧室，动触头在触头弹簧5的作用下与静触头重新闭合。

2. 非线性电阻

非线性电阻用于限制过电压，减小电压恢复速度。空气断路器在分断小电流时，由于熄弧能力太强，易产生截流过电压；同时，其分断的可靠性受断口间电弧电流过零瞬时恢复电压上升的速度影响很大。因此，该型主断路器在动、静触头间并联了非线性电阻。

非线性电阻的结构如图6-5所示。在非线性电阻瓷瓶内，装了10个串联的非线性电阻片3和干燥剂4等主要部件。为了保证非线性电阻片之间及与外部连接之间的接触压力，减小接触电阻，在其一端装设了弹簧 5。

非线性电阻片采用碳化硅和结合剂烧结而成，其电阻值随外加电压的升高而下降。主断路器分闸时，动、静主触头间产生电弧，在熄弧过程中，触头间的电压将急剧增加。当电压增加到一定值时，非线性电阻值迅速下降，主触头上的电流迅速转移到非线性电阻上，既可限制过电压，减小电压恢复速度，又有利于主触头上电弧的熄灭，减少触头电磨损。随着非线性电阻两端电压的降低，其阻值又迅速增大，以减小残余电流，保证隔离开关几乎在无电流下断开，提高断路器的分断可靠性。为了避免非线性电阻片受潮后性能发生改变，在放置非线性电阻片的空心瓷瓶内设有密封圈和干燥剂。

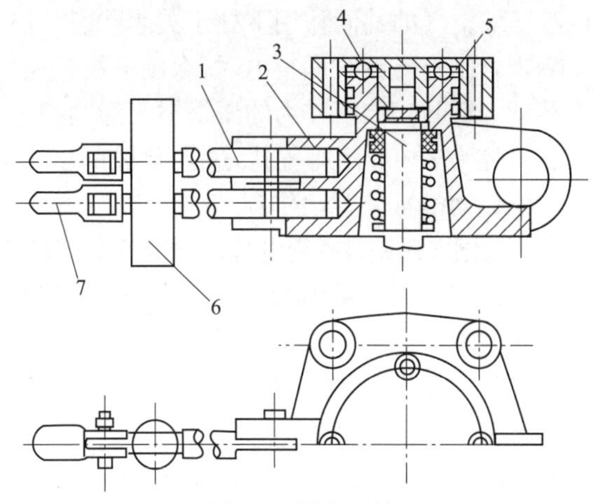

图 6-7　隔离开关

1—隔离开关闸刀；2—法兰盘；3—弹簧装置；4—铜球；5—连接件；6—弹簧装置；7—触指

3. 隔离开关

隔离开关结构如图 6-7 所示。它由静触头（见图 6-6 中的 17）、动触指 7、弹簧装置 6、隔离开关闸刀 1（动触杆）、法兰盘 2（下转动座）、铜滚珠 4、连接件 5（上转动座）及弹簧装置 3 等组成。

隔离开关静触头固定在弯接头上，它与灭弧室内的静主触头相连。其接触面有沟槽，以便与动触指良好的接触。动触杆紧固在下转动座上。动触指套装在动触杆上，并用螺钉紧固，便于在动触指磨耗到限时拆下更换，或反过面来继续使用。弹簧装置 6 设在动触杆上，用来保证动触指能夹紧隔离开关静触头，并保持一定的接触压力。下转动座、转动瓷瓶与操纵轴用螺钉固为一体。上转动座通过铜滚珠、轴承及弹簧固定在下转动座上。上、下转动座之间的铜滚珠用来减小摩擦，同时又用作上、下转动座之间的电连接。在主断路器动作过程中，连接件 5 不转动，它与变压器原边绕组相连接。

隔离开关自身不带灭弧装置，不具有分断大电流的能力，它与主触头协调动作，完成主断路器的分、合闸动作。主断路器分闸时的动作顺序是：主触头分断电路并在灭弧室内熄灭主动、静触头之间的电弧、隔离开关打开，主触头重新闭合。此时，隔离开关保持在打开位置，从而保持主断路器处于分闸状态。即主断路器分闸时，隔离开关比主触头延时动作，待主触头断开并熄弧后再无电断开，主断路器合闸时，主触头不再动作，仅需操纵隔离开关闸刀闭合即可。

（二）低压部分

1. 启动阀

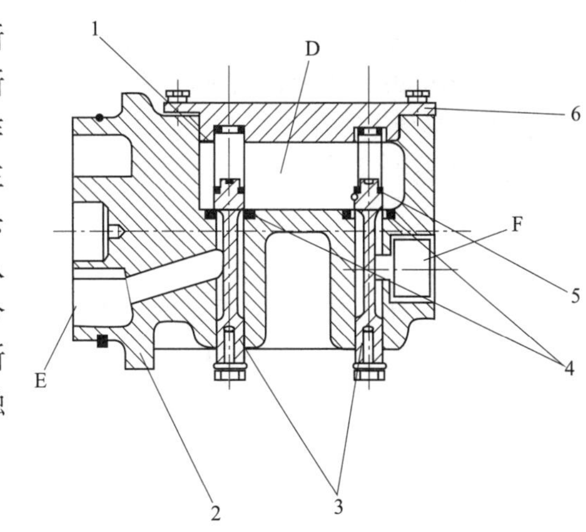

图 6-8　启动阀

1—密封垫；2—阀体；3—阀杆；4—密封垫；5—弹簧；6—盖板

启动阀由左边的分闸阀和右边的合闸阀两部分组成，呈对称分布，如图 6-8 所示。两阀有各自的阀杆3、弹簧5和密封垫4，由各自的电磁铁控制，共用阀体2、密封垫1和盖板6。D、E、F三个空腔分别与储风缸、主阀C腔、传动风缸相通。

当分、合闸线圈失电时，D腔充满了来自储风缸的压缩空气，分闸阀和合闸阀在弹簧5和D腔压缩空气的共同作用下处于关闭状态。

当合闸电磁铁线圈得电时，合闸电磁铁撞块撞击合闸阀阀杆，使阀杆克服弹簧5的作用向上移动，阀门打开，D腔内的压缩空气经阀门从F腔进入传动气缸，带动主断路器闭合。F腔内有直径为2 mm的排气孔，进入D腔的压缩空气管径为8 mm，所以，F腔仍能保持相当高的气压使传动气缸装置动作。

当分闸电磁铁线圈得电时，分闸电磁铁撞块撞击分闸阀阀杆，使阀杆克服弹簧5的作用向上移动，阀门打开，D腔内的压缩空气经阀门从E腔送往主阀的C腔，主阀动作，带动主断路器分闸。

2. 主阀

主阀采用气动差动式结构，如图6-9所示。它由阀体1、活塞2、阀杆3、阀盘5、弹簧6等部件组成。主阀共有5条气路：A腔与储风缸相连，B腔经支持瓷瓶通向灭弧室，C腔与启动阀的E腔相连，下方与延时阀进气孔相通，另有一条小气路将储风缸内少量的压缩空气由通风塞门(见图6-5中的19)经主阀送入支持瓷瓶和灭弧室，保证灭弧室内始终有一个对外的正压力，防止外界潮湿空气进入灭弧室。

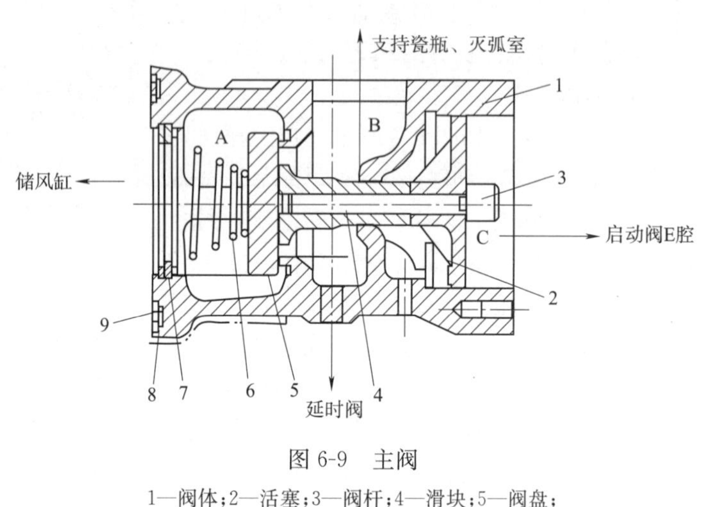


图6-9 主阀

1—阀体；2—活塞；3—阀杆；4—滑块；5—阀盘；6—弹簧；7—垫圈；8—挡圈；9—密封圈

当分闸电磁铁线圈失电时在A腔压缩空气和弹簧6的共同作用下，主阀处于关闭状态。

当分闸电磁铁线圈得电时，分闸阀动作，启动阀D腔内的压缩空气经阀门从E腔送往主阀的C腔，虽然主阀阀盘5和活塞2两端都受到压缩空气的作用，但活塞2的直径大于阀盘5的直径，使阀杆3带动阀盘5和活塞2左移，主阀打开，储风缸内大量的压缩空气向上经主阀、支持瓷瓶进入灭弧室，带动主触头动作；向下送入延时阀的进气孔。

3. 延时阀

延时阀的作用是使传动风缸较灭弧室滞后一定时间得到储风缸的压缩空气，确保隔离开关比主触头延时动作，无电弧开断。

延时阀的结构如图6-10所示。它由阀座1、膜片3、阀杆4、阀体5、阀门6、弹簧7、阀盖8、调节螺钉9等部件组成。调节螺钉9用于调整进入膜片3下部空腔的气路大小，改变延时时间。

当延时阀进气孔无压缩空气送入时，延时阀阀门6在弹簧7的作用下处于关闭状态。当主阀打开时，压缩空气经延时阀进气孔、阀盖8上的进气管路、阀体5上的通道、调节螺钉9与阀座1之间的间隙，进入膜片3下部的空腔。因为管路截面小，膜片3的面积大于阀门6的面积，膜片下部的气压经过一定时间延时达到一定压力后，足以克服弹簧7的作用，推动阀杆4

向上移动，阀门 6 打开，大量的压缩空气进入传动气缸的进气孔。

4. 传动气缸

传动气缸以隔板 5 为界，分为左边的工作腔和右边的缓冲腔两大部分，如图 6-11 所示，活塞杆 3 上装有工作活塞 2、缓冲活塞 7 和套筒 1、8，连杆销 9 与图 6-5 中的控制轴 8 相连。

由于隔离开关和转动瓷瓶均具有一定的质量。在隔离开关动作过程中，要使其瞬间制停到位，必然会产生很大的惯性冲击，容易发生控制轴、隔离开关刀杆或转动瓷瓶断裂。为此，在传动风缸的隔板 5 上设有一排气孔，隔板 5 和缓冲气缸体 6 上各设有一个逆止阀。

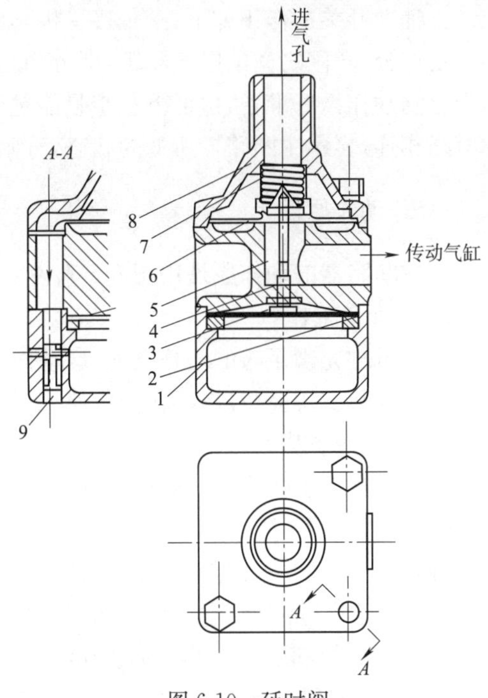


图 6-10　延时阀

1—阀座；2—密封环；3—膜片；4—阀杆；5—阀体；6—阀门；7—弹簧；8—阀盖；9—调节螺钉

在分闸过程中，经主阀、延时阀的压缩空气一路从传动风缸进气孔 1 进入工作活塞左侧，推动工作活塞右移，带动控制轴、转动瓷瓶转动，隔离开关分闸。与此同时，另一路压缩空气从传动风缸进气孔 2 进入缓冲活塞右侧，当工作活塞向右运动，碰到套筒 1 时，迫使套筒 1、缓冲活塞 7 也随之右移，而缓冲活塞右侧的压缩空气将阻碍它们的运动，这就保证了主断路器在分闸过程中先快后慢的动作要求，起到了缓冲的作用。

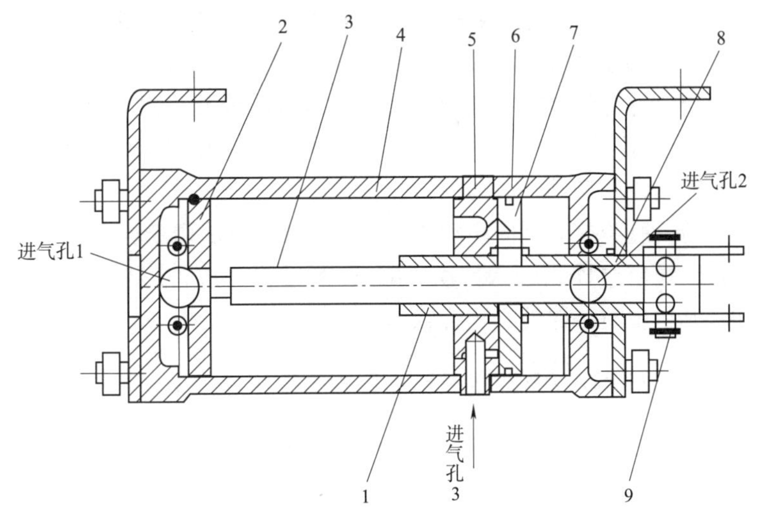


图 6-11　传动气缸

1—套筒；2—工作活塞；3—活塞杆；4—工作气缸体；5—隔板；6—缓冲气缸体；7—缓冲活塞；8—套筒；9—连杆销

在合闸过程中，启动阀 D 腔的压缩空气经 F 腔、传动风缸进气孔 3，分别进入工作活塞的右侧和缓冲活塞的左侧。一方面，工作活塞左移，带动隔离开关合闸；另一方面，当工作活塞左移，带动连杆销 9 碰到套筒 8 时，会迫使缓冲活塞左移，同理，缓冲活塞左侧的压缩空气将阻碍工作活塞、套筒和缓冲活塞的运动，保证主断路器在合闸过程中也具有先快后慢的特点。

5. 辅助开关

辅助开关由万能转换开关承担，其引出线通过插销或插座同机车有关电路相连。

辅助开关的作用如下：一是接受机车整备控制电路的电讯号，控制分、合闸电磁铁的动作；二是作分、合闸之间的电气联锁，即分闸完成后切断分闸线圈电路，接通合闸线圈电路，为下一步合闸动作做好准备，保证下一步只能是合闸动作而非分闸动作，反之亦然；三是与信号控制电路相连，显示主断路器所处的状态，分闸状态时信号灯亮，合闸状态时信号灯灭。

## 三、动作原理

主断路器的动作原理用图 6-5 来说明。

1. 准备工作

储风缸充满足够的压缩空气；启动阀的 D 腔充满压缩空气；另有少量的压缩空气经通风塞门、主阀、支持瓷瓶进入灭弧室，使灭弧室内保持一定的正压力，防止外部潮湿空气的侵入。

2. 分闸过程

司机按下主断路器分闸按键开关，分闸线圈得电，分闸阀阀杆上移，启动阀 D 腔的压缩空气经启动阀 E 腔进入主阀的 C 腔，主阀左移，储风缸内大量的压缩空气经支持瓷瓶进入灭弧室，推动主动触头左移，电弧被吹入空心的动触头，冷却、拉长、进而熄灭。

进入延时阀的压缩空气经一定时间延时后，推动延时阀阀门上移，压缩空气进入传动风缸工作活塞的左侧，推动工作活塞右移，驱动传动杠杆带动控制轴、转动瓷瓶转动，隔离开关分闸。

与控制轴同步动作的辅助开关同时完成如下三项工作：一是切断分闸线圈电路，分闸线圈失电，分闸阀关闭，D 腔的压缩空气不再进入 E 腔和 C 腔，主阀关闭，压缩空气停止进入灭弧室，主触头在反力弹簧的作用下重新闭合，分闸过程完成；二是接通信号控制电路，使主断路器信号灯亮，显示主断路器处于断开状态；三是接通合闸线圈电路，为下一次合闸做好准备。

3. 合闸过程

司机按下主断路器合闸按键开关，合闸线圈得电，合闸阀阀杆上移，启动阀 D 腔的压缩空气经启动阀 F 腔进入传动风缸工作活塞的右侧，推动工作活塞左移，驱动传动杠杆带动控制轴、转动瓷瓶转动，隔离开关合闸。

同理，与控制轴同步动作的辅助开关：一是切断合闸线圈电路，合闸线圈失电，合闸阀关闭，压缩空气停止进入传动风缸，合闸过程完成；二是切断信号控制电路，使主断路器信号灯灭，显示主断路器处于闭合状态；三是接通分闸线圈电路，为下一次分闸做好准备。

## 四、TDZ1A-10/25 型空气断路器主要技术参数

额定电压 …………………………………………………………… 25 kV

额定电流 …………………………………………………………… 400 A

额定频率 …………………………………………………………… 50 Hz

额定分断电流 ……………………………………………………… 10 kA

额定分断容量 …………………………………………………… 250 MV·A

额定工作气压 …………………………………………………… 700～900 kPa

固有分闸时间 ……………………………………………………… ≤30 ms

延时时间 ………………………………………………………… 35～55 ms

合闸时间 …………………………………………………………… ≤0.1 s

额定控制电压 …………………………………………………………… DC 110 V

总质量 …………………………………………………………………… 150 kg

# 第三节　真空断路器

## 一、概　　述

真空断路器是以真空作为绝缘介质和灭弧介质，利用真空耐压强度高和介质强度恢复速度快的特点进行灭弧的。与空气断路器相比，真空断路器具有结构简单、工作可靠、分断容量大、动作速度快、绝缘强度高、整机检修工作量小等诸多优点，因而在电力工业中得到了广泛应用。由于电力机车和动车组的特殊使用环境和一些恶劣工作条件所限，真空断路器直到20世纪80年代才运用到电力机车和动车组上。下面介绍的是我国自行设计、制造的TDV3-8/25型真空断路器。

## 二、结构及主要部件的作用

TDV3-8/25[T——铁路机车用；D——断路器；V——真空；3——设计序号；8——额定开断电流(kA)；25——额定电压(kV)]型真空断路器以底座为界，分为高压和低压两部分，如图6-12所示。高压部分为T形结构，位于机车顶部，包括真空灭弧室6、中央传动机构箱5、水平

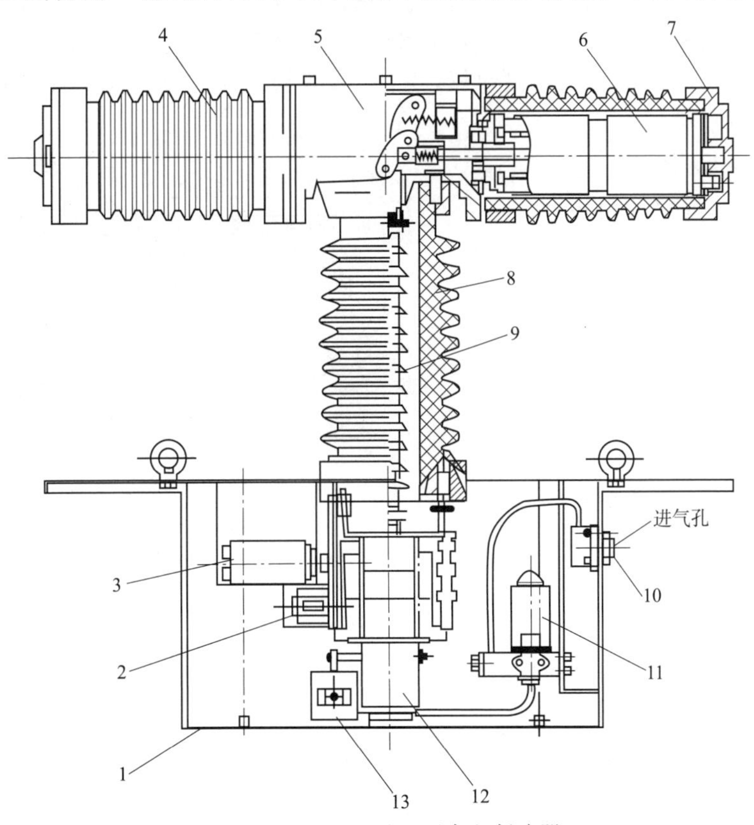


图6-12　TDV3-8/25型真空断路器

1—箱体；2—计数器；3—辅助开关；4—水平瓷瓶；5—中央传动机构箱；6—真空灭弧室；7—端盖；8—支持瓷瓶；9—绝缘推杆；10—过滤器；11—合闸电磁铁；12—操作机构；13—分闸电磁铁

瓷瓶4、支持瓷瓶8、绝缘推杆9等;低压部分位于机车内部,包括箱体1、合闸电空阀11、分闸电磁铁13、操作机构12、辅助开关3、计数器2、过滤器10等。高压部分和低压部分之间通过支持瓷瓶和绝缘杆隔离,保证机车的安全。

(一)真空灭弧室

真空灭弧室结构如图6-13所示。动、静触头4密封在玻璃管3内。静触头杆1直接固定在上方的金属端板8上,动触头杆7通过金属波纹管与下方的金属端板8连接,这样的结构既可保持密封,又使动触头可在一定范围内移动,保证了动、静触头在一定的真空度下断开。动、静触头与玻璃管之间设有金属屏蔽罩5,它固定在玻璃管中部的金属环上。屏蔽罩的作用是在熄弧过程中吸收并冷却由电弧产生的金属蒸气,防止金属蒸气扩散到玻璃管内壁上而破坏其绝缘性能。

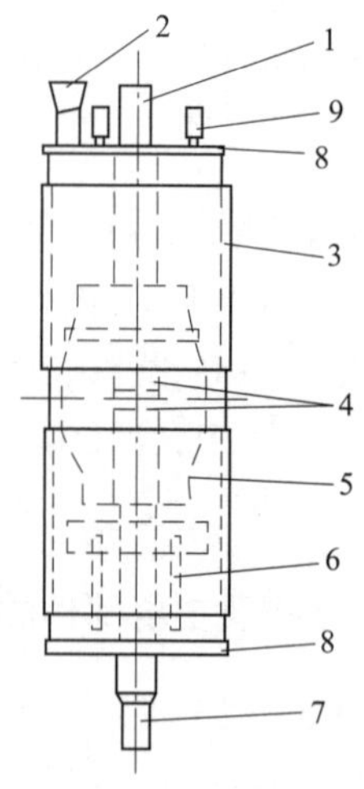

图6-13 真空灭弧室

1—静触头杆;2—排气管;3—玻璃管;4—动、静触头;5—屏蔽罩;6—波纹管;7—动触头杆;8—端板;9—螺栓

在TDV3型真空断路器中,为了提高真空灭弧室的真空度和寿命,在灭弧室中加入了一定的高压消气剂,以减少和吸收触头在工作中产生的微量空气;为了达到导电性能好、开断能力大、抗熔焊能力高、截流水平低等较佳的综合技术指标,动、静触头采用了多元铜合金材料;为了提高波纹管的质量与寿命,采用了大口径波纹管,并在波纹管封装时采用了预拉伸技术。

(二)中央传动机构箱

TDV3型真空断路器用两个真空灭弧室串接成双断口结构形式,以保证断路器具有较高的耐压能力和灭弧能力。两个动触头杆由中央传动机构箱控制。中央传动机构箱的结构如图6-14所示。

当绝缘推杆9上移时,连杆7、8将向上的推力分解成左、右方向的推力,推动两个动触头向各自的静触头移动并闭合。当绝缘杆下移时,两动触头运动方向与上述相反,使动、静触头分离。

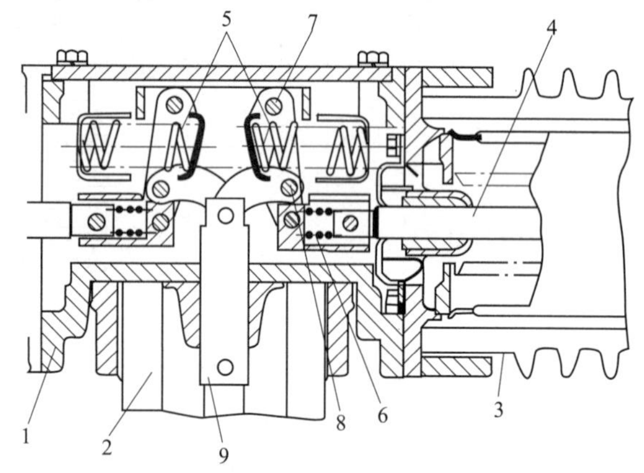

图6-14 中央传动机构箱

1—箱体;2—支持瓷瓶;3—真空灭弧室;4—动触头杆;5、6—弹簧;7、8—连杆;9—绝缘杆

弹簧6保证了动触头有一定的超程。弹簧5为缓冲弹簧组,合闸时,此弹簧吸收和缓和合闸时的冲击能量,抑制合闸时的触头弹跳;分闸时,分闸弹簧的拉力和缓冲弹簧的复位力共同作用,保证分闸速度快、动作稳定、工作可靠的动作要求,抑制分闸时触头的弹跳。

(三)气动操作机构

气动操作机构垂直安装在支持瓷瓶底座下方,其作用是控制绝缘杆的上升与下降,进而完成断路器的合闸与分闸，如图 6-15 所示。正常情况下，联杆 7 因弹簧及自重作用而下降，被锁扣 8 锁定。当合闸风缸 1 充风时，活塞杆上移，将滚子 3 沿拐臂垂直边上推，使主控制杆 4 逆时针方向转动，推动绝缘杆 5 上升，实现合闸，同时使控制联锁转换。

当分闸电磁铁 11 得电时，其衔铁撞击拨杆 10，拨动锁扣 8 使联杆 7 脱扣，拐臂 2 逆时针转动，滚子 3 下降，分闸弹簧的拉力通过主控制杆 4 使绝缘杆 5 下移，实现分闸，并使控制联锁转换。

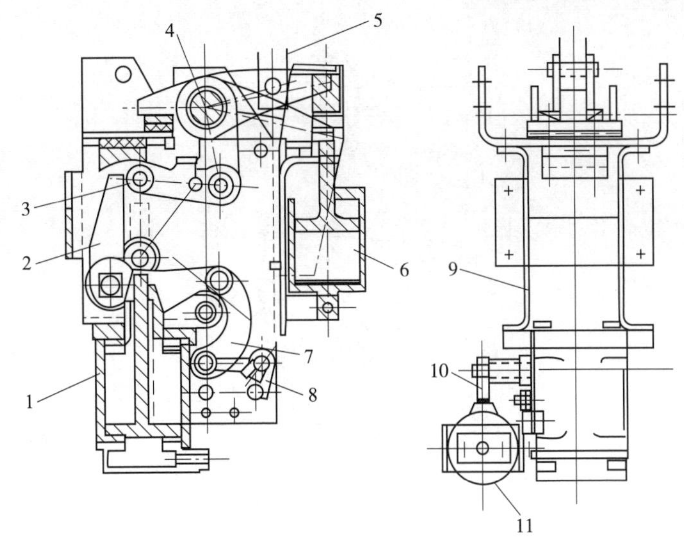


图 6-15　气动操作机构

1—合闸风缸；2—拐臂；3—滚子；4—主控制杆；5—绝缘杆；6—空气缓冲器；7—联杆；8—锁扣；9—构架；10—拨杆；11—分闸电磁铁

## 三、动作原理

### (一)合闸过程

合闸过程如图 6-16(a)所示。正常情况下，联杆 6 因弹簧及自重的作用而下降，被锁扣 8 锁定。拐臂 5 的直角边分别为水平和垂直状态，为滚子 16 提供了一个垂直的轨道。

当合闸指令发出后，电空阀 15 得电动作，给合闸风缸 9 充风，活塞杆上移，推动滚子 16 沿拐臂 5 的垂直边上移，推杆 4 使主轴驱动杆 2 和主轴转动杆 1 以主轴 A 点为支点逆时针方向转动。一方面，分闸弹簧 3 拉伸储能；另一方面，推动绝缘杆 12 向上运动，带动连杆分别向左、右运动，压缩弹簧 13，使灭弧室中动、静触头闭合。

与此同时，辅助开关 17 动作，其常闭联锁断开合闸电空阀电路，为分闸做好准备。

### (二)分闸过程

分闸过程如图 6-16(b)所示。当分闸指令发出后，分闸电磁铁 10 得电动作，衔铁撞击拨杆 7，拨动锁扣 8 使联杆 6 脱扣，拐臂逆时针转动，滚子 16 下降，在分闸弹簧 3 的拉力作用下，使主轴驱动杆 2 和主轴转动杆 1 以主轴 A 点为支点顺时针方向转动，拉动绝缘杆 12 向下运动，通过连杆使灭弧室中动、静触头断开。

与此同时，辅助开关 17 动作，分闸电磁铁失电，联杆 6 在滚子落下后，在自重及弹簧作用下，自动恢复到锁定状态，拐臂 5 也恢复到原始位置，分闸过程结束，为合闸做好准备。

在分、合闸过程中，空气缓冲器 18 起减小分、合闸过程中冲击和振动的作用。

### (三)自由脱扣过程

所谓自由脱扣，就是指真空断路器在合闸过程中，同时接到分闸指令时，合闸过程立即中止而去完成分闸过程。其动作过程如图 6-16(c)所示。

当合闸指令发出后，合闸电空阀 15 得电，合闸风缸充风，活塞上移，推动滚子 16 上移。若

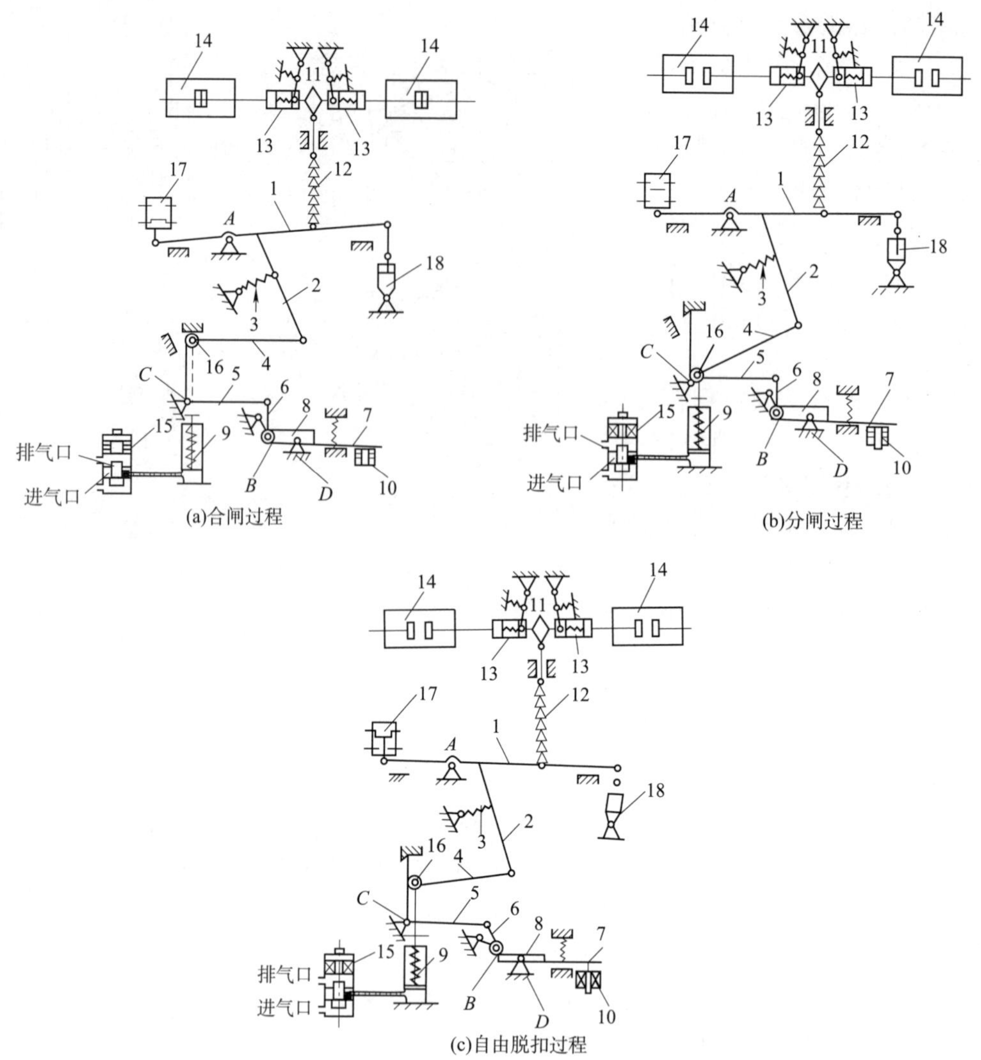

(a)合闸过程　(b)分闸过程　(c)自由脱扣过程

图 6-16　真空断路器动作原理

1—主轴转动杆；2—主轴驱动杆；3—分闸弹簧；4—推杆；5—拐臂；6—联杆；7—拨杆；8—锁扣；9—合闸风缸；10—分闸电磁铁；11—连杆；12—绝缘杆；13—弹簧；14—真空灭弧室；15—合闸电空阀；16—滚子；17—辅助开关；18—空气缓冲器

此时接到机车的分闸信号，分闸电磁铁动作，衔铁撞击拨杆 7 使联杆 6 脱扣，在分闸弹簧 3 的作用下，拐臂 5 逆时针转动，滚子 16 下降，断路器进行分闸过程，而无法合闸。

## 四、主要技术参数

TDV3 型真空主断路器的主要技术参数

最高工作电压 ………………………………… 31.5 kV
额定电压 ………………………………………… 25 kV
额定电流 ………………………………………… 400 A
额定频率 ………………………………………… 50 Hz
额定分断容量 ………………………………… 200 MV·A

额定分断电流 …… 8 kA
极限通过电流 …… 20 kA
分闸时间 …… ≤45 ms
固有分闸时间 …… ≤25 ms
合闸时间 …… ≤150 ms
最大外形尺寸 …… 1 080 mm×430 mm×987 mm
总质量 …… 约 175 kg

BVACN99 型交流真空主断路器的主要技术参数

额定电压 …… 30 kV
额定电流 …… 750 A
额定频率 …… 50～60 Hz
额定分断容量 …… 600 MV・A
额定分断电流 …… 20 kA
额定工作气压 …… 0.45～1 MPa
固有分闸时间 …… 25～60 ms
合闸时间 …… ≤60 ms
额定控制电压 …… DC 110 V
机械寿命 …… 250 000 次

22CBNG 型真空断路器的技术参数

绝缘参考电压 …… 25 kV
脉冲电压 …… 170 kV
连续标称电流 …… 1 000 A
短路电流打开能力 …… 20 kA
标称电压 …… 1 300 V
质量(瓷绝缘体+38KS) …… 150 kg(135 kg+15 kg)

## 第四节 高压连接器

### 一、概 述

高压连接器的主要功能是在两节机车进行连挂时，自动连接两节机车车顶的 25 kV 高压电路。它安装在每节车尾部的车顶上，依靠机车连挂车钩的力量，与车钩同时对接，分离时也随机车的车钩脱开而自动分离。$SS_4$ 改型电力机车采用的是 TLG1-400/25 型高压连接器，$HXD_2$ 型电力机车采用的是 DJLGl-400/25 型高压连接器。

### 二、基本结构及主要部件的作用

单台 TLG1-400/25 型高压连接器的外形如图 6-17 所示，它主要由机械传动机构和电气连接机构两部分组成。

(一)机械传动机构

高压连接器的机械传动机构由如图 6-17 所示伸张弹簧 14、橡胶波纹管 8、十字轴支承装

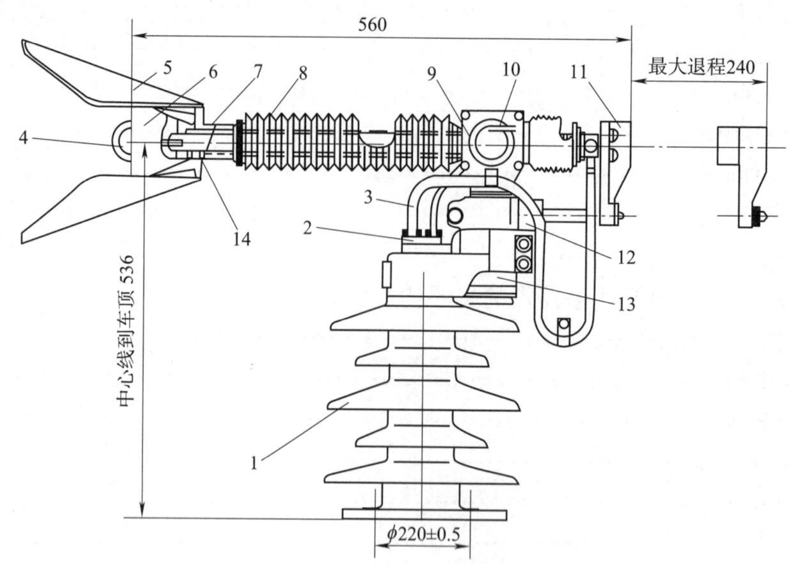


图 6-17　TLG1-400/25 型高压连接器外形图

1—支持绝缘子；2—导电极；3—软连接线；4—半环；5—导向羊角件；6—喇叭形头部；7—导电杆；8—橡胶波纹管；9—挡板；10—十字轴支承；11—止动器；12—球面止挡；13—支承缸体；14—伸张弹簧

置 10、止动器 11、球面止挡 12、支承缸体 13 及支持绝缘子 1 等组成。支持绝缘子 1 将连接器的主体固定在车顶，并与车顶电气隔离。支承缸体安装在支持绝缘子 1 上，并由缸体定位销定位。

伸张弹簧 14 安装在橡胶波纹管 8 内。当连接器头部不受压缩力时，连接器处于最大伸张状态，为对接做好准备；对接时，两台连接器相互压缩，当压缩到一定量时，连接器头部的半环与叉形连接机构动作，相互扣紧，连接过程完成。当两台连接器之间的距离随机车变化时，两台连接器的伸张弹簧保证其头部的电气连接机构一直处于扣紧状态，导电半环与叉形件的接触压力保持不变，因而具有优良的导电性能。TLG1 型高压连接器允许的运动距离是 160 mm。

十字轴支承体包括十字接头安装和十字轴支承装置。十字接头安装由十字接头和轴套组成，如图 6-18 所示。十字接头 1 通过 3 个沉头螺钉 3 与轴套 2 固定连接。轴套由黄铜管加工而成，开有一长方形键槽孔。

十字轴支承装置如图 6-19 所示。在单节机车运行时，单台连接器处于自由状态，其连接电杆伸出机车端墙，处于悬臂状。为了保证在此状态下运行的稳定性，设有十字轴支承装置和止动杆。十字轴支承装置用于使处于自由状态的单台连接器处于平衡状态，止动器 11 用于保证伸张弹簧 14 有一定的初始压力。止动器下部的止动杆与球面止挡形成一对自复位机构，当连接器头部作上下左右摆动时，自复位机构能使连接器回到中心位置，保持在车顶的稳定位置。

考虑到机车在弯道、坡道和轮缘磨耗等状态下对接和运行的可靠性，要求高压连接器具有较宽的上下、左右导向和偏摆裕度。

高压连接器头部的上下摆动控制由图 6-19 中的板簧 1 及蜗卷簧 4 来平衡。板簧用螺钉固定在转动板上，再将左右十字头承座体用 3 个螺钉固定在转动板的内侧，起支承十字接头安装的作用。蜗卷簧由弹簧钢带绕制而成，套装在十字头安装横向轴两端，再装于左右十字头支

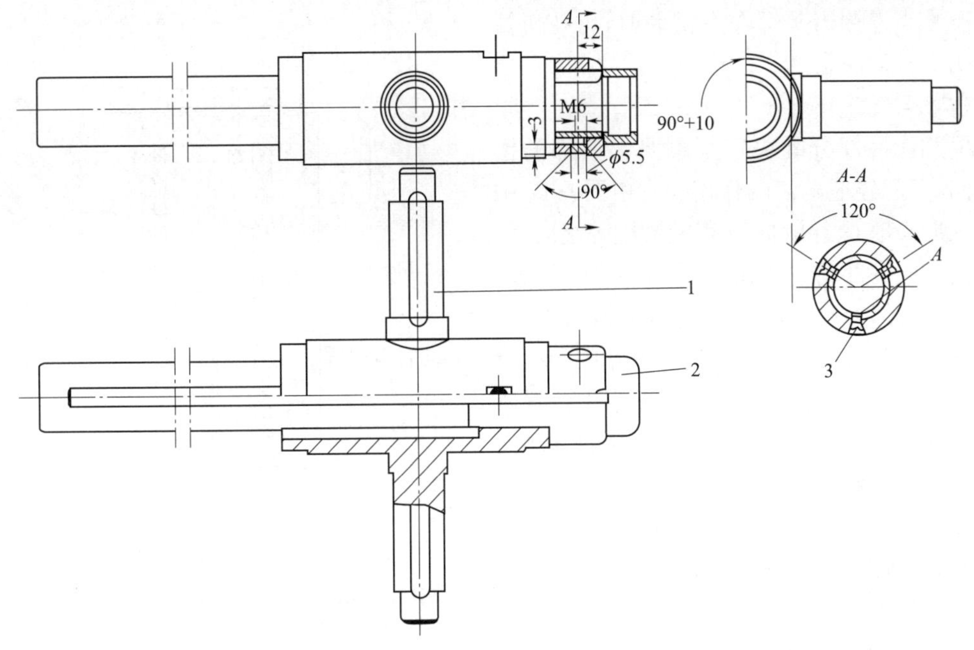


图 6-18　十字接头安装(单位:mm)

1—十字接头;2—轴套;3—沉头螺钉

承座内。静止时,板簧力及头部重力形成的力矩与蜗卷簧的力矩相等,从而使导电杆保持水平。当因外力的作用使头部上下摆动时,由蜗卷簧及板簧的作用使之回到静止平衡状态。由于蜗卷簧的张力可以由调整螺钉 7 进行调整,因而可以容易地使连接器在静止时使导电杆达到水平状态。此外,在不同轮箍磨耗情况的机车对接时,可预先调整连接器的安装高度,使前后两台连接器基本处于同一水平面上。图 6-19 上十字轴支承装置的缸体上的刻度便是作高度调整用的。

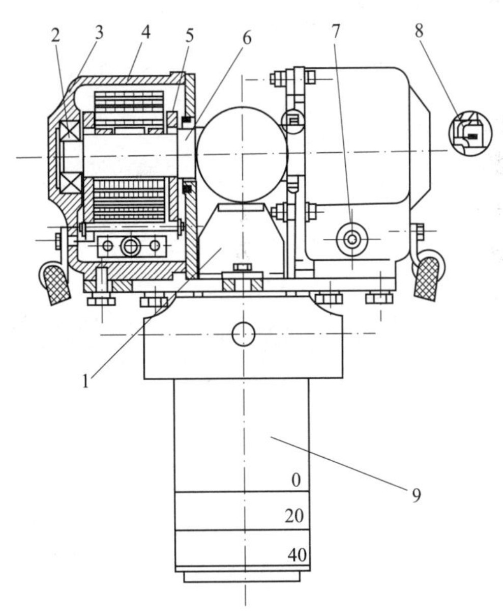


图 6-19　十字轴支承装置(单位:mm)

1—板簧;2—轴承;3—左右十字头支承座;4—蜗卷簧;5—止动板;6—十字头安装;7—调整螺钉;8—密封圈;9—缸体

连接器头部的左右摆动由支承缸体中的弹簧控制。支承缸体由缸体和转轴安装等组成,如图 6-20 所示。轴承安装 5 由转轴 19、轴承座、上传动块 8、扭簧 18、下传动块 16 和轴承 10 等组成。转轴 19 由轴与钢板焊接后加工而成,轴承 10 套于转轴上。扭簧 18 由弹簧钢丝右旋绕制,套于转轴上。扭簧上端用上传动块 8 与开口销 12 扭住,下端用下传动块 16 与开口销 12 扭住。转轴安装完毕后,装入缸体 3 内,在转轴上装入轴承 10 后,用螺栓 9 将盖板 11 固定在缸体上。缸体中的这对扭簧通过其定位螺钉的调整,使连接器处于对中状态。当连接器头部左右摆动时，可在扭簧的作用下自动回位。

(二)电气连接部分

电气连接部分既决定了喇叭形头部的摆动方向，又起导通电流的作用。它由图 6-17 中的喇叭形头部 6、导电杆 7、盖板装配等组成。

喇叭形头部的主体由轻质铸铝合金制成。在喇叭形头部上装有羊角 5、半环 4 及叉形件。羊角 5 在水平及垂直方向都具有较宽的导向范围，当两台高压连接器对接时，即使水平位置或垂直位置存在误差，也可以保证良好的自动导向对接性能。此特性保证机车在最小曲率半径 125 m 及前后两节车轮箍磨耗(单边)差不大于 30 mm 时，高压连接器能可靠地进行摘挂。

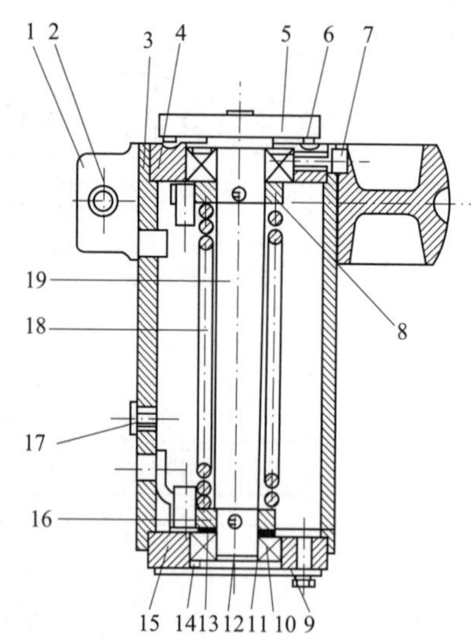


图 6-20　支承缸体

1—球面止挡；2、7、9—螺栓；3—缸体；4、15—密封胶；5—轴承安装；6—套环；8—上传动块；10—轴承；11—盖板；12—开口销；13—调整垫；14—垫圈；16—下传动块；17—定位销；18—扭簧；19—转轴

导电杆如图 6-17 所示。它轴向穿过十字接头安装孔，再通过导电杆上的键槽与十字接头的轴套上的长方形键槽孔配合，组装成一整体。这就有效地控制了高压连接器的退程范围，起到了导通电流、机械连接、滑动和限位的作用。

盖板装配主要由盖板 1、叉形件(动触头)2、半圆环(静触头)7 和拉簧 18 等组成，如图 6-21

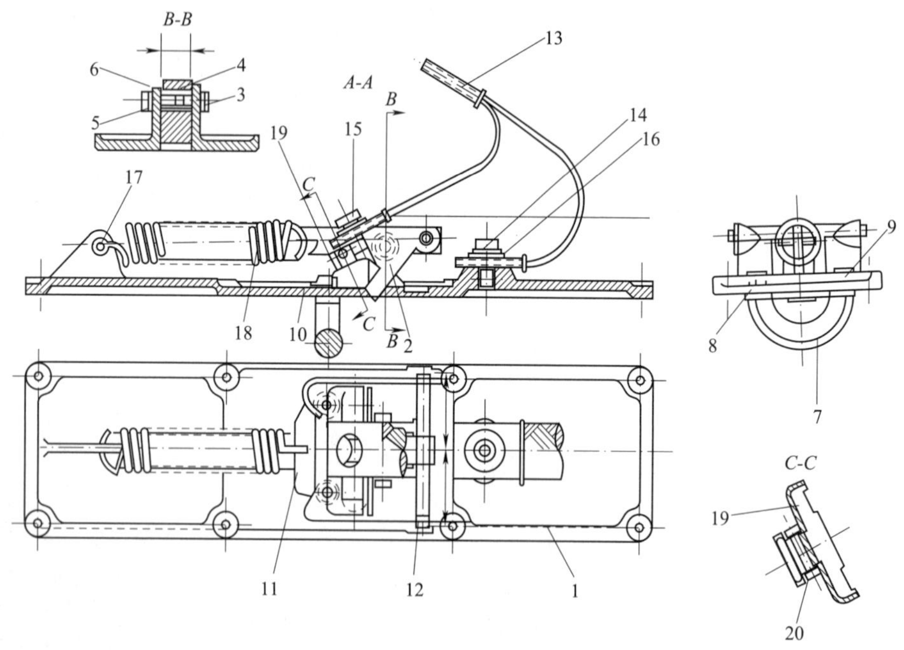


图 6-21　盖板装配

1—盖板；2—叉形件；3、12—销；4—环；5、9、14、15、20—螺栓；6、10、16—垫圈；7—半圆环；8—双金属片；11—卡箍；13—双连线；17—套环；18—拉簧；19—罩

所示。盖板1为薄形铸铝合金板,在其上面装有叉形件2(动触头)、半圆环7(静触头)和拉簧18。盖板紧固在喇叭形头部上,喇叭形头部、双连线13再与顶杆紧固连接成整体。上述3种部件是高压连接器中难度大而结构复杂的薄壁形铸铝合金组件。

高压连接器的叉形件(动触头)和半圆环(静触头)为铜质镀银材料,采用线接触方式,具有工作可靠、接触电阻小和散热较好的优点。连接动作时,两台高压连接器的叉形件插入彼此的半圆环中,同时由叉形件上的拉簧提供接触压力。

### 三、动作原理

在两节车需要连挂,作重联运行时,依靠两节车车钩挂接时的牵引力,使两个连接器慢慢靠近,在羊角的导向作用下,使各自的导电半圆环(静触头)准确地插入对方的叉形件(动触头)中,接通两节车一次侧高压电路。同时叉形件上的拉力弹簧紧紧地把半环扣住,由于两合连接器的相对位移由张力弹簧、复位弹簧来吸收调整,因而能保持叉形件与半圆环的接触压力恒定不变,从而能够保证较好的电气性能。

当两节车分离时,依靠两节车分离时的牵引力可自动分离,并断开两节车的一次侧高压电路,拉簧复原。

### 四、高压连接器接合状态下的电流路径

从图6-17可以看出,高压连接器接合状态下的电流路径为:从一节车的高压回路到导电极2,经软连接线3,到导电杆7,然后通过喇叭形头部内的软连线、半环、叉形件,到另一台连接器的叉形件、半环、导电杆母线等,再到另一节车的车顶母线。

### 五、主要技术参数

TLG1-400/25型高压连接器主要技术参数

额定电压 …… 25 kV
额定电流 …… 400 A
接触电阻阻值(连接状态) …… ≤650 μΩ
导电杆中心线至车顶高 …… 586 mm
导电杆上下摆动角 …… ≥8°30′
导电杆左右摆动角 …… ≥34°
导电杆最大回程 …… ≥240 mm
导电杆最小回程($\alpha$=34°时) …… ≥210 mm

DJLG1-400/25型高压连接器主要技术参数

额定电压 …… 25 kV
额定电流 …… 400 A
额定频率 …… 50 Hz
接触电阻阻值(连接状态) …… ≤650 μΩ
导电杆中心线至车顶高 …… 586 mm
导电杆上下摆动角 …… ≤8°30′

导电杆左右摆动角 …………………………………………………… ≤34°
导电杆最大回程……………………………………………………… >240 mm
导电杆最小回程($\alpha$=34°时) …………………………………… >210 mm
机械寿命 ……………………………………………………………… 20 000 次
工作温度……………………………………………………………… −40～70 ℃

**六、高压连接器的主要特点**

(1)高压连接器自身不带操作机构,其连接与分离时的操作力均来源于机车车钩连挂或分离时的牵引力,随机车车钩的连接或分离同时完成,不必单独操作、非常方便。

(2)在连接状态下,触头的接触压力只与触头弹簧有关,不受机车运行状态的影响,故触头的接触压力基本上恒定不变,避免了触头的磨耗和电蚀。

(3)导电触头为叉环结构,是典型的线接触方式,工作状态稳定可靠,接触电阻小,散热性能好。

(4)连接器不带灭弧装置,因而必须在无电状态下进行连接或分离操作。

(5)高压连接器必须成对使用。从产品的通用性和互换性来考虑,每台高压连接器的结构完全相同,具有良好的互换性,没有前后之分。为了满足不同的运行要求,可以任意组合。

## 小　　结

本章所介绍的电器都是电力机车、动车组上作用比较重要,结构较为复杂的主型电器。主型电器是指专门为电力机车、动车组设计制造的,作用重要、结构复杂、体积较大的专用电器,主要包括受电弓、高压连接器、主断路器、两位置转换开关、司机控制器等。

受电弓是电力机车、动车组从接触网接触导线上受取电流的一种受流装置。它通过绝缘子安装在电力机车、动车组的车顶上,当受电弓升起时,其滑板与接触网导线直接接触,从接触网导线上受取电流,通过车顶母线传送到电力机车、动车组内部,供电力机车、动车组使用。对受电弓而言,应在了解其结构的基础上,掌握受电的升、降弓过程及其特点。

主断路器连接在受电弓与主变压器原边绕组之间,安装在电力机车、动车组车顶,它是电力机车、动车组电源的总开关和总保护电器。当主断路器闭合时,电力机车、动车组通过受电弓从接触网导线上获得电源,投入工作;若电力机车、动车组主电路和辅助电路发生短路、过载、接地等故障时,故障信号通过相关控制电路使主断路器自动开断,切断电力机车、动车组总电源,防止故障范围扩大。对于主断路器,要了解结构中各部件的结构及工作原理,从而掌握主断路器的分闸、合闸工作过程。

真空断路器是以真空作为绝缘介质和灭弧介质,利用真空耐压强度高和介质强度恢复速度快的特点进行灭弧的。与空气断路器相比,真空断路器具有结构简单、工作可靠、分断容量大、动作速度快、绝缘强度高、整机检修工作量小等诸多优点,因而在电力工业中得到了广泛应用。

高压连接器的主要功能是在两节机车进行连挂时,自动连接两节机车车顶的 25 kV 高压电路。它安装在每节车尾部的车顶上,依靠机车连挂车钩的力量,与车钩同时对接,分离时也随机车的车钩脱开而自动分离。

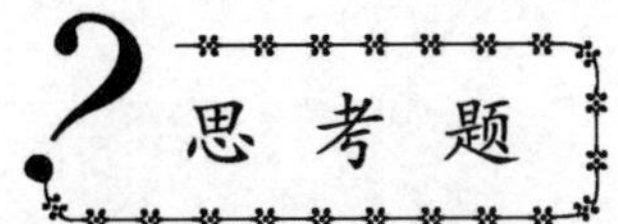

1. 说明单臂受电弓的结构和主要部件的作用。
2. 说明单臂受电弓的升、降弓过程及特点。
3. TSG1 型高压连接器有什么作用？说明其结构和主要部件的作用。
4. 高压连接器连接和分离的原理是什么？
5. 说明主断路器的结构和主要部件的作用。
6. 说明主断路器分、合闸动作过程。
7. 说明启动阀和主阀的结构和动作原理。
8. 说明真空断路器的结构及主要部件的作用。